에듀윌과 함께 시작하면,
당신도 합격할 수 있습니다!

자소서와 면접, NCS와 직무적성검사의 차이점이 궁금한
취준을 처음 접하는 취린이

대학 졸업을 앞두고 취업을 위해 바쁜 시간을 쪼개며
채용시험을 준비하는 취준생

내가 하고 싶은 일을 다시 찾기 위해
회사생활과 병행하며 재취업을 준비하는 이직러

누구나 합격할 수 있습니다.
이루겠다는 '목표' 하나면 충분합니다.

마지막 페이지를 덮으면,

**에듀윌과 함께
취업 합격이 시작됩니다.**

eduwill

베스트셀러 1위 2,130회 달성!
에듀윌 취업 교재 시리즈

대기업 통합

20대기업 인적성
통합 기본서

삼성

GSAT 삼성직무적성검사
통합 기본서

GSAT 삼성직무적성검사
실전모의고사

GSAT 삼성직무적성검사
최최종 봉투모의고사

SK

온라인 SKCT SK그룹
종합역량검사 통합 기본서

오프라인 SKCT SK그룹
종합역량검사 통합 기본서

LG

LG그룹 온라인
인적성검사 통합 기본서

SSAFY

SSAFY 통합 기본서
SW적성진단+에세이+면접 4일끝장

POSCO

PAT 통합 기본서
[생산기술직]

현대차/기아

현대자동차/기아
생산직·생산인력 한권끝장

금융권

농협은행 6급
기본서

지역농협 6급
기본서

공기업 NCS 통합

공기업 NCS
통합 기본서

영역별

이나우 기본서
NCS 의사소통

박준범 기본서
NCS 문제해결·자원관리

석치수 기본서
NCS 수리능력

공기업 통합 봉투모의고사

공기업 NCS 통합
봉투모의고사

매일 1회씩 꺼내 푸는
NCS/NCS Ver.2

유형별 봉투모의고사

피듈형 NCS
실전모의고사

행과연형
NCS 봉투모의고사

휴노형·PSAT형
NCS 봉투모의고사

고난도 실전서

자료해석 실전서
수문끝

기출

공기업 NCS
기출 600제

6대 출제사 기출 문제집

한국철도공사

NCS+전공
기본서

NCS+전공
봉투모의고사

ALL NCS
최최종 봉투모의고사

국민건강보험공단

NCS+법률
기본서

NCS+법률
실전모의고사

국민건강보험법
법률문제집

한국전력공사

NCS+전공
기본서

NCS+전공
실전모의고사

한국수력원자력

한수원+5대 발전회사
NCS+전공 실전모의고사

ALL NCS
최최종 봉투모의고사

교통공사

서울교통공사
NCS+전공 실전모의고사

부산교통공사+부산시 통합채용
NCS+전공 실전모의고사

인천국제공항공사

NCS
봉투모의고사

한국가스공사

NCS+전공
실전모의고사

한국도로공사

NCS+전공
실전모의고사

한국수자원공사

NCS+전공
실전모의고사

한국토지주택공사

NCS+전공
실전모의고사

공기업 자소서&면접

공기업 NCS 합격하는
자소서&면접 27대 공기업
기출분석 템플릿

독해력

이해황 독해력
강화의 기술

전공별

공기업 사무직
통합전공 800제

전기끝장 시리즈
❶ 8대 전력·발전 공기업편
❷ 10대 철도·교통·에너지·환경
공기업편

취업상식

다통하는
일반상식

공기업기출
일반상식

금융경제 상식

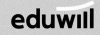

취업 교육 1위
에듀윌 취업 무료 혜택

01 모의고사 전 회차 온라인 응시 & 성적분석 서비스

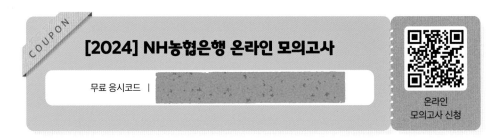

COUPON

[2024] NH농협은행 온라인 모의고사

무료 응시코드 |

온라인
모의고사 신청

응시 방법

| 상기 QR 코드로 응시링크 접속 | ▶ | 해당 온라인모의고사 [신청하기] 클릭 후 로그인 | ▶ | 대상 교재 내 응시코드 입력 후 [응시하기] 클릭 |

※ 온라인모의고사 응시 및 성적분석 서비스는 2024년 11월 23일까지 유효합니다.
※ 본 응시코드는 1인 1회만 사용 가능하며, 중복 사용은 불가합니다.

02 교재 연계 부가학습자료 무료

다운로드 방법

| STEP 1 에듀윌 도서몰(book.eduwill.net) 로그인 | ▶ | STEP 2 도서자료실 → 부가학습자료 클릭 | ▶ | STEP 3 [NH농협은행] 검색 |

- 인성검사 · 면접 대비 자료(PDF)
- 계산연습 NOTE(PDF)

시작하라.

그 자체가 천재성이고,
힘이며, 마력이다.

– 요한 볼프강 폰 괴테(Johann Wolfgang von Goethe)

2024 최신판

에듀윌 취업
NH농협은행
6급(5급 대비 가능)
NCS 기본서

eduwill

합격을 위한! 알짜!
정보만 모았다

농협은행 필기시험 경향 분석

↪ P. 6

2021~2023년 기간 동안 농협은행 필기시험의 여러 변화가 있었습니다. 자세한 내용은 '농협은행 필기시험 경향 분석'를 통해 확인할 수 있습니다.

농협은행의 '직무상식평가'

↪ P. 8

2019년부터 실시하고 있는 농협은행의 직무상식평가에 대한 자세한 내용은 '농협은행의 '직무상식평가''를 통해 확인할 수 있습니다.

농협은행의 채용 정보

농협은행 채용의 모든 과정을 한 눈에 쉽게 파악할 수 있도록 정리 하였습니다. 자세한 내용은 '농협 은행의 채용 정보'를 통해 확인할 수 있습니다.

농협과 농협은행

농협은행 채용 대비 반드시 알아 야 하는 기업 정보의 핵심만 모아 제시하였습니다. 자세한 내용은 '농협과 농협은행'을 통해 확인할 수 있습니다.

농협은행 vs 지역농협

농협은행과 지역농협의 차이를 모르는 취준생을 위해 비교분석 하여 확실하게 짚어드립니다. 자 세한 내용은 '농협은행vs지역농 협'을 통해 확인할 수 있습니다.

농협은행 필기시험 경향 분석

01 2021~2023년 필기시험 구성

▌1▐ 2023년(2023. 01. 08.(추가시험 01. 14.))

교시	구분	문항 수	시간	출제 범위	
1	직무능력평가	40문항(객관식)	75분	• 의사소통능력, 문제해결능력, 수리능력, 정보능력 등	
	직무상식평가	30문항(객관식)		공통	• 농업 · 농촌관련 상식 • 디지털 상식 등
				일반분야	• 금융 · 경제 분야 용어 · 상식 등
				IT분야*	• 소프트웨어 설계, 소프트웨어 개발, 데이터베이스 구축, 프로그래밍 언어 활용, 정보시스템 구축관리 등
2	인 · 적성 평가 (Level 2)	280문항 (객관식)	40분	• 직업윤리, 대인관계능력, 문제해결능력 등	

* 「IT분야」 지원자에 한하여 2023.01.07. 온라인 코딩테스트가 진행됨

▌2▐ 2022년(2022. 01. 16.)

교시	구분	문항 수	시간	출제 범위	
1	인 · 적성평가 (Level2)	325문항(객관식)	45분	조직적합성, 성취 잠재력 등	
2	직무능력평가	50문항(객관식)	70분	• 의사소통능력, 문제해결능력, 수리능력, 정보능력 등 • 농업 · 농촌 관련 이해도, 농협 추진사업	
	직무상식평가	30문항(객관식)	25분	공통(전체)	• 농업 · 농촌 관련 상식 • 디지털 상식 등
				일반분야	금융 · 경제 분야 용어 · 상식 등
				IT(전산)	데이터베이스, 전자계산기 구조, 운영체제, 소프트웨어 공학, 데이터 통신 등
				IT(기술)	전기자기학, 전기기기, 회로이론, 전력공학, 전기응용, 전기설비, 기술기준 등

▌3▐ 2021년(2021. 03. 21.)

교시	구분	문항 수	시간	출제 범위	
1	인 · 적성평가 (Level2)	325문항(객관식)	45분	조직적합성, 성취 잠재력 등	
2	직무능력평가	50문항(객관식)	70분	• 의사소통능력, 문제해결능력, 수리능력, 정보능력 등 • 농업 · 농촌 관련 이해도, 농협 추진사업	
	직무상식평가	30문항(객관식)	25분	공통(전체)	• 농업 · 농촌 관련 상식 • 디지털 상식 등
				일반분야	금융 · 경제 분야 용어 · 상식 등
				IT분야	데이터베이스, 전자계산기 구조, 운영체제, 소프트웨어 공학, 데이터 통신 등

02 2023년 영역별 출제 경향[6급 기준]

I 직무능력평가

1 의사소통능력

의사소통능력 문항의 비중이 크지 않았으며 NCS 및 기업 적성검사에서 흔히 출제되는 의사소통능력 문항과 유사하나 금융상품에 대한 설명이 제시문으로 주어져 이에 대한 이해력을 판별하도록 구성된 문항이 출제되었다.

2 수리능력

그래프와 도표를 의미를 이해 및 계산하는 문제가 다수 출제되었다. 기업 적성검사에서 등장하는 응용수리 문항도 출제되었다. 예·적금 상품의 원리금을 구하는 등의 금융수리적 계산 문제 또한 출제되었다.

3 문제해결능력

직무능력평가에서 문제해결능력 문항의 비중이 가장 컸다. NCS 및 기업 적성검사에서 일반적으로 출제되는 문제해결능력 문항뿐만 아니라 보험 및 퇴직 연금 등의 금융상품을 활용한 문항들이 상당수 출제되었다.

4 정보능력 등

정보능력은 전년도에 출제 비중이 높던 JAVA 및 C언어와 같은 프로그램 언어의 기초적인 이해력을 판별하는 문항보다는 컴퓨터 일반지식과 MS EXCEL 활용능력을 묻는 문항이 주로 출제되었다.

II 직무상식평가

직무상식평가는 채용 분야 공통 문항과 채용 분야별 문항으로 구성되었다. 공통 문항은 '농업·농촌관련 상식'과 '디지털 상식'을 소재로 10문항가량 출제되었다. "일반 분야"의 경우 금융·경제 상식 문항, "IT 분야"는 데이터베이스 및 소프트웨어 공학 등의 소재로 출제되었다.

03 2024년 6급 대비 합격 전략

오답에 대한 감점이 있으므로 정답률을 높이는 전략이 유리하다. 또한 직무능력평가에서 NH농협은행의 업무와 유관한 소재들이 상당수 출제되어 왔으므로 금융상품과 경제 이슈에 대해 친숙할수록 제한시간 내 빠르게 독해할 수 있다. 2023년부터 온라인으로 필기전형이 실시됨에 따라 순발력 있게 문제를 이해하고, 선택지 활용법이나 어림셈을 통해 전략적인 문항 접근법을 적용하는 연습을 할 필요성이 커졌다. 한편 직무상식평가의 경우 단기간 대비하기 어렵기 때문에 기존에 출제되었던 출제영역을 파악하고 꾸준히 시사이슈 공부를 하여 체계적으로 학습하는 것이 중요하다.

농협은행의 '직무상식평가'

01 직무상식평가 개요

5급과 6급 모두 직무적합성을 판별하기 위해 별도의 상식평가를 진행하고 있다. 직무상식평가는 크게 공통 출제문항과 분야별 출제문항으로 구분된다. 공통 출제문항은 농업·협동조합·농협 관련 문항과 디지털 상식을 소재로 한다. 분야별 출제문항은 지원 분야와 관련한 전공 지식에 대한 문항으로 구성되었다. 가장 많은 인원을 채용하는 '일반' 분야의 경우 금융 경제 상식 문항이 출제되는데, 관련 키워드뿐만 아니라 경제·경영학적 지식을 활용한 응용 문제도 출제된다.

02 시험 출제 구성

구분	2023년 상반기	2022년 상반기
문항 수	30문항(객관식)	30문항(객관식)
시험 시간	직무상식평가와 직무능력평가가 구분 없이 진행됨 (총 70분)	25분
시험 범위	· 공통: 농업·농촌 관련 상식, 디지털 상식 등 · 일반분야: 금융·경제 분야 용어·상식 등 · IT 분야: 데이터베이스, 전자계산기 구조, 운영체제, 소프트웨어 공학, 데이터 통신 등	· 공통: 농업·농촌 관련 상식, 디지털 상식 등 · 일반분야: 금융·경제 분야 용어·상식 등 · IT(전산) 분야: 데이터베이스, 전자계산기 구조, 운영체제, 소프트웨어 공학, 데이터 통신 등 · IT(기술) 분야: 전기자기학, 전기기기, 회로이론, 전력공학, 전기응용, 전기설비, 기술기준 등

03 직무상식평가 출제 예시 문항

■ 농업·농촌 관련 상식

다음 중 협동조합기본법에 대한 설명으로 옳지 않은 것은?

① 협동조합은 공직 선거에서 특정 후보 또는 정당을 지지하는 의사를 표명할 수 없다.
② 협동조합의 조합원은 출자한 액수와 관계없이 각각 1인의 의결권과 선거권을 가진다.
③ 협동조합의 최소 설립 인원은 5인 이상이며 관할 지역의 시·도지사에게 신고해야 한다.
④ 협동조합이 설립이나 운영에 전문적인 자문이 필요할 경우 고용노동부 장관의 지원을 받을 수 있다.
⑤ 협동조합은 조합원 등을 위하여 최대한 봉사할 의무가 있으며 투기를 목적으로 하는 사업을 할 수 없다.

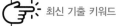 최신 기출 키워드

· 농촌진흥구역　　　　· 정밀농업
· 농지법　　　　　　　· HACCP

2 디지털 상식

다음 중 에지 컴퓨팅에 대한 설명으로 옳지 않은 것을 고르면?

① 자율주행 시스템을 구축할 때 필수적이다.
② 클라우드 컴퓨팅에 비해 비용이 많이 소요된다.
③ IoT 기기의 수가 폭증하면서 그 필요성이 대두되었다.
④ 클라우드 컴퓨팅에 비해 보안에 뚫렸을 때의 피해가 크다.
⑤ 클라우드의 데이터 병목 현상을 일정 부분 해소할 수 있다.

 최신 기출 키워드

- RAM/ROM
- UAM
- 클라우드 컴퓨팅
- 라이트웨어

3 금융·경제 (일반분야)

총비용함수가 $TC = Q^2 - 6Q + 30$일 때 옳지 않은 설명은?

① Q=6이면 총비용은 30이다.
② Q=3이면 한계비용은 0이다.
③ Q=3이면 평균비용은 10이다.
④ Q<2일 때 규모의 경제를 실현할 수 있다.
⑤ 단기에 고정비용은 매몰비용에 포함된다.

 최신 기출 키워드

- 펌뱅킹
- 주택청약종합저축
- K-OTC, KOSPI
- DSR
- 통화스와프

4 IT (IT 분야)

다음 [보기]는 트랜잭션(Transaction)의 성질 중 하나에 대한 설명이다. 옳은 것을 고르면?

|보기|
데이터베이스 시스템은 장애가 발생하더라도 원래 상태로 복구되어야 한다.

① 지속성(Durability)
② 일관성(Consistency)
③ 통일성(Integration)
④ 원자성(Atomicity)
⑤ 고립성(Isolation)

 최신 기출 키워드(2022년 기준)

- 관계형 DB의 특징
- 수식 표기법
- 뮤텍스 / 세마포어
- 페이징 기업

농협은행의 채용 정보

01 채용 공고일

구분	공고일	채용인원	접수기간	필기시험	필기발표
2023년	2022. 12. 08.	○○명	2022. 12. 08.~12. 21.	2023. 01. 08.	2023. 01. 19.
2022년	2021. 12. 14.	○○명	2021. 12. 14.~12. 22.	2022. 01. 16.	2022. 01. 25.
2021년	2021. 02. 09.	○○명	2021. 02. 09.~02. 22.	2021. 03. 21.	2021. 03. 26.
2020년	2019. 12. 30.	○○명	2019. 12. 31.~2020. 01. 06.	2020. 02. 23. (코로나 여파로 연기)	2020. 02. 28.

02 채용 절차

지원서 작성	• 채용 공고문을 확인하고, 접수 기간에 본인의 입사지원서 및 자기소개서를 작성하도록 한다. • 지원서 및 자기소개서 허위 작성 시 합격이 취소될 수 있다. • 블라인드 기준(성명, 출신학교 등 기재 금지) 위반 시에는 불이익이 있으니 평가 기준을 확인한 후 성실하게 작성해야 한다.
서류전형	• 자기소개서를 기반으로 지원자의 역량, 조직 적합도 등을 평가한다. • 블라인드 기준 위반, 불성실 작성 등은 불이익이 있을 수 있으니 공고문을 반드시 확인하도록 한다. • 온라인 인·적성평가(Lv.1)도 지정한 날짜에 함께 응시하게 된다.
필기전형	인·적성평가(Lv.2)와 직무능력평가, 직무상식평가 등으로 구성되어 있으며, 채용별로 일부는 생략되기도 한다.
면접전형	인재 선발의 최종 단계로 집단면접, 토의면접, PT면접, 심층면접 등으로 구성되어 있으며, 각 채용별 인재선발 기준에 적합하도록 상이하게 운영하고 있다.
채용신체검사	지정 의료기관에서 지정된 일시에 실시한다.
최종 합격	합격자 중 결격사유가 없는 자를 최종 합격자로 선정한다.

03 채용 상세 정보

▮ 채용 분야 및 근무지

채용 분야	채용 직급	인원	직무내용	비고
일반	6급 초급	지역별 ○○명 (또는 ○명)	• 금융영업(개인금융 · 기업금융 포함) 등	지역단위
IT	6급 중견	○○명	• 신기술 서비스 개발 및 운영(AI · 빅데이터 · 클라우드 등) • 디지털 채널 서비스 개발 및 운영(모바일 뱅킹 등) • 뱅킹 · 정보계 · 카드 서비스 개발 및 운영 • 정보보안(보안 침해사고 분석 및 대응 등)	전국단위

※ 지역단위: 경기, 경기 동부권역(여주, 이천, 안성, 양평), 강원, 강원 영동권역(속초, 고성, 양양, 강릉, 동해, 삼척, 태백), 충북, 충남, 충남서해안권역(태안, 서산, 보령, 서천), 전북, 전남, 경북, 경북 울릉군, 경남, 제주, 서울, 부산, 대구, 인천, 인천 강화군, 광주, 대전, 울산, 세종

▮ 지원 자격

채용 분야	내용
전 분야(공통)	• 연령, 성별, 학력, 전공, 어학점수에 따른 지원 제한 없음 • 남자의 경우 병역필 또는 면제자('22.12.31.까지 병역필 가능한 자 포함) • 신규직원 입행('23년 2월 예정) 및 이후 계속근무가 가능한 분 • 해외여행에 결격 사유가 없는 자(외국인의 경우 한국 내 취업에 결격사유가 없는 자) • 당행 내규상의 신규채용 결격사유가 없는 자

※ 채용분야 및 지역 간 중복지원 불가(중복지원 시 불합격 처리)

▮ 1차 서류전형

온라인 인 · 적성평가(Level1) 결과는 추후 오프라인에서 실시되는 인 · 적성평가(Level2)를 통해 검증되므로 반드시 솔직하게 응시해야 하며, 평가 마감시간에 응시가 집중될 수 있어 미리 접속하여 평가를 완료하도록 한다.

▮ 2차 필기전형

본인이 지원한 지역에서 인 · 적성평가(Level2) + 직무능력평가 + 직무상식평가의 일정으로 시행된다.

▮ 3차 면접전형(공통)

• 집단면접(공통)
 − 지원자 6~7명 내외가 1조를 이루어 多대多 면접으로 진행
• 마케팅PT(일반)/디지털PT(IT)
 − 채용분야 관련 자료분석, 논리력, 기획력, 의사표현 능력, 문제해결력 등 종합평가

농협과 농협은행

01 농협이 하는 일

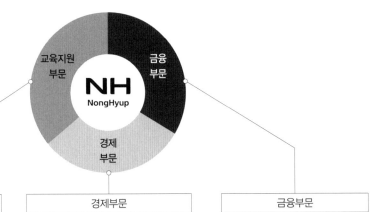

교육지원부문	경제부문	금융부문

· **교육지원사업**
농·축협 육성 발전지도·영농 및 회원 육성·지도, 농업인 복지증진, 농촌사랑·또 하나의 마을 만들기 운동, 농정활동 및 교육사업·사회공헌 및 국제협력 활동 등

· **농업경제사업**
영농자재(비료, 농약, 농기계, 면세유 등) 공급, 산지유통혁신, 도매사업, 소비자유통 활성화, 안전한 농식품 공급 및 판매

· **축산경제사업**
축산물 생산, 도축, 가공, 유통, 판매 사업, 축산 지도(컨설팅 등) 지원 및 개량사업, 축산 기자재(사료 등) 공급 및 판매

· **상호금융사업**
농촌지역 농업금융 서비스 및 조합원 편익 제공, 서민금융 활성화

· **농협금융지주**
종합금융그룹(은행, 보험, 증권, 선물 등)

02 농협의 미션

농협법 제1조 농업인의 경제적·사회적·문화적 지위를 향상시키고, 농업의 경쟁력 강화를 통하여 농업인의 삶의 질을 높이며, 국민경제의 균형 있는 발전에 이바지함

03 농협의 5대 핵심 가치

1 농업인과 소비자가 함께 웃는 유통 대변화

소비자에게 합리적인 가격으로 더 안전한 먹거리를, 농업인에게 더 많은 소득을 제공하는 유통개혁 실현

2 미래 성장동력을 창출하는 디지털 혁신

4차 산업혁명 시대에 부응하는 디지털 혁신으로 농업·농촌·농협의 미래 성장동력 창출

❸ 경쟁력 있는 농업, 잘사는 농업인

농업인 영농지원 강화 등을 통한 농업경쟁력 제고로 농업인 소득 증대 및 삶의 질 향상

❹ 지역과 함께 만드는 살고 싶은 농촌

지역사회의 구심체로서 지역사회와 협력하여 살고 싶은 농촌 구현 및 지역경제 활성화에 기여

❺ 정체성이 살아 있는 든든한 농협

농협의 정체성 확립과 농업인 실익 지원 역량 확충을 통해 농업인과 국민에게 신뢰받는 농협 구현

04 NH농협은행의 비전(VISION)

사랑받는 일등 민족은행!

NH농협은행이 추구하고 나아가야 할 미래상

사랑받는 은행	고객, 임직원뿐만 아니라 국민 모두에게 사랑받는 신뢰할 수 있는 은행
일등은행	고객 서비스와 은행 건전성, 사회공헌 모든 측면에서 일등이 되는 한국을 대표할 수 있는 은행
민족은행	100% 민족자본으로 설립된 은행으로 진정한 가치를 국민과 공유하는 존경받을 수 있는 은행

05 NH농협은행의 인재상

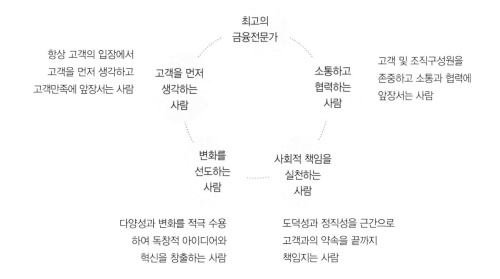

최고의 금융 서비스를 제공하기
위해 필요한 금융전문지식을 갖
추고 부단히 노력하는 사람

최고의
금융전문가

항상 고객의 입장에서
고객을 먼저 생각하고
고객만족에 앞장서는 사람

고객을 먼저
생각하는
사람

소통하고
협력하는
사람

고객 및 조직구성원을
존중하고 소통과 협력에
앞장서는 사람

변화를
선도하는
사람

사회적 책임을
실천하는
사람

다양성과 변화를 적극 수용
하여 독창적 아이디어와
혁신을 창출하는 사람

도덕성과 정직성을 근간으로
고객과의 약속을 끝까지
책임지는 사람

농협은행 VS 지역농협

01 NH농협은행과 지역농협의 조직 구조

■ NH농협은행

- 2012년 3월 농협중앙회가 농협 경제지주와 농협 금융지주로 분리된 이후, 농협 금융지주의 계열사에 속한 은행이다.
- 전국에 1,107개의 지점이 설립되어 있다(2023년 2/4분기. 은행연합회 공시 기준).

농협 경제지주(15개사) 손자회사 포함

유통부문	제조부문	식품/서비스	축산
• 농협하나로유통 • 농협유통	• 농우바이오 • 남해화학 　ㄴ 엔이에스머티리얼즈 • 농협케미컬 • 농협에코아그로	• 농협홍삼 • 농협양곡 • 농협식품 • 농협물류 • NH농협무역	• 농협사료 　ㄴ 농협TMR • 농협목우촌

농협 금융지주(11개사) 손자회사 포함

은행	보험	증권	기타
• NH농협은행	• NH농협생명 • NH농협손해보험	• NH투자증권 　ㄴ NH선물 　ㄴ NH헤지자산운용	• NH-Amundi 자산운용 • NH농협캐피탈 • NH저축은행 • NH농협리츠운용 • NH벤처투자

■ 지역농협

- 조합원으로 구성된 지역농·축협은 모두 다 개별 법인이며, 지역농·축협이 출자하여 농협중앙회가 구성된다.
- 전국에 916개의 지점이 설립되어 있다.(2023년 9월 30일 기준)

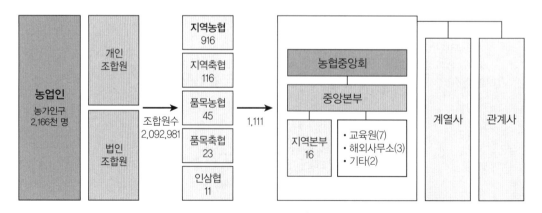

02 NH농협은행과 지역농협의 채용

구분		NH농협은행		지역농협
		6급(2023년)	5급(2023년)	
필기 시험	구성 (문항/ 시간)	• 온라인 인 · 적성(Lv.2) 평가 (280문항/40분) • 온라인 직무능력평가(40문항) • 온라인 직무상식평가(30문항) (직무능력평가+직무상식평가: 75분)	• 온라인 인 · 적성(Lv.2) 평가 (325문항/45분) • 온라인 직무능력평가 (50문항/70분) • 온라인 직무상식평가 (30문항/25분) • 논술평가(2문항/50분)	• 직무능력평가 (60문항/60분 or 60문항/70분 or 70문항/70분) ※ 지역별 상이
	출제 영역	(직무능력평가 기준) • 의사소통능력 • 문제해결능력 • 수리능력 • 정보능력 등	(직무능력평가 기준) • 의사소통능력 • 문제해결능력 • 수리능력 • 정보능력 등	• 의사소통능력 • 자원관리능력 • 수리능력 • 문제해결능력 • 조직이해능력
채용 분야		• 일반 • IT	• 일반 • 디지털 • 글로벌 • 카드 • IT	• 일반관리직 • 일반관리직(영농지도) • 일반관리직(농약판매) • 전문직(기술관리직) ※ 지역별 상이
채용 직급		• 6급 초급(일반) • 6급 중견(IT)	• 5급 정규직	6급 초급
응시 자격		연령, 성별, 학력, 전공, 어학 점수(글로벌 제외)에 따른 지원 제한 없음 남자는 병역필 또는 면제자(채용공고 상 명시된 시기까지 병역필 가능한 분 포함)		일반관리직 : 별도 직렬 자격 없음
		–	• 글로벌: 어학(다음 하나 중 해당) TOEIC 900점 이상, TOEIC Speaking AL 이상(160점 이 상), OPIc IH 이상, TOEFL(IBT) 105점 이상, New TEPS 375점 이상, TEPS Speaking 67점 이상	• 일반관리직(영농지도): 농과계 졸업자 및 '23년 2월 농과계 졸업예정자(단, 영농지도 업무 와 직접 관련 없는 축산 · 수산 · 산림 • 식품가공 · 농업경제(유사학 과 포함) 등 관련 졸업(예 정)자는 제외) 전문직: 직무관련 자격증 소지 자
채용 과정		서류전형 → 온라인 인 · 적성(Lv.1) → 필기 전형* → 면접전형 → 최종 합격 (*6급: 온라인)		
면접전형		• 집단면접(공통) • 마케팅 PT(일반)/디지털 PT(IT)	• 심층면접(일반 · 디지털 · 글로 벌 · 카드 · IT) • 토의면접(일반 · 디지털 · 글로 벌 · 카드 · IT) /영어면접(글로벌) • 실무자면접(일반 · 디지털 · 글 로벌 · 카드 · IT)	• 집단면접 • 주장면접(두 가지 주제 중 하나 를 선택해 본인의 생각을 말하 는 면접) ※ 지역별 상이

최신 기출유형 대응 전략

1 최신 기출복원 모의고사

• 2023년 6급 필기시험의 실제 기출 문제를 바탕으로 직무상식평가＋직무능력평가 구성의 기출복원 모의고사를 제공합니다.

2 최신경향 분석

• 최신 필기시험의 출제 영역과 유형을 분석·정리하여 한눈에 파악할 수 있도록 하였습니다.
• 필기시험의 기출분석 및 키워드 등을 통해 실제 시험에 접근할 수 있도록 하였습니다.

3 대표기출 유형＋유형연습 문제

• 반드시 알아야 할 농협은행 필기시험 대표 유형 문제에 대한 풀이 접근법과 상세해설을 수록하였습니다.
• 각 유형별 문제풀이 연습을 통해 문제 형태를 충분히 익힐 수 있도록 하였습니다.

4 직무상식평가

• '직무상식평가'를 따로 구성하여, 이에 대한 정보를 확인하고 대비할 수 있도록 하였습니다.
• 부록에 기출상식 용어를 수록하여 직무상식평가에 대비한 배경지식을 기본부터 탄탄하게 학습할 수 있도록 하였습니다.

실전 대비 전략

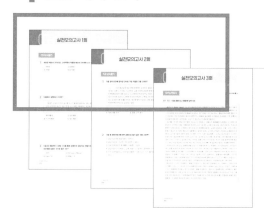

실전모의고사 3회

• 유형별 출제 경향을 파악한 뒤, 모의고사 3회분을 수록하여 시험 전 충분히 연습할 수 있도록 하였습니다.
• 실제 시험과 동일한 구성을 반영하여 실제 시험을 대비할 수 있도록 하였습니다.
• 5급 대비 고난도 모의고사가 수록되어 있습니다.

5급 논술 대비

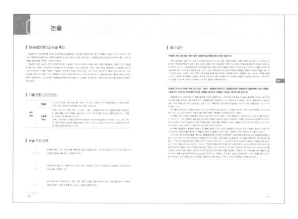

논술

• 실제 출제된 5급 약술·논술 문항에 대한 예시 답안을 제공합니다.

차례

2023년 NH농협은행 6급 기출복원 모의고사

직무상식평가 + 직무능력평가

📋 70문항 ⏱ 75분

2023년 1월 8일(추가시험 1월 14일) 실시한 NH농협은행 6급의 직무상식평가와 직무능력평가의 출제 키워드와 유형을 토대로 구성한 기출복원 모의고사입니다.

※ 실제 시험은 온라인으로 진행되었습니다.
※ [직무상식평가] 1~30번 [직무능력평가] 31~70번

01 1GB를 다른 단위로 변환한 값으로 옳은 것을 고르면?

① 1,000,000KB ② 1,000MB ③ 1,024MB

④ 0.01TB ⑤ 0.001TB

02 다음 중 코딩 언어와 그에 대한 설명이 옳지 <u>않은</u> 것을 고르면?

① PHP – 클래스 생성 및 상속이 가능하다.
② PHP – 이미지를 정적으로 생성할 수 있다.
③ HTML – 컴퓨터의 시스템이나 OS로부터 독립적이다.
④ XML – 문법상의 오류를 체크할 수 있는 유효성 검사가 존재한다.
⑤ XML – 모든 XML 문서는 유니코드 문자로만 이루어진다.

03 다음 중 TCP/IP 및 구성 요소에 대한 설명으로 옳지 <u>않은</u> 것을 고르면?

① TCP/IP는 네트워크에서 데이터 전송에 적용하는 표준 프로토콜이다.
② IP주소란 인터넷에 연결된 호스트 컴퓨터의 주소이다.
③ DHCP서버는 고정 IP주소가 없는 컴퓨터에 자동으로 IP를 할당해 주는 서버이다.
④ DNS서버는 숫자 형태로 된 도메인 네임을 숫자로 된 IP주소로 변환하는 서버이다.
⑤ 서브넷 마스크는 IP주소의 네트워크 주소와 호스트 주소를 구별하는 네트워크 식별자이다.

04 다음 (가)~(다)는 클라우드 컴퓨팅 서비스의 세 가지 모델에 관한 설명이다. 각 모델의 명칭이 바르게 짝지어진 것을 고르면?

> (가) 고객은 운영 체제(OS) 및 데이터, 애플리케이션, 미들웨어 및 런타임을 담당 관리하며, 제공 업체는 사용자가 필요로 하는 네트워크, 서버, 가상화 및 스토리지의 관리와 액세스를 담당 및 시스템이나 서비스를 구축하는 데 필요한 IT 자원을 서비스 형태로 제공한다.
>
> (나) 클라우드 자체 인프라에서 하드웨어와 OS, 소프트웨어가 구축되어 있는 서비스를 제공하며, 프로그래밍 언어를 사용하여 사용자가 개발한 애플리케이션을 실행 및 관리할 수 있다.
>
> (다) 제공 업체에서 소프트웨어와 데이터, 버그 수정 및 기타 유지관리 서비스를 제공하고, 사용자에게 기술 지원을 한다.

	(가)	(나)	(다)
①	PaaS	IaaS	SaaS
②	IaaS	PaaS	SaaS
③	IaaS	SaaS	PaaS
④	SaaS	IaaS	PaaS
⑤	SaaS	PaaS	IaaS

05 이미지 파일 형식에 대한 설명 중 gif 파일에 해당하는 것을 고르면?

① Windows에서 기본적으로 지원하는 포맷으로, 고해상도 이미지를 제공하지만 압축을 사용하지 않으므로 파일의 크기가 크다.

② 사진과 같은 정지 영상을 표현하기 위한 국제 표준 압축 방식으로 24비트 컬러를 사용하여 트루 컬러로 이미지를 표현한다.

③ 인터넷 표준 그래픽 파일 형식으로, 256가지 색을 표현하지만 애니메이션으로도 표현할 수 있다.

④ Windows에서 사용하는 메타 파일 방식으로, 비트맵과 벡터 정보를 함께 표현하고자 할 경우에 적합하다.

⑤ 데이터의 호환성이 좋아 응용프로그램 간 데이터 교환용으로 사용하는 파일 형식이다.

06 다음 (가)~(다)에 해당하는 용어를 순서대로 나열한 것을 고르면?

(가) 사용자가 자유롭게 내용을 읽고 쓰고 지울 수 있는 기억장치로, 컴퓨터가 켜지는 순간부터 CPU는 연산을 하고 동작에 필요한 모든 내용이 전원이 유지되는 내내 이 기억장치에 저장됨.

(나) 첫 내용 작성에 특수 기기가 필요하고 특성상 동적으로 쓸 수가 없는 장비. 일반적으로 한 번 기록한 정보가 전원 유지와 상관없이 (반)영구적으로 기억되며, 삭제나 수정이 불가능한 기억장치를 말함.

(다) 컴퓨터의 HDD를 대체하고 있는 NAND 플래시 메모리를 사용하는 대용량의 저장장치로, 기계적인 구동부(스핀들 모터)가 없어 소음이 없으며 소비전력 및 발열이 적고 빠른 입출력 속도를 가지는 보조기억장치.

① RAM, ROM, SSD
② RAM, SSD, ROM
③ ROM, RAM, SSD
④ ROM, SSD, RAM
⑤ SSD, RAM, ROM

07 수직 이착륙이 가능한 전동형 소형 항공기(eVTOL)를 기반으로 한 차세대 첨단 교통 체계 및 도심항공 교통 수단을 일컫는 것을 고르면?

① 커넥티드카   ② IATA   ③ ITS
④ MaaS   ⑤ UAM

08 다음 중 IPv4주소, IPv6주소, AS번호에 대한 설명으로 적절하지 <u>않은</u> 것을 고르면?

① IPv4주소는 32비트로 0.0.0.0부터 255.255.255.255까지의 조합으로 구성되며, 약 43억 개의 주소 사용이 가능하다.

② IPv6주소는 IPv4주소 부족 문제를 해결하기 위해 개발된 주소 체계로, IPv4주소를 4배 확장한 128비트이며, 약 43억×43억×43억×43억 개의 주소 사용이 가능하다.

③ AS번호는 인터넷상에서 국제 표준방식에 의해 구축된 독자적인 네트워크(자치시스템)를 통합하여 전 세계 공통의 번호 체계를 생성하도록 고안된 것이다.

④ AS번호는 동일한 라우팅 정책으로 운영되는 네트워크에 부여하는 고유한 숫자를 의미한다.

⑤ 현재 일반적으로 사용 중인 AS번호는 2바이트(byte) 체계로 6만 5,536개의 AS번호 사용이 가능하나, IPv4주소와 마찬가지로 가까운 미래에 고갈될 것으로 예측되고 있다.

09 다음 중 머신러닝에 대한 설명으로 옳은 것을 고르면?

① 기계가 학습함을 의미하는 머신 러닝은 인공지능의 분야에 속하지는 않는다.

② 소규모 데이터 세트에서도 작동이 가능한 것은 딥러닝의 특징이다.

③ 빅 데이터 활용 기술과 밀접한 관련성이 있다.

④ 머신러닝 모델은 복잡한 아키텍처로 인해 딥러닝 모델보다 더 많은 연산 능력을 필요로 한다.

⑤ 머신러닝은 딥러닝 기술에 의해 탄생되었다.

10 다음 중 내그웨어에 대한 설명으로 옳은 것을 고르면?

① 프로그램 실행 중 광고를 보여주고, 이를 봄으로써 비용 납부를 대신하는 형태의 프로그램

② 다른 사람의 컴퓨터에 잠입하여 사용자도 모르게 개인정보를 제3자에게 유출시키는 프로그램

③ 컴퓨터의 접근 권한을 막은 후 피해자를 기망 또는 협박하여 개인정보 및 금융거래 정보를 요구하거나 피해자의 금전을 이체하도록 하는 수법

④ 악성코드의 감염 방식 중 하나로, 여러 단말기에 분산되어 단말기와 연결된 네트워크를 감염시키는 악성코드

⑤ 사용자에게 주기적으로 소프트웨어를 등록하도록 요구하는 소프트웨어

11 다음은 농지법의 일부 내용이다. 이를 바탕으로 할 때, 농지 소유 제한에 대한 설명으로 옳지 <u>않은</u> 것을 고르면?

제6조(농지 소유 제한)

① 농지는 자기의 농업경영에 이용하거나 이용할 자가 아니면 소유하지 못한다.

② 다음 각 호의 어느 하나에 해당하는 경우에는 제1항에도 불구하고 자기의 농업경영에 이용하지 아니할지라도 농지를 소유할 수 있다. 다만, 소유 농지는 농업경영에 이용되도록 하여야 한다.(제2호 및 제3호는 제외한다).

1. 국가나 지방자치단체가 농지를 소유하는 경우

2. 「초·중등교육법」 및 「고등교육법」에 따른 학교, 농림축산식품부령으로 정하는 공공단체·농업연구기관·농업생산자단체 또는 종묘나 그 밖의 농업 기자재 생산자가 그 목적사업을 수행하기 위하여 필요한 시험지·연구지·실습지·종묘생산지 또는 과수 인공수분용 꽃가루 생산지로 쓰기 위하여 농림축산식품부령으로 정하는 바에 따라 농지를 취득하여 소유하는 경우

3. 주말·체험영농(농업인이 아닌 개인이 주말 등을 이용하여 취미생활이나 여가활동으로 농작물을 경작하거나 다년생식물을 재배하는 것을 말한다.)을 하려고 농지를 소유하는 경우

4. 상속으로 농지를 취득하여 소유하는 경우

5. 대통령령으로 정하는 기간 이상 농업경영을 하던 자가 이농(離農)한 후에도 이농 당시 소유하고 있던 농지를 계속 소유하는 경우

6. 담보농지를 취득하여 소유하는 경우

7. 농지전용허가를 받거나 농지전용신고를 한 자가 그 농지를 소유하는 경우

8. 농지전용협의를 마친 농지를 소유하는 경우

9. 농지의 개발사업지구에 있는 농지로서 대통령령으로 정하는 1천500제곱미터 미만의 농지나 「농어촌정비법」에 따른 농지를 취득하여 소유하는 경우

9의2. 농업진흥지역 밖의 농지 중 최상단부부터 최하단부까지의 평균경사율이 15퍼센트 이상인 농지로서 대통령령으로 정하는 농지를 소유하는 경우

10. 다음 각 목의 어느 하나에 해당하는 경우

　　가. 한국농어촌공사가 농지를 취득하여 소유하는 경우

　　나. 매립농지를 취득하여 소유하는 경우

　　라. 토지수용으로 농지를 취득하여 소유하는 경우

③ 농지를 임대하거나 사용대(使用貸)하는 경우에는 제1항에도 불구하고 자기의 농업경영에 이용하지 아니할지라도 그 기간 중에는 농지를 계속 소유할 수 있다.

④ 대통령령으로 정하는 기간 이상 농업경영을 한 후 이농한 자는 이농 당시 소유 농지 중에서 총 1만 제곱미터까지만 소유할 수 있다.

① 학교나 공공단체가 특정 사업의 시험·연구를 목적으로 하는 경우에는 농지를 소유할 수 있도록 규정하고 있다.

② 농업 종사자가 아닌 개인도 농업경영상 목적이 아닌 경우에도 농지 소유를 할 수 있다.

③ 직접 농사를 하지 않고 농지를 임대하는 경우에도 농지 소유를 할 수 있다.

④ 이농을 할 경우, 소유하던 농지의 지속 소유를 엄격하게 금하고 있다.

⑤ 경사가 일정 범위 이상이라 영농여건에 불리한 농지는 농업인이 아니어도 소유할 수 있다.

12 다음 글의 빈칸에 들어갈 말로 적절한 것을 고르면?

> 산업화 촉진으로 지구환경이 오염되고 농약과 비료 등 화학자재 살포량 증가로 안전 농산물 생산이 어려운 반면, 세계 인구는 지속적으로 증가함에 따라 식량 생산량을 늘려야 하는 절박한 실정이다. 이에 따라 농약이나 비료의 살포량을 줄이면서 농산물의 생산량을 늘릴 수 있는 농업으로 (   )이 등장했다. 이는 파종 전처리에서부터 수확까지 작물 재배 기간의 모든 면에 이용될 수 있는 기술로서 △경운 △파종 △시비 △방제 △작물 생육 관찰 △수확 작업 등 기계기술과 관련된다.

① 개량농업　　　　　② 분석농업　　　　　③ 정밀농업
④ 산업화 농업　　　　⑤ 혁신농업

13 다음 중 농업진흥구역과 농업보호구역에서 공통적으로 허용되는 행위로 적절하지 <u>않은</u> 것을 고르면?

① 농작물의 경작
② 다년생식물의 재배
③ 간이퇴비장의 설치
④ 주말농장 운영
⑤ 농지개량사업

14 다음 중 지력을 유지 · 향상하기 위한 방법으로 적절하지 <u>않은</u> 것을 고르면?

① 깊이갈이를 한다.
② 녹비작물을 재배한다.
③ 돌려짓기 재배를 한다.
④ 병충해 방제를 위해 볏짚을 태워 개간한 논에 경작한다.
⑤ 유효규산의 함량을 높이고, 석회를 활용해 토양 산성화를 방지한다.

15 다음 [보기]에서 법정 가축 질병 분류에 따라 제1종 가축전염병에 해당하는 전염병의 개수로 옳은 것을 고르면?

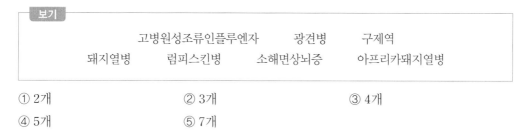

보기

고병원성조류인플루엔자　　　광견병　　　구제역

돼지열병　　　럼피스킨병　　　소해면상뇌증　　　아프리카돼지열병

① 2개　　　　　　　　② 3개　　　　　　　　③ 4개

④ 5개　　　　　　　　⑤ 7개

16 다음 중 지정거래외국환은행제도에 대한 설명으로 옳지 <u>않은</u> 것을 고르면?

① 외국환은행은 외국환거래법에 의해 인가를 받아 외국환업무를 영위하는 은행이다.

② 특정 외국환거래를 하기 전, 해당 거래를 관리할 최대 2개의 은행을 사전에 지정하고 해당 거래를 지정은행에서만 거래하는 제도이다.

② 미화 1,000 상당액 이하의 소액송금의 경우는 거래외국환은행을 지정하지 않고도 해외송금이 가능하다.

③ 스마트뱅킹을 통해 건당 미화 5천 달러 상당액 초과하는 경우라도 연간 5만 달러 이내에서 증빙서류를 제출하지 않고 송금이 가능하다.

④ 스마트뱅킹을 통해 외국인도 거래외국환은행을 지정하여 한국에서 벌어들인 소득을 자국으로 송금할 수 있다.

⑤ 지정거래외국환은행은 변경할 수 있다.

17 다음 글을 토대로 R국 국민 A~D 중에서 추가로 대출을 받을 수 있는 사람은 몇 명인지 고르면?(단, 주어진 조건만 고려한다.)

- R국의 금융당국이 설정한 DSR은 40%이다.
- R국의 국민 A, B, C, D의 연 소득은 모두 9천만 원이다.

[표] A~D의 대출 현황

구분	주택담보대출 원리금 상환액	기타 대출 연간평균 원리금 상환액
A	원금 1천만 원 이자 1백만 원	원금 2천만 원 이자 2백만 원
B	원금 4천만 원 이자 2백만 원	원금 1천만 원 이자 1백만 원
C	원금 3천만 원 이자 5백만 원	원금 3천만 원 이자 1백만 원
D	원금 5천만 원 이자 2백만 원	—

① 0명   ② 1명   ③ 2명
④ 3명   ⑤ 4명

18 A국은 기준금리를 유지하였고, B국은 최근 기준금리를 인상하였다. 이 때 A국 경제에 미치는 영향으로 적절하지 <u>않은</u> 것을 고르면?(단, A국 경제는 자본이동이 자유롭고 변동환율제도를 채택하고 있다.)

① A국 통화가 평가 절하될 것이다.
② 단기적으로 A국의 국제수지는 개선될 것이다.
③ 단기적으로 무역수지가 개선될 것이다.
④ 자본 유출이 발생할 것이다.
⑤ B국으로부터 수입되는 상품의 A국의 화폐 표시 가격이 상승할 것이다.

19 다음 [보기]의 빈칸 ㉠~㉢에 들어갈 단어를 순서대로 짝지은 것을 고르면?

> **보기**
>
> (㉠): 단기카드대출상품이며, 미리 부여된 한도 내에서 이용할 수 있는 금융상품이다.
>
> (㉡): 일부결제금액이월약정 결제방식으로, 약정된 결제일에 최소의 금액만 결제하고 나머지 대금은 대출로 이전하는 결제 방식이다.
>
> (㉢): 장기카드대출상품이며 신용카드회사 또는 신용카드회사와 업무제휴를 맺은 은행에서 고객의 신용도와 카드 이용실적에 따라 대출을 해주는 금융상품이다.

	㉠	㉡	㉢
①	리볼빙	현금서비스	카드론
②	카드론	리볼빙	현금서비스
③	카드론	현금서비스	리볼빙
④	현금서비스	리볼빙	카드론
⑤	현금서비스	카드론	리볼빙

20 다음 중 주택청약종합저축에 대한 설명으로 옳지 <u>않은</u> 것을 고르면?

① 국민인 개인뿐만 아니라 국내 거주 재외동포 및 외국인거주자도 가입할 수 있다.

② 근로소득이 있는 거주자가 일정 요건을 충족할 경우, 납입금액의 40%(최대 96만 원)까지 연말정산 소득공제를 받을 수 있다.

③ 예금자보호법에 따라 예금보험공사가 보호하는 금융상품이다.

④ NH농협은행은 주택도시기금 수탁은행에 해당한다.

⑤ 국토교통부 고시에 의해 이율이 변경되는 상품이다.

21 인플레이션이 유발하는 비용으로 적절하지 <u>않은</u> 것을 고르면?

① 국산품의 상대가격이 상승하여 경상수지가 악화된다.

② 예상과 다른 인플레이션이 발생하면 채권자는 이득을 본다.

③ 예상과 다른 인플레이션이 발생하면 단기계약이 활성화되고 장기계약이 위축된다.

④ 누진소득세 체제에서는 인플레이션으로 인해 조세부담이 증가한다.

⑤ 인플레이션으로 인해 현금 보유를 줄이고 은행 예금이 증가하여 거래비용이 증가한다.

22 다음 글의 밑줄친 ㉠과 ㉡에 대한 설명으로 적절하지 <u>않은</u> 것을 고르면?

> ㉠분수효과는 저소득층의 소득이 증가하면 전체적인 소비와 투자가 증가하여 경제가 성장하는 효과를 말한다. 이와 상반되는 개념으로는 ㉡낙수효과가 있다. 낙수효과는 고소득층의 소득이 증가하면 그 부유함이 저소득층에게도 떨어져서 전체적인 경제가 성장하는 효과를 말한다.

① ㉠은 국민의 소비성향이 높을수록 효과가 빠르게 나타날 수 있다.

② ㉡은 개방 경제 하에서는 효과가 떨어질 수 있다.

③ ㉡과 달리 ㉠은 보조금 지급을 통해 사회 전체 후생을 증가시킬 수 있다.

④ ㉠의 대표적인 정책으로는 최저임금제, 기본소득제, 지역상품권 지급 등이 있다.

⑤ ㉡에 따르면 세율 인하를 통해 투자 증가를 유도하고, 이로 인해 더 많은 조세수입 확보가 가능하다.

23 A국과 B국은 노동만을 투입하여 X재와 Y재를 생산한다. 재화 한 단위를 생산하기 위한 노동시간이 다음 표와 같을 때 적절하지 <u>않은</u> 것을 고르면?

구분	A국	B국
X	50	100
Y	80	125

① A국은 X재 생산에서 비교우위를 가진다.

② A국에서 Y재 1개를 생산하는 데 발생하는 기회비용은 X재 $\frac{8}{5}$개이다.

③ B국은 Y재 생산에서 비교우위를 가진다.

④ B국에서 X재 1개 생산하는 데 발생하는 기회비용은 Y재 1.25개이다.

⑤ A국은 X재와 Y재 생산 모두에 있어 절대우위를 가진다.

24 다음 중 신탁의 기본원칙에 해당하지 <u>않는</u> 것을 고르면?

① 분별관리의 원칙 　　② 선관의무의 원칙 　　③ 신의성실의 원칙

④ 실적배당의 원칙 　　⑤ 평등비례배당의 원칙

25 통화 스와프에 관한 설명 중 적절하지 <u>않은</u> 것을 고르면?

① 일시적인 외화 부족 극복 수단이다.

② 미래 일정기간동안 거래 당사자간 서로 다른 통화표시 채무 원금에 대한 이자금액 및 원금 교환이 이루어진다.

③ 한국과 통화 스와프 계약을 맺고 있는 나라 중 캐나다는 유일하게 상설 통화 스와프를 체결한 나라이다.

④ 계약불이행위험과 같은 신용위험이 존재한다.

⑤ 헤지기간을 단기로 축소하기 위하여 발생한다.

26 다음 중 유가증권에 해당하지 <u>않는</u> 것을 고르면?

① 상품권   ② 수표   ③ 어음

④ 채권   ⑤ 현금영수증

27 다음 중 주식의 발행 형태에 대한 설명으로 옳지 <u>않은</u> 것을 고르면?

① 기업공개란 주식회사가 신규 발행 주식을 모집하거나, 이미 발행한 주식을 매출하는 것이다.

② 전환사채란 일정 조건 하에 발행회사의 주식으로 전환할 수 있는 옵션이 부여된 사채로, 주식 전환 시 발행회사의 자본금이 증가한다.

③ 유상증자는 신주를 발행하여 회사의 자본금을 증가시키는 것이다.

④ 유상증자와 무상증자를 통해 유통 주식 수와 자본금의 증가로 회사의 총자산이 증가한다.

⑤ 주식의 액면 분할은 무상증자와 마찬가지로 주식 수는 증가하나, 액면 분할 시 자본금은 증가하지 않는다.

28 다음 [보기]에서 BIS자기자본비율에 대한 설명으로 옳은 것을 모두 고르면?

> **보기**
>
> ㉠ 은행의 경영 건전성을 판단하는 지표로, 금융기관의 사기사본 대비 위험가중자산의 비율로 산출한다.
> ㉡ 우리나라는 BIS 비율을 도입하여 시행하고 있으며, 현행 법정비율은 8% 이상이나 금융당국은 11% 이상 유지할 것을 권고한다.
> ㉢ 보유한 자산의 신용도가 높을수록 위험 가중치는 높게 부과한다.
> ㉣ 2008년 글로벌 금융위기 이후 위험가중자산 산출 방식 개편안인 바젤Ⅲ 협약이 발표되었다.

① ㉠, ㉡   ② ㉠, ㉢   ③ ㉡, ㉢

④ ㉠, ㉡, ㉣   ⑤ ㉡, ㉢, ㉣

29 다음 중 한국은행의 주요 기능 및 역할로 옳지 <u>않은</u> 것을 고르면?

① 우리나라의 화폐를 발행한다.

② 국고금을 수납하고 지급하며, 정부의 은행으로서 기능한다.

③ 한국은행의 총재는 금융통화위원회의 의장을 겸임한다.

④ 한국은행의 금융통화위원회는 통화신용정책에 대한 최고 의사결정기구이다.

⑤ 통화신용정책의 목표는 통화량을 중간목표로 하여 물가안정을 도모하고 국민경제의 건전한 발전을 이루는 것이다.

30 다음 중 우리나라의 주식시장에 대한 내용으로 옳지 <u>않은</u> 것을 고르면?

① 코스피(KOSPI)에 상장하기 위해서는 기업의 자기자본이 300억 원 이상, 매출액은 1,000억 원 이상이어야 한다.

② 코스피200에 해당하는 종목은 매년 달라질 수 있다.

③ 코스닥(KOSDAQ)은 IT 및 벤처 기업의 자금 조달을 목적으로 개설된 주식시장이다.

④ 코넥스(KONEX)에는 중소기업만 상장할 수 있으며, 코스닥과 구분되는 별도의 시장제도에 기초하여 운영된다.

⑤ K-OTC는 비상장주식의 매매거래를 위해 한국거래소가 운영하는 제도화된 장외시장이다.

31 다음 글을 읽고 핵심내용으로 가장 적절한 것을 고르면?

젊고 디지털에 익숙한 소비자는 모든 오프라인 경험이 웹에 복제되고, 가능하면 더 개선되길 기대한다. 여기에는 소비자가 있는 모든 디지털 환경에서 현금 없는 결제, 신용한도, 대출 및 보험 등 다양한 금융 서비스를 사용하는 것이 포함된다.

결국 소비자의 기대치를 잘 알고 있는 비금융 회사가 고객 및 이해관계자로 하여금 디지털 플랫폼에서 금융 서비스에 원활하게 액세스할 수 있도록 기존 금융회사 및 핀테크와 협력하는 임베디드 금융이 전세계적으로 각광받고 있다. 중국의 슈퍼 앱 '위챗(WeChat)'과 '알리페이(Alipay)'는 둘 다 사용자가 로컬 비즈니스 및 대형 브랜드를 검색하고 거래할 수 있는 단일 창구 역할을 하며, 차량 공유, 모바일 충전, 자산 관리 등 다양한 서비스에도 액세스할 수 있다.

비금융 플랫폼의 도달 범위와 고객 연결 수준을 감안하면 임베디드 금융 서비스는 전통적인 금융기관 서비스에서 소외된 소비자와 기업이 사용할 가능성이 높다.

또 기술을 활용한 더 간단한 온보딩 및 문의 프로세스는 기존의 은행 업무가 부담스러울 수 있는 금융소외계층에 적합하다. 이 때문에 임베디드 금융은 금융 포용성을 높일 수 있는 좋은 위치에 있다. 또한 임베디드 금융의 중요한 특징은 고객의 금융 상품 이해도를 높이고, 해당 상품을 더 쉽게 소비할 수 있도록 해주는 교육이다. 예를 들면 인도의 일반 소비자는 뮤추얼 펀드 등의 상품은 이해하지만 투자 접근법 지침이 필요할 수 있다. 일상적인 고객 여정에 투자 계획 및 거래를 포함시키는 것은 이 문제를 해결하고 개인 투자자의 자본 시장 참여를 촉진할 새로운 영역이다.

① 사용자는 임베디드 금융을 통해 로컬 비즈니스 및 대형 브랜드를 검색하고 거래할 수 있다.
② 임베디드 금융 상품은 기술을 통해서 전 세계의 소외된 사람들의 삶을 긍정적으로 변화시키는 역할을 한다.
③ 임베디드 금융은 금융소외계층에 대한 금융 포용성을 높이고, 고객의 금융 상품 이해도를 높여 시장참여를 촉진한다.
④ 임베디드 금융은 소비자가 있는 모든 디지털 환경에서 다양한 금융 서비스를 사용하기 때문에 개인의 재정적 안정성을 높인다.
⑤ 비금융 플랫폼의 도달 범위와 고객을 연결하는 임베디드 금융은 기존 금융회사 및 핀테크와 협력하여 다양한 서비스를 개발하고 있다.

최근 경상수지는 3개월 연속 흑자를 기록했으나, 수입이 수출보다 더 크게 줄어든 '불황형 흑자'가 나타났다. 구성 요소 중 상품수지가 흑자를 기록하면서 전체 경상수지를 견인했다. 2023년 7월 상품수지(수출액−수입액)는 수출액이 2022년 같은 달보다 14.8% 감소한 504억 3천만 달러였던 반면에, 수입액이 22.7% 감소한 461억 5천만 달러를 기록하면서 전체적으로 42억 8천만 달러 흑자로 집계됐다.

수출은 승용차가 2022년 동월 대비 15.7% 증가했지만, 석유제품, 반도체(−33.8%) 등은 감소했다. 수입은 에너지 수입 가격이 2023년 7월 중에 하락하면서 가스(−51.2%), 석유제품(−40.9%) 등을 중심으로 원자재 수입이 35.7% 줄었다.

2023년 7월 경상수지 내 서비스수지와 본원소득수지는 각각 25억 3천만 달러 적자, 29억 2천만 달러 흑자를 기록했다. 서비스수지는 국외로 나가는 수요가 많은 휴가철 등의 영향으로 여행수지가 14억 3천만 달러 적자였다. 본원소득수지는 6월보다는 흑자 규모가 줄었다. 한은은 하반기가 시작되는 7월에 2022년 동기(17억 달러) 대비 흑자 규모가 커지면서 경상수지 흑자 기조가 지속되는 것이 분명해졌다고 설명했다. 다만, 가파르게 다시 오르고 있는 국제유가가 문제이다. 최근 국제유가는 사우디아라비아와 러시아의 감산 등으로 배럴당 90달러(브렌트유·두바이유 기준)를 넘겼다. 에너지 수입 가격이 뛰면 수입액 감소세가 둔화해 상품수지 흑자 규모도 축소될 수 있다. 경상수지가 불황형 흑자는 커녕 적자로 되돌아갈 수 있다는 뜻이다.

[K사원의 보고서]
- 제목: 2023년 7월 경상수지 35억 8천만 달러 흑자
- 상세내용
  - 상품수지: 42억 8천만 달러
  - 품목별 수출입 (2022년 7월 대비)
    a. 수출: 승용차(+15.7%) 석유제품, 반도체(−33.8%)
    b. 수입: 가스(−51.2%), 석유제품(−40.9%)
- 현황(2023. 7월)
  - 서비스수지: 25억 3천만 달러 적자
  - 본원소득수지: 29억 2천만 달러 흑자
  - 여행수지: 14억 3천만 달러 적자
- 향후 예측: 국제유가가 중요변수
    에너지 수입 가격 ↑ ▷ 수입액 감소세 둔화 ▷ 상품수지 흑자 규모 축소 ▷ 경상수지 적자

33　다음 글의 제목으로 가장 적절한 것을 고르면?

　NH농협은행은 농림축산식품부와 농가 온실가스 감축 활성화(농가 탄소배출권 거래 지원)를 위한 업무협약을 맺었다. '배출권거래제'는 온실가스(탄소)를 배출하는 기업들에게 배출 가능한 할당량을 부여하고 그 초과·부족분을 배출권 형태로 사고팔 수 있도록 하는 제도다. 농민들 역시 영농 과정에서 탄소 감축 사실을 인정받으면 배출권을 발급받아 필요한 기업 등에 판매, 부수익을 올릴 수 있다. 이른바 '농업분야 배출권거래제 외부사업'이다. 하지만 농민들이 이 사업에 참여하기란 쉬운 일이 아니다. 건당 300~400만 원에 달하는 탄소감축량 검증 비용을 자부담해야 하는 것은 물론, 발급받은 배출권을 거래하려면 개인이 수요업체를 찾아 거래해야 하기 때문이다.

　이번 업무협약은 이 문제를 완화해보려는 시도다. 농협은행이 농가의 감축량 검증비용을 지원하고 농가로부터 배출권도 매입해 보겠다는 내용이다. 매입한 배출권은 농협은행이 판매·사용·소멸 등 자체 처분하게 된다. 농식품부는 협약 이행을 위한 행정적·제도적 지원을 담당한다. 지원을 받는 농가는 큰 도움이 된다. 협약에 따른 지원대상 1호 ㈜그린케이팜은 딸기와 시서스를 재배하는 농업법인이다. 공기열 히트펌프를 설치해 연간 약 250톤의 탄소를 감축하고 있는데, 톤당 배출권 가격을 1만 2,000원이라 했을 때 2년간의 감축실적으로 600만 원의 소득을 창출할 것으로 기대된다.

　농식품부 기획조정실장은 "농업은 대표적인 기후민감산업으로 안정적 식량확보를 우선순위에 두면서 온실가스를 감축하는 전략적인 접근이 필요하다"라며 "이번 업무협약을 통해 농가의 온실가스 감축이 활성화되길 바란다"고 말했다.

① 탄소배출권거래제 국내 현황

② 농업 온실가스 감축사업에서 NH농협은행의 역할

③ NH농협은행 ESG 실천: 농업 온실가스 감축사업 지원

④ 농림축산식품부의 온실가스 감축 계획

⑤ 탄소감축량 검증 비용 감소 방안

34 다음은 N은행의 「오픈뱅킹 안심서비스」 시행에 대한 내용이다. 이를 바탕으로 고객과 상담원이 나눈 대화의 내용으로 적절하지 <u>않은</u> 것을 고르면?

「오픈뱅킹 안심서비스」 시행 안내

항상 N은행을 이용해주시는 고객님께 진심으로 감사드립니다. 고객님의 자산을 보호하기 위한 「오픈뱅킹 안심서비스」를 2023년 9월 11일부로 시행하오니 이용에 참고하여 주시기 바랍니다.

시행목적
• 오픈뱅킹 서비스를 이용한 보이스피싱 등 전기통신금융사기 피해 사전 예방

주요내용
• 오픈뱅킹 안심서비스(N은행 계좌)
 − 등록제한: 타 기관에서 N은행 계좌의 오픈뱅킹 계좌 등록을 제한
 − 거래제한: 타 기관에서 N은행 계좌의 오픈뱅킹 이체 혹은 조회 거래를 제한
  (영업점을 통한 거래제한 신청 시, 특정 계좌 및 기관 선택 가능)

적용대상
• 개인(개인사업자 포함) 고객 중 사전에 안심서비스를 신청한 고객
• 신청 후 즉시 효력 발생

유의사항
• 신청가능 채널
 − 등록: 영업점, 고객행복센터(☎1661−××××)
  ※ '23년 11월부터 N은행 앱에 추가 도입 예정
 − 해제: 영업점(예금주 본인이 신분증 지참하여 방문)에서 해제 신청

상담원 A(이하 A): 안녕하세요. N은행 고객행복센터 상담원 A입니다. 무엇을 도와드릴까요?

고객 B(이하 B): 제가 오늘부로 시행하는 오픈뱅킹 안심서비스를 가입하려고 하는데요. 가능할까요? 얼마 전에 보이스피싱을 당할 뻔해서 불안해서요.

A: 네, ㉠본 서비스는 보이스피싱 등의 금융사기 피해를 예방하기 위해 도입되었습니다. 두 가지 서비스를 신청하실 수 있는데 어떤 것을 가입하시겠어요?

B: 저는 Q은행에서 제 N은행 계좌의 오픈뱅킹 잔액 조회를 막고 싶어요.

A: 아, 그럼 ㉡거래제한 서비스를 이용하시면 됩니다. 근데 Q은행만 막으시면 되는 건가요?

B: 네, 자꾸 Q은행을 사칭해서 보이스피싱 전화가 와요. 제가 다른 은행에는 통장도 없고 해서 Q은행만 막으면 될 것 같아요. 거래제한 서비스 바로 신청 가능할까요?

A: 네, ㉢지금 바로 도와드리겠습니다.

B: 감사합니다. 제가 아들 계좌도 동일한 서비스를 신청하려고 하는데 N은행 앱으로도 신청 가능한가요?

A: ㉣현재는 신청이 영업점이나 고객행복센터를 통해서만 가능합니다. N은행 앱에는 11월부터 도입 예정입니다.

B: 네, 그럼 추후에 신청한 서비스를 해지해야 할 때는 어떻게 해야 할까요?

A: 해지의 경우 ㉤유선상 처리는 안 되고 예금주 본인의 신분증을 지참하셔서 영업점 방문해주시면 됩니다.

B: 네, 감사합니다.

① ㉠
② ㉡
③ ㉢
④ ㉣
⑤ ㉤

심리학에서 감각은 어떠한 자극의 존재를 알아차리는 것으로, 자극에 대한 뇌의 해석 과정이라고 볼 수 있다. 인간의 감각세포는 무수히 많은 자극에 노출되지만 모든 자극이 지각되고 해석되는 것은 아니다. 자극이 뇌가 의식적으로 해석할 수 있는 감각 정보의 수준인 절대역에 미치지 못하기 때문이다.

절대역이란 자극의 존재를 알아차리는 최소한의 에너지 강도로, 개인이 감각을 경험할 수 있는 가장 낮은 수준이자 자극에 대한 탐지를 측정하는 개념이다. 사람의 감각은 자극 에너지가 일정 이하로 절대역에 도달하지 못하면 자극의 탐지가 이루어지지 않는다. 예를 들어 특정 제품을 소비자가 인지하려면 광고, 마케팅 활동 등 노출되는 자극이 최소한의 절대역을 지니고 있어야 한다. 이러한 절대역은 개인마다 그 수준이 상이하며, 변화가 없는 일정한 자극 조건에서는 절대역의 증가, 즉 감각이 둔해질 수 있다.

절대역이 자극의 탐지와 관련된 개념이라면 자극의 변별과 관련된 용어로 차이역이 있다. 차이역은 두 자극 간의 차이를 감지할 수 있는 최소한의 에너지 강도의 차인 '최소 가치 차이'를 말한다. 절대역과 마찬가지로 차이역 또한 개인마다 다른데, 예를 들어 어떤 사람은 10g과 15g의 차이를 구분할 수 있지만, 또 어떤 사람은 10g과 25g 정도가 되어야 차이를 구분할 수 있다.

19세기에 생리학자 하인리히 베버는 이와 같은 최소 가치 차이를 수식화한 베버의 법칙을 발표했다. 베버의 법칙에 따르면 자극을 받고 있는 감각기에서 자극의 크기가 변화된 것을 느끼기 위해서는 처음에 약한 자극을 주면 자극의 변화가 적어도 그 변화를 쉽게 감지할 수 있다. 그러나 처음에 강한 자극을 주면 자극의 변화를 감지하는 능력이 약해져서 작은 자극은 느낄 수 없으며 더 큰 자극에서만 변화를 느낄 수 있다. 즉, (   )

예를 들어 처음에 강도가 100럭스인 빛에 자극되었을 경우 자극의 변화량이 1럭스 이상이어야 그 밝기의 변화를 느낄 수 있고 만약 처음 빛이 1000럭스였을 경우 자극의 변화량이 10럭스 이상이 되어야만 밝기의 변화를 느낄 수 있다. 베버는 이 법칙이 우리의 감각기가 수용할 수 있는 범위에서만 적용되며 자극의 세기가 너무 크거나 약할 경우에는 적용되지 않는다고 보았다.

이러한 절대역과 차이역은 오늘날 소비자 행동을 이해하고 마케팅을 전략적으로 활용하는데 활발하게 이용되고 있다. 제품의 변화를 소비자들이 인지하게 할 것인지, 또는 어떠한 변화는 있지만 기존과의 차이를 감지하지 못하게 할 것인지의 문제는 판촉과 이미지 전략에 중요한 요소로 작용한다.

① 베버의 법칙은 자연 환경에만 적용될 수 있다는 것이다.
② 지각에 필요한 변화의 양이 원래 자극의 크기에 비례한다는 것이다.
③ 자극은 자극의 강도 외에도 사전 경험, 순간의 감정 등의 영향을 받는다.
④ 절대역과 달리 차이역은 사람마다 다른 상대적인 개념이라는 것이다.
⑤ 절대역 이하의 자극이더라도 무의식중에 변화를 감지할 수 있다.

36 다음 글의 내용을 바탕으로 할 때, [보기]의 내용을 잘못 이해한 것을 고르면?

　　CDS는 채권 투자자들이 신용 위험을 피하려는 목적으로 활용하는 파생 금융 상품이다. CDS 거래는 '보장 매입자'와 '보장 매도자' 사이에서 이루어진다. 여기서 '보장'이란 신용 위험으로부터의 보호를 뜻한다. 보장 매도자는 보장 매입자가 보유한 채권에서 부도가 나면 이에 따른 손실을 보상하는 역할을 한다. CDS 거래를 통해 채권의 신용 위험은 보장 매입자로부터 보장 매도자로 이전된다. CDS 거래에서 신용 위험의 이전이 일어나는 대상 자산을 '기초 자산'이라 한다.

　　보장 매도자는 기초 자산의 신용 위험을 부담하는 것에 대한 보상으로 보장 매입자로부터 일종의 보험료를 받는데, 이것의 요율이 CDS 프리미엄이다. CDS 프리미엄은 기초 자산의 신용 위험이나 보장 매도자의 유사시 지급 능력과 같은 여러 요인의 영향을 받는다. 다른 요인이 동일한 경우, 기초 자산의 신용 위험이 크면 CDS 프리미엄도 크다. 한편 보장 매도자의 지급 능력이 우수할수록 보장 매입자는 유사시 손실을 보다 확실히 보전받을 수 있으므로 보다 큰 CDS 프리미엄을 기꺼이 지불하는 경향이 있다. 만약 보장 매도자가 발행한 채권이 있다면, 그 신용 등급으로 보장 매도자의 지급 능력을 판단할 수 있다.

> 보기
>
> 　　은행 '갑'은, 기업 '을'이 발행한 채권을 매입하면서 그것의 신용 위험을 피하기 위해 보험 회사 '병'과 CDS 계약을 체결할 수 있다. 이때 기초 자산은 '을'이 발행한 채권이다.

① '병'은 '을'이 발행한 채권의 신용 위험을 부담하는 보장 매도자이다.
② '병'이 발행한 채권의 신용 등급이 높으면 CDS 프리미엄이 크다.
③ '병'의 지급 능력이 우수하면 '갑'은 유사시 손실을 보장받을 확률이 높다.
④ '병'이 발행한 채권의 신용 등급으로 '병'의 지급 능력을 판단할 수 있다.
⑤ '병'의 지급 능력이 우수하면 '갑'이 부담하는 CDS 프리미엄이 작다.

37 다음 중 주어진 글의 논점 전개 방식으로 적절한 것을 [보기]에서 모두 고르면?

사르트르는 본질이 먼저 있고 존재가 그것에 맞춰서 만들어지는 것을 '즉자 존재'라고 했다. 컴퓨터, 휴대 전화, 적외선 감지 장치, 인터넷, 프로그램, 인공지능 등은 모두 즉자 존재다. 가령 영화 「매트릭스」의 요원들도 즉자 존재다. 그들은 본질이 먼저이고 존재는 그다음이다. 제작자의 머리 안에 먼저 착상된 숙명적인 본질에 따라서 만들어지기 때문에 그들에게는 자유가 없다. 자유가 없으니 선택할 수도 없다.

사르트르에 따르면 이와는 전혀 다른 존재가 있다. 본질보다 앞서는 이 존재는 목수나 기술자가 만들어 내는 것이 아니라 저 스스로 자신을 선택하고 만들어 가는 존재다. 이 자유의 존재, 선택의 존재를 사르트르는 '대자 존재'라고 불렀다. 물론 이런 존재 방식은 오직 인간만이 가질 수 있다. 인간은 축구공이나 책상처럼 숙명적으로 결정된 본질이 없다. 자신의 선택에 따라 자신의 존재를 자유롭게 만들어 가기 때문이다. 존재가 먼저이고 본질은 그다음의 문제인 것이다. 이러한 대자 존재는 더 익숙한 표현으로 '주체성의 존재'라고 말할 수 있다.

영화 「매트릭스」에서 '네오'는 '그'로 태어난 것도 아니고 '그'로 만들어진 것도 아니었다. 그는 컴퓨터 회사의 평범한 사원이었고 틈틈이 다른 프로그램에서 정보를 훔쳐 내서 가욋돈을 마련하곤 했던 단순 해커에 지나지 않았다. 물론 모피어스는 네오를 '그'로 믿었고 대원 트리니티는 이러한 모피어스의 말을 믿었다. 그러나 선지자 오라클은 네오에게 "너는 '그'가 아니다."라고 분명히 말한다. 결국 네오가 '그'가 될 수 있었던 것은 네오 자신의 선택과 결단, 믿음과 사랑 때문이었다. 말하자면 주체적 존재로서 네오가 먼저 있었고, 스스로의 선택에 의해 '그'로 변해갈 수 있었다는 것이다. 이것이 사르트르가 말하는 실존의 제일 명제, 즉 '존재는 본질에 앞선다'의 의미이다.

영화 「매트릭스」의 상황이나 인조인간, 사이버 생명 등의 존재는 어쩌면 머지않은 미래에 우리가 부딪혀야 할 실제 상황일 수도 있다. 그러나 그 상황이 어떤 것이든 진짜 인간의 기준은 변함없는 것이니, 우리는 그런 기준으로 가짜 인간과 진짜 인간을 구별해야 한다. 그것은 선택, 믿음, 사랑을 통해 자신을 어떤 존재로 만들어 가며 실존하는 대자 존재이다.

보기

㉠ 대조를 통하여 대상의 이해를 돕고 있다.
㉡ 대상의 역사적 변천 과정을 설명하고 있다.
㉢ 글에서 설명하는 대상의 개념을 정의하고 있다.
㉣ 구체적인 사례를 제시해 독자의 이해를 돕고 있다.
㉤ 대상의 장단점을 비교하여 독자의 이해를 돕고 있다.

① ㉠, ㉤   ② ㉢, ㉣   ③ ㉠, ㉢, ㉣
④ ㉠, ㉡, ㉣, ㉤   ⑤ ㉠, ㉡, ㉢, ㉣, ㉤

38 다음 중 아래 글을 바탕으로 알 수 있는 것을 고르면?

덕수궁 북쪽 가장 높은 자리에 있는 정관헌은 우리나라 궁궐 안에 건축된 첫 서양식 건물이다. 이름부터가 '고요하게 바라본다'라는 뜻으로, 덕수궁 전체를 조망하기 좋은 위치에 자리하고 있다. 정관헌은 1900년 무렵 러시아 출신 건축가 사바틴이 설계한 것으로, 서양미와 전통미가 어우러진 독특한 구조의 건축물이다. 처마가 길게 나오지 않고, 로마네스크 양식의 기둥과 붉은 벽돌, 화려한 색채의 난간은 이국적인 느낌을 자아낸다. 하지만 팔작지붕을 사용한 점과 화랑의 난간에 소나무, 사슴, 박쥐 등의 형상을 띤 문양을 사용하여 우리 건축의 미도 함께 느낄 수 있어, 서양식 형상에 우리 문화와 정서가 녹아 있다고 평할 수 있다.

정관헌은 고종 황제가 다과회를 열고 음악을 감상했던 휴식 공간으로 일종의 정자와 같은 역할을 했던 곳이다. 사신이나 외국 공사들의 접견 장소로도 쓰였다고 한다. 당대의 상황을 고려한다면, 정관헌에서의 시간은 고종에게 잠시나마 여유를 제공해 주었을 것으로 짐작할 수 있다. 고종 황제가 정관헌에서 차 마시기를 즐겼으며, 특히 커피를 좋아하셨다는 이야기는 유명하다. 커피는 1890년대 초에 전해진 것으로 알려져 있는데, 고종 황제는 1896년 아관파천 때 러시아 공사가 커피를 진상한 후에 즐겨 마셨다고 전해진다. 당시 고종 황제는 세자와 함께 약 1년간 러시아 공사관에 머물면서 커피를 마셨고, 덕수궁으로 돌아온 후에도 그 맛을 잊지 못해 자주 찾게 되었다고 한다. 커피가 궁중 내의 기호 식품으로 자리매김한 연유이다.

현재 정관헌은 내부까지 일반 관람객들이 드나들 수 있고, 실내화로 갈아 신은 후에는 안에 마련된 의자에 앉을 수도 있다. 동·서·남면이 뚫려 있어, 주변 경치를 구경하기에 안성맞춤이다. 정관헌의 본래 쓰임에 맞게 문화공연 행사와 각종 차 시음 행사를 하기도 한다.

① 우리나라의 커피는 러시아를 통해 전해진 것이다.
② 정관헌은 전통적 문양을 사용한 서양식 건축물이다.
③ 덕수궁은 이름을 통해 그 쓰임새를 짐작해 볼 수 있다.
④ 정관헌은 설계자의 의도에 따라 러시아 양식이 사용되었다.
⑤ 현재 정관헌은 관람객에게 공개되어, 차 시음 장소로 활용되고 있다.

39 다음 글을 읽고 추론한 내용으로 가장 적절한 것을 고르면?

고금리 속에 취약 차주의 빚이 급증하면서 금융시장 안정성에 대한 우려가 커지고 있다. 한은이 가계 대출을 받은 1,977만명의 총부채 원리금 상환비율(DSR)을 분석한 것에 따르면, 이중 70% 이상이 299만 명, 100% 이상이 175만 명에 달했다고 한다. 통상 DSR이 70%이면 최저 생계비를 뺀 나머지 소득을 모두 빚 갚는 데 쓴다는 뜻이다. 1천 800조 원을 넘어선 가계 빚에 대한 경고가 어제오늘의 일이 아니지만, 취약 가구의 줄도산 위기가 높아지면서 우리 경제의 금융위기 우려 가능성을 배제할 수 없게 됐다. 발등의 불이 떨어진 곳은 빚을 갚느라 최소 생계비도 확보하지 못한 한계 대출자가 몰려 있는 제2금융권이다. 시민들이 주로 이용하는 저축은행 연체율은 2023년 5월에는 6년 만에 5%를 넘어섰고, 취약계층이 급전을 빌리는 대부업체 연체율은 11%를 웃돌고 있다. 제2금융권 부실이 심화되면 제2의 카드 대란이나 저축은행 사태의 악몽이 재연될 수 있다.

경기 침체가 장기화되는 가운데 미 연준이 물가를 잡기 위해 금리 인상에 다시 속도를 내면 저신용·저소득층, 영세 자영업자, 2030세대 청년층에서 집단 파산이 속출할 수 있다. 여기에 약한 고리인 증권사들의 대출을 제대로 관리하지 못한다면 미국 실리콘밸리은행(SVB)의 뱅크런과 같은 사태를 맞을 수도 있다. 코로나19 팬데믹 시기 2020년 4월 이후 계속되고 있는 자영업자들의 원리금 상환 유예 조치가 2023년 9월에 예정대로 끝나면 가계 부채 부실이 한꺼번에 터질 수 있다. 금융당국은 채무 재조정 프로그램을 재정비하는 등 각종 대비책을 마련하는 것이 가장 시급하다.

① 총소득 원리금 상환비율 70% 이상은 전체 가계대출 인구의 10% 이하이다.
② 한계 대출자는 제1금융권 가계대출에서 가장 큰 비중을 차지한다.
③ 2023년에는 저축은행 연체율이 처음으로 5%를 넘었다.
④ 대외 경제 여건 변화가 한국의 저소득 가구에 미치는 영향은 미미하다.
⑤ 2020년에는 일부 자영업자들의 대출에 대한 원리금 상환 유예 조치가 시행되었다.

40 다음 글의 맥락에 따라 [가]~[라] 문단을 바르게 배열한 것을 고르면?

고물가·고금리 가계경제에 타격을 주면서 외식과 사치재 구입을 줄이는 노력을 넘어 고정비용까지 줄이고자 하는 이들이 늘어나고 있다. 버는 수입이 적어 고정지출 비중이 큰 청년 사이에서 '고정지출 줄이기' 경향이 두드러진다.

[가] 통신비를 줄이기 위해 알뜰폰 요금제로 갈아타는 것도 고정비를 줄이려는 노력 중 하나이다. 실제로 알뜰폰 가입자 수도 늘었다. 과기부의 자료를 보면, 2022년 알뜰폰 가입자는 720만 6,280명으로, 직전 해보다 약 18% 증가했다.

[나] 30대 직장인 A씨 또한 이러한 경향에 편승하여 절약을 위해 지출 구조를 점검했다. A씨가 다달이 쓰는 고정비용은 주거비, 통신비, 보험료, 정기구독서비스 구독료 등이다. 이 중 A씨는 보험을 가장 먼저 정리했다. 본인의 보장성 보험 특약이 회사 단체보험과 중복된다는 것을 확인하고 조정하여 보험료를 줄였다.

[다] 정기구독서비스도 씀씀이를 줄이기 위한 A씨의 타깃이 되었다. 요즘 온라인 동영상 서비스(OTT) 정기구독은 청년층에게 필수에 가깝다. A씨는 "자동으로 매월 결제가 되는 OTT를 구독해 놓고 막상 일주일에 한 번도 이용하지 않는 경우가 많았다"며 "앞으로는 꼭 보고 싶은 콘텐츠가 있을 때만 일시적으로 이용할 예정"이라며 자동결제를 해지했다. 그는 이렇게 보험료 3만 원과 정기구독 서비스 2만 2천 원을 줄였고, 이번 달에는 대중교통비 등을 자동이체 할 경우 할인해 주는 카드를 만들 예정이다.

[라] 급한 대로 고정비용을 줄였지만 그만큼 불편이 커져 아쉽다는 이도 있다. 휴대전화 이동통신사를 알뜰폰 사업자로 옮긴 20대 학생 B씨는 "최근 휴대전화를 분실했는데 고객센터 연결이 오래 걸려 애를 먹었다. 가입하고 보니, 알뜰폰 통신사를 이용하는 경우 위치추적이 어려운 경우도 있다는 걸 알았다"며 예기치 못한 아쉬움을 토로하기도 했다.

① [가] − [나] − [다] − [라]

② [가] − [나] − [라] − [다]

③ [나] − [가] − [라] − [다]

④ [나] − [다] − [가] − [라]

⑤ [다] − [나] − [가] − [라]

41 다음 글에서 설명한 이론을 뒷받침하는 사례나 마케팅 방법으로 적절하지 <u>않은</u> 것을 고르면?

점화효과(Priming Effect)란 처음의 자극이 이어지는 자극을 인지하는 데 영향을 미치는 현상이다. 점화(Priming)란 사전에 받은 정보가 이후의 무의식적으로 인지 과정에 영향을 주는 것이다. 예를 들어, '의사'라는 단어를 접한 뒤 무작위로 나열된 단어 집합을 보았을 때, 사람들은 '간호사'라는 단어를 '고양이'보다 훨씬 빨리 인식하는데, 이는 무의식적으로 두 단어 간의 연관성을 짓기 때문이다. 점화효과를 일종의 합리적 편향으로 설명하기도 하는데, 자극이 있기 직전에 인지한 정보를 바탕으로 새로운 지각 정보를 해석하기 때문이다.

미국의 심리학자인 존 비그 박사의 연구진은 실험을 통해 점화효과를 입증했다. 연구진은 실험 대상을 세 집단으로 나누어 단어 배열 과제를 수행하도록 했으며 세 집단에게 각기 다른 성질의 단어 목록을 제시했다. 한 집단은 방해하다(disturb) 등의 공격성에 관한 단어 목록을 받았고, 다른 집단은 공손한(courteous) 등의 정중함에 관한 단어 목록을 받았다. 통제 집단은 공격성이나 정중함과는 무관한 단어 목록을 받았다. 연구진은 특정 성질에 따라 분류한 단어 목록을 제시한 것을 피실험자들은 모르게 하였으며, 피실험자가 과제를 완료하면 결과물을 제출하고 다른 과제를 받아가라고 요청했다. 그리고 실험의 요지는 바로 여기에 있었다.

연구진은 피실험자가 결과물을 제출하러 왔을 때, 의도적으로 대기 상황을 연출했다. 그 결과 정중함에 관한 과제를 수행한 집단의 80% 이상이 10분가량 대기한 반면, 공격성과 관련된 과제를 수행한 집단은 오직 35%만이 10분 동안 대기하였다. 집단별 평균 대기 시간은 공격성 과제 집단은 5.4분, 정중함 과제 집단은 9.3분, 통제 집단은 8분이었다. 즉, 이 실험은 노출된 정보에 따라 우리의 행동이 변할 수 있음을 보여준다.

점화효과는 뇌가 정보를 기억에 저장하고 그 정보를 어떻게 활용하는지에 대한 통찰을 준다. 그뿐만이 아니라 어떤 매체와 정보에 노출되는지에 따라 불확실하거나 해로운 관점을 무의식적으로 가질 수 있음을 시사한다.

① '늙은', '회색', '은퇴한', '빙고게임' 등 노인을 묘사한 단어를 보고난 후 무의식적으로 천천히 걷게 되었다.

② 탄산 음료를 파는 A사는 중대하고 심각한 사건을 보도한 뉴스가 방영된 직후에 상품 광고를 실으려 한다.

③ 드라마 내 멋진 배역으로 호감을 얻은 주인공 배우 B씨가 등장하는 광고를 해당 드라마가 끝난 후 바로 노출한다.

④ 슈퍼마켓에서 독일 음악이 매장음악으로 나오자 프랑스 와인보다 독일산 와인의 구매 비율이 높아졌다.

⑤ 상품 설명에 높은 평점과 긍정적인 후기가 적힌 리뷰가 가장 먼저 노출되도록 게시한다.

42 사원 A는 팀 회의 간식으로 사과주스와 포도주스를 사려고 한다. 한 병당 700원인 사과주스와 1,000원인 포도주스를 각각 7병, 3병을 샀을 때, 사원 A가 지불해야 하는 금액을 고르면?

① 7,000원　　　　② 7,900원　　　　③ 9,100원
④ 10,100원　　　　⑤ 10,900원

43 4년 만기, 대출금리 3%, 원리금분할균등상환으로 5천만 원 대출을 받았을 때 첫 해 지불해야 하는 대출이자를 고르면?

① 125,000원　　　　② 375,000원　　　　③ 450,000원
④ 900,000원　　　　⑤ 1,500,000원

44 A와 B가 가지고 있는 볼펜은 모두 24자루이다. A가 B에게 볼펜 6자루를 주었더니 B의 볼펜 수는 A의 볼펜 수의 3배가 되었다고 할 때, 처음에 B가 가지고 있던 볼펜의 수를 고르면?

① 6   ② 10   ③ 12   ④ 14   ⑤ 16

45 어느 자동차 부품을 생산하는 공장에서는 3대의 A, B, C기계를 이용하여 제품을 생산하는데 생산된 전체 제품의 50%는 A기계, 30%는 B기계, 20%는 C기계에서 생산된다. 한편 A, B, C기계에서 생산된 제품의 불량률이 각각 1%, 2%, 3%라고 한다. 제품 하나를 임의로 선택했을 때 그 제품이 불량품이라면, 그 제품이 A기계에서 생산되었을 확률을 고르면?

① $\dfrac{3}{17}$ ② $\dfrac{4}{17}$ ③ $\dfrac{5}{17}$

④ $\dfrac{6}{17}$ ⑤ $\dfrac{7}{17}$

46 A, B 두 제품을 합하여 65,000원에 사서 A제품은 원가의 10%, B제품은 원가의 15%의 이익을 붙여 판매하였더니 8,500원의 이익을 얻었다. A제품의 원가를 고르면?

① 15,000원　　　　　　② 20,000원　　　　　　③ 25,000원
④ 30,000원　　　　　　⑤ 40,000원

47 A 씨는 운전하며 터널을 지나가다 터널의 끝에서 추돌 사고로 화재가 발생한 것을 목격하였다. A 씨는 급히 소방서에 연락을 하고 터널 내 비치된 소화기로 직접 진화에 나서 다행히 불길을 잡아 대형 피해를 막았다. 화재가 발생한 시각은 오후 12시 35분이었고 A 씨가 진화 작업을 완료한 시각은 오후 1시 22분이었다. 화재를 목격한 A 씨가 차량에서 내려 터널의 정 가운데에서 터널의 끝에 도착하기까지 시속 12km 뛰어 2분이 걸렸다. 이때 화재가 발생해서 진압되기까지 소요 시간과 터널의 길이로 옳은 것을 고르면?

	소요 시간	터널의 길이
①	37분	400m
②	37분	800m
③	47분	400m
④	47분	800m
⑤	57분	400m

48 다음은 A국의 2019~2021년 데이터 산업 수요처별 시장규모에 관한 자료이다. 이에 대한 [보기]의 ㉠~㉣ 중 옳지 않은 것을 모두 고르면?

[표] A국 2019~2021년 데이터 산업 수요처별 시장규모 (단위: 억 원)

구분	2019년	2020년	2021년
전체	168,582	200,023	230,972

[그래프1] A국 2019년 데이터 산업 수요처별 비중 (단위: %)

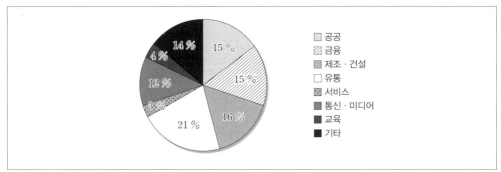

[그래프1] A국 2021년 데이터 산업 수요처별 비중 (단위: %)

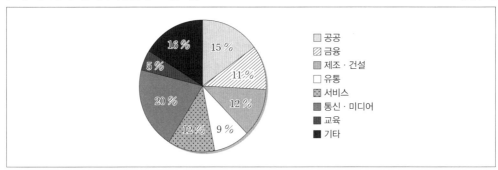

보기

㉠ 데이터 산업 시장 규모가 가장 큰 수요처는 2019년과 2021년에 동일하다.

㉡ 2019년에 공공과 금융 수요처의 데이터 산업 시장규모의 합은 50,000억 원 이상이다.

㉢ 2019년과 2021년에 데이터 산업 규모의 비중의 차이가 가장 큰 수요처는 유통이다.

㉣ 2019년 대비 2021년에 데이터 산업 규모의 비중이 변하지 않은 수요처의 2021년 시장규모는 30,000억 원 이상이다.

① ㉠
② ㉠, ㉡
③ ㉡, ㉣
④ ㉠, ㉢, ㉣
⑤ ㉡, ㉢, ㉣

49 다음 [표]는 2022년 상반기 예금은행의 만기별 정기예금 현황에 관한 자료이다. 이에 대한 설명으로 옳지 <u>않은</u> 것을 고르면?

[표] 2022년 상반기 예금은행의 만기별 정기예금 현황(말잔 기준) (단위: 십억 원)

구분	1월	2월	3월	4월	5월	6월
합계	976,606	979,033	970,910	965,762	978,234	981,613
6개월 미만	205,280	195,195	180,332	170,853	168,553	169,334
6개월 이상 ~1년 미만	180,807	185,516	181,654	181,580	178,275	173,905
1년 이상 ~2년 미만	538,984	544,898	554,115	557,568	575,319	582,260
2년 이상 ~3년 미만	27,739	28,772	29,475	30,086	30,187	30,140
3년 이상	23,796	24,652	25,334	25,676	25,900	25,975

※ 말잔: 해당 월의 말일 잔액

① 1월 대비 6월에 정기예금 총예금잔액은 50천억 원 이상 증가했다.

② 4월 정기예금 중 세 번째로 비중이 높은 정기예금의 전체 예금잔액에서 차지하는 비중은 20% 이상이다.

③ 조사기간 동안 만기가 1년 이상 2년 미만인 정기예금의 증감 추이와 동일한 추이를 보이는 정기예금은 1개뿐이다.

④ 3월에 예금잔액이 가장 많은 정기예금은 동월에 예금잔액이 가장 적은 정기예금보다 예금잔액이 20배 이상이다.

⑤ 5월에 두 번째로 예금잔액이 많은 정기예금의 전월 대비 예금잔액 감소율은 5% 미만이다.

50 다음 [표]는 A국의 하계 올림픽 메달 집계에 관한 자료이다. 이에 대한 내용으로 옳지 않은 것을 고르면?

[표] 하계 올림픽 메달 집계

(단위: 개)

구분	금	은	동	합계
양궁	27	9	7	43
태권도	12	3	7	22
유도	11	17	18	46
레슬링	11	11	14	36
사격	7	9	1	17
배드민턴	6	7	7	20
펜싱	5	3	8	16
복싱	3	7	10	20
역도	3	6	6	15
탁구	3	3	12	18
핸드볼	2	4	1	7
체조	2	4	5	11
수영	1	3	0	4
육상	1	1	0	2
야구	1	0	1	2
골프	1	0	0	1
필드 하키	0	3	0	3
농구	0	1	0	1
배구	0	0	1	1
축구	0	0	1	1
근대 5종	0	0	1	1
합계	96	91	100	287

① A국의 금메달은 A국이 획득한 전체 메달의 30% 이상을 차지한다.

② 유도에서 딴 메달의 수는 역도에서 딴 메달 수의 3배 이상이다.

③ 금메달을 가장 많이 딴 상위 5개 종목의 금메달 합계는 전체 금메달 수의 70% 이상이다.

④ 획득한 메달 수가 가장 많은 종목의 동메달 수는 전체 메달 수 중 약 2.5%를 차지한다.

⑤ 각 메달별로 많이 획득한 종목을 1~3순위로 나열할 때, 항상 포함되는 종목은 2가지이다.

51 다음 [표]는 2023년 상반기 월간 국내카드 승인실적에 관한 자료이다. 이에 대한 설명으로 옳은 것을 고르면?

[표] 2023년 상반기 월간 국내카드 승인실적

(단위: 백억 원)

구분	1월	2월	3월	4월	5월	6월
도매 및 소매업	4,961	4,635	5,129	5,029	5,207	5,087
운수업	139	147	158	154	163	156
숙박 및 음식점업	1,161	1,161	1,275	1,278	1,333	1,287
사업시설관리 및 사업지원 서비스업	35	35	40	42	44	42
교육서비스업	160	163	178	152	168	162
보건업 및 사회복지 서비스업	515	524	545	515	530	527
예술, 스포츠 및 여가관련 서비스업	96	108	144	154	163	162
협회 및 단체, 수리 및 기타 개인 서비스업	183	183	205	198	206	202
전체	7,250	6,956	7,674	7,522	7,814	7,625

※ 통계청의 한국표준산업분류(대분류) 중 소비자의 소비생활과 관련성이 높은 업종에 대한 카드 승인금액

① 예술, 스포츠 및 여가관련 서비스업의 국내카드 승인실적은 매년 증가한다.

② 4월에 전체 중 세 번째로 비중이 높은 업종의 비중은 10% 미만이다.

③ 3월에 전월 대비 전체 국내카드 승인실적의 증가율은 10% 미만이다.

④ 5월에 국내카드 승인실적이 가장 높은 업종은 가장 낮은 업종의 120배 이상이다.

⑤ 1월 대비 6월에 국내카드 승인실적이 가장 적게 증가한 업종은 2십억 원 증가한 교육서비스업이다.

52 다음 결론이 반드시 참이 되게 하는 전제로 옳은 것을 고르면?

전제1	어떤 전기차는 자율주행 차이다.
전제2	
결론	어떤 자율주행 차는 내연기관이 없다.

① 내연기관이 없으면 전기차이다.
② 전기차는 내연기관이 없다.
③ 내연기관이 없는 어떤 것은 전기치이다.
④ 전기차는 내연기관이 없지 않다.
⑤ 어떤 전기차는 내연기관이 없지 않다.

53 신입사원 A, B, C, D, E가 월요일부터 금요일까지 각각 하루씩 발표를 하였다. 사원 5명 중 1명만 거짓을 말했으며, 거짓을 말하는 사원의 모든 진술은 거짓이다. 다음 중 가장 마지막으로 발표한 사원이 누구인지 고르면?

> A: E는 월요일과 금요일에는 발표를 하지 않았어.
> B: 나는 수요일에 발표를 했고, A는 화요일에 발표를 했어.
> C: 나는 목요일에 발표를 했고, D는 수요일에 발표를 하지 않았어.
> D: B는 수요일에 발표를 했고, C는 금요일에 발표를 하지 않았어.
> E: 나는 월요일에 발표를 했어.

① A   ② B   ③ C   ④ D   ⑤ E

54 5명의 과장 A~E는 해외 출장을 갔다. 출국할 때 과장 2명은 베이징을 경유했고, 3명은 도하를 경유했다. 출장지에서 귀국할 때 과장 3명은 뮌헨을 경유했고, 2명은 헬싱키를 경유했다. 다음 조건을 고려할 때, 출국 시 베이징을 경유한 과장을 바르게 짝지은 것을 고르면?

- 출국 시 베이징을 경유한 과장은 귀국 시 뮌헨을 경유했다.
- D는 출국 시 도하를 경유했다.
- A는 귀국 시 헬싱키를 경유했고, 출국 시 B와 다른 도시에 경유했다.
- B와 E는 귀국 시 같은 도시를 경유했다.
- C는 귀국 시 뮌헨을 경유했고, 출국 시 A와 같은 도시에 경유했다.

① A, C ② A, D ③ B, C
④ B, E ⑤ C, E

55 다음은 N사의 팀별 체육대회 이어달리기 [결과]이다. 이를 바탕으로 결승선에 들어온 순서를 바르게 나열한 것을 고르면?

> **결과**
> - 영업팀은 생산팀보다 빨리 들어왔다.
> - 법무팀은 꼴찌가 아니다.
> - 인사팀 다음으로 영업팀이 들어왔다.
> - 혁신팀은 가장 먼저 들어왔다.
> - 생산팀은 법무팀보다 빨리 들어왔다.
> - 연구팀은 생산팀보다 늦게 들어왔다.

① 인사팀 - 영업팀 - 혁신팀 - 법무팀 - 생산팀 - 연구팀
② 인사팀 - 영업팀 - 혁신팀 - 연구팀 - 법무팀 - 생산팀
③ 혁신팀 - 인사팀 - 영업팀 - 생산팀 - 연구팀 - 법무팀
④ 혁신팀 - 인사팀 - 영업팀 - 생산팀 - 법무팀 - 연구팀
⑤ 혁신팀 - 인사팀 - 영업팀 - 법무팀 - 생산팀 - 법무팀

A~F가 원탁 책상이 있는 회의실에서 회의를 하려고 한다. 다음 [조건]을 바탕으로 자리를 배치했을 때 옳지 <u>않은</u> 것을 고르면?

조건

- A는 E의 옆자리에 앉는다.
- B는 A의 옆에 앉을 수 없다.
- C는 E와 서로 가장 먼 자리에 앉는다.
- D는 C의 옆자리에 앉는다.
- E와 F는 나란히 앉는다.
- F는 ③번 자리에 앉는다.
- A는 ①번 자리에 앉는다.

[그림] 회의실 좌석 배치도

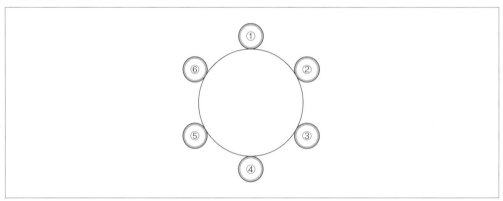

① D는 A의 옆자리이다.
② E는 2번 자리에 앉는다.
③ D와 B는 서로 가장 먼 자리에 앉는다.
④ B는 C와 F 사이에 앉는다.
⑤ C는 5번 자리에 앉는다.

57 다음은 N사의 승진기준표 및 승진 예정자에 관한 기준이다. 승진 예정자 중 기준표를 충족하여 승진 대상이 되는 직원을 고르면?

[표1] 승진기준표

최소 임기	인사고과 점수	승진시험 점수 합계
4년	90점 이상	170점 이상

※ 인사고과점수는 최근 2개년 점수의 평균으로 계산한다.
※ 승진시험 점수는 전공과 일반 과목의 합계이며 각 과목당 80점 미만은 과락이다.

[표2] 승진예정자

후보	임기	인사고과 점수		승진시험 점수	
		전년도	당해년도	전공	일반
A	3년 10개월	95	94	88	93
B	4년 1개월	91	86	91	86
C	4년 5개월	88	92	82	87
D	5년 2개월	87	95	93	80
E	4년 8개월	92	89	92	79

① A   ② B   ③ C   ④ D   ⑤ E

58 다음은 영업부 부서원들의 일정이다. A~E가 모두 참석 가능한 회의시간을 고르면?

[일정]
• A는 월요일 오후부터 화요일까지 출장이다.
• B는 화요일부터 수요일 오전까지 세미나에 참석한다.
• C는 금요일 오후반차이다.
• D는 월요일, 목요일 모두 오전 반차이다.
• E는 수요일 오후부터 목요일까지 연차이다.

① 수요일 오후   ② 목요일 오전   ③ 목요일 오후
④ 금요일 오전   ⑤ 금요일 오후

[59~60] 다음은 N사의 연금저축계좌 상품설명서이다. 이를 바탕으로 질문에 답하시오.

연금저축계좌 상품설명서

가입대상	▶ 국내 거주자
세제혜택	▶ 연간 납입액 중 최대 600만 원 납입액에 대해 13.2%(지방소득세 포함) 또는 16.5%*(지방소득세 포함)를 세액공제 　*종합소득금액 4,500만 원(근로소득만 있는 경우 총 급여액 5,500만 원)이하인 경우
납입한도	전 금융기관 합산 연간 1,800만 원 이내 (퇴직연금계좌 및 연금저축계좌 포함) ＋ ISA(개인종합자산관리계좌) 만기 시 연금계좌 전환금액 ＋ 1주택 고령 가입자(만 60세 이상)의 주택거래 차액
적립기간	▶ 5년 이상
연금 수령 요건	▶ 만 55세 이후이며 가입기간 5년 경과 시 연금수령한도 내

세제종류 (*지방소득세 (원천징수세액 의 10%)를 포함한 세율임)	납입 시	연금수령 시	연금외수령 시
	세액공제 혜택 (13.2% 또는 16.5%)	연금소득세 5.5 ~ 3.3% (연금수령일 기준) －만 70세 미만: 5.5% －만 80세 미만: 4.4% －만 80세 이상: 3.3%	기타소득세 16.5% 부과
	※ 연간 연금소득금액(의료목적 또는 부득이한 사유의 인출, 국민연금 등은 제외)이 1,200만 원을 초과하는 경우에는 소득이 발생한 다음 연도에 종합소득신고 또는 15% 분리과세		

세액공제	총급여액* (종합소득금액)	연금저축 기본한도	ISA 만기전환** 추가한도	세액공제율 (지방세 포함)
	5,500만 원 이하 (4,500만 원 이하)	600만 원	전환금액의 10% (300만 원 한도)	16.5%
	5,500만 원 초과 (4,500만 원 초과)			13.2%

* 근로소득만 있는 경우
** ISA계좌의 만기금액 전액 또는 일부를 만기일로부터 60일 이내에 입금한 경우에 한함

연금수령한도	▶ 연금수령: 연금수령한도 내의 수령 　　　　　(한도를 초과하는 금액은 연금외수령에 해당) ▶ $\dfrac{연금계좌의\ 평가액}{(11 - 연금수령연차)} \times \dfrac{120}{100}$ ※ 연금수령연차: 최초로 연금수령할 수 있는 날이 속하는 과세기간을 기산연차로 하여, 그 다음 과세기간을 누적 합산한 연차를 의미함. 연금가입기간 5년 경과 되었고, 만 55세 이상 되는 시점이 연금 수령 1년차임) ※ 연금수령 11년차부터는 연금수령한도 없음

59 N사의 연금저축계좌에 대한 설명으로 옳지 <u>않은</u> 것을 고르면?

① 만기가 도래한 ISA계좌에 7천만 원이 있고 주택 매매 후 발생한 3천만 원만 있는 만 64세 가입자의 경우, 연간 최대 1억 1,800만 원을 납입할 수 있다.

② 소득으로 사적연금소득만 1,300만 원만 있는 가입자의 경우에는 세금 납부 방식을 선택할 수 있다.

③ 만 55세부터 연금을 개시한 가입기간 11년차의 가입자가 전액을 인출할 경우에는 연금소득세 5.5%를 적용한다.

④ 근로소득이 6,000만 원이고 연금저축계좌만 있는 경우 연말정산 시 연간 최대 79만 2천 원의 세액공제를 받을 수 있다.

⑤ 연금 수령 요건을 만족한 가입자가 연금수령한도를 초과한 금액을 인출한 경우 연금수령 시 대비 최대 5.5% 높은 세율을 적용한다.

60 다음은 N사 연금저축계좌의 연금 수령 요건을 만족하는 고객 A~E의 정보이다. 연금 수령고객의 당해 연금 수령한도가 옳지 않은 것을 고르면?

(단위: 만 원)

고객	연금계좌 평가액	연금수령연차
A	10,000	3년
B	7,000	4년
C	5,000	6년
D	1,000	11년
E	6,000	6년

① A: 1,500만 원
② B: 1,200만 원
③ C: 1,500만 원
④ D: 1,000만 원
⑤ E: 1,440만 원

[61~62] S사의 해외사업소 직원 보수규정에 대한 자료를 바탕으로 질문에 답하시오.

제1조(목적) 이 규정은 S사의 해외사업소에 근무하는 직원의 보수에 관한 사항을 규정함을 목적으로 한다.

제2조(적용 범위) S사의 해외사업소에 근무하는 직원의 보수에 대하여는 이 규정에 명시된 제규정을 적용한다.

제3조(보수의 지급) 해외사업소 직원의 수당은 미 달러기준으로, 환율을 적용하여 원화로 지급한다.

제4조(해외근무수당) 해외근무수당은 주재국의 물가 및 생활수준을 감안하여 지급하는 수당을 말한다.

제5조(특수지근무수당) 특수지근무수당은 열악한 환경 국가에서 근무하는 해외사업소 직원에게 지급하는 수당을 말한다.

제6조(가족수당) 가족수당은 해외사업소직원 중 동반 배우자와 만 20세 미만의 자녀에 대하여 지급하는 수당을 말한다.

제7조(보수의 계산) 보수의 계산은 근무발령일로부터 귀국 발령일의 전일 또는 신규근무지로의 발령일 전일까지로 한다.

[표1] 해외근무수당 월지급액

적용대상 \ 지역별	중남미	유럽	아프리카	아시아
해외사업소직원	$800	$700	$600	$500

[표2] 특수지근무수당 월지급액

적용대상 \ 급지별	가	나	다	라
해외사업소직원	$1,000	$800	$500	$300

[표3] 가족수당

적용범위	부양가족	월지급액
해외사업소직원	배우자	$400
	만 20세 미만 자녀 1명당	$200

61 S사의 해외사업소 직원 보수규정에 대한 자료에 설명으로 옳지 <u>않은</u> 것을 고르면?(단, $1=₩1,500이다.)

① 유럽 지역의 해외근무수당 월지급액은 두 번째로 높다.

② 중남미 지역의 특수지근무수당 월지급액은 두 번째로 낮다.

③ 해외근무지수당과 특수지근무수당의 합이 가장 낮은 경우는 아시아 지역에서 근무할 때이다.

④ 아시아 지역의 라급지의 해외근무지수당과 특수지근무수당의 월지급액을 원화로 환산하면 150만 원 이상이다.

⑤ 배우자 1명, 만 20세 미만 자녀 1명의 가족수당의 월 지급액을 원화로 환산하면 100만 원 이하이다.

62 다음은 해외사업소 근무예정자인 A대리의 문의 내용이다. A대리가 10월부터 3개월 동안 받게 되는 수당의 총액을 고르면?

> 안녕하세요. 10월부터 3개월 간 해외사업소에서 근무 예정입니다. 첫번째 달에는 유럽 나급지 해외사업소에서 저 혼자 머무를 예정이며, 나머지 기간은 중남미 다급지 해외사업소에서 배우자 1명과 자녀 2명(만 나이 기준 15세, 18세)이 함께 가족동반으로 머무를 예정입니다.

① $4,700 ② $5,200 ③ $5,700
④ $6,200 ⑤ $6,700

[63~64] 다음 A사의 특판 정기예금 핵심 상품설명서 자료를 바탕으로 질문에 답하시오.

특판 정기예금 핵심 상품설명서

- 기본정보

가입대상	▶ 명의 개인
계약기간	▶ 6개월, 12개월, 18개월
가입금액	▶ 1백만 원 이상
거래방법	▶ 대면: 영업점 ▶ 비대면 : 인터넷 또는 스마트뱅킹
중도해지	가능
예금담보대출	예금 잔액의 90%까지 가능
예금자보호	원금과 이자 포함 1인당 최고 5천만 원까지 가능
적용금리	▶ 기본금리 2.5%＋우대금리 ※ 자세한 우대금리조건은 아래 거래조건 참조 ※ 최고 금리＝기본 금리＋추가 우대 금리

- 거래조건

우대금리	가입기간 약정에 따른 우대금리적용(만기시) ① 6개월: 0.5% ② 12개월: 1.0% ③ 18개월: 1.5%
	추가 우대금리적용 ① 비대면가입: 0.1% ② 당행 급여계좌 등록: 0.2% ③ 가입금액 1천만 원 이상: 0.2%
이자지급방식	▶ 만기일시지급식 : 만기 또는 중도해지 요청 시 이자율 지급
이자소득세율	▶ 15.4% 적용 ※ 이자소득세: 세전 이자소득×15.4% (100원 단위 절사)
중도해지이율	▶ 기본금리＋추가 우대금리
이자계산방식 (세전)	▶ 약정예금액×약정이율×(계약일수÷365일) ※ 계약일수는 약정일로부터 해지일 전까지 일수 ※ 약정이율은 만기 또는 중도해지이율 조건에 맞게 적용

63 A사의 특판 정기예금 핵심 상품설명서에 대한 설명으로 옳지 <u>않은</u> 것을 고르면?

① 특판 정기예금은 최대 18개월까지 가입 가능하다.

② 만기 시 최고금리는 5% 이상이다.

③ 중도해지 시 이율은 최대 3%까지 가능하다.

④ 만기 시 이자소득이 200만 원일 경우, 이자소득세는 30만 원 이상이다.

⑤ 예치금 1000만 원, 적용금리 3%일 때, 만기 시 수령하게 되는 금액은 1,020만 원 이상이다.

64 다음 [보기]의 고객문의에 대하여 빈칸의 ㉠,㉡에 들어갈 답변으로 옳은 것을 고르면?

> 보기
>
> **고객:** 안녕하세요. 이번에 특판 정기예금 관련하여 문의합니다. 3,000만 원으로 12개월 예금상품 가입하려고 하는데, 영업점에 방문하여 가입하려 합니다. 또한 당행의 급여계좌가 존재합니다. 특판 정기예금 가입 시 적용금리와 세후 이자가 궁금합니다.
>
> **상담원:** 안녕하세요. 고객님 우선 저희 특판 정기예금에 관심을 주셔서 감사합니다. 고객님께서는 가입기간 및 우대금리를 적용하여, (㉠)의 금리가 적용됩니다. 또한, 향후 만기 시 세후 이자소득은 (㉡)으로 예상됩니다. 문의 주셔서 감사합니다.

	㉠	㉡
①	3.8%	99만 원
②	3.8%	100만 원
③	3.9%	99만 원
④	3.9%	100만 원
⑤	4.0%	99만 원

N사의 명절선물 배송을 위한 직원들의 거주지에 대한 자료이다. 다음 [조건]에 따라 모든 직원들에게 명절선물을 보낼 때 드는 최소 택배비를 고르면?

[표] 직원별 거주지 지역

명단	거주지 지역	명단	거주지 지역
정부장	B	최부장	C
박차장	A	이차장	D
오과장	A	성대리	B
김과장	D	유대리	A

조건

- 같은 지역 거주지의 경우 묶어서 보낼 수 있다.
- 1개 배송 시, 택배비 3,000원
- 2개 묶음배송 시, 택배비 5,000원
- 3개 묶음배송 시, 택배비 6,000원

① 16,000원   ② 17,000원   ③ 18,000원
④ 19,000원   ⑤ 20,000원

66 다음 자료를 보고 2인 가구의 전기요금만 산출하고자 한다. 이를 위한 함수식으로 가장 적절한 것을 고르면?

	A	B	C
1	지역	가구형태	전기요금(원)
2	A	2인	43,000
3	B	2인	45,000
4	A	3인	52,000
5	C	1인	40,000
6	A	1인	38,000
7	C	2인	42,000
8	A	2인	39,000
9	B	1인	40,000
10	B	3인	45,000
11	C	3인	48,000

① =SUM($B$2:$B$11,"2인",$C$2:$C$11)

② =SUM($B$2:$B$11,2인,$C$2:$C$11)

③ =SUMIFS($B$2:$B$11,2인,$C$2:$C$11)

④ =SUMIF("$B$2:$B$11","2인","$C$2:$C$11")

⑤ =SUMIF($B$2:$B$11,"2인",$C$2:$C$11)

67 MS Excel을 활용하여 다음과 같은 표를 작성하였다. [보기]의 ㉠~㉢의 함수식에 대한 결괏값을 모두 더한 값을 고르면?

	A	B	C	D	E
1	대한	3	4	친구	0
2	3		만세	7	
3	꽃	5	우리	@	8
4	7	나라	2	4	
5		%		10	집

보기

㉠ =COUNTIF(A1:E5,">0")

㉡ =COUNTA(A1:E5)

㉢ =COUNTBLANK(A1:E5)

① 31　　　　② 32　　　　③ 33　　　　④ 34　　　　⑤ 35

68 MS Excel을 활용하여 다음과 같은 표를 만든 후, F열을 기준으로 오름차순으로 표를 정렬하였다. [F6] 셀에 나타날 값을 고르면?

	A	B	C	D	E	F
1	담당자	제품	판매처	판매가(원)	판매수량(개)	판매금액(원)
2	김현우	B	판교	23,000	37	851,000
3	조영구	C	강서	54,000	25	1,350,000
4	이시언	B	성북	18,500	28	518,000
5	박신혜	A	광진	22,800	31	706,800
6	강진호	A	도봉	37,000	22	814,000

① 851,000   ② 1,350,000   ③ 518,000

④ 706,800   ⑤ 814,000

69 MS Excel을 활용하여 다음과 같은 표를 작성하고, 이메일 주소에서 '@' 앞의 아이디만 추출하여 C열에 입력하였다. [C2] 셀에 함수식을 입력하여 [C4] 셀까지 드래그 하였다면 [C2] 셀에 입력할 함수식으로 가장 적절한 것을 고르면?

	A	B	C
1	이름	이메일	아이디
2	A	james@korea.com	james
3	B	elephant@korea.com	elephant
4	C	chihcken@korea.com	chihcken

① =MID(B2,1,FIND("@",B2))

② =MID(B2,1,FIND("k",B2)−1)

③ =MID(B2,1,FIND("@",B2)−1)

④ =FIND(B2,2,FIND("k",B2)−1)

⑤ =FIND(B2,2,FIND("k",B2))

70 다음은 1+2+4+8+16+32+⋯ +1,024의 합을 구하는 순서도이다. 원하는 값이 나오도록 빈칸 (ㄱ)과 (ㄴ)을 알맞게 채운 것을 고르면?

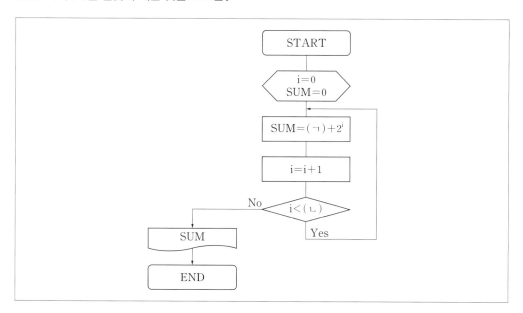

	(ㄱ)	(ㄴ)
①	i	2
②	i	10
③	SUM	2
④	SUM	10
⑤	SUM	11

산을 움직이려는 자는
작은 돌을 들어내는 일로 시작한다.

– 공자

PART

01

의사소통능력

NH농협은행

최신경향 분석

▌ 영역 소개

의사소통능력 문항은 실무와 밀접한 소재 위주로 출제된다. 최신 금융이슈를 반영한 지문뿐만 아니라 NH농협은행의 예·적금, 보험상품, 퇴직연금 등 금융상품을 활용한 문항과 농업 관련 소재도 다수 출제되고 있다. 주어진 제시문의 내용을 바탕으로 올바른 고객 응대 방법과 고객에 적합한 금융상품을 매칭하는 문항도 출제된다. 다양한 금융상품이 소재로 활용되기 때문에 문제해결능력의 출제유형과 유사한 측면이 있다. 다른 출제영역에 비해 상대적으로 난도가 낮고, 제시문을 빠르고 정확하게 이해하면 풀 수 있는 문항이 주를 이루므로 정답률을 높이는 것이 합격 전략이 될 수 있다.

▌ 출제유형 소개

유형	독해

2023년 필기시험 기준 독해 유형이 의사소통능력 문항의 대다수를 차지하였다. 독해 유형은 다음과 같은 세부유형으로 구분된다.

	핵심 내용 파악	제시문의 중심 내용을 파악하여 주제나 제목을 고르는 유형
세부유형	세부 내용 파악	제시문의 내용을 바탕으로 선택지의 설명이 제시문의 내용과 부합하는지 판별하는 유형
	추론	제시문의 내용을 바탕으로 제시문의 맥락에 상응하는 선택지를 고르거나 문맥상 빈칸에 들어갈 내용을 추론하는 유형이다. 문단 배열이나 빈칸 채우기도 추론 유형에 해당한다.
	고객응대	추론형의 응용으로 제시문과 자료를 바탕으로 고객 문의에 대한 올바른 답변을 고르는 유형

최신 필기시험 기출분석

1. 지문의 전반적인 내용을 이해해야 풀 수 있는 추론형과 세부 내용 파악형 문항이 높은 비중으로 출제되었다.
2. 오프라인으로 진행했던 시험 당시의 제시문보다 전반적으로 지문 길이가 짧아졌지만, 지문의 내용이 어려워 체감 난도는 높았다.
3. 경제·금융 관련 키워드뿐만 아니라 다양한 시사 이슈를 소재로 한 글이 제시되었다.

1. 지문 길이가 길지 않았으며 전체 50문항 중 앞부분에 의사소통영역이 주로 배치되었다.
2. 경제·금융 소재를 활용한 지문이 다수 출제되었다.
3. 상품 설명, 신문기사, 공문서 등의 제시문에 대한 일치/불일치 여부를 묻는 유형이 주로 출제되었다.
4. 여러 가지 금융상품을 비교하여 고객의 상황에 맞는 상품을 추천하는 유형이 출제되었다.
5. 2021년까지 출제되던 어휘 문항(낱말뜻, 한자성어, 유의어, 반의어 등) 유형이 출제되지 않았다.

대표기출 유형

유형	독해

세부 유형	핵심 내용 파악

다음 글의 제목으로 가장 적절한 것을 고르면?

통계청의 인구 경향에 따르면 2023년 7월을 기준으로 출생아 수 2만 명선이 무너져 합계 출산율 0.7명으로 역대 최저를 기록했다. 정부에서는 수많은 저출산 대책을 제시하고 막대한 예산을 투자하고 있지만 실제 효과성에 대한 평가는 부정적이다. 앞으로도 저출산이 지속된다면 노인 가구 수와 노인인구 비중의 증가로 2050년 국내 인구 구조는 65세 이상 고령인구가 40%를 차지할 것으로 보인다. 그러므로 우리나라는 저출산과 초고령사회 문제에 대한 적극적인 준비가 필요하다.

고령화 인구가 증가함에 따라 생산가능인구 1인당 부담해야 하는 노인 부양비는 높아지고 있다. 신혼부부 내집 마련으로 인한 대출, 출산 후 경력단절, 양육비용 등 가계 경제의 부담이 커지는 상황에 놓여있어 청년층의 결혼과 출산 기피 현상은 당연하다. 전문가들은 이러한 사회 인구변동을 고려할 때 청년층의 경제적 부담을 해소할 수 있는 방안과 확실한 저출산 대응책 및 고령 사회에 대비하여 사회보장 시스템 마련에 힘써야 한다고 강조하며 난제의 악순환을 끊어내지 못한다면 앞으로의 우리나라는 인구절벽 위기만 가중될 것이라고 경고하고 있다.

① 우리나라 영유아 양육문제 개선
② 우리나라 고령화의 현안
③ 우리나라 성비 불균형
④ 우리나라 고령인구 감소 원인
⑤ 우리나라 인구감소로 인한 경제 악화

시간단축TIP

핵심 내용 파악 유형은 글의 제목이나 주제로 적절한 것을 고르는 유형이며, 내용 일치나 추론 등의 독해 유형과는 달리 지문을 자세하게 기억하며 읽을 필요는 없다. 따라서 글을 읽어 내려가며 필자가 주장하거나 드러내고자 하는 핵심 논지를 파악하는 것이 중요하다.

정답해설

우리나라의 역대 최저 합계 출산율과 초고령사회 진입에 따른 인구 절벽 위기와 그에 대한 대책 마련 시급함에 대해 말하고 있으므로 '우리나라 고령화의 현안'이라는 제목이 적절하다.

[오답풀이]
① 우리나라 청년들의 결혼과 출산 기피 현상에 대해서는 언급하지만 영유아 양육문제 개선에 대한 구체적인 내용은 확인할 수 없으므로 제목으로 적절하지 않다.
③ 우리나라 인구 성비 불균형에 대해서 언급하지 않아 제목으로 적절하지 않다.
④ 우리나라 노인 가구 수와 노인인구 비중의 증가로 초고령사회에 대한 대비가 필요하다는 내용이므로 고령인구 감소 원인과는 상반되는 내용으로 적절하지 않다.
⑤ 우리나라 저출산, 고령화로 직면한 인구 절벽 현실에 대해 언급하나 구체적인 경제 악화에 대한 내용은 찾을 수 없으므로 제목으로 적절하지 않다.

| 정답 | ②

다음 글을 읽고, K사원이 이해한 것으로 옳지 않은 것을 고르면?

> 국내에 방카슈랑스가 도입된 지 20주년을 맞이한 가운데 규제 완화를 놓고 찬반 의견이 팽팽히 맞서고 있다. 규제완화를 찬성하는 입장에서는 법인 보험대리점 팽창, 플랫폼 회사의 보험업 진출 등 과거와 다른 보험판매 환경이 형성된 상황에서 규제의 실효성이 퇴색됐다는 주장이다. 반면 '불완전 판매 우려'와 '중소형사 경쟁력 약화'에 대한 문제가 여전히 존재한다는 주장도 있다.
>
> 방카슈랑스는 지난 2003년 8월에 도입된 제도로, 보험사가 은행 등과 제휴를 해서 보험상품을 위탁판매하는 것을 의미한다. 그동안 단계별로 판매 보험상품의 종목이 확대됐으나, 2008년 4월 시행 예정이었던 4단계 시행(종신보험 및 자동차보험 종목 허용)은 논란 끝에 유보됐다.
>
> 이에 따라 현재 방카슈랑스 제도는 △종신보험 등 개인보장성 상품 및 자동차보험은 취급할 수 없도록 제한하는 '판매상품 규제' △특정 보험사 상품을 25% 이상 팔 수 없도록 하는 '판매비중 규제' △각 점포별로 최대 2명의 범위 내에서만 방카슈랑스 상품을 판매하도록 하는 '판매인 수 규제'를 적용하고 있다. 계열사 간 몰아주기를 막기 위해 마련한 규정이지만, 판매비중을 지키기 위해 연초에 경쟁력 있는 보험상품을 팔고, 이후 판매를 중단하는 상황까지 발생하고 있다. 점포별로 보험 판매를 맡는 직원 수는 최대 2명까지만 가능하고 보험 외에 대출 업무 등 다른 금융 서비스를 제공할 수 없다. 판매 장소도 오프라인 점포와 인터넷 홈페이지로 한정돼 있어, 은행들도 온라인 보험 비교·추천 플랫폼에 입점할 수 있게 해 공정한 경쟁 환경을 조성해야 한다는 주장도 있다.

① 현재 종신보험 및 자동차보험 종목은 은행에서 판매할 수 없다.
② 판매상품 규제는 계열사 간 몰아주기를 막기 위해 마련한 규정이다.
③ 방카슈랑스는 '판매상품·판매비중·판매인수'를 제한하는 규제를 받고 있다.
④ 규제로 인해 고객이 원하는 상품을 가입하지 못하는 경우가 발생할 수 있다.
⑤ 방카슈랑스는 보험사가 은행 등과 제휴를 하여 보험상품을 위탁판매하는 제도이다.

세부내용 파악 유형의 경우 문제의 오답 선택지는 제시문에서 언급되지 않은 내용을 포함하거나, 언급된 내용과 반대되는 내용의 선택지로 주어지는 경우가 대부분이다. 그러므로 각 선택지의 내용이 글에서 명확하게 언급되어 있는지 확인하는 것이 중요하다.

시간단축TIP

정답해설

제시문에서 계열사 간 몰아주기를 막기 위해 마련한 규정은 특정 보험사 상품을 25% 이상 팔 수 없도록 하는 '판매비중 규제'이다.

[오답풀이]
① '그동안 단계별로~유보됐다.'는 내용을 통해서 현재 종신보험 및 자동차보험 종목은 은행에서 판매할 수 없음을 확인할 수 있다.
③ '이에 따라 현재~적용하고 있다.'는 내용을 통해서 방카슈랑스는 '판매상품 · 판매비중 · 판매인수'를 제한하는 규제를 받고 있음을 알 수 있다.
④ '계열사 간 몰아주기를~발생하고 있다.'는 내용을 통해서 규제로 인해 고객이 원하는 상품을 가입하지 못하는 경우가 발생할 수 있음을 알 수 있다.
⑤ '방카슈랑스는 지난 2003년~의미한다.'는 내용을 통해서 방카슈랑스는 보험사가 은행 등과 제휴를 하여 보험상품을 위탁판매하는 제도임을 알 수 있다.

| 정답 | ②

다음 글을 읽고 추론한 내용으로 적절하지 않은 것을 고르면?

QR코드는 2차원 형식으로 된 바코드다. 한 방향으로 나열된 막대를 통해 정보를 담은 바코드에서 더 나아가 가로세로 두 방향으로 정보를 담을 수 있도록 해 정보량 및 활용도를 늘렸다. QR코드 결제는 지자체에서 자영업자들의 카드 결제 수수료 절감을 위해 개발한 간편결제서비스에서 활발히 응용된다.

QR코드 결제는 QR코드 생성자의 주체에 따라 CPM(Customer Presented Mode) 방식과 MPM(Merchant Presented Mode) 방식으로 나뉜다. CPM은 소비자가 QR코드를 생성해 내면 이를 가맹점주가 스캔해 통신하는 방식이다. 소비자 입장에서는 QR코드를 가맹점에 제시하는 CPM 방식이 가장 간편하다.

MPM은 반대로 가맹점주의 QR코드를 소비자가 휴대폰으로 읽어내는 방식이다. MPM은 다시 고정형과 변동형으로 구분된다. 고정형은 하나의 고정된 QR코드로 통신하는 방식으로 소비자가 가맹점의 QR코드를 스캔한 후 거래금액을 입력해야 한다. 가게 내 부착된 QR코드 스티커를 소비자가 스캔하고 가격을 입력하고 가맹점주가 이를 확인하고 승인하면 결제가 완료된다. 변동형은 가맹점의 포스(POS)단말기를 통해 결제 시마다 새로운 QR코드를 띄우는 방식으로 거래금액 정보가 포함돼 소비자가 별도로 거래액을 입력하지 않아도 된다. 다만 이를 위해서는 포스 단말기 구입과 프로그램 개발에 따른 별도 비용이 발생한다.

① QR코드 결제를 위해 QR코드를 읽는 단말기가 필요하다.
② 변동형 MPM방식은 고정형 MPM방식에 비해 추가 비용이 발생한다.
③ 자영업자들은 지자체가 제공하는 결제플랫폼을 통해 비용을 절감할 수 있다.
④ QR코드를 이용한 결제 시 가맹점주 입장에서는 MPM이 CPM보다 편하다.
⑤ 고정형 MPM은 QR코드 스티커만 부착하면 돼 가맹점주의 비용 부담이 적은 편이다.

시간단축TIP

추론 유형의 경우 문제의 오답 선택지는 제시문에서 언급되지 않은 내용을 포함하거나, 언급된 내용과 반대되는 내용의 선택지로 주어지는 경우가 대부분이다. 그러므로 각 선택지의 내용이 글에서 명확하게 언급되어 있는지 확인하는 것이 중요하다.

정답해설

CPM은 소비자가 QR코드를 생성해내면 이를 가맹점주가 스캔해 통신하는 방식이고, MPM은 가맹점주의 QR 코드를 소비자가 휴대폰으로 읽어내는 방식이다. 고정형 MPM의 경우 소비자가 거래금액을 입력하고, 가맹점주는 이를 확인을 해야 한다는 내용만 제시되어 있다. 그러므로 가맹점주 입장에서 MPM이 CPM보다 편하다는 내용은 추론할 수 없다.

[오답풀이]
① QR코드를 스캔해야 결제를 할 수 있으므로 휴대폰 등의 단말기가 필요하다.
② 변동형 MPM 방식은 가맹점의 포스(POS)단말기를 통해 결제 시마다 새로운 QR코드를 띄우는 방식으로 거래금액 정보가 포함돼 소비자가 별도로 거래금액을 입력하지 않아도 된다. 다만 이를 위해서는 포스 단말기 구입과 프로그램 개발에 따른 별도 비용이 발생한다는 내용을 통해 변동형 MPM방식은 고정형 MPM방식에 비해 추가 비용이 발생함을 알 수 있다.
③ 지자체에서 자영업자들의 카드결제 수수료 절감을 위해 간편결제서비스를 개발했다는 내용을 통해 추론할 수 있다.
⑤ 포스 단말기 구입과 프로그램 개발을 위한 비용 대신 QR코드 스티커만 부착하면 되므로 가맹점주의 비용 부담이 적은 편이다.

| 정답 | ④

다음 안내문의 내용을 바탕으로 고객 문의에 답변할 때, 가장 적절한 것을 고르면?

주택채권안내

　국민주택채권은 부동산등기 및 각종 인허가 신청 시 또는 국가·지방자치단체·정부투자기관과 건설공사의 도급계약을 체결할 때 필요합니다.

- 발행조건
  - 상환기간: 발행일로부터 5년
  - 이율: 연1.30%(연 단위 복리)
- 발행일 및 등록일
  - 발행일: 매출한 달의 말일
  - 채권등록: 매입 익일
- 중도상환
  - 중도상환 대상요건
    - 당해 면허, 허가 또는 인가가 국민주택채권 매입자의 귀책사유 없이 철회되거나 취소된 경우
    - 국민주택채권 매입대상자가 아닌 자가 착오로 인하여 매입하였거나 법정 매입금액을 초과하여 매입한 경우
    - 국가, 지방자치단체 또는 정부투자기관과 건설공사의 도급계약을 체결한 자가 그의 귀책사유 없이 계약을 취소당한 경우
  - 중도상환 신청방법
    - 즉시매도: 농협은행 영업점에서 직접 중도상환신청(당일은 매입 취소 가능)
    - 계좌입고: 증권사에서 출고신청 후 농협은행 영업점에서 중도상환신청
- 등록채권의 중도상환
  - 등록채권 중도상환의 기본사항
    - 매입액 중 일부가 사용된 경우 나머지 미사용 금액을 중도상환 받을 수 있습니다.
    - 사용하지 않은 경우에는 채권 매입액 전액을 중도상환 받을 수 있습니다.
    - 등록채권 중도상환은 16:00까지 가능합니다.
  - 매입즉시 매도한 경우 중도상환
    - 농협과 증권사간 연계시스템을 구축하여 농협영업점에서 One-stop Service를 제공합니다.

[고객문의]

　제가 아파트를 매수하면서 국민주택채권을 매입하였는데 저의 귀책사유가 아닌 집주인의 계약파기로 인해 필요가 없어졌습니다. 매입 취소가 가능하나요?

① 국민주택채권은 국가가 원리금 상환을 보증하는 채권이며, 국민주택기금의 재원으로 활용됩니다.

② 농협창구에서 매입과 동시에 매도할 수 있습니다. 즉시 매도하는 경우에는 전체 발행금액이 아닌 본인부담금(차액)만 있으면 매도가 가능합니다.

③ 당초 매입한 점포에서 「국민주택채권 매입내역정정신청서」에 정정내용을 기재하여 제출하시면 매입내역 정정이 가능합니다.

④ 취소는 매입 당일 중에만 가능하며, 익일 이후에는 증권사에서 출고신청 후 중도상환을 하셔야 합니다. 따라서 취소사유가 발생한 경우에는 즉시 영업점에 조치하셔야 합니다.

⑤ 매입액 중 일부가 사용된 경우 나머지 미사용 금액을 중도상환 받을 수 있으며 중도상환은 할인율 및 수수료 등이 감안되어 계산됩니다.

시간단축TIP

고객응대 유형은 응대 및 서비스 관련 매뉴얼 또는 상품 약관과 함께 고객의 문의사항 또는 실무 상황이 글로 제시된다. 따라서 주어진 자료를 모두 숙지하고 풀기보다는 출제 의도가 담겨 있는 내용을 대략적으로 파악한 뒤, 이와 관련된 내용 위주로 찾아가면서 문제해결에 대해 판단 및 확인하면 문제 풀이 시간을 단축할 수 있다.

정답해설

고객은 국민주택채권을 매입하였으나 집주인의 계약파기로 인해 국민주택채권의 매입을 취소할 수 있는지를 묻고 있다. 안내문에 근거하면 매입 당일 취소가 가능하다고 언급하고 있으므로 이를 안내해야 한다. 한편 매입 익일부터는 등록채권으로 분류되어 중도상환 절차에 따른 사항을 안내해야 한다.

[오답풀이]
① 고객이 문의한 내용과 관련이 없다.
② 취소에 관한 안내가 아닌 매도에 관한 안내이므로 적절하지 않다.
③ 매입정정에 관한 안내이므로 적절하지 않다.
⑤ 고객의 문의 내용을 보았을 때, 매입액 중 일부가 사용된 경우가 아니므로 해당 내용을 안내할 필요가 없다.

| 정답 | ④

유형연습 문제

01 다음 글의 주제로 가장 적절한 것을 고르면?

　농업기계는 농작업의 특성상 같은 반복 작업이 이뤄지기 때문에 단순히 A지점에서 B지점으로 이동하는 A·B라인 직진주행 기능만으로도 작업자에게는 큰 이점을 안겨 준다.

　예를 들어 일반 트랙터로 로터리 작업을 수행하는 경우 작업 상태 확인을 위해 수시로 뒤돌아봐야 하는 작업과정은 전방주시를 소홀히 할 수밖에 없어 사고위험이 높아진다. 또한, 장시간 반복 작업으로 이뤄지는 농작업의 경우에는 반복 작업에 따른 작업 피로도와 압박강도가 높을 수밖에 없다. 농작업 분야에 자율주행이 가능해지면 이와 같은 사고 위험성과 작업 피로도를 낮출 수 있다.

　현재 글로벌 농기계 기업의 자율주행 기술과 비교해 국내 농기계 기업의 자율주행 개발기술 수준은 아직 상용화단계까지 더 많은 연구가 필요한 것이 사실이지만, 직진 자율주행의 경우에는 고정밀 위치정보기술을 사용해 오차범위 2cm 이내로 작업이 가능할 정도로 정밀도 측면에서 뒤처지지 않는다. 따라서 국내 자율주행 농기계의 활성화를 위해서는 운전자가 설정한 직진 경로만을 자율주행 할 수 있는 'Level 1' 기능의 농업기계 개발과 보급 확대에 초점을 두는 것이 현실적인 대안일 수 있다. 특히 자율주행 기술적용으로 작업 피로도 경감과 인력절감 효과가 큰 분야인 방제작업과 고령화 인력을 대체하기 위한 소형운반차·야간 자율작업 등의 농업기계 분야에 우선적으로 접목되는 것이 고령화와 농촌인력감소로 어려움을 겪고 있는 우리나라 실정에 적합할 것이다.

① 농업기술 혁신: 완전자율주행시대 도래
② 농업기계의 자율주행 기술과 국내 농기계 기업의 방향성
③ 농업기술과 생산량 증대 속도의 관계
④ 농업인의 감소 방지 대책
⑤ 국내 농기계 기업의 자율주행 기술 우수성

2 다음 글의 내용과 일치하는 것을 고르면?

우리나라 청소년 금융 교육 협의회에서 제시한 청소년 대상의 금융 이해력 조사에 따르면 표본 집단 고등학교의 2학년 학생 717명 평균 점수는 46.8점대로 미국 금융교육기관에서 설정한 낙제 점수 60점보다도 훨씬 낮은 수준이었다. 또한 한국은행이 2023년에 발표한 2022년 19~79세 대상 '전 국민 금융 이해력 조사'에 따르면 디지털 금융이해력이 100점 만점에 42.9점에 불과하다고 한다. 청소년부터 성인까지 돈을 어떻게 관리해야 하는지 모르는 금융 문맹률이 높다고 볼 수 있다.

집에서도 학교에서도 금융 경제에 대한 기본적인 지식을 가르치지 않아 금융 취약 계층 청소년은 금융 범죄 사기의 먹잇감이 되기 십상이다. 금융 선진국에서는 공교육에 금융교육을 의무화하는 반면 우리나라에는 금융교육을 정규 교육과정에 포함해야 한다는 주장도 있었지만 반영은 되지 않았다. 그 이유는 경제 과목을 가르칠 교사의 수도 많지 않을뿐더러 우리나라는 입시와 취업 위주 교육에 집중하기 때문이다. 하지만 지금이라도 금융 문맹률을 낮추기 위한 노력을 사회가 기울이지 않는다면 금융 취약 계층인 청소년과 고령층, 금융 문맹자는 지능화된 금융 불법 범죄 피해에 계속 노출될 것이다.

금융 환경도 디지털화 흐름을 타는 중이다. 다양한 금융 범죄, 사기, 사고, 손실, 피해를 줄이기 위해서라도 정부는 청소년이 건전한 경제 주체로 성장할 수 있도록 힘써야 한다. 공교육에서 내실 있는 금융 교육 기회를 마련함과 동시에, 성인 대상의 금융 이해력 교육 프로그램도 함께 진행하여 금융 사고를 예방할 수 있도록 해야 한다.

① 우리나라 청소년들의 금융 이해력 조사 평균 점수가 하위권이다.
② 2023년 실시한 성인 대상 금융 이해력 조사에 따르면 디지털 금융이해력 50점 이하의 점수를 받았다.
③ 우리나라는 금융 취약 계층 청소년을 위하여 정규 교육과정에 금융교육을 편성했다.
④ 우리나라는 입시와 취업 위주의 교육보다는 실용적인 지식을 전달하는 교육에 집중한다.
⑤ 우리나라 19~79세 금융 문맹률이 높아 다양한 금융 범죄 사기에 노출될 가능성이 크다.

03 다음은 'NH올원뱅크 해외결제 서비스' 이용약관의 일부이다. 이를 바탕으로 한 고객문의에 대한 답변 ㉠~㉤ 중 적절하지 <u>않은</u> 것을 모두 고르면?

제7조("서비스"의 이용)

① "이용자"는 "회사"와 "서비스" 이용에 대한 계약을 체결한 해외 오프라인 가맹점에서 "서비스"를 이용할 수 있습니다.

② 오프라인 가맹점에서의 결제는 "NH올원뱅크 앱" 실행 후 가맹점에 비치된 QR코드를 "NH올원뱅크 앱"을 통해 스캔하거나 또는 "NH올원뱅크 앱"에서 생성한 QR코드를 가맹점에서 스캔하고 "인증정보"를 제출한 후 결제 승인 절차를 완료합니다.

③ 오프라인 가맹점에서 결제 취소는 "NH올원뱅크 앱" 실행 및 취소할 거래 내역 조회를 통해 결제 시 사용한 "가상카드번호"를 가맹점에 제시하여 결제와 동일한 방법으로 처리하거나, "이용자"의 요청에 의한 가맹점의 취소에 의해 처리됩니다.

④ "서비스" 이용시간은 연중무휴 1일 24시간을 원칙으로 하나, 서비스의 종류 및 내용에 따라 일부 서비스는 따로 이용시간을 정할 수 있습니다.

   1. 매일 00:00~00:30(30분간)은 시스템 점검에 따라 서비스 제공이 중단됩니다.

   2. 매월 3주차 첫 영업일 00:00~04:00은 시스템 정기점검으로 인하여 서비스 제공이 일시 중단됩니다.

   3. 세부 서비스별 이용시간은 "NH올원뱅크" 앱에 게시합니다.

제8조(정보의 제공)

"회사"는 "서비스"의 운영과 관련한 정보와 공지사항을 "이용자"에게 통지할 때 "회사"의 홈페이지나 "NH올원뱅크 앱"의 서비스 화면에 게재하고, 또한 "이용자"가 "회사"에 지정한 전자우편(e-mail), 휴대폰 문자메시지 서비스, PUSH 알림 등을 통하여 통지합니다.

[고객 문의]

   얼마 전 해외여행에서 사용하기 위해 NH올원뱅크 앱을 설치하여 대상 카드를 등록하였는데, 몇 가지 궁금한 사항이 있어 문의 드립니다. NH올원뱅크 해외결제 서비스는 해외의 모든 매장에서 이용할 수 있는 건가요? 그리고 실물카드가 아닌데 결제를 취소하고 싶은 경우 어떻게 해야 할지, 또 해외결제 서비스 관련 정보는 어떤 방식으로 받아볼 수 있는지도 궁금합니다.

[답변]

   안녕하세요, 고객님. 고객님께서 등록하여 이용하시고자 하는 ㉠<u>NH올원뱅크 해외결제 서비스는 가맹점 또는 NH올원뱅크 앱의 QR코드를 통해 결제하는 시스템</u>으로, ㉡<u>해당 서비스에 대한 계약을 체결한 해외의 오프라인 가맹점에서만 사용 가능합니다.</u> ㉢<u>결제 후 취소를 원하실 경우 실물 카드를 지참해 제시해 주셔야 합니다.</u> 결제 내역의 경우, NH올원뱅크 앱과 전자우편, 문자서비스 등으로 확인하실 수 있습니다. 단, ㉣<u>NH올원뱅크 앱을 이용하실 경우 매일 자정부터 새벽 4시까지는 시스템 점검으로 서비스를 이용하실 수 없으며,</u> ㉤<u>서비스 이용과 관련한 정보 확인은 고객님이 원하시는 방법으로 지정하여 이용하실 수 있습니다.</u>

① ㉠, ㉡   ② ㉢, ㉣   ③ ㉠, ㉡, ㉢

④ ㉡, ㉢, ㉣   ⑤ ㉢, ㉣, ㉤

04 다음 글을 통해 추론한 내용으로 적절한 것을 고르면?

> 추석, 설날과 같은 명절이나 생일에 가족이나 친지로부터 받은 용돈을 어린이 스스로 관리할 수 있도록 부모가 입출금 통장을 개설해 주는 수요가 두드러진다. 부모는 자녀에게 일찍이 금융에 대한 자연스러운 관심을 이끌어 낼 수 있고 저축과 소비를 통해 돈의 가치를 일깨워주는 등 조기 금융교육에 관심이 늘어난 추세이다. 이러한 흐름을 반영하여 최근 은행에서도 만 18세 이하 대상으로 자녀용 적금 상품에 고금리를 제공하며 여러 상품을 선보이고 있다. 일반 적금보다도 금리가 높아 학부모들은 자녀를 위한 여유자금을 준비하는 데 이득이라는 입장이고, 금융권에서는 어린이 고객을 확보해두면 나중에 성인 고객으로 이어질 것이라 기대해 어린이·청소년 금융 상품에 박차를 가하고 있다. 한편 금융당국은 비대면 계좌 개설 규제를 완화하면서 은행 방문 없이 비대면으로 부모가 미성년 자녀 계좌를 개설 가능하도록 했다. 농협은행은 만 13세 이하 어린이가 가입 대상이며 만 17세까지 1년 단위로 연장이 가능한 'NH 착한 어린이 적금'과 청소년 고객의 금융거래 경험에 우대금리를 주어 자투리 용돈을 목돈으로 만들어 주는 만 14~18세 가입 대상인 'NH1418 스윙 적금' 상품을 선보였는데 특히 'NH 착한 어린이 적금' 경우에는 자동으로 NH 주니어 보장 보험 무료 서비스에 가입되어 큰 관심을 받고 있다. 다만 농협은행의 적금 가입 시에는 농협은행 계좌를 보유한 부모에 한해서 자녀 명의 적금 통장을 비대면으로 개설할 수 있다는 점을 유의해야 한다.

① 재테크에 관심이 많은 미성년이 직접 비대면으로 가입가능한 농협은행 적금 상품이 출시되었다.

② 저금리임에도 불구하고 자녀 조기 금융교육을 위해 자녀용 적금 상품에 가입하는 사람이 많다.

③ 'NH 착한 어린이 적금'은 만 17세까지 연장 가능하므로 만 17세도 가입할 수 있다.

④ 'NH1418 스윙 적금'을 대면으로 가입했다면 부모가 해당 은행 계좌를 보유하고 있지 않다.

⑤ 'NH 착한 어린이 적금'은 NH 주니어 보장 보험을 함께 가입하면 우대금리를 준다.

05

다음은 레버리지 분석에 대한 설명이다. 자료에 대한 설명으로 옳지 <u>않은</u> 것을 고르면?

　　사전적 의미의 레버리지란 지렛대 작용을 의미하며, 경영에서 레버리지 효과란 지렛대를 이용하면 작은 힘으로 무거운 물체를 들어올리듯이 비용을 투입하여 수익을 확대하는 것을 의미한다. 레버리지 효과는 재무레버리지와 영업레버리지로 구분된다.

　　영업레버리지 효과란 고정영업비에 의해 발생하는 손익확대 효과이다. 고정영업비용은 매출량과 관계없이 일정하게 발생하는 비용으로 인건비, 임차료, 감가상각비 등이다. 기업경영에서 매출액에 대한 고정비용의 비율이 작을수록 생산량의 변화에 따르는 이익의 변동률이 작아지게 되므로 기업의 안정화가 이루어질 수 있는데, 이러한 고정비용의 역할이 영업레버리지이다. 영업레버리지 분석은 매출액과 고정영업비용, 영업이익의 변화 사이에 나타나는 관계를 분석하는 것으로 영업레버리지도(DOL)로 표현할 수 있다. 영업레버리지도란 매출액 또는 판매량이 변동할 때 영업이익이 어느 정도 변동할 것인가를 측정하는 지표로 매출액 증감률에 대한 영업이익 증감률의 비율을 말한다.

$$DOL = \frac{영업이익\ 증감률}{매출액\ 증감률}$$

　　한편 기업은 타인자본을 끌어와 더 큰 수익을 견인할 수 있는데, 이를 재무레버리지 효과라고 한다. 타인자본의 비율이 클수록 영업이익의 변동률이 확대되어 이익의 변동률은 그 이상으로 커진다. 재무레버리지는 총비용에서 고정금융비용의 비중을 의미한다. 부채의존도가 높을수록 고정금융비용의 부담이 증가하기 때문에 영업이익의 변동에 비해 순이익이나 주당순이익의 변동이 큰 폭으로 확대된다. 재무레버리지는 총자본에 대한 부채의 비율이 증가함에 따라 증가하므로 투자자들은 재무레버리지와 재무위험을 동일하게 간주하며, 재무레버리지도(DFL)를 통해 이를 확인할 수 있다. 재무레버리지도란 영업이익 증감률에 대한 주당순이익의 증감률이며, 일반적으로 타인자본의존도가 클수록 이자비용의 부담도 늘어나 재무레버리지도가 높게 나타나는 경향이 있다.

$$DFL = \frac{주당순이익\ 증감률}{영업이익\ 증감률}$$

① 고정영업비용은 재무 레버리지를 발생시켜 매출액 변화 대비 높은 영업이익을 발생시킨다.
② 영업레버리지가 높으면 영업위험이 높다.
③ 재무레버리지가 높을수록 영업이익의 감소율보다 세후순이익의 감소율이 커진다.
④ 영업레버리지와 재무레버리지를 통해 매출액 증감률 대비 주당순이익 증감률을 구할 수 있다.
⑤ 매출액이 10% 변동할 때 영억이익이 50% 변동하면 DOL는 5이다.

6 다음 글을 읽고 빈칸 ㉠에 들어갈 내용으로 가장 적절한 것을 고르면?

ESG 경영이란 환경(Environmental), 사회(Social), 윤리경영(Governance) 원칙으로 기업이 이윤 추구에만 몰입하는 것이 아닌 인류 공통의 문제까지 고려하여 경영활동을 추진하는 것을 일컫는다. 과거에는 한 기업을 투자 대상으로 선정할 때 기업의 재무 상태와 경영 성과를 고려하여 평가했다면 현대 사회에서는 장기적인 관점에서 기업의 사회적 책임의 가치, 지속가능성에 영향을 주는 환경, 사회 윤리경영의 비재무적 요소를 구체적인 지표로 환산하여 충분히 평가하겠다는 뜻이다. 기업은 (㉠   )하면서 사회적 가치와 재무 수익을 함께 추구하는 형태로 ESG 활동에 높은 가치를 두고 ESG 경영을 본격화하는 선택 아닌 필수의 움직임을 보이고 있다. 유럽은 기업의 ESG 공시를 의무화했고 미국에서도 상장 기업들의 ESG 정보 공개를 강화하는 방향으로 정책을 추진하고 있다. 우리나라도 시대 흐름에 발맞추어 2030년부터 모든 코스피 상장사에 ESG 기업 공시를 하도록 개선방안을 발표했다.

하지만 아직까지는 우리나라 ESG 기업 공시 제도 도입 시기와 방안 등에 미흡한 상황이므로 정부는 의무 공시 시점을 1년 늦출 예정이며 국내 기업이 해외 ESG 규제 움직임을 제때 파악하여 대비할 수 있도록 ESG 공시 규제에 대응할 수 있는 지원할 예정이다.

---

① 인건비 절감을 위한 로봇 생산에 투자를 확대
② 데이터 관리를 위한 AI 모델 사업에 투자를 확대
③ 친환경 사업과 신재생 에너지 분야에 투자를 확대
④ 생산성과 수익성을 높이는 인력 육성 교육 투자를 확대
⑤ ICT 기술 도입과 사이버 보안 우수 기업 투자를 확대

정밀농업이란 한마디로 말해 농업에 ICT 기술을 활용하는 것이다. 농작물 재배에 영향을 미치는 요인에 관한 정보를 수집하고, 이를 분석하여 불필요한 농자재 및 작업을 최소화함으로써 농산물 생산 관리의 효율을 최적화하는 시스템이다.

정밀농업은 '관찰'과 '처방', 그리고 '농작업' 및 '피드백' 등 총 4단계에 걸쳐 진행된다. 1단계인 관찰 단계에서는 기초 정보를 수집해서 센서 및 토양 지도를 만들어내고, 2단계인 처방 단계에서는 센서 기술로 얻은 정보를 기반으로 농약과 비료의 알맞은 양을 결정해 정보 처리 분석 기술로 이용한다. 다음으로 3단계인 농작업 단계에서는 최적화된 정보에 따라 필요한 양의 농자재와 비료를 투입하고, 마지막 4단계인 피드백 단계에서는 모든 농작업을 마치고 기존의 수확량과 비교하면서 데이터를 수정 보완하여 축적한다. 정밀농업은 하나의 기술을 일컫는 단어가 아닌, 농업의 새로운 변화를 이야기하는 총체적인 개념이다. 따라서 비료를 살포하는 양을 정하는 과정도 통계와 ICT를 기반으로 하는 과학적 시스템을 토대로 정하는 것이 특징이다.

정밀농업에 주목하는 이유에 대해 전문가들은 부족한 노동력에 대응할 수 있는 농법이라는 점과 불확실성을 감소시킬 수 있다는 점, 그리고 친환경과 경제성을 동시에 달성할 수 있다는 점을 꼽는다. 부족한 노동력에 대응할 수 있는 이유는 스마트팜 형태로 농업이 운영되기 때문이다. 스마트 기기를 활용하여 실시간으로 농작물의 상태를 확인하면서 적절한 조치를 취할 수 있다. 또한 자동주행기술의 발달로 농기계까지 자동화되면서 최소한의 인력만 가지고도 운영할 수 있다. 불확실성 감소는 농업이 갖고 있는 취약점을 보완하는 정밀농업만의 강점이라 할 수 있다. 토양에 대한 정보의 시각화로 지도가 만들어지고, 각종 센서 기술들로 부족한 양분과 취약한 병충해 관리가 가능해지므로 불확실성이 감소되는 것이다. 친환경과 경제성을 동시에 달성할 수 있는 정밀농업의 특성을 통해 지속가능한 농업을 가능해 질 것이다. 실제로 정밀농업을 적용한 스페인 농가의 경우 평균 비료 사용량이 14% 정도 감소했고, 물 사용량도 25%나 감소한 반면에 생산성은 20%가량 증가하였다.

정밀농업은 양질의 일자리 창출에도 많은 기여를 할 것으로 전망되고 있다. 정밀농업을 전담하는 기술자는 농산물 생산에 영향을 주는 요소인 토양과 생육 분야 등을 연구하고 지리정보체계(GIS) 같은 지구과학 기술을 활용해서 정확한 정보를 분석한다. 따라서 정밀농업기술자가 되면 농촌진흥청이나 농업기술센터 등에 취업하여 기술직이나 연구직 등에 종사할 수 있다. 정부도 법·제도적 차원에서 정밀농업 활성화 계획을 수립하고 있으므로, 앞으로 정밀농업기술자에 대한 수요가 점차 늘어날 것으로 전망된다.

① 농업에 ICT 기술을 활용함으로써 생산량의 불확실성을 감소시킬 수 있다.

② 각 단계별로 농작물의 상태를 고려하지 않더라도 불필요한 농자재 및 작업을 최소화할 수 있다.

③ 다양한 기술이 활용된다는 점에서 이를 대상으로 하는 새로운 기업이 출현하는 계기가 될 수 있다.

④ 화학비료와 살충제 사용 등으로 오염이 되어 생산 규모가 줄어드는 것을 극복하는 방안이 될 수 있다.

⑤ 스마트팜 형태로 농업이 운영되기 때문에 관련된 기술직이나 연구직과 같은 일자리 창출이 가능하다.

08 다음 신문기사를 읽고 나눈 대화 내용인 [보기]에 대한 결론으로 가장 적절한 것을 고르면?

NH농협은행은 중앙은행 디지털화폐(이하 CBDC) 대응 파일럿시스템을 구축하고 자체 CBDC 모의테스트를 성공적으로 완료했다고 2022년 8월에 밝힌 바 있다. NH농협은행은 이번 파일럿시스템 구축으로 한국은행이 CBDC 도입 시 블록체인 플랫폼과 전자지갑을 활용해 원활한 유통과 결제 서비스를 제공할 수 있는 기술을 확보하게 됐다고 설명했다. 특히 금융권 최초로 이더리움 계열과 하이퍼레저 블록체인 플랫폼 2종을 구축함으로써 블록체인 기반 서비스의 확장성과 유연성을 확보하는 계기를 마련했다. NH농협은행은 이렇게 구축한 블록체인 플랫폼을 활용하여 연말까지 대체불가토큰, NH농협은행 자체 디지털화폐 및 멀티자산 전자지갑 등 다양한 디지털자산 관련 사업모델을 검증할 계획이다.

> 보기
> • 갑: NH농협은행이 CBDC 모의테스트를 성공했다는데, 어떤 의미가 있지?
> • 을: 중앙은행 디지털화폐를 이용할 수 있는 기술을 확보했다는 의미지.
> • 갑: 그렇군. 기존의 금융기관 시스템으로는 새로운 이익을 창출하기 어렵지. NH농협은행에서 모의테스트를 통해 새로운 기술을 적용하는 것도 같은 맥락이겠어.

① NH농협은행은 디지털자산 시장을 선도할 수 있는 신기술에 중점을 두고 있군.

② NH농협은행은 블록체인 플랫폼 사업을 개척함으로써 경제적 소외계층을 배려하고 있군.

③ NH농협은행은 디지털화폐 파일럿시스템 구축을 위해 예산을 집중적으로 투자하고 있군.

④ NH농협은행은 전자지갑을 활용한 결제 서비스를 제공함으로써 경쟁력을 키워내고 있군.

⑤ NH농협은행은 자체 디지털화폐를 발행함으로써 블록체인에 기반한 유통 서비스를 제공하고 있군.

대출금리 산정 시 혼합형 주택담보대출은 은행채 5년물(AAA: 무보증)을, 변동형 주택담보대출금리는 코픽스(COFIX: 자금조달비용지수)를 기준으로 삼는다. 은행채 5년물 금리는 2023년 11월 기준 4.5000%로 치솟았으며, 코픽스 역시 신규 취급액이 8월 16일 기준으로 2%대를 훌쩍 넘어 3%에 가까워졌다. 이처럼 과거 저금리시기에 주택담보대출을 이용해 주택을 구매한 여파가 금리인상기로 접어들면서, 변동금리의 이자부담이 늘고 있다. 고정형보다 변동형 주택담보대출을 이용한 가입자가 많은 만큼, 가계 부담 경감을 위해 금융감독원이 은행권과 함께 금리상한형 주택담보대출의 혜택을 확대하고 판매기간을 연장했다.

구체적인 상품 개선 상항으로는 먼저 종전에 직전 금리 대비 연간 0.75%p, 5년간 2%p까지만 인상할 수 있었던 금리인상 제한 폭을 직전 금리 대비 연간 0.45~0.75%p 또는 5년간 2%p 이내로 제한한다. 또한 가입비용(프리미엄)의 경우 종전에는 대출금리에 0.15~0.2%p 가산되던 것이 개선 후에는 대출금리에 0%(한시적 면제)~0.2%p 가산된다.

이와 같은 금리상한형 주택담보대출은 변동금리 주택담보대출을 이용 중이거나 신규로 받는 경우 가입할 수 있다. 단, 전세자금대출, 집단대출 대출자 등은 가입대상에 포함되지 않는다. 변동금리 주택담보대출을 이용하던 은행에서 기존 대출에 특약을 추가하는 형태로 가입하기 때문에 별도 심사는 하지 않는다. 다만, 상품의 금리상승 제한 폭, 가입비용 등은 은행별로 다르므로 개별 은행에 상담이 필요하다.

[J사원의 보고서]
- 제목: 금리상한형 주택담보대출의 혜택 확대
- 상품 개선 배경: 변동금리 대출자 부담 가중
- 상품 개선 사항: (금리상승 제한폭) 종전 직전 금리 대비 연간 0.75%p, 5년간 2%p까지만 인상 → 직전 금리 대비 연간 0.45~0.75%p 또는 5년간 2%p까지만 인상
  (가입 비용(프리미엄)) 종전 대출금리에 0.15~0.2%p 가산 → 대출금리에 0%(한시적 면제)~0.2%p가산
- 운영 시기: 대출자 금리상승 위험 대비 지원

[L과장의 피드백]

　작성한 보고서 잘 받아보았습니다. ① 제목은 보고서의 핵심 내용이 잘 드러나도록 작성되었습니다. 다만 ② 개선 배경의 경우, 대출자의 부담이 어떻게 가중되었는지 알 수 있도록 변동금리 변화 추세를 수치를 통해 추가하면 좋겠네요. 또한 ③ 개선 사항도 변화 전과 후가 줄글로 나열되어 가독성이 떨어지므로 표 형태로 수정해 주세요. 그리고 ④ 글의 내용 중 금리상한 주택담보대출의 가입기간에 대한 내용이 보고서에서 생략되었으니 이 부분 추가해 주시고, ⑤ 마지막 부분은 '운영 시기'보다는 '기대 효과'로 항목명을 변경하는 것이 좋겠습니다.

10 다음 신문기사를 읽고 '농업정책자금'에 대한 설명으로 옳은 것을 고르면?

> 농림축산식품부는 다양한 용도로 쓸 수 있는 다양한 농업정책자금을 NH농협은행과 지역 농·축협을 통해 저리로 융자하고 있다. 우선 후계농업경영인육성자금은 농업 발전을 이끌 농업 인력을 발굴·육성하기 위한 자금이다. 만 18세 이상 50세 미만으로 영농경력이 없거나 종사한 지 10년 이하인 영농인을 대상으로 하며 대상자는 농업계고등학교 또는 농업 관련 대학교를 졸업했거나 시장·군수·구청장이 인정한 농업교육기관에서 교육을 이수해야 한다. 자금은 농지 구입·임차, 비닐하우스·온실·축사 등 시설 설치·임차 등에 쓸 수 있다.
>
> 청년창업농육성자금은 만 18세 이상 40세 미만으로 영농경력이 없거나 종사한 지 3년 이하인 청년농이 대상이다. 사업 대상자로 선정되면 영농정착지원금으로 3년간 월 최대 100만 원을 받는다. 아울러 농림수산업자신용보증기금(농신보) 우대보증, 농지 임대 우선 지원, 영농기술교육 지원도 받을 수 있다. 다만 후계농업경영인과 청년창업농 선발은 별도로 이뤄지며, 중복 신청은 불가하므로 본인 나이와 영농경력을 따져보고 지원하면 된다. 기존에 선정된 후계농업경영인도 신청 자격·요건을 갖추면 청년창업농 선발에 지원할 수 있다.
>
> 귀농창업자금·귀농주택구입자금은 귀농을 희망하는 도시민 영농정착을 돕는 자금이다. 대상은 만 65세 이하인 귀농인 또는 재촌 비농민이다. 농촌지역 전입일로부터 이주기한·거주기간 등을 충족해야 하며, 정부나 지방자치단체가 주관·위탁하는 귀농·영농 교육을 100시간 이상 이수해야 하는 등 일정 요건을 갖춰야 한다. 단 주택구입자금에는 나이 기준을 적용하지 않는다.
>
> 농업정책자금 대출은 개인 신용도나 담보 가치에 따라 대출금액이 달라질 수 있고, 경우에 따라 대출이 아예 불가능할 수도 있다. 따라서 가까운 농협은행이나 지역 농·축협 영업점에 가서 상담을 받고 대출 가능금액을 알아보는 게 좋다. 또한 정책자금을 지원받으면 본인 명의로 사업을 하는 것이 원칙이므로 다른 사람 명의로 사업을 할 수 없다. 또한 정책자금으로 구입한 농지나 시설을 마음대로 매매·이전해서도 안 된다.

① 대출 대상자로 선정된 경우에는 대출금액이 동일하게 적용되어 지급된다.

② 농업계고등학교를 졸업했지만 영농 경력이 없는 경우에는 지원받을 수 있는 자금이 없다.

③ 귀농을 희망하는 도시민은 만 65세가 넘은 경우에는 귀농주택구입자금은 지원받을 수 없다.

④ 어떤 유형의 자금을 지원받더라도 해당 자금으로 구입한 농지 등은 마음대로 매매가 불가능하다.

⑤ 청년창업농에 선발된 경우에는 지방자치단체장이 인정한 농업교육기관에서 교육을 이수해야 한다.

정답과 해설 P.15

세상의 중요한 업적 중 대부분은,
희망이 보이지 않는 상황에서도
끊임없이 도전한 사람들이 이룬 것이다.

– 데일 카네기(Dale Carnegie)

PART

02

수리능력

NH농협은행

최신경향 분석

영역 소개

수리능력은 응용수리와 자료해석 2가지 유형으로 출제된다. 예·적금 상품의 원리금이나 환율 계산 등의 실무와 유관한 자료를 활용한 문항이 출제되기도 한다. 온라인 필기시험으로 전환되며 난도 변화가 가장 컸던 영역이며, 미리 유형을 파악하면 빠르게 문제를 풀 수 있는 영역이므로 많은 문제를 통해 연습을 하는 것이 중요하다.

출제유형 소개

유형1   응용수리

온라인으로 시험이 치러지면서, 응용수리 유형의 비중이 높아졌다. 어림셈이나 선택지 값을 대입하여 빠르게 정답을 도출하는 연습이 필요하다.

세부유형	방정식과 부등식 활용	방정식과 부등식을 활용하는 유형
	거리·속력·시간	'거리＝속력×시간' 공식을 활용하는 유형
	집합	벤다이어그램과 집합의 공식을 활용하는 문제
	경우의 수와 확률	조건부확률, 길 찾기 등 각종 경우의 수와 확률을 구하는 유형
	원가·정가·할인가	할인·할증 전후의 원가, 정가 등을 구하는 유형
	농도와 비율	농도와 백분율의 개념을 이용하는 유형
	일률	작업량을 구하는 문제
	금융수리	원리금 합계, 원리금 균등분할상환액, 연금 일시불 수령액 등을 계산하는 유형

유형2   자료해석

제시된 표나 그래프를 바탕으로 자료의 내용의 일치/불일치 여부를 확인하거나 자료를 활용하여 특정 결괏값을 계산하는 유형이다.

최신 필기시험 기출분석

1. 자료해석 유형과 2022년에는 출제비중이 낮았던 응용수리 유형이 출제되었다.
2. 문항 난도가 낮고, 제시된 값들이 복잡하지 않았다.
3. 계산기 및 필기구 사용이 불가하여 암산으로 문제를 풀어야 했다.

1. 자료해석 문항의 경우 통계 자료를 활용한 계산 과정이 복잡하지 않았다.
2. 공기업 NCS나 PSAT(민간경력채용, 7급)보다는 쉬운 난도로 출제되었다.
3. 금융수리 문항의 경우 평이한 수준으로 출제되었다.
4. 경제학적 개념을 응용한 계산 문제가 출제되었다.

1. 금융상품 계산법

1. 예 · 적금 원리금 계산

① 단리와 복리의 계산 비교

구분	내용
차이점	• 단리와 복리는 모두 원금에 이자가 붙는 방식의 일종 • 단리: 원금에만 이자가 붙음 • 복리: 원금과 이자에 모두 이자가 붙음
단리 계산법	• 이율 r인 상품에 원금 a를 총 n번 이자가 붙는 기간 동안 예치한 경우 표 아래 참조 ▶ 이자가 붙는 날짜 단위가 1년이면 r은 연이율, n년 동안 예치 ▶ 이자가 붙는 날짜 단위가 1달이면 r은 월이율, n개월 동안 예치
복리 계산법	• 이율 r인 상품에 원금 a를 총 n번 이자가 붙는 기간 동안 예치한 경우 표 아래 참조 ▶ 이자가 붙는 날짜 단위가 1년이면 r은 연이율, n년 동안 예치 ▶ 이자가 붙는 날짜 단위가 1달이면 r은 월이율, n개월 동안 예치

단리 계산법

날짜	원리금 합계
납입 첫날	a
첫 번째 이자 붙는 날	$a+a \times r = a(1+r)$
두 번째 이자 붙는 날	$a+a \times r+a \times r = a(1+2r)$
세 번째 이자 붙는 날	$a+a \times r+a \times r+a \times r = a(1+3r)$
...	...
n번째 이자 붙는 날	$a+a \times r+a \times r+a \times r+\cdots+a \times r = a(1+nr)$

복리 계산법

날짜	원리금 합계
납입 첫날	a
첫 번째 이자 붙는 날	$a+a \times r = a(1+r)$
두 번째 이자 붙는 날	$a(1+r)+a(1+r) \times r = a(1+r)(1+r) = a(1+r)^2$
세 번째 이자 붙는 날	$a(1+r)^2+a(1+r)^2 \times r = a(1+r)^2(1+r) = a(1+r)^3$
...	...
n번째 이자 붙는 날	$a(1+r)^{(n-1)}+a(1+r)^{(n-1)} \times r$ $= a(1+r)^{(n-1)}(1+r) = a(1+r)^n$

② 수치변환

구분	내용
변환 목적	• 대부분의 금융상품 수익률은 연 단위 이율(연이율) 기준으로 표기함 • 실제 투자기간은 딱 떨어지는 연 단위가 아닌 월 단위일 수 있음 → 수치변환을 통해 실제 투자기간 동안의 수익률을 계산
이율 변환	• 월 복리, 월 단리에서 활용함: 1달이 기준이므로, 연이율을 월이율로 변환해야 함 • 연이율 → 월이율 변환: $\dfrac{연이율}{12}=$ 월이율(%) 예 연이율 12% → 월이율 1% 예 원금 a, 연이율 r%, 투자기간 n개월, 월 단리 예금의 원리금 합계 $\rightarrow a\left(1+\dfrac{nr}{12}\right)$ 예 원금 a, 연이율 r%, 투자기간 n개월, 월 복리 예금의 원리금 합계 $\rightarrow a\left(1+\dfrac{r}{12}\right)^n$
기간 변환	• 연 단리, 연 복리에서 활용함: 1년이 기준이므로, 월 단위 기간을 연 단위 기간으로 변환해야 함 • 개월 → 연 변환: n개월$=\dfrac{n}{12}$ 년 예 18개월 → 1.5년 예 원금 a, 연이율 r%, 투자기간 n개월, 연 단리 예금의 원리금 합계 $\rightarrow a\left(1+\dfrac{n}{12}r\right)$ 예 원금 a, 연이율 r%, 투자기간 n개월, 연 복리 예금의 원리금 합계 $\rightarrow a(1+r)^{\frac{n}{12}}$
참고사항	• 월 단리와 연 단리는 결과가 동일함 • 원리금 합계 단독 문제에서 자주 보이는 연 복리 상품은 실제 투자기간이 딱 떨어지는 연 단위가 아니면 계산이 복잡하므로 시중에서 거의 찾아볼 수 없음

③ 예금과 적금의 원리금 합계

구분	내용
차이점	• 예금: 일정 금액을 한꺼번에 납입한 후 추가납입 없이 이자를 받는 방식 → 거치식 • 적금: 일정 금액을 정기적으로 추가납입하며 이자를 받는 방식 → 적립식

단리예금

• ①의 단리 계산법, ②의 기간 변환 연 단리 내용과 같음

구분		원리금 합계
연 단리 = 월 단리	n과 r이 (년, 연이율) 단위인 경우	$a(1+nr)$
	n과 r이 (월, 연이율) 단위인 경우	$a\left(1+\dfrac{n}{12}r\right)$

복리예금

• ①의 복리 계산법, ②의 이율 변환 월 복리 내용과 같음

구분		원리금 합계
연 복리	n과 r이 (년, 연이율) 단위인 경우	$a(1+r)^n$
월 복리	n과 r이 (월, 연이율) 단위인 경우	$a\left(1+\dfrac{r}{12}\right)^n$

단리적금

• 연이율 r인 상품에 매달 초 a를 n개월 동안 납입하는 경우(연 단리＝월 단리)
  − 뒤로 갈수록 예치기간이 짧아지는 원금 a짜리 단리예금 여러 개가 하나로 합쳐진 형태

$$\rightarrow n\text{개월 후 원리금 합계}=a\left(1+\frac{1}{12}r\right)+a\left(1+\frac{2}{12}r\right)+\cdots+a\left(1+\frac{n}{12}r\right)$$
$$=a\left(n+\frac{1+2+\cdots+n}{12}r\right)=a\left(n+\frac{n(n+1)/2}{12}r\right)$$
$$=an\left(1+\frac{n+1}{24}r\right)$$

복리적금	• 연이율 r인 상품에 매달 초 a를 n개월 동안 납입하는 경우(월 복리) — 뒤로 갈수록 예치기간이 짧아지는 원금 a짜리 복리예금 여러 개가 하나로 합쳐진 형태 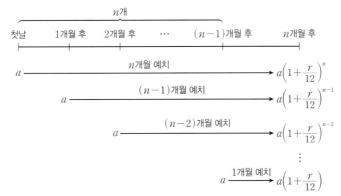 → n개월 후 원리금 합계$=a\left(1+\dfrac{r}{12}\right)+a\left(1+\dfrac{r}{12}\right)^2+\cdots+a\left(1+\dfrac{r}{12}\right)^n$ 이는 초항이 $a\left(1+\dfrac{r}{12}\right)$, 공비가 $1+\dfrac{r}{12}$, 항의 개수가 n개인 등비수열의 합이므로 $\dfrac{a\left(1+\dfrac{r}{12}\right)\left\{\left(1+\dfrac{r}{12}\right)^n-1\right\}}{1+\dfrac{r}{12}-1}=\dfrac{a\left(1+\dfrac{r}{12}\right)\left\{\left(1+\dfrac{r}{12}\right)^n-1\right\}}{\dfrac{r}{12}}$ 이다.

참고사항	• 단리적금과 복리적금의 원리금 합계 최종 공식은 첫날부터 매 기간 초에 일정한 금액 a를 납입하고, 각 기간에 도달할 때마다 이전에 납입했던 금액에 대해서는 반드시 이자를 지급한다는 가정하에 도출된 공식임
	  — 위 조건을 만족하지 못할 시(매 기간 동안 다른 금액 납입, 다른 형태의 이자 지급 등)에는 최종 공식이 성립하지 않음
	  — 따라서 복잡한 식을 외우는 것보다 유도 과정을 이해하는 것이 중요
	• 만약 연이율 r인 상품에 매년 a를 n년 동안 납입하는 연 복리의 경우의 원리금 합계는 최종 공식에서 월이율 $\dfrac{r}{12}$을 연이율 r로 치환하여 계산해야 함(n은 그대로지만 n개월이 n년으로 바뀌었다는 것에 주의)
	  — 이 경우 최종 공식은 $\dfrac{a(1+r)\{(1+r)^n-1\}}{r}$ 이라는 흔히 알려진 전형적인 원리금 합계 공식으로 도출
	  — 만약 납입일이 매년 말이라면 등비수열 합의 모든 항에 이자가 한 번씩 덜 붙으므로 최종 공식의 분자에서 $(1+r)$을 제외한 $\dfrac{a\{(1+r)^n-1\}}{r}$ 의 식으로 도출

2 대출금 상환

① 대출금 상환 방법

구분	내용	장점	단점
만기 일시 상환	대출기간 동안 매월 이자만 납부하다가 만기일에 원금과 마지막 이자를 일시 상환. 이자만 납부하므로 만기일까지 원금은 일정함	• 조기상환부담 적음 • 만기일까지 대출금리보다 높은 수익률을 달성할 수 있다면 유리함	• 이자 비용이 높음 • 만기에 원금 일시 상환의 부담이 큼
원금 균등 분할 상환	대출원금을 이자와 함께 대출기간 동안 매월 일정한 금액으로 상환. 이자는 줄어든 원금에서 계산하기 때문에 계속해서 감소함	• 이자 비용이 낮음 • 시간이 흐를수록 상환금액이 감소함	• 초기부터 상환의 부담이 큼 • 매월 갚아야 할 금액이 달라서 번거로움
원리금 균등 분할 상환	대출금 만기일까지의 총 이자와 원금을 합하여 대출기간으로 나누어서 매번 일정 금액 상환	• 상환 금액이 항상 일정함 • 계획적인 자금 운영이 가능	• 상환 방법 중 초기 상환의 부담이 가장 큼

② 상환 방법별 대출 이자 계산

(기준: 원금 1,200만 원, 연 12%, 12개월간 상환)

구분	내용
만기 일시 상환	• 월이율 1%, 매월 말 1,200만$\times$0.01$=$12(만 원)씩 이자 상환 $\rightarrow$ 12개월간 총 12$\times$12$=$144(만 원) 이자 상환 • 마지막 달에 이자 12만 원과 함께 원금 1,200만 원 일시 상환
원금 균등 분할 상환	• 월이율 1%, 매월 말 1,200만$\div$12$=$100(만 원)씩 원금 상환과 함께 다음과 같이 이자 상환 \| 날짜 \| 월 이자 상환액 \| \| 첫 번째 달 \| 1,200만$\times$0.01$=$12(만 원) \| \| 두 번째 달 \| (1,200만$-$100)$\times$0.01$=$11(만 원) \| \| 세 번째 달 \| (1,200만$-$100$\times$2)$\times$0.01$=$10(만 원) \| \| … \| … \| \| 열두 번째 달 \| (1,200만$-$100$\times$11)$\times$0.01$=$1(만 원) | $\rightarrow$ 12개월간 총 1$+$2$+$3$+\cdots+$12$=$78(만 원) 이자 상환 • 마지막 달에 이자 1만 원과 함께 남은 원금 100만 원까지 상환
원리금 균등 분할 상환	• 월이율 1%, 매월 말 원금과 이자를 합하여 일정 금액 a원 상환 | 날짜 | 대출 원리금 잔액 | | 첫 번째 달 | 1,200만$\times$1.01$-a$(이자가 붙은 후, a원 상환) | | 두 번째 달 | (1,200만$\times$1.01$-a$)$\times$1.01$-a=$1,200만$\times(1.01)^2-a\times$1.01$-a$ | | 세 번째 달 | 1,200만$\times(1.01)^3-a\times(1.01)^2-a\times$1.01$-a$ | | … | … | | 열두 번째 달 | 1,200만$\times(1.01)^{12}-a\times(1.01)^{11}-\cdots-a\times$1.01$-a$ | • 열두 번째 달에는 빚을 다 갚아 대출 원리금 합계는 0원이 되어야 하므로 1,200만$\times(1.01)^{12}-a\times(1.01)^{11}-\cdots-a\times$1.01$-a=$0 $\rightarrow a+a\times$1.01$+\cdots+a\times(1.01)^{11}=$1,200만$\times(1.01)^{12}$

> → 좌변은 초항이 a, 공비가 1.01, 항의 개수가 12개인 등비수열의 합이므로
> $$\frac{a\{(1.01)^{12}-1\}}{1.01-1}=1{,}200만\times(1.01)^{12}$$을 풀면 매달 상환해야 하는 금액 a를 구할 수 있음

3 연금 일시불 수령 계산

① 시간 가치에 대한 이해

• 일반적으로 현재 a원의 가치와 1년 후 a원의 가치는 서로 다름
  - 원인: 갈수록 돈의 가치가 떨어지는 인플레이션 때문(시간 가치)
  - 따라서 미래에 받을 돈을 지금 당장 받는다면 시간 가치를 따져 현재 가치로 환산해야 함
• 경제학에서는 인플레이션율로 현재 가치를 환산하지만 실제 시험 문제에서는 이자율로 현재 가치를 환산하는 것이 암묵적으로 전제되어 있음
  - 돈을 통장에 넣어두고 시간이 흐르면 이자가 붙으므로 현재의 돈과 n년 후 이자까지 합한 돈의 가치가 서로 같다고 보는 것이 포인트
• 시간 가치는 무조건 복리계산법 활용
  (예) 연이율 r일 때, 현재 a원의 n년 후 가치: $a(1+r)^n$

  연이율 r일 때, n년 후 a원의 현재 가치: $\dfrac{a}{(1+r)^n}$

② 연금 일시불 수령 계산 예시

• 1년 후부터 1년 단위로 a원씩, 총 n년 동안 받는 연금을 현재 일시불로 수령할 때의 금액을 구할 경우

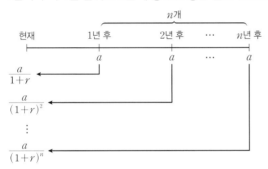

> → 현재 일시불로 수령 받는 금액을 S라 하면 $S=\dfrac{a}{1+r}+\dfrac{a}{(1+r)^2}+\cdots+\dfrac{a}{(1+r)^n}$이다.
> 양변에 $(1+r)^n$을 곱하면 $S\times(1+r)^n=a(1+r)^{n-1}+a(1+r)^{n-2}+\cdots+a$이다.
> 우변의 항들의 순서를 반대로 나열하면 초항이 a, 공비가 $1+r$, 항의 개수가 n개인 등비수열의 합이므로
> $$S(1+r)^n=\frac{a\{(1+r)^n-1\}}{1+r-1}$$의 식을 통해 S를 구할 수 있음

1 예 · 적금 상품

가입 대상	• 가입이 제한되는 조건들을 꼼꼼히 확인해야 함
가입 기간	• 최소·최대 가입 기간, 연·월 단위인지 확인해야 함 • 가입일과 정기 납입일이 서로 다를 수 있음 　→ 원리금 합계 계산 시 주의
납입한도	• 회별·분기별·연별 최대 납부 금액 확인해야 함 • 보통 월 단위 납입 • 초입금: 계좌를 개설하자마자 납입하는 금액. 초입금액과 정기 납입액이 서로 다를 수 있음 　→ 원리금 합계 계산 시 주의
기본금리	• 가입 대상, 가입 기간, 기타 조건에 따라 기본금리가 달라질 수 있음 • 금리는 항상 연이율로 표시되어 있으므로 월 복리 계산 시 주의
우대금리	• 특정 조건을 만족하면 기본금리에 더해지는 추가금리 • 상한선이 존재하는 경우가 있으므로 주의 • 가입 시에 조건을 만족하면 바로 우대금리 혜택을 주는 경우와 가입 기간 중에 조건을 만족하면 만기에 우대금리 혜택을 주는 경우가 있음
이자 지급 방식	연 단리 / 월 복리
중도해지 금리	중도해지 시 우대금리를 적용하지 않고 기본금리에 패널티가 붙는 경우가 대부분임 → 남은 기간만큼의 비율을 공제하고 지급하는 것에 주의 　예 기본금리 연 3% 단리, 우대금리 1%p, 1년 만기 예금을 8개월 만에 해지했을 때 받을 수 있는 이자(중도해지 시 금리 적용률 50%) 　　→ 원금 $\times 0.03 \times \dfrac{1}{2} \times \dfrac{8}{12}$ 　　→ 원금 $\times 0.01$
기타 정보	• CRM: 고객관계관리(Customer Relationship Management)로, 고객의 대내외 정보를 수집하고 이를 분석하여 고객 특성에 맞는 맞춤형 서비스를 제공하는 것에 그 목적이 있음. 만약 당행 첫 고객이라면 무조건 CRM 원장 등록부터 하게 되어 있으며, 농협은행과 지역 단위 농협은 전산이 분리되어 있으므로 농협은행 기 고객이어도 지역 단위 농협의 신규 고객이 될 수 있음 • 비대면 계좌: 핀테크가 발달하면서 지점에 내방하지 않고도 스마트폰 등을 통해 계좌를 개설하고 금융거래를 할 수 있는 금융 서비스. 비대면, 전자금융 전용이라는 용어가 붙은 상품은 영업점 창구에서 일반적인 업무 처리가 불가능한 대신 금리우대 등의 혜택이 제공됨

2 대출 상품

대출 유형	• 신용 대출: 아무런 담보 없이 채무자를 믿고 대출하는 것. 위험성이 높은 만큼 대출금리도 높음 • 담보 대출: 채무자가 채무불이행을 일으킬 경우 담보를 통해 대출금을 상환할 수 있는 수단을 확보하고 대출하는 것. 위험성이 낮은 만큼 대출금리도 낮음
대출 대상	예·적금에 비해 대출 대상 적용 기준이 까다로움(LTV, DTI, DSR 등의 규제 있음)
대출기간	최소·최대 대출기간 확인해야 함
대출한도	조건마다 한도가 다를 수 있으므로 확인해야 함
대출금리	신용등급, 담보 가치, 대출 금액, 대출기간 등 무수한 요인에 의해 달라질 수 있음
우대금리	예·적금과 반대로 우대금리 적용 시 금리가 낮아짐
상환 방법	만기 일시 상환 / 원금 균등 분할 상환 / 원리금 균등 분할 상환 / 기타
중도 상환	만기를 채우지 않고 중도 상환할 경우 중도 상환 해약금을 내는 것이 일반적
기타 정보	KB시세: KB부동산 리브온에서 제공하는 부동산 시세 정보로, 대부분의 은행들이 부동산 담보 가치를 평가할 때 KB시세를 참고함. KB시세에서 검색되지 않을 경우 자체적으로 감정평가를 해야 하므로 감정 비용이 추가적으로 발생할 수 있음. 아파트, 오피스텔은 대부분 KB시세에서 검색되지만, 연립·다세대 주택은 검색되지 않았다가 2018년 7월부터 연립·다세대 주택도 빅데이터를 활용해 시세 산정 서비스가 제공됨

3 카드 상품

연회비	• 신용카드를 사용하기 위해 일 년에 한 번씩 카드사에 납부해야 하는 금액 • 국내 전용, 국·내외 겸용의 연회비에 차이가 있는 경우가 다수 • 전년 사용 실적에 따라 연회비 면제 조항이 있을 수 있음 • 체크카드는 연회비가 없는 경우가 다수
혜택	• 대부분의 혜택은 전월 사용 실적에 따라 폭이 달라짐 • 혜택의 일 한도·월 한도·건수 한도 등 각종 한도를 확인해야 함

대표기출 유형

유형1   응용수리

세부 유형   방정식과 부등식 활용

어느 공영 주차장의 주차 요금은 30분까지는 4,000원이고, 30분이 지나면 1분마다 500원씩 요금이 추가 된다고 한다. 주차 요금이 8,000원 이하가 되게 하려면 최대 몇 분 동안 주차할 수 있는지 고르면?

① 30분   ② 35분   ③ 38분
④ 40분   ⑤ 43분

시간단축TIP

문제는 중학교 수준의 지식을 요구하므로 기초적인 개념을 이해하고 있으면 모두 풀 수 있기 때문에 핵심 공식에 대한 암기가 필수적이다. 또한 방정식은 무궁무진하게 활용될 수 있으므로 다양한 유형의 문제를 접해보는 것이 중요하다. 관건은 주어진 문제에서 미지수를 두고 그에 따라 식을 도출하는 것이다. 이 능력을 키우기 위해서는 해설을 미리 보지 않고 식을 도출할 때까지 고민해 보는 시간을 갖는 것이 좋다.

정답해설

x분 동안 주차한다고 하면

$4,000+500(x-30)\leq8,000$

$500x\leq19,000$

$\therefore x\leq38$

따라서 최대 38분 동안 주차할 수 있다.

| 정답 | ③

거리·속력·시간

수아와 현주는 전동 킥보드를 타고 둘레의 길이가 6km인 운동장 원형 트랙을 따라 돌고 있다. 두 사람이 같은 지점에서 마주 보고 출발해서 반대 방향으로 돌면 20분 후에 처음으로 만난다고 한다. 만약 두 사람이 같은 지점에서 같은 방향으로 출발한다면 몇 분 후에 처음으로 만나게 되는지 고르면?(단, 수아의 속력이 현주 속력의 1.5배이고, 수아와 현주 모두 일정한 속력을 유지한다.)

① 60분   ② 70분   ③ 80분
④ 90분   ⑤ 100분

시간단축TIP

- (거리)=(속력)×(시간)
- 공식을 적용할 때 단위(시속, 분속, km, m 등)에 주의하여 계산한다.

정답해설

현주의 속력을 $y$km/분이라 하자. 수아의 속력이 현주 속력의 1.5배이므로 수아의 속력을 $1.5y$km/분이라고 할 수 있다. 서로 반대 방향으로 돌았을 때 20분 후에 처음으로 만나므로 수아가 간 거리＋현주가 간 거리＝운동장 트랙의 둘레 길이이다. 따라서 $(1.5y×20)+20y=6 \rightarrow y=0.12$이다. 따라서 수아의 속력은 0.18km/분, 현주의 속력은 0.12km/분이다.

두 사람이 같은 방향으로 돌았을 때 서로 만나기 위해서는 속력이 빠른 사람이 속력이 느린 사람보다 운동장 한 바퀴를 더 돌아야만 한다. 따라서 같은 시간 동안 현주가 $a$km를 간다면 수아는 $(a+6)$km를 가야한다. 따라서 $\dfrac{a}{0.12}=\dfrac{a+6}{0.18} \rightarrow 0.18a=0.12a+0.72 \rightarrow a=12$이다.

그러므로 두 사람이 같은 지점에서 같은 방향으로 출발할 때 만나게 되는 시간은 $\dfrac{12}{0.12}=100$(분)이다.

| 정답 | ⑤

공공기관을 이전하기 위해 경기도, 충청도, 강원도에 속하는 세 곳을 후보지로 검토하고 있다. 전문가 200명에게 중복 투표가 가능하도록 해서 문의한 결과 경기도를 선택한 사람은 85명, 경기도와 충청도를 선택한 사람은 26명, 경기도, 충청도, 강원도를 모두 선택한 사람은 12명, 충청도와 강원도를 선택한 사람은 30명, 강원도만을 선택한 사람은 22명이라고 한다. 이때 충청도만을 선택한 사람은 최대 몇 명인지 고르면?(단, 전문가가 어느 곳에도 투표하지 않을 수 있다.)

① 62명   ② 75명   ③ 93명

④ 105명   ⑤ 119명

시간단축TIP

유한집합 A, B, C의 원소의 개수를 n(A), n(B), n(C)라 할 때, 합집합의 원소의 개수는 다음과 같이 구할 수 있다.
- 집합 2개: $n(A \cup B) = n(A) + n(B) - n(A \cap B)$
- 집합 3개: $n(A \cup B \cup C) = n(A) + n(B) + n(C) - n(A \cap B) - n(B \cap C) - n(A \cap C) + n(A \cap B \cap C)$

정답해설

경기도를 선택한 사람의 집합을 A, 충청도를 선택한 사람의 집합을 B, 강원도를 선택한 사람의 집합을 C라고 하자.

경기도만 선택한 사람을 a명, 충청도만 선택한 사람을 b명, 강원도만 선택한 사람을 c명이라 할 때 벤다이어그램으로 나타내면 오른쪽 그림과 같다.

경기도를 선택한 사람이 85명이므로

$85 + b + 18 + 22 \leq 200$

b≤75이므로 충청도만을 선택한 사람은 최대 75명이다.

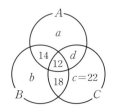

| 정답 | ②

세부 유형   경우의 수와 확률

A사원이 포함된 10명의 인사팀 사원 중에서 사내 체육대회에 100m, 500m, 1,000m 달리기 종목에 나갈 선수를 각각 1명씩 뽑으려 한다. 이때 A사원이 500m 달리기 선수로 뽑히는 경우의 수를 고르면? (단, 각 선수는 한 종목에만 참가한다.)

① 18가지   ② 36가지   ③ 72가지
④ 120가지   ⑤ 180가지

시간단축TIP

- 순열: 서로 다른 n개 중 r개를 골라 순서를 고려해 나열하는 방법의 수는 다음과 같다.
  $$_n\mathrm{P}_r = n \times (n-1) \times (n-2) \times (n-3) \times \cdots \times (n-r+1) \text{ (단, } 0 \leq r \leq n)$$
  $$= \frac{n!}{(n-r)!}$$
- 조합: n개 중 순서를 고려하지 않고 서로 다른 r개를 선택하는 방법의 수는 다음과 같다.
  $$_n\mathrm{C}_r = \frac{n!}{r!(n-r)!} \text{ (단, } 0 \leq r \leq n)$$

정답해설

500m 달리기 선수로 A사원을 뽑는다고 하면 나머지 9명 중에서 100m 달리기, 1,000m 달리기 선수를 각각 1명씩 뽑아야 한다. 따라서 구하는 경우의 수는 $_9\mathrm{P}_2 = 9 \times 8 = 72$(가지)이다.

| 정답 | ③

원가가 10,000원인 어떤 물건에 대하여 정가의 30%를 할인하여 판매할 때, 원가의 5% 이상으로 이익이 남으려면 정가를 적어도 얼마로 정해야 하는지 고르면?

① 14,625원   ② 15,000원   ③ 15,125원

④ 15,500원   ⑤ 15,625원

시간단축TIP

- (정가)＝(원가)＋(이익)
  - 정가: 제품의 정상적인 판매가
  - 원가: 제품을 만들 때 사용되는 비용
- (정가)의 $x\%$를 할인 적용한 가격＝(할인가)
- (정가) 또는 (할인가)＝(판매가)
- (이익)＝(판매가)－(원가)
- 만약 원가 x원에 a%의 이익을 정가로 정하는 경우: (정가)＝$\left(1+\dfrac{a}{100}\right) \times x$원
- 만약 원가 x원에 b%의 할인을 적용하여 판매가(할인가)로 정하는 경우:

  (판매가 또는 할인가)＝$\left(1-\dfrac{b}{100}\right) \times x$원

정답해설

정가를 x원이라 하면 판매가는 정가에서 30%를 할인한 가격이므로 $(1-0.3)x=0.7x$(원)이다. 이때, 해당 판매가로 판매할 때 원가의 5% 이상으로 이익이 발생해야 한다.

$0.7x \geq (1+0.05) \times 10,000$

$\therefore x \geq \dfrac{10,500}{0.7}(=15,000)$

따라서 정가는 적어도 15,000원으로 정해야 한다.

| 정답 | ②

세부 유형 | 농도와 비율

6%의 소금물과 14%의 소금물을 섞어 12%의 소금물 500g을 만들려고 한다. 이때 6%의 소금물의 양을 고르면?

① 100g   ② 125g   ③ 150g

④ 180g   ⑤ 200g

시간단축TIP

• 농도= (용질의 양)÷(용액의 양)×100

      = (용질의 양)÷{(용매의 양)+(용질의 양)}×100.

• 비율

x가 $a\%$ 증가하면: $x\left(1+\dfrac{a}{100}\right)$

x가 $a\%$ 감소하면: $x\left(1-\dfrac{a}{100}\right)$

정답해설

6%의 소금물을 xg 섞는다고 하면 14%의 소금물의 양은 $(500-x)$g이므로

$$\frac{6}{100}\times x+\frac{14}{100}(500-x)=\frac{12}{100}\times 500$$

$6x+14(500-x)=12\times 500$

∴ $x=125$ 이므로 6%의 소금물의 양은 125g이다.

| 정답 | ②

어떤 물탱크에 물을 가득 채우려면 A수도로는 12시간, B수도로는 16시간이 걸린다. A, B 두 수도로 6시간 동안 물을 채우다가 B수도로만 물을 채우려고 할 때, 이 물탱크에 물을 가득 채우려면 B수도로 몇 시간을 더 채워야 하는지 고르면?

① 1시간   ② 2시간   ③ 3시간

④ 4시간   ⑤ 5시간

시간단축TIP

A가 혼자서 일을 마치는 데 a시간이 걸리고, B가 혼자서 일을 마치는 데 b시간이 걸린다면 A가 1시간 동안 할 수 있는 일의 양은 $\frac{1}{a}$이고, B가 1시간 동안 할 수 있는 일의 양은 $\frac{1}{b}$이다. 따라서 A와 B가 둘이서 1시간 동안 할 수 있는 일의 양은 $\left(\frac{1}{a}+\frac{1}{b}\right)$이고, n시간 동안 하여 일을 마친다면 $\left(\frac{1}{a}+\frac{1}{b}\right)\times n=1$이라는 식을 세울 수 있다.

정답해설

물탱크에 가득 찬 물의 양을 1이라 하면 A수도, B수도로 한 시간에 채우는 물의 양은 각각 $\frac{1}{12}$, $\frac{1}{16}$이다.

B수도로 물을 x시간 더 채운다고 하면

$$\left(\frac{1}{12}+\frac{1}{16}\right)\times 6+\frac{1}{16}x=1$$

$$\therefore x=2$$

따라서 B수도로 2시간을 더 채워야 한다.

| 정답 | ②

연이율 5%, 1년마다 복리로 매년 초 200만 원씩 적립할 때, 6년째 말의 적립금의 원리합계를 고르면?
(단, $1.05^6 ≒ 1.34$로 계산하고, 만 원 미만은 버린다.)

① 1,360만 원　　　　② 1,380만 원　　　　③ 1,428만 원
④ 1,524만 원　　　　⑤ 1,612만 원

시간단축TIP

금융수리에서 등비수열을 활용하는 유형은 크게 원리금 합계 계산, 원리금 균등분할상환 계산, 연금 일시불 수령 계산이 있다. 유형별로 답을 도출하는 공식이 있으나, 여러 조건의 변경으로 공식을 적용할 수 없는 문제가 출제될 수 있으니 풀이 과정을 이해하는 것이 중요하다.

정답해설

6년째 말의 적립금의 원리합계는 $200 × 1.05 + 200 × 1.05^2 + \cdots + 200 × 1.05^6 = \dfrac{200 × 1.05(1.05^6 - 1)}{1.05 - 1}$

$= \dfrac{210(1.34 - 1)}{0.05} = 1,428$(만 원)이다.

| 정답 | ③

다음 [표]는 지역별 1인 가구 및 1인 취업가구에 관한 자료이다. 이에 대한 설명으로 옳지 <u>않은</u> 것을 고르면?

[표1] 지역별 1인 가구 　　　　　　　　　　　　　　　　　　　　　　　　　　　　　　　　　　　(단위: 천 가구)

구분	2020년	2021년	2022년
전국	6,624	7,041	7,224
서울특별시	1,388	1,464	1,492
부산광역시	454	479	489
대구광역시	304	321	327
인천광역시	324	349	360
광주광역시	195	208	214
대전광역시	226	239	245
울산광역시	123	130	132
세종특별자치시	43	47	49
경기	1,405	1,512	1,568
강원	229	242	250
충청	537	572	589
전라	511	541	551
경상	805	852	869
제주	82	87	90

[표2] 지역별 1인 취업가구 　　　　　　　　　　　　　　　　　　　　　　　　　　　　　　　　　(단위: 천 가구)

구분	2020년	2021년	2022년
전국	3,972	4,352	4,555
서울특별시	826	893	946
부산광역시	229	241	257
대구광역시	161	180	183
인천광역시	192	217	231
광주광역시	112	120	132
대전광역시	135	147	152
울산광역시	74	83	87
세종특별자치시	29	34	36
경기	903	1,007	1,076
강원	138	150	157

충청	342	372	381
전라	309	337	336
경상	464	507	518
제주	59	64	63

① 2021년에 경상의 1인 취업가구 수는 전년 대비 43,000가구 증가했다.

② 2022년 전국 1인 가구 중 취업가구의 비중은 60% 미만이다.

③ 2020년 대비 2022년에 충청의 1인 가구의 수의 증가율은 10% 미만이다.

④ 조사기간 동안 1인 취업가구의 전년 대비 증감 추이는 모든 지역이 동일하다.

⑤ 2021년에 전국에서 1인 취업가구의 비중이 가장 높은 지역은 가장 낮은 지역의 20배 이상이다.

시간단축TIP

제시된 자료의 제목, 항목, 단위 등 주어진 모든 요소를 꼼꼼하게 확인해야 한다. 특히 단위에 함정이 있는 경우가 많으므로 유의한다. 선택지를 확인할 때에는 ①부터 순차적으로 풀이하는 것이 아니라, 계산할 필요가 없는 선택지부터 확인하여 계산을 최소화하는 것이 좋다. 계산 시에는 문제에서 묻는 단위와 자료의 단위가 같은지 먼저 확인하여 계산한다.

정답해설

2022년 전국 1인 가구 중 취업가구의 비중은 $4,555 \div 7,224 \times 100 = 63.1(\%)$ 이므로 60%를 초과한다.

[오답풀이]

① 2021년에 경상의 1인 취업가구 수는 $507 - 464 = 43$(천 가구)$= 43,000$가구 증가했다.

③ 2020년 대비 2022년에 충청의 1인 가구의 수의 증가율은 $(589 - 537) \div 537 \times 100 = 9.7(\%)$이므로 10% 미만이다.

④ 조사기간 동안 1인 취업가구의 전년 대비 증감 추이는 모든 지역이 (증가, 증가)로 동일하다.

⑤ 2021년에 전국에서 1인 취업가구의 비중이 가장 높은 지역은 경기이며, 가장 낮은 지역은 세종특별자치시이다. 경기는 세종특별자치시 대비 $1,007 \div 34 = 29.6$이므로 20배 이상이다.

| 정답 | ②

유형연습 문제

01 어느 박물관의 입장료는 한 사람당 5,000원이고, 25명 이상의 단체 관람객은 입장료의 20%를 할인해 준다. 25명 미만의 단체가 입장하려고 할 때, 몇 명 이상이면 25명의 단체 입장권을 사는 것이 유리한지 고르면?

① 19명   ② 20명   ③ 21명
④ 22명   ⑤ 23명

02 A, B 두 사람이 자전거를 타고 둘레의 길이가 6km인 원형 운동장을 돌고 있다. 두 사람이 같은 지점에서 출발하여 서로 반대 방향으로 가면 20분 만에 처음 만나고, 같은 방향으로 가면 45분 만에 처음 만난다고 할 때, 두 사람 중 속력이 더 빠른 사람의 속력을 고르면?

① 5km/h   ② 7km/h   ③ 9km/h
④ 11km/h   ⑤ 13km/h

03 S기업에서는 모든 임직원에게 자신의 명의로 된 주택 및 차량 보유 여부에 대한 설문조사를 실시하였다. 설문조사 결과 주택 및 차량 보유자가 각각 전체 인원의 $\frac{4}{7}$, $\frac{5}{7}$이었고, 주택과 차량을 모두 보유한 사람 수는 주택 보유자의 $\frac{3}{4}$이었다. 자신의 명의로 된 주택과 차량이 모두 없는 사람이 14명일 때, S기업의 전체 임직원 수를 고르면?

① 84명   ② 98명   ③ 112명
④ 126명   ⑤ 140명

4 상자 속에 들어 있는 15개의 공 중 당첨이라고 적힌 공이 3개 섞여 있다. 이 상자에서 연속하여 공을 1개씩 두 번 꺼낼 때 두 번 모두 당첨이라고 적힌 공이 나올 확률을 고르면?

① $\frac{2}{12}$

② $\frac{3}{35}$

③ $\frac{1}{5}$

④ $\frac{1}{12}$

⑤ $\frac{1}{35}$

5 A회사에서는 1,020개의 제품을 만들었을 때 60개의 불량품이 나온다고 한다. 불량품을 포함해 1,020개를 모두 판매했을 때 얻게 되는 이익은 제품 1개당 a%였다고 할 때, 불량품이 아닌 정상 제품만을 판매해서 처음에 생각했던 이익과 똑같은 이익을 얻기 위해서는 이익을 처음 생각했던 이익의 몇 %만큼 늘려야 하는지 고르면?

① 5.88%

② 6.25%

③ 8%

④ 10.2%

⑤ 12%

6 2L 부피의 PET병에 75%만큼의 물이 들어 있다. 이 PET병의 부피를 10% 줄이고 넣는 물의 양은 바뀐 PET병의 80%로 하려고 한다. 처음에 물이 들어 있는 2L 부피의 PET병이 48개 있고, 이 물을 모두 바뀐 PET병에 옮겨 담는다고 할 때, 필요한 바뀐 PET병의 개수를 고르면?

① 40개

② 45개

③ 50개

④ 55개

⑤ 60개

7 농도가 10%인 소금물 200g에서 일정량을 퍼내고, 퍼낸 만큼 다시 물을 부었다. 그리고 다시 농도가 2%인 소금물을 더 넣었더니 농도가 5%인 소금물 340g이 되었을 때, 다음 중 처음 퍼낸 소금물의 양을 고르면?

① 52g   ② 54g   ③ 56g
④ 58g   ⑤ 60g

8 A는 책 한 권을 다 읽는 데 3일이 걸렸다. 첫째 날에는 전체의 $\frac{1}{5}$, 둘째 날에는 전체의 $\frac{1}{3}$, 셋째 날에는 21쪽을 읽었다고 할 때, 이 책의 전체 쪽수를 고르면?

① 30쪽   ② 35쪽   ③ 40쪽
④ 45쪽   ⑤ 50쪽

9 A부장은 올해 말부터 시작하여 매년 말에 1,630만 원씩 10년간 퇴직연금을 받을 예정이었다. 그런데 A부장의 사정상 해당 연금을 연이율 5%의 복리로 계산하여 올해 초 한꺼번에 수령하고자 한다. 이때 A부장이 수령하게 될 금액을 고르면?(단, 세금 및 제시되지 <u>않은</u> 것에 대해서는 고려하지 않으며, $(1.05)^{10} ≒ 1.63$으로 계산한다.)

① 1억 1,800만 원   ② 1억 2,600만 원   ③ 1억 3,200만 원
④ 1억 4,248만 원   ⑤ 1억 6,300만 원

10 A씨는 적금으로 매년 초 일정한 금액을 넣어 3년 후 연말에 840만 원을 마련하고자 한다. 연이율 5%의 비과세 복리로 계산할 때, 매년 초 적립해야 하는 금액을 고르면?(단, $(1.05)^3 ≒ 1.16$으로 계산한다.)

① 240만 원   ② 250만 원   ③ 260만 원
④ 270만 원   ⑤ 280만 원

01 다음은 학생 1인당 월평균 사교육비에 관한 자료이다. 이에 대한 설명으로 옳은 것을 고르면?

[표] 2022년 학교급 및 시도별 학생 1인당 월평균 사교육비 (단위: 만 원)

구분	평균	초등학교	중학교	고등학교	일반고
전국	41.0	37.2	43.8	46.0	52.5
서울	59.6	53.6	60.5	70.3	79.5
부산	39.5	35.1	45.0	43.3	51.2
대구	43.7	40.4	46.9	47.3	56.4
인천	38.6	35.1	39.7	44.9	52.7
광주	35.6	31.0	41.4	38.7	44.0
대전	38.9	37.0	41.1	40.2	46.1
울산	36.7	35.4	39.3	36.7	42.6
세종	41.8	37.7	45.8	48.1	49.9
경기	44.6	40.1	47.3	51.8	56.7
강원	29.6	28.8	30.7	29.9	33.9
충청	61.0	55.9	68.6	63.6	76.8
전라	55.7	51.7	61.1	57.9	69.1
경상	60.5	57.0	67.8	60.4	70.0
제주	31.4	28.5	36.4	32.6	36.8

[그래프] 연도별 학생 1인당 전국 월평균 사교육비 (단위: 만 원)

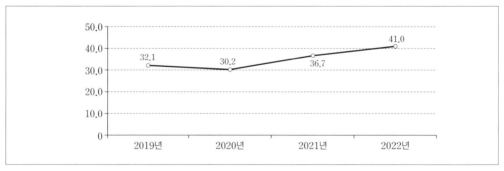

① 2022년에 학생 1인당 전국 월평균 사교육비는 3년 전에 비해 8.9% 증가했다.

② 2021년에 전년 대비 학생 1인당 전국 월평균 사교육비의 증가율은 25% 이상이다.

③ 2022년에 경상의 학생 1인당 월평균 사교육비는 일반고가 고등학교에 비해 10만 원 이상 높다.

④ 2022년에 시도별 학생 1인당 월평균 사교육비가 고등학교보다 중학교가 더 높은 지역은 7곳이다.

⑤ 2022년에 초등학교 학생 1인당 월평균 사교육비가 가장 높은 지역의 사교육비는 가장 낮은 지역의 2배이다.

02 다음 [표]는 건강기능식품 수입액에 관한 자료이다. 이에 대한 설명으로 옳지 <u>않은</u> 것을 고르면?

[표] 2019~2021년 건강기능식품 수입액 상위 5개 품목   (단위: 천 달러)

구분	2019년		2020년		2021년	
	품목	금액	품목	금액	품목	금액
전체	—	785,963	—	912,150	—	1,098,762
상위 5개	—	416,184	—	518,168	—	823,611
1위	비타민/무기질*	162,029	복합영양소 제품	169,050	복합영양소 제품	269,801
2위	프로바이오틱스 제품	115,542	프로바이오틱스 제품	142,188	영양소·기능성 복합제품	205,007
3위	개별인정형 건강기능식품	66,216	영양소·기능성 복합제품	125,281	개별인정형 건강기능식품	138,614
4위	EPA 및 DHA 함유 유지 제품	43,080	EPA 및 DHA 함유 유지 제품	53,228	프로바이오틱스 제품	126,291
5위	비타민/ EPA 및 DHA 함유 유지**	29,317	단백질	28,421	EPA 및 DHA 함유 유지 제품	83,898

* 비타민과 무기질이 결합된 제품
** 비타민과 EPA 및 DHA 함유 유지가 결합된 제품

① 2021년에 전년 대비 전체 건강기능식품 수입액의 증가율은 30% 미만이다.

② 2020년에 수입액 1위 제품은 5위 제품의 수입액의 5배 이상이다.

③ 2020년에 수입액 상위 5개 품목은 전체 수입액의 절반 이상을 차지한다.

④ 2021년에 전년 대비 프로바이오틱스 제품의 수입 감소액은 16,000천 달러 이상이다.

⑤ 2021년에 2019년 대비 개별인정형 건강기능식품의 수입액은 증가했고, 전체 수입액에 대한 비중도 증가했다.

3 다음 [표]는 2022년 1~4월 온라인 쇼핑몰 취급상품 범위별·상품군별 거래액에 관한 자료이다. 이에 대한 설명으로 옳지 <u>않은</u> 것을 고르면?

[표] 2022년 온라인 쇼핑몰 취급상품 범위별·상품군별 거래액 (단위: 백만 원)

구분	1월	2월	3월	4월
컴퓨터 및 주변기기	786,027	888,101	864,298	678,141
가전·전자·통신기기	1,657,726	1,742,480	1,569,640	1,490,064
서적	217,261	218,686	262,888	185,994
사무·문구	152,804	162,761	179,338	158,726
의복	1,382,234	1,386,896	1,820,831	1,650,729
신발	277,765	304,187	368,852	340,789
가방	235,179	244,744	272,692	256,149
화장품	928,339	889,940	987,033	984,578
음·식료품	2,575,567	2,140,355	2,453,210	2,356,730
농축수산물	1,067,499	729,801	815,600	783,558
생활용품	1,332,249	1,278,424	1,453,950	1,375,405
이쿠폰 서비스	740,828	703,959	747,555	751,375
음식 서비스	2,233,259	2,028,048	2,108,928	2,103,962

① 거래액이 가장 많은 순서대로 거래 품목을 나열했을 때 상위 3개 품목이 1월과 2월은 동일하다.

② 4월에 전월 대비 농축수산물 거래액의 감소량은 30,000백만 원 이상이다.

③ 2월에 컴퓨터 및 주변기기 거래액은 가방 거래액의 3배 이상이다.

④ 3월에 1월 대비 가방 거래액의 증가율은 20% 미만이다.

⑤ 2022년 1~4월 서적 거래액은 800,000백만 원 미만이다.

4 다음 [표]는 에너지원별 발전량에 관한 자료이다. 이에 대한 설명으로 옳지 <u>않은</u> 것을 고르면?

[표] 에너지원별 발전량 (단위: GWh)

구분		2019년	2020년	2021년	2022년
합계		563,040	552,162	576,809	594,401
원자력		145,910	160,184	158,015	176,054
화력		375,031	344,499	368,699	358,772
	석탄	227,384	196,333	197,966	193,232
	유연탄	224,825	194,257	196,105	191,413
	무연탄	2,559	2,076	1,861	1,819
	유류	3,292	2,255	2,354	1,966
	LNG	144,355	145,911	168,378	163,575
	양수	3,458	3,271	3,683	3,715
신재생 및 기타		38,641	44,208	46,412	55,860

① 2022년에 무연탄 발전량은 화력 발전량 중 2% 이상이다.

② 2019년 대비 2022년에 양수 발전량의 증가율은 10% 미만이다.

③ 2020년에 원자력 발전량은 신재생 및 기타 발전량의 4배 미만이다.

④ 전년 대비 2020년에 전체 발전량의 감소량은 10,000 GWh 이상이다.

⑤ 조사기간 동안 전년 대비 유류 발전량의 증감 추이는 석탄 발전량의 증감 추이와 동일하다.

[05~06] 다음 [표]는 2018년부터 2020년까지 G사의 분기별 매출 및 영업이익에 관한 자료이고, [그래프]는 G사의 2020년 4분기 사업 부문별 매출 및 영업이익에 관한 자료이다. 이를 바탕으로 질문에 답하시오.(단, G사의 사업 부문은 사업 A~D 4개 부문뿐이다.)

[표] G사 2018~2020년 분기별 매출 및 영업이익 (단위: 억 원)

연도	분기	매출액	영업이익
2018년	1	13.22	0.48
	2	14.41	0.13
	3	13.43	−0.19
	4	14.70	−0.25
2019년	1	13.20	0.13
	2	14.40	0.16
	3	13.60	−0.04
	4	13.80	0.02
2020년	1	12.23	0.45
	2	12.86	0.35
	3	12.38	0.22
	4	13.50	0.11

※ 영업이익률(%): 매출액에 대한 영업이익 비율

[그래프] G사 2020년 4분기 사업 부문별 매출액 및 영업이익 (단위: 억 원)

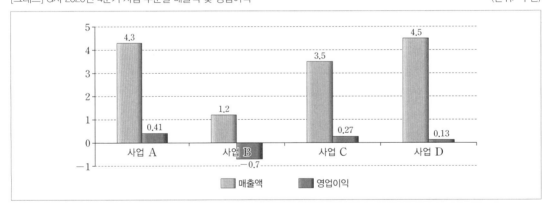

5 주어진 자료에 관한 설명으로 다음 [보기]에서 옳지 <u>않은</u> 것의 개수를 고르면?

> **보기**
>
> ㉠ 2020년 1분기 영업이익률은 3.5% 이상이다.
> ㉡ 2018년에서 3분기 영업이익률은 4분기보다 높다.
> ㉢ 2020년 4분기에 영업이익률이 가장 높은 사업은 A이다.
> ㉣ 2018년 2분기부터 전분기 대비 분기별 매출액은 증가와 감소를 계속 반복한다.

① 0개   ② 1개   ③ 2개
④ 3개   ⑤ 4개

6 2019년 총매출액에 대한 사업 D의 영업이익률이 15.0%일 때, 다음 중 2019년 사업 D의 영업이익을 고르면?

① 5억 8,900만 원   ② 6억 9,800만 원   ③ 7억 1,200만 원
④ 8억 2,500만 원   ⑤ 9억 2,500만 원

07 다음 [표]는 2022년 일반국도 월별 교통사고 현황에 관한 자료이다. 이에 대한 설명으로 옳지 <u>않은</u> 것을 고르면?

[표] 2022년 일반국도 월별 교통사고 현황

구분	사고건수 (건)	사망자수 (명)	부상자수 (명)
전체	20,588	468	31,673
1월	1,561	37	2,402
2월	1,307	25	1,975
3월	1,459	36	2,150
4월	1,682	34	2,620
5월	1,856	36	2,869
6월	1,711	53	2,583
7월	1,771	28	2,776
8월	1,756	36	2,705
9월	1,787	55	2,789
10월	2,018	51	3,111
11월	1,881	43	2,917
12월	1,799	34	2,776

① 3월에 부상자수는 사망자수의 60배 이상이다.

② 12월에 전월 대비 사고건수는 80건 이상 감소했다.

③ 2022년에 사고건수 1명당 부상자수는 2명 미만이다.

④ 6월에 1월 대비 사망자수의 증가율은 40% 이상이다.

⑤ 전체 부상자수 중 10월 부상자 수의 비중은 10% 미만이다.

8 다음 [표]는 화장품 수입 및 수출액에 관한 자료이다. 이에 대한 설명으로 옳은 것을 고르면?

[표1] 2019~2022년 화장품 수입 및 수출액 현황 (단위: 천 달러)

구분	2019년	2020년	2021년	2022년
수입액	1,250,580	1,168,098	1,305,238	1,325,134
수출액	6,524,789	7,572,097	9,183,570	7,953,197

[표2] 2022년 화장품 수입액 상위 10개국 현황 (단위: 천 달러)

구분	국가명	수입액
1위	프랑스	462,882
2위	미국	273,651
3위	일본	125,682
4위	영국	61,238
5위	태국	59,067
6위	호주	51,539
7위	독일	45,734
8위	이탈리아	44,286
9위	중국	36,025
10위	캐나다	33,694

※ (무역수지)=(수출액)−(수입액)

① 2020년에 전년 대비 수출액의 증가량은 1,070,000천 달러 이상이다.
② 2021년에 2019년 대비 수입액의 증가율은 5% 이상이다.
③ 2022년 미국 수입액은 전체 수입액의 20% 미만이다.
④ 2022년 3위 수입액은 7위 수입액의 2.5배 미만이다.
⑤ 2022년 무역수지는 6,200백만 달러 이상이다.

09 다음 글은 우리나라의 경제 상황에 대한 내용이다. 주어진 글을 바탕으로 할 때, 다음 중 적절한 그래프를 고르면?

2021년 우리나라의 국내총생산(GDP)은 2,057조 원으로 전년보다 6.4% 증가하였다. 그리고 국민의 평균적 생활 수준을 나타내는 지표인 1인당 국민총소득(GNI)은 3만 5,168달러로 전년보다 10.3% 증가하였다. 하지만 소비자물가지수는 102.50으로 전년보다 2.5% 상승하였고, 생활물가지수는 103.21로 전년보다 3.2% 상승하였다. 물가상승률은 2011년에 4.0%를 기록한 후 최근 10년 중 가장 큰 상승 폭을 나타내면서 국민들의 주머니 사정을 어렵게 만들었다.

2020년 연평균 가구 소득은 6,125만 원이었는데, 이는 전년보다 201만 원 증가한 수치이다. 특이하게도 가구주가 남자인 가구의 평균 소득은 6,997만 원으로, 가구주가 여자인 가구의 평균 소득인 3,348만 원의 약 2.1배 수준을 나타내었다. 소득 원천별 소득 구성을 살펴보았을 때 근로소득(62.9%)과 사업소득(18.5%)은 전년 대비 각각 1.1%p, 0.9%p 감소하였으나, 재산소득(7.1%) 및 공적이전소득(9.8%)은 각각 0.1%p, 2.1%p 증가하였다. 이에 큰 비중을 차지하고 있는 근로자와 사업자들은 상대적으로 소득이 늘지 않았지만 부동산 등을 통해 이득을 취한 사람들은 비중이 적지만 오히려 소득이 크게 늘었다고 볼 수 있다.

2021년 가구 월평균 소비지출액은 249만 원이었는데, 소비지출 비목별 비중은 식료품·비주류 음료(15.9%)가 가장 높았고, 음식·숙박(13.5%), 주거·수도·광열(12.0%), 교통(11.5%) 순으로 나타났다. 이를 분석해 보면 역시 사람들은 먹고 자는 것에 대해 가장 많은 소비지출이 있음을 확인할 수 있다.

2021년 가구당 평균 자산총액은 5억 253만 원으로 전년보다 12.8% 증가하였다. 구체적으로 살펴보면 금융자산은 전년 대비 7.8% 증가하였고, 실물자산은 14.4% 증가하였다. 자산총액이 증가한 만큼 부채도 증가하였다. 가구당 평균 부채는 8,801만 원이었는데, 이는 전년보다 6.6% 증가한 것이다. 자산총액 중 순자산액은 4억 1,452만 원으로 전년보다 14.2% 증가하였다. 순자산액은 전 연령대에서 전년 대비 증가하였는데, 50대(4억 6,666만 원), 60세 이상(4억 3,211만 원), 40대(4억 3,162만 원), 30대(2억 8,827만 원), 30세 미만(8,590만 원) 순으로 높게 나타났다.

① 2021년 가구당 평균 자산총액 비중

(단위: %)

② 2019 ~ 2020년 연평균 가구 소득

(단위: 만 원)

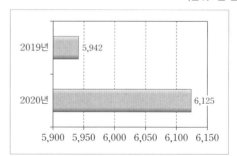

③ 2019년 소득 원천별 소득 구성

(단위: %)

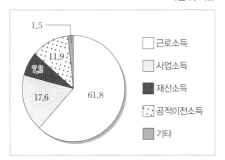

④ 2021년 가구 월평균 소비지출액 비중

(단위: %)

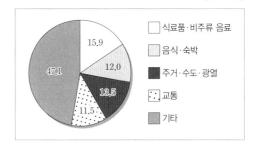

⑤ 2020~2021년 국내총생산 (단위: 조 원)

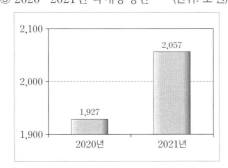

10 다음 [표]는 2018~2019년 10대 수출입품목에 관한 자료이다. 이에 대한 설명으로 옳은 것을 고르면?

[표1] 2018~2019년 10대 수출품목 (단위: 백만 달러)

구분	2018년		2019년	
	품목명	금액	품목명	금액
1위	반도체	126,706	반도체	93,930
2위	석유제품	46,350	자동차	43,036
3위	자동차	40,887	석유제품	40,691
4위	평판디스플레이 및 센서	24,856	자동차부품	22,535
5위	자동차부품	23,119	평판디스플레이 및 센서	20,657
6위	합성수지	22,960	합성수지	20,251
7위	선박 해양구조물 및 부품	21,275	선박 해양구조물 및 부품	20,159
8위	철강판	19,669	철강판	18,606
9위	무선통신기기	17,089	무선통신기기	14,082
10위	컴퓨터	10,760	플라스틱 제품	10,292
10대 품목 수출액	—	353,671	—	304,238
총수출액 대비 비중(%)	—	58.5	—	56.1

※ (무역수지)=(수출액)−(수입액)

[표2] 2018~2019년 10대 수입품목 (단위: 백만 달러)

구분	2018년		2019년	
	품목명	금액	품목명	금액
1위	원유	80,393	원유	70,252
2위	반도체	44,728	반도체	47,032
3위	천연가스	23,189	천연가스	20,567
4위	석유제품	21,443	석유제품	17,539
5위	반도체 제조용 장비	18,805	석탄	14,209
6위	석탄	16,703	무선통신기기	13,626
7위	정밀화학원료	13,021	자동차	11,986
8위	컴퓨터	12,708	컴퓨터	11,345
9위	무선통신기기	12,429	정밀화학원료	11,334
10위	자동차	12,099	의류	10,891
10대 품목 수입액	—	255,519	—	228,779
총수입액 대비 비중(%)	—	57.7	—	45.5

① 2019년 플라스틱 제품의 수출액은 2018년 대비 상승하였다.

② 2019년 10대 품목 수출액 중 평판디스플레이 및 센서가 차지하는 비중은 전년 대비 증가하였다.

③ 2019년 석유제품의 무역수지는 전년 대비 1,755만 달러 감소하였다.

④ 2019년 반도체의 총수출액 대비 비중은 20% 미만이다.

⑤ 2018년 수입액 상위 10위 이내에 해당하는 모든 품목의 수입액은 2019년에 감소하였다.

정답과 해설 P.20

에듀윌이
너를
지지할게

ENERGY

절대 어제를 후회하지 마라.
인생은 오늘의 나 안에 있고
내일은 스스로 만드는 것이다.

– L. 론 허바드(L. Ron Hubbard)

PART

03

문제해결능력

NH농협은행

최신경향 분석

▌영역 소개

문제해결능력은 제시된 자료의 상황과 조건을 파악하고 이를 토대로 최선의 옵션을 선택하거나 결괏값을 도출하는 형태로 출제된다. 문제해결능력 문항은 독해력뿐만 아니라 수리적 사고를 복합적으로 요하기 때문에 다른 출제영역에 비해 난도가 높다. 풀 수 있는 문제를 빠르게 선별하여 정답률을 높이는 것이 효과적인 전략이다.

▌출제유형 소개

유형 1 논리추리

세부유형		
	언어논리	연역 추론을 통해 조건문의 결론을 도출하거나 명제의 참·거짓을 판정하는 유형
	조건추리	주어진 조건과 정보에 부합하는 대상을 찾거나, 대상 간의 배열이나 대소관계를 파악하는 유형

유형 2 상황판단형

세부유형		
	제시문형	규정이나 주어진 자료의 내용을 파악하고 이를 바탕으로 문제상황에 가장 적절한 결괏값이나 해결안을 선택하는 유형
	자원관리	한정된 시간/예산/물적자원/인적자원을 주어진 상황에 맞추어 어떻게 효율적으로 할당하고 투입할지 결정하는 유형

최신 필기시험 기출분석

1. 주어진 조건에 따라 삼단논법을 적용하거나 포함관계를 추론하여 문제를 풀어야 하는 논리추리형 문항이 출제되었다.
2. 긴 지문이 제시되는 상황판단형의 경우, 직전 연도에 출제된 문항보다 난도가 낮아지고 자료를 활용한 계산 과정이 복잡하지 않도록 구성되었다.

1. 일반적인 수리능력 문제뿐만 아니라 금융상품을 활용한 문항이 출제되었다.
2. 환율 등 경제 지표를 활용한 지문이 출제되었다.
3. 기회비용 등의 경제학적 개념에 기반한 지문이 출제되었다.
4. 제시문을 통해 문제 상황의 조건을 파악해야 하는 문항이 출제되었다.

02 | 대표기출 유형

유형 1 | 논리추리

세부 유형 | 언어논리 ― ❶ 삼단논법

아래의 명제가 모두 참일 때, 다음 [보기] 중 항상 참인 명제를 모두 고르면?

- 커피가 준비되어 있으면 L 과장이 바쁘지 않다.
- 커피가 준비되어 있지 않은 날은 월요일이다.
- L 과장이 바쁘면 직원들의 아침 업무 준비에 차질이 생긴다.
- 월요일에는 L 과장이 바쁘며, L 과장이 바쁠 때 부사수인 H 대리 역시 바쁘다.

보기

ⓐ 커피가 준비되어 있으면 H 대리가 바쁘지 않다.
ⓑ 월요일에는 H 대리가 바쁘다.
ⓒ 커피가 준비되어 있으면 월요일이 아니다.

① ㉠　　　　　　　② ㉡　　　　　　　③ ㉠, ㉡
④ ㉡, ㉢　　　　　　⑤ ㉠, ㉡, ㉢

시간단축TIP

'A → B', 'B → C'이면 'A → C'임을 이용한다. 'A → B'가 참이면 대우명제인 '~B → ~A'도 항상 참이며, 역 'B → A', 이 '~A → ~B'는 항상 참은 아니다.

정답해설

주어진 명제를 간단히 나타내면 다음과 같다.

• 커피 준비 → L 바쁘지 않음

• 커피 준비 × → 월요일

• L 바쁨 → 직원 아침 업무 준비 차질

• 월요일 → L 바쁨 → H 바쁨

이때, 주어진 명제들의 인과관계에 대한 대우 명제를 간단히 나타내면 다음과 같다.

• L 바쁨 → 커피 준비 ×

• 월요일 × → 커피 준비

• 직원 아침 업무 준비 차질 × → L 바쁘지 않음

• H 바쁘지 않음 → L 바쁘지 않음 → 월요일 ×

이에 따라 ⓒ, ⓒ은 다음과 같이 성립한다.

ⓒ [월요일 → L 바쁨 → H 바쁨]이 성립하므로 월요일 → H 바쁨 역시 성립한다.

ⓒ [커피 준비 → L 바쁘지 않음]의 명제와 [L 바쁘지 않음 → 월요일 ×] 명제를 삼단논법으로 연결하면 [커피 준비 → L 바쁘지 않음 → 월요일 ×]가 성립한다.

[오답풀이]

㉠ 참인지 거짓인지 알 수 없다.

| 정답 | ④

K상점에서 물품을 도난당하였다. 용의자 A~E가 다음 [조건]과 같이 진술하였는데 이 중 참을 말하는 사람이 2명이고, 거짓을 말하는 사람이 3명이다. 용의자 중 1명이 범인이라고 할 때, 범인인 사람을 고르면?(단, 참을 말하는 사람의 모든 발언은 참이고, 거짓을 말하는 사람의 모든 발언은 거짓이다.)

> 조건
>
> - A: C가 거짓을 말하고 있고, D가 범인이야.
> - B: 범인인 사람은 참을 말하고 있어.
> - C: E가 범인이야.
> - D: 나는 범인이 아니고, B는 진실을 말하고 있어.
> - E: 나와 C는 범인이 아니야.

① A   ② B   ③ C

④ D   ⑤ E

시간단축TIP

진실과 거짓 유형의 문제는 서로 모순된 진술을 하는 사람을 찾아 진실일 경우와 거짓일 경우로 나누어 본다. 만약 서로 모순된 진술을 하는 사람이 없을 경우에는 가장 많이 언급되는 사람을 찾아 진실일 경우와 거짓일 경우로 나누어 모순이 발생하지 않는지 경우를 따져보며 빠르게 푸는 연습을 한다.

정답해설

A는 C가 거짓을 말하고 있다고 하였으므로 A가 참이면 C가 거짓이고, A가 거짓이면 C가 참이다. 따라서 A의 참, 거짓을 기준으로 풀이를 하는 것이 편하다.

만약 A가 참이라면 D가 범인이다. 또한 C의 말이 거짓이므로 E는 범인이 아니다. D가 범인이라면 자신이 범인이 아니라고 말한 D의 발언이 거짓이고, D의 발언이 거짓이므로 B는 거짓을 말하고 있다. 또한 C, E가 범인이 아니므로 E의 발언은 참이 된다. 따라서 A의 발언이 참이라면 E의 발언도 참이고, 나머지 B, C, D의 발언이 거짓이다. 이때 모순이 생기지 않고 범인은 D이다.

만약 A가 거짓이라면 D는 범인이 아니다. C의 말이 참이므로 E가 범인이다. E가 범인이라면 자신이 범인이 아니라고 한 E의 발언이 거짓이 된다. 따라서 범인인 E가 거짓을 말하고 있으므로 B의 발언도 거짓이 된다. 이때 B가 진실을 말하고 있다는 D의 발언도 거짓이 되므로 모순이 생긴다. 따라서 A는 거짓이 아닌 참이므로 D가 범인이다.

| 정답 | ④

세부 유형   조건추리 - ❶ 매칭

K 사원은 5개의 주식 종목 A~E 중 3개 종목에 투자하려고 한다. 다음 진술 중 1개만 참일 때 투자하지 않는 것을 바르게 나열한 것을 고르면?

- C는 투자한다.
- D는 투자하지 않는다.
- B와 C 중 1개 이상 투자한다.
- A와 D 중 1개만 투자한다.

① A, C   ② A, E   ③ B, C
④ C, D   ⑤ C, E

정답해설

종목 C에 대한 진술이 첫 번째, 세 번째 진술에 나와 있으므로 먼저 살펴본다. C를 투자한다는 첫 번째 진술이 참이면 세 번째 진술도 참인데 발문에서 1개의 진술만 참이라고 했으므로 발문의 조건과 상충한다. 따라서 첫 번째 진술은 참이 아니며 C에는 투자하지 않는다.

다음으로 세 번째 진술이 참이고 나머지 진술이 거짓이면 B와 C 중 1개 이상 투자하는 것은 참이다. 첫 번째 진술은 거짓이므로 B와 C 중 B에만 투자한다. 두 번째 진술도 거짓이므로 D는 투자한다. 네 번째 진술도 거짓이므로 A와 D 모두 투자하거나, 모두 투자하지 않는데, 거짓인 두 번째 진술에 따라 D에 투자하므로 A와 D 모두 투자한다. 따라서 K 사원은 종목 A, B, D에 투자하고, 종목 C와 E는 투자하지 않는다.

| 정답 | ⑤

남자 직원인 A과장, B과장, C대리, D대리와 여자 직원인 E과장, F대리, G사원, H사원이 출장을 갔다. 각 직원들이 머물 숙소가 아래와 같고, 다음 [조건]에 따라 숙소를 배정한다고 할 때, 옳은 것을 고르면?

401호	402호	403호
301호	302호	303호

조건

- 같은 숙소에는 성별과 직위가 같은 사람만 배정된다.
- 과장은 혼자 배정된다.
- 402호에는 대리가 배정된다.
- 남자 직원은 홀수 방에만 배정된다.
- 직위가 같은 경우에는 위, 아래, 옆방에 서로 인접하지 않는다.
- G사원은 301호에 배정되고, A과장은 H사원 윗방에 배정되지 않는다.

① D대리는 303호에 배정된다.
② 과장은 모두 홀수 방에 배정된다.
③ H사원의 윗방에는 대리가 배정된다.
④ F대리의 아랫방에는 남자 직원이 배정된다.
⑤ C대리 윗방에는 B과장이 배정된다.

시간단축TIP　주어진 조건 중 확실하게 정해진 조건을 기준으로 하여, 고려해야 하는 경우의 수를 확인하여 빠르고 정확하게 문제를 푸는 연습을 한다.

정답해설　과장은 각자 한 방씩 차지하므로 여섯 방 중 세 방을 먼저 배정하면 남은 방은 세 방이다. 이 방에 C대리, D대리, F대리, G사원, H사원이 배정되어야 하는데 같은 방에는 성별과 직위가 같은 사람만 배정되므로 이를 셋으로 나누는 경우는 (C대리, D대리), (F대리), (G사원, H사원)이다.
402호에 대리가 배정되는데 남자 직원은 홀수 방에만 배정된다. 즉, 402호에 배정된 대리는 여자 대리이므로 F대리이다. 따라서 401호, 403호에는 대리가 배정되지 않는다. G사원은 301호에 배정되므로 H사원 역시 301호에 배정된다. 따라서 302호, 401호, 403호에는 과장이 배정되는데 남자 직원은 홀수 방에만 배정되므로 401호, 403호에 A과장, B과장이 배정된다. 남은 E과장은 302호에 배정된다. A과장은 H사원의 윗방(401호)에 배정되지 않으므로 403호에 배정되고, B과장이 401호에 배정된다. 남은 C대리, D대리는 303호에 배정된다. 이를 정리하면 다음과 같다.

B과장	F대리	A과장
G사원, H사원	E과장	C대리, D대리

| 정답 | ①

김 대리는 서울, 광주, 대전, 대구, 부산 5개 도시로 1일에서 13일까지 13일간 출장을 간다. 김 대리의 출장 계획은 다음과 같으며 하루에 한 도시만 방문할 때, 반드시 옳은 것을 고르면?

03

문제해결능력

1) 광주가 첫 출장지이며 2일 동안 머무른다.
2) 대구에서 3일을 머물고, 바로 다음 날 대전에 간다.
3) 부산에서는 5일간 머무른다.
4) 대전은 마지막 출장지가 아니다.
5) 서울은 마지막 출장지가 아니며, 하루만 머무른다.

① 7일에는 대전에 머무른다.
② 3일에는 대구에 머무른다.
③ 대구는 두 번째로 방문한다.
④ 서울 다음으로 2개 이상의 도시를 방문한다.
⑤ 네 번째로 서울을 방문하면 대구는 세 번째로 방문한다.

정답해설

주어진 조건을 통해 확실한 내용을 토대로 표로 정리하면 다음과 같이 나타낼 수 있다.

1일	2일	3일	4일	5일	6일	7일	8일	9일	10일	11일	12일	13일
광주	광주							부산	부산	부산	부산	부산

13일 중 비어 있는 6일간의 출장 일정에서 두 번째 조건인 '대구에서 3일 머문 뒤 대전으로 가는 것'을 감안할 때, 대구에서 머무는 첫 날은 3일, 4일, 5일 중 하루가 되어야 하며, 서울에서 하루만 머문다고 하였으므로, 대구 사흘과 서울 하루를 뺀 나머지 이틀이 대전에서 머무는 기간이 된다. 따라서 3일, 4일, 5일을 대구에서의 첫 날이라고 각각 가정했을 경우의 나머지 출장지와 일자를 정리해 보면 다음과 같다.
ⅰ) 대구 3일~5일, 대전 6일~7일, 서울 8일 → 대구, 대전, 서울 순
ⅱ) 대구 4일~6일, 대전 7일~8일, 서울 3일 → 서울, 대구, 대전 순
ⅲ) 대구 5일~7일, 대전 3일~4일, 서울 8일 → 대전, 대구, 서울 순
ⅲ)의 경우 '대구 → 대전'이라는 조건에 위배되므로 결국 ⅰ)과 ⅱ)의 경우의 일정만 가능하다.
따라서 위의 ⅰ), ⅱ) 두 가지 경우와 선택지를 비교했을 때, ① '7일에는 대전에 머무른다.'가 어느 경우에서도 옳은 내용임을 알 수 있다.

| 정답 | ①

세부 유형   제시문형

다음 글을 참고할 때, 주어진 [상황]에서의 A와 B에 대한 답변으로 바르게 짝지은 것을 고르면?

　　상가 투자를 하기 위해서는 월 임대료, 공실률, 유지보수 추가 비용 등 고려할 사항이 많다. 다만 투자이기 때문에 '수익률'을 따져보는 것이 가장 중요하다는 것을 반드시 기억해야 한다. 주변 상가의 철저한 계산을 통해서 수익률을 비교해 보고 선택해야 한다. 참고로 최근 상가 수익률은 4~6% 정도면 적당하다고 평가되고 있는 추세이다.

　　수익률을 산정할 때 대출금, 대출이자, 실 투입금 등을 고려할 수도 있으나 다음과 같이 간단한 방법으로 수익률(연간)을 산정하는 것을 기본으로 한다.

$$월세 \times 12개월 \div (감정가 - 임대보증금) \times 100 = 수익률$$

　　물론 이를 활용하면 임대료(월세)와 매매가 산정도 가능하다.

　　평당 임대료는 주변 시세를 통해 실제 관심이 가는 물건의 임대료를 산정하기 위해 필요하다. 보증금은 월세의 15~20배가량 측정하여 월세가 밀리는 경우에 차감할 수 있는 여유를 두는 것이 일반적이다.

$$월세 \div 전용평수 = 평당 임대료$$

　　주변 평당 임대료를 구해보고 위치가 비슷한 상가의 평당 임대료(보수적이라면 최저 평당 임대료)를 기준으로 하여 관심이 있는 상가의 임대료를 구할 수 있다.

상황

- A: '갑'은 감정가가 2.5억 원인 상가 건물을 매입하고자 한다. 입주해 있는 상가의 임대보증금이 9,000만 원이며, 월 임대료가 60만 원인 경우 예상할 수 있는 연간 수익률은 얼마인가?
- B: '을'은 상가 임대보증금이 1,000만 원, 월 임대료가 80만 원인 상가 건물을 연간 수익률 5%에 매도하고자 한다. 이 경우 '을'이 받을 수 있는 상가 건물의 매도 가격은 얼마인가?

	A	B
①	4.5%	2억 2백만 원
②	4.5%	2억 2천만 원
③	5.5%	2억 2천만 원
④	5.5%	2억 2백만 원
⑤	5.5%	2억 5백만 원

정답해설

- A: '월세×12개월÷(감정가−임대보증금)×100=수익률' 산식을 적용하면 60만 원×12=720(만 원)이며,

  2.5억 원−0.9억 원=1.6(억 원)이므로 연간 수익률은 $\dfrac{720만\ 원}{1.6억\ 원} \times 100 = 4.5(\%)$이다.

- B: '월세×12개월÷(감정가−임대보증금)×100=수익률' 산식을 바꾸어 보면 '월세×12개월×100÷수익률 +임대보증금=감정가'의 산식을 도출할 수 있다. 따라서 80만 원×12÷0.05+1,000만 원=20,200(만 원) =202,000,000(원)이 되어 감정가는 2억 2백만 원이 된다.

| 정답 | ①

다음은 M사의 비품구매 계획과 구매 채널별 단가에 대한 자료이다. M사가 최저비용으로 비품을 구매할 때 선택할 구매 채널을 고르면?

[표1] 구매 채널별 단가 (단위: 원)

구분	아울렛	지역 가구점	대형마트	온라인	B2B
책상	200,000	220,000	180,000	160,000	220,000
의자	100,000	80,000	150,000	120,000	80,000
모니터 받침대	30,000	15,000	20,000	25,000	40,000

[표2] M사의 비품구매 계획

구분	수량
책상	10개
의자	20개
모니터받침대	20개

① 아울렛   ② 지역 가구점   ③ 대형마트
④ 온라인   ⑤ B2B

의자와 모니터받침대는 각각 20개씩 구매하고 책상만 10개를 구매한다. 책상 10개의 구매비용은 (구매 채널별 책상 단가 $\times \frac{1}{2}$)$\times$20개의 값과 동일하다. 따라서 책상 단가의 $\frac{1}{2}$, 의자, 모니터받침대 단가를 모두 더했을 때 값이 가장 작은 채널을 고르면 빠르게 정답을 찾을 수 있다. 즉, 책상 단가의 $\frac{1}{2}$, 의자, 모니터받침대 단가의 합이 205,000원으로 가장 저렴한 지역 가구점에서 비품을 구매해야 한다.

각 채널별 구매단가에 구매수량을 곱해 총 합으로 비용을 구하면 다음과 같다.
비품을 최저비용으로 구매할 수 있는 채널은 합계가 4,100,000원인 지역 가구점이다.

(단위: 원)

구분	아울렛	지역 가구점	대형마트	온라인	B2B
책상 10개	2,000,000	2,200,000	1,800,000	1,600,000	2,200,000
의자 20개	2,000,000	1,600,000	3,000,000	2,400,000	1,600,000
모니터받침대 20개	600,000	300,000	400,000	500,000	800,000
합계	4,600,000	4,100,000	5,200,000	4,500,000	4,600,000

| 정답 | ②

다음은 어느 기업의 승진 기준에 관한 자료이다. 이 자료를 바탕으로 할 때, 다음 중 승진한 직원은?

2022년 3월 정기 승진을 시행하는데, 근무 평정과 승진 시험 점수를 바탕으로 이루어진다.

○ 승진 기준
- 근무 평정이 '중' 이상인 직원 중 5명이 승진한다.
- 직급별로 가장 점수가 높은 직원은 반드시 승진한다.
- 남은 인원 중 승진 시험 점수가 높은 직원부터 차례로 승진한다.
- 동일 부서에 근무하는 2명 이상의 과장을 승진시키지 않는다.
- 각 부서의 직원을 1명 이상 승진시킨다.
- 점수가 동일한 경우 근무 평정이 더 높은 직원이 승진하고, 근무 평정이 동일한 경우 직급이 더 낮은 직원이 승진한다. 단, 직전 승진 인사가 2년 미만인 직원은 승진 대상이 아니다.

직원	부서	직급	근무 평정	승진 시험 점수	직전 인사
A	기획부	과장	중상	90점	2016년 3월
B	기획부	대리	중하	94점	2020년 3월
C	영업부	과장	상	95점	2014년 3월
D	영업부	과장	상	92점	2015년 8월
E	영업부	사원	중	88점	―
F	홍보부	사원	중상	90점	―
G	홍보부	대리	상	92점	2018년 3월
H	홍보부	대리	중	90점	2020년 8월
I	기획부	사원	중상	91점	―
J	영업부	대리	상	90점	2020년 3월

① A   ② B   ③ D   ④ H   ⑤ J

시간단축TIP

B는 근무 평정이 중하이므로 승진 대상에서 제외된다. H는 직전 인사가 2년 이상 경과하지 않았으므로 승진 대상에서 제외된다. A, D, J 중 D의 점수가 가장 높은데 D가 과장이므로 동일한 부서에서 승진한 과장이 있는지 확인해보면 C가 승진하였으므로 D는 승진 대상에서 제외된다. A, J의 승진 시험 점수는 동일한데, J의 근무 평정이 더 높으므로 J가 합격하였을 것이다.

정답해설

B는 근무 평정이 중 이하이므로 승진 대상에서 제외된다. H는 직전 인사가 2년이 되지 않았으므로 승진 대상에서 제외된다. 과장 중 승진 시험 점수가 가장 높은 직원은 C(영업부)이고, 대리 중 승진 시험 점수가 가장 높은 직원은 G(홍보부)이고, 사원 중 승진 시험 점수가 가장 높은 직원은 I(기획부)이다. 이 세 명을 제외하고 승진 시험 점수는 D가 가장 높은데 D의 경우 영업부 과장이고, 같은 부서인 경우 과장이 2명 이상 승진할 수 없으므로 D는 승진 대상에서 제외된다. 다음으로 점수가 높은 직원은 A, F, J이다. 이 중 근무 평정이 가장 높은 직원은 J이므로 J가 승진하고, A, F는 근무 평정이 동일하므로 직급이 더 낮은 F가 승진한다.

| 정답 | ⑤

유형연습 문제

유형 1	논리추리

01 다음 결론이 반드시 참이 되게 하는 전제2를 고르면?

전제1	금리가 오르지 않으면 주가가 오른다.
전제2	
결론	주가가 오르지 않으면 채권 수익률이 오른다.

① 금리가 오르면 채권 수익률이 오르지 않는다.

② 금리가 오르지 않으면 채권 수익률이 오른다.

③ 금리가 오르면 채권 수익률이 오른다.

④ 채권 수익률이 오르지 않으면 금리가 오른다.

⑤ 금리가 오르지 않으면 채권 수익률이 오르지 않는다.

02 다음 명제를 참고하여 내린 [보기]의 결론 A, B에 대한 설명으로 옳은 것을 고르면?

- 저축이 늘어나면 기업의 투자가 증가한다.
- 기업의 투자가 증가하면 고용이 증가한다.
- 저축이 늘어나지 않으면 고용이 증가하지 않는다.

> **보기**
> - A: 기업의 투자가 증가하면 저축이 늘어난다.
> - B: 고용이 증가하지 않으면 저축이 늘어나지 않는다.

① A만 옳다.

② B만 옳다.

③ A, B 모두 옳다.

④ A, B 모두 옳지 않다.

⑤ A, B 모두 옳은지 옳지 않은지 알 수 없다.

03 다음 전제를 보고 항상 참인 결론을 고르면?

전제1	커피를 마시는 사람은 모두 늦게 잠든다.
전제2	커피를 마시는 어떤 사람은 피곤하다.
결론	

① 피곤한 사람은 모두 늦게 잠든다.
② 늦게 잠드는 사람은 모두 피곤하지 않다.
③ 피곤한 어떤 사람은 늦게 잠들지 않는다.
④ 늦게 잠드는 사람은 모두 피곤하다.
⑤ 늦게 잠드는 어떤 사람은 피곤하다.

04 다음 명제를 참고하여 내린 [보기]의 결론 A, B, C에 대한 설명으로 옳은 것을 고르면?

- 쿠키를 먹은 사람 중에 스콘을 먹은 사람은 없다.
- 스콘을 먹은 사람 중에 케이크를 먹은 사람은 있다.
- 쿠키를 먹은 사람 중에 케이크를 먹은 사람은 있다.

> **보기**
> - A: 스콘을 먹은 사람 모두 케이크를 먹은 사람일 수 있다.
> - B: 케이크를 먹은 사람 모두 쿠키를 먹은 사람일 수 있다.
> - C: 쿠키, 스콘, 케이크를 모두 먹은 사람이 있다.

① A만 옳다.
② B만 옳다.
③ C만 옳다.
④ A, B, C 모두 옳다.
⑤ A, B, C 모두 옳은지 옳지 않은지 알 수 없다.

다음 명제를 참고하여 내린 [보기]의 결론 A, B에 대한 설명으로 옳은 것을 고르면?

> 갑, 을, 병은 일대일 퀴즈 게임을 했다. 승점은 각자 맞힌 문항 수를 합산하여 계산하며, 승점이 가장 큰 사람이 1등이다.
> 승점이 동점이면 동점자끼리 번외 경기를 하여 최종 순위를 정한다.
> • 갑 대 을의 게임 결과는 4 : 3이었다.
> • 갑 대 병의 게임 결과는 1 : 6이었다.
> (아직 을과 병의 게임은 시행되지 않았다.)

보기

• A: 을과 병의 게임에서 병이 이겼다면, 을은 3등이다.
• B: 을과 병의 게임 결과가 2 : 5였다면, 갑과 을은 번외 경기를 한다.

① A만 옳다.

② B만 옳다.

③ A, B 모두 옳다.

④ A, B 모두 옳지 않다.

⑤ A, B 모두 옳은지 옳지 않은지 알 수 없다.

6 대리 A~D는 마케팅팀, IR팀, 회계팀, 개발팀 중 각기 다른 팀에 소속되어 있다. 대리 A~D는 운동 동호회인 테니스, 농구 동호회와 문화 동호회인 오케스트라, 독서 동호회 중 각기 다른 동호회에서 활동한다. 다음 [조건]을 고려할 때, 항상 옳은 것을 고르면?

> **조건**
> - A는 운동 동호회에서 활동한다.
> - 마케팅팀 사원은 오케스트라 동호회에서 활동한다.
> - IR팀 사원은 농구 동호회에서 활동한다.
> - D는 개발팀 소속이고 문화 동호회에서 활동한다.
> - IR팀 사원은 B 또는 C이다.

① A는 농구 동호회에서 활동한다.
② B는 오케스트라 동호회에서 활동한다.
③ C는 마케팅팀 소속이다.
④ A는 회계팀 소속이다.
⑤ B는 IR팀 소속이다.

07 갑, 을, 병, 정, 무 5명의 직원들은 오늘 아침 출근 순서에 대하여 각각 두 가지씩 진술하였다. 각각 5명의 두 가지 진술 중 한 가지만 진실이라고 할 때, 옳은 것을 고르면?(단, 동시에 출근한 직원은 없다.)

• 갑: 저는 세 번째로 출근하였고, 을이 가장 먼저 출근했습니다.
• 을: 정이 가장 먼저 출근하였고, 저는 네 번째로 출근했습니다.
• 병: 저는 다섯 번째로 출근하였고, 무가 가장 먼저 출근했습니다.
• 정: 저는 다섯 번째로 출근하였고, 병은 세 번째로 출근했습니다.
• 무: 병은 두 번째로 출근하였고, 저는 네 번째로 출근했습니다.

---

① 갑은 세 번째로 출근하였다.
② 병은 네 번째로 출근하였다.
③ 을은 다섯 번째로 출근하였다.
④ 정은 첫 번째로 출근하였다.
⑤ 무는 두 번째로 출근하였다.

08 A, B, C, D, E 5명의 나이 순서에 대한 진술 중 1명의 진술만이 거짓이고, 4명의 진술이 참이라고 할 때, 다음 조건을 보고 5명 중 진술이 반드시 참인 사람을 고르면?(단, 동갑은 없다고 가정한다.)

• A: "E는 나보다 나이가 많다."
• B: "C는 E보다 나이가 많다."
• C: "B는 D보다 나이가 많다."
• D: "A는 나보다 나이가 많다."
• E: "B는 나보다 나이가 많다."

---

① A   ② B   ③ C
④ D   ⑤ E

09 새로운 사옥으로 이사하는 A사의 인사팀, 홍보팀, 영업팀, 기술팀, 자금팀의 직원이 1명씩 나와 층별 부서 배치도를 확인하였다. 이에 대한 직원들의 진술이 다음과 같을 때, 층별 부서 배치 상황에 대한 설명으로 옳은 것을 고르면?(단, 각 직원마다 2개의 진술 중 1개만 참이며, 5개 팀은 6~10층까지 각 층마다 1개 팀씩 배치되었다.)

- 인사팀 직원: "우리 팀은 8층에 있고, 홍보팀은 6층에 있군요."
- 홍보팀 직원: "기술팀은 6층에 있고, 우리 팀은 9층이네요."
- 영업팀 직원: "자금팀은 가장 높은 층이고, 우리 팀은 가장 낮은 층이네."
- 기술팀 직원: "우리 팀은 가장 높은 층이고, 자금팀은 8층입니다."
- 자금팀 직원: "우리 팀은 7층이고, 영업팀은 9층입니다."

① 영업팀은 7층에 배치되었다.
② 기술팀은 9층에 배치되었다.
③ 인사팀은 8층에 배치되었다.
④ 자금팀은 가장 높은 층에 배치되었다.
⑤ 홍보팀은 가장 낮은 층에 배치되었다.

10 회사로부터 일직선상에 대리점인 A, B, C, D 4개의 지점이 위치해 있다. 다음 조건을 보고 회사에서 D지점까지의 이동 시간을 고르면?

- B지점~C지점 간 이동 시간은 31분이다.
- A지점~C지점 간 이동 시간은 15분이다.
- B지점~D지점 간 이동 시간은 28분이다.
- A지점~C지점 사이에는 1개 지점이 있다.
- 회사에서 가장 먼 C지점까지는 41분의 이동 시간이 소요된다.

① 10분   ② 16분   ③ 26분
④ 38분   ⑤ 40분

정답과 해설 P.23

[01~02] 금융사별 주택담보대출 상품 비교 자료를 바탕으로 질문에 답하시오.

[표1] 금융사 주택담보대출 상품비교

금융사	적용금리	대출한도	최대 상환기간
A은행	연 4.5%	~4억 원(LTV 70%이내)	40년
B은행	연 4.3%	~4억 원(LTV 70%이내)	40년
C보험사	연 4.5%	~4억 원(LTV 50%이내)	35년
D보험사	연 4.7%	~5억 원(LTV 60%이내)	35년
E저축은행	연 4.2%	~5억 원(LTV 40%이내)	30년

※ (LTV)(%)＝(대출액)÷(주택가격)×100

[표2] 각 금융사별 우대금리 조건

금융사	우대금리 조건
A은행	① 연소득 5,000만 원 미만 0.1% ② 당행 급여계좌 등록 시 0.2% ③ 당행 신용카드 발급 시 0.2%
B은행	① 당행 급여계좌 등록 시 0.2% ② 6억 원 이하 주택 0.2%
C보험사	① 연소득 7,000만 원 미만 0.2% ② 당행 급여계좌 등록 시 0.2% ③ 당행 자동이체 등록 시 0.1%
D보험사	① 연소득 7,000만 원 미만 0.3% ② 당행 급여계좌 등록 시 0.3% ③ 당행 자동이체 등록 시 0.2%
E저축은행	① 비대면신청 시 0.1% ② 당행 급여계좌 등록 시 0.1% ③ 당행 신용카드 발급 시 0.2%

01 금융사별 주택담보대출 상품 비교에 설명으로 옳지 <u>않은</u> 것을 고르면?

① 주택가격이 9억 원일 때, 대출한도가 가장 큰 금융사는 D보험사이다.

② 우대금리조건을 모두 충족할 때, E저축은행의 금리가 가장 낮다.

③ 주택가격에 따라 추가 우대금리가 적용되는 곳은 B은행이 유일하다.

④ 연소득 7,000만 원 이상인 경우, 우대금리를 받을 수 있는 금융사는 없다.

⑤ 최대 우대금리가 가장 큰 곳과 가장 작은 곳의 차이는 0.5%p 이상이다.

02 다음 [보기]의 고객의 상담조건에 따라 고객이 주택담보대출을 받기에 가장 적절한 곳을 고르면?(단, 문제에서 주어진 상황만 고려한다.)

> 보기
>
> 　주택담보대출을 받으려고 하는데, 주택 가격은 6억 원이며, 자본금은 3억 원을 보유하고 있습니다. 상환기간은 가능한 한 길었으면 좋겠습니다. 또한 제 연소득은 6,000만 원이고 급여계좌는 G은행을 사용하고 있으나, 변경 및 자동이체 등록이 가능합니다. 우대금리를 적용받을 수 있다면, 신용카드 발급할 예정이며 해당조건을 만족하는 곳 중에서 최저금리인 곳을 선택하고 싶습니다.

① A은행 　　　　　② B은행 　　　　　③ C보험사
④ D보험사 　　　　⑤ E저축은행

빅맥지수란 전 세계의 국가별 맥도날드 빅맥의 가격 비교를 통해 각국 통화의 환율 수준을 평가하기 위해 만든 지수이다. 영국 이코노미스트지에서 1986년에 처음 고안하여 매년 1월과 7월에 발표하는데, 기본적인 아이디어는 "동일한 재화는 세계 어느 곳에서도 동일한 가격을 형성한다."라는 '일물일가의 법칙'과 이를 토대로 하여 2개 국가의 통화간 실질구매력 차이에 의해 환율이 결정된다는 '구매력평가설'에 근거한다.

예를 들어 한국에서의 빅맥 가격이 4,600원이고, 미국에서의 빅맥 가격이 5.12달러라고 하자. 일물일가의 법칙과 구매력평가설에 의하면 한국에서의 빅맥 가격과 미국에서의 빅맥 가격이 완전히 동일해야 한다. 따라서 빅맥 가격에 근거한 적절한 원/달러 환율을 $x_맥$이라고 한다면 $4,600 = 5.12 \times x_맥$이 성립해야 하며, 이를 풀면 $x_맥 = \dfrac{4,600}{5.12} = 898.4375$(원/달러)이다.

그런데 실제로 거래되는 환율이 1,437.5원/달러라면, 현재 환율은 빅맥 가격에 근거한 적정 환율 $x_맥$보다 높은 상태이다. 통화의 가치는 환율의 역수이므로, 현재 원화의 가치는 빅맥 가격에 근거한 적정 원화 가치 대비 $\dfrac{\frac{1}{1,437.5} - \frac{1}{898.4375}}{\frac{1}{898.4375}} = \dfrac{898.4375}{1,437.5} - 1 = -0.375$ 즉 원화는 37.5% 저평가(undervalued)되어 있다고 볼 수 있다.

이 과정이 다소 복잡하게 느껴질 수 있으므로 빅맥지수를 직접 산출하여 달러 대비 원화 가치에 대한 평가를 해보자. 빅맥지수는 $\dfrac{\text{해당 국가의 빅맥 가격(달러)}}{\text{미국의 빅맥 가격(달러)}}$로 구할 수 있으며, 위의 예시를 대입하면 빅맥지수는 $\dfrac{\frac{4,600}{1,437.5}}{5.12} = \dfrac{3.2}{5.12} = 0.625$이다. $0.625 - 1 = -0.375$이므로 현재 원화는 빅맥지수에 근거한 적정 원화 가치 대비 37.5% 저평가되어 있다.

[표] 현재 각국 빅맥 가격 및 환율 (미국 빅맥 가격: 4.5달러)

구분	빅맥 가격	환율
베네수엘라	405볼리바르	450볼리바르/달러
스위스	6.3스위스프랑	1스위스프랑/달러
브라질	11.7헤알	2헤알/달러
노르웨이	42.75크로네	5크로네/달러
영국	2.43파운드	0.6파운드/달러
일본	324엔	90엔/달러
한국	4,500원	1,500원/달러
중국	14위안	7위안/달러
인도	90루피	50루피/달러

3 다음 설명 중 옳지 <u>않은</u> 것을 고르면?

① 미국의 빅맥지수는 항상 1이다.

② 현재 브라질의 빅맥지수는 1.3이다.

③ 현재 영국에서의 빅맥 가격을 달러화로 표시하면 4.05달러이다.

④ 현재 한국 통화의 빅맥 가격에 근거한 적정 환율은 1,000원/달러이다.

⑤ 현재 일본 통화의 가치는 빅맥 가격에 근거한 적정 가치보다 25% 저평가되어 있다.

4 [표]에서 주어진 10개국 중 현재 통화의 가치가 빅맥 가격에 근거한 적정 가치 대비 가장 고평가되어 있는 국가와 가장 저평가되어 있는 국가를 바르게 짝지은 것을 고르면?

	고평가	저평가
①	베네수엘라	스위스
②	스위스	베네수엘라
③	스위스	중국
④	노르웨이	베네수엘라
⑤	노르웨이	중국

- 자녀 학자금 대부 업무처리 편람
  - 대부대상: 현재 대학(교)에 입학 또는 재학 중인 자녀가 있는 직원
  - 대부기준: 학자금 실비 전액으로 하며 자녀수 제한없이 대부, 최대 8학기까지 신청가능
  - 상환조건

상환시작일	상환기간	이자율
학자금 대부시행 익월	1년	4%

  - 월 상환총액
    ① 월 원금상환＝(원금)÷12
    ② 월 이자상환＝(원금)×(이자율)÷12
    ③ 월 상환총액＝①＋②
  ※ 원금은 (당해 학기 대부금)－(직전 학기 장학금 또는 입학축하금)으로 산출한다.

- 자녀 장학금 업무처리 편람
  - 지급대상: 현재 대학(교)에 입학 또는 재학 중인 자녀를 둔 직원
  - 지급범위: 학기별 성적을 기준으로 B학점 이상, 1학년 1학기는 입학축하금 명목으로 180만 원 지급
  - 지급액

학점 평균	지급액
A	300만 원
B	200만 원
C	—

[표] F사 정 부장의 자녀 대학교 학비 및 성적

학기(연도)	당해 학기 대부금	학자금 신청여부	직전학기 학점 평균
1학년 1학기(2020)	420만 원	O	—
1학년 2학기(2020)	440만 원	O	B
2학년 1학기(2021)	460만 원	O	C
2학년 2학기(2021)	480만 원	O	A
3학년 1학기(2022)	500만 원	O	B

05 F사 정 부장의 자녀 학자금 전체 원금 총액을 고르면?

① 1,120만 원

② 1,220만 원

③ 1,320만 원

④ 1,420만 원

⑤ 1,520만 원

06 F사 정 부장의 자녀 학자금 및 장학금에 대한 설명으로 옳은 것을 고르면?

① 1학년 1학기 월 상환금액은 30만 원 이상이다.

② 학기별 원금이 가장 작은 학기는 1학년 2학기이다.

③ 3학년 1학기 이자총액은 10만 원 이하이다.

④ 2학년 1학기의 원금과 이자총액의 합은 470만 원 이상이다.

⑤ 2학년 2학기의 월 상환총액은 20만 원 이상이다.

07 다음은 S회사의 5가지 프로젝트별 투자에 관한 자료이다. S회사는 회수기간법을 이용하여 A~E 중 투자액을 가장 빨리 회수할 수 있는 프로젝트에 투자하려고 한다. 이때 채택된 프로젝트는 무엇인지 고르면?(단, 회수시간이 동일한 프로젝트가 발생할 경우 10년 동안 얻을 수 있는 시간 가치를 고려하지 않은 순이익이 가장 큰 프로젝트에 투자하고, 순이익도 동일한 경우 투자액이 더 적은 프로젝트에 투자한다.)

> S회사에서는 A~E 5가지 프로젝트 중 1가지 프로젝트에 투자를 하려고 한다. 각 프로젝트별로 투자액과 연도별로 얻을 수 있는 이익이 다르다. 최종 선정 방법에 대해서는 회수기간법 또는 현금 흐름 할인법에 속하는 순현재가치법 중 하나를 택할 예정이다.
>
> 회수기간법은 투자 후 투자액을 회수하기까지의 기간으로 투자안을 평가하는 방법이다. 회수기간법은 계산이 간단하고 현금 흐름을 감안하였으며 리스크가 고려되었다는 장점이 있다. 하지만 화폐의 시간 가치나 투자액을 회수한 이후의 이익에 대해서는 고려하지 않는다는 단점이 있다.
>
> 현금 흐름 할인법은 화폐의 시간 가치를 고려한 방법으로 이 중에서 순현재가치법은 미래 시점의 현금 흐름을 현재 가치로 환산하는 방법이다. 할인율이 r이고, n년째의 현금 흐름이 A라고 하였을 때 현재가치는 $\dfrac{A}{(1+r)^n}$이 된다. 이 값의 합에서 현재 투자액을 뺀 값이 순현재가치(NPV)가 되고, NPV가 0 이상인 경우 투자안을 채택한다. 이 방법은 화폐의 시간 가치와 리스크가 고려된다는 장점이 있다.

[표] 각 프로젝트별 투자액과 연도별 현금 흐름 (단위: 억 원)

구분	0년(투자)	1년	2년	3년	4년	5년	6년	7년	8년	9년	10년
A	−150	0	0	5	5	10	15	20	25	30	35
B	−100	20	20	20	20	20	20	20	20	20	20
C	−100	0	0	0	0	0	50	50	50	50	50
D	−200	100	0	0	0	100	0	0	0	0	100
E	−200	150	0	0	0	0	0	0	0	0	200

① A   ② B   ③ C   ④ D   ⑤ E

08 다음 금융상품에 대한 설명으로 옳지 <u>않은</u> 것을 고르면?

함께 걷는 독도적금	
가입 대상	실명의 개인(1인 1계좌)
가입 기간	6개월 ~ 2년
가입 금액	매회 1천 원 이상 ~ 20만 원 이하(자유적립식, 최소 월 1회 이상 납입)
가입 방법	온라인뱅킹
기본 금리	연 2.5%p
우대 금리	1) 탄소포인트 가입 동참 서명 시: 0.3%p 2) 가입일로부터~100일까지 누적 걸음 수 30만보 이상부터 60만보 달성까지 10만보당 　0.1%p(최고 0.4%p) 　* Google 피트니스, 아이폰 건강 앱을 적금과 연동하여 적립된 걸음 수로 측정 3) NH멤버스 회원 가입 완료 시: 0.5%p (만기 3일 전까지 인정)
이자 지급 방식	• 월 복리(원금 및 이자는 만기 또는 해지 시 일시 지급) 　(단 월이율＝$\dfrac{\text{연이율}}{12}$ 로 계산, 소수점 셋째자리에서 반올림) • 매월 1일, 계좌에 예치된 기간이 1개월 이상된 금액에 한하여 이자가 지급됨

• 독도 걷기 대회 이벤트 진행
　1) 참여기간: 2022. 08. 11. ~ 2022. 10. 09.(60일)
　2) 참여방법: 자사 인터넷 뱅킹에서 NH 함께 걷는 독도적금 가입 후, 걷기 대회 참여 응모
　3) 대회 참가자 혜택: 이벤트 참여 고객 전원 10,000원 지급, 걸음 수 60만보 달성 고객 중 1,000,000원(1
　　명), 30만보 달성 고객 중 300,000원(10명) 추첨을 통해 만기 시 개인 계좌로 지급
　4) 독도 환경보전사업 지원: 대회 기간 내 60만보를 기록한 참가자 1인당 6천 원씩 기금 적립

① 만기 도래 시 적립금의 최소 금액은 6,000원이다.
② 가입일로부터 100일 이내에 누적 55만보를 걸을 경우 0.3%p의 우대금리를 받을 수 있다.
③ 우대금리를 최대로 받으려면 특정 앱을 휴대폰에 설치해야 한다.
④ 최대 금리를 적용 받을 경우 월이율은 0.32% 이상이다.
⑤ 함께 걷는 독도적금의 가입인원이 5만 명이고 이중 대회 기간 중 20%의 인원이 60만보를 기
　록하였다면 독도 환경보전사업 기금으로 6천만 원이 적립된다.

09 숙소 및 5개의 관광지의 이동노선 및 소요시간에 대한 자료이다. 워크숍 다음날 숙소 근처 인근 4개의 관광지를 모두 관광할 때 최소 소요시간을 고르면?

[그림] 숙소 및 관광지 이동노선

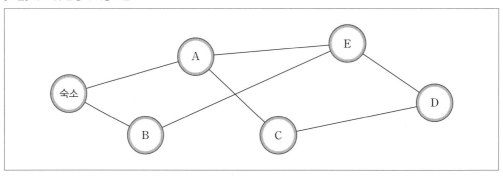

[표] 숙소 및 관광지 간 소요 시간 (단위: 분)

구분	A	B	C	D	E
숙소	15				
A			20		30
B					40
C				25	
D					10
E	30	40		10	

※ 관광지에서 관광하는 시간은 고려하지 않는다.

① 105분   ② 110분   ③ 115분

④ 120분   ⑤ 125분

10 다음은 P사 해외영업팀의 근무지 및 시차에 대한 자료이다. [조건]을 고려하여 1시간 동안 화상회의를 진행하려고 할 때, 근무지별 가능한 회의시간으로 옳지 <u>않은</u> 것을 고르면?(단, 서울 시간을 시차 계산의 기준으로 한다.)

[표] 직원별 근무지 및 시차

구분	근무지	시차
A부장	서울(본사)	―
B차장	파리	기준시차 ―8시간
C차장	뉴욕	기준시차 ―14시
D대리	시드니	기준시차 ＋1시간
E사원	두바이	기준시차 ―5시간

조건
- 서울 본사 시간을 기준으로 11/15(수) 08:00~22:00 사이에 회의를 진행한다.
- 파리 시간을 기준으로 11/15(수) 13:00 이전에 회의를 진행한다.
- 뉴욕 시간을 기준으로 11/14(화)~11/15(수)에 회의를 진행한다.
- 시드니 시간을 기준으로 11/15(수) 정오 이전에 회의가 완료되어야 한다.
- 두바이 시간을 기준으로 11/15(수) 05:00 이후에 회의를 진행한다.
- 회의는 모든 근무지의 조건을 만족하는 시간을 고려해서 진행한다.

① 서울 시각 11/15(수) 10:00~11:00
② 파리 시각 11/15(수) 02:00~03:00
③ 뉴욕 시각 11/14(화) 21:00~22:00
④ 시드니 시각 11/15(수) 11:00~12:00
⑤ 두바이 시각 11/15(수) 05:00~06:00

에듀윌이
너를
지지할게
ENERGY

항상 맑으면 사막이 된다.
비가 내리고 바람이 불어야만
비옥한 땅이 된다.

– 스페인 속담

PART

04

정보능력

੪ NH농협은행

01 최신경향 분석

▌영역 소개

정보능력은 직무능력평가에서 꾸준히 출제되며 비중이 증가하고 있다. 전문적인 IT 지식을 요하지는 않으므로 배경지식이 있다면 시간을 단축하여 수월하게 풀 수 있는 수준으로 출제되고 있다. 특히 프로그래밍 언어에 대한 기초적인 지식이 있다면 쉽게 득점할 수 있으므로 사전에 준비하면 정답률을 높일 수 있는 영역이다.

▌출제유형 소개

유형 1   프로그래밍

2023년 필기시험 기준 프로그래밍 유형의 출제비중은 2022년 대비 대폭 감소했다. 직무능력평가에서 출제되는 프로그래밍 문항은 해당 프로그램 언어를 자세히 모르더라도 규칙을 파악하면 문제를 풀 수 있는 난도로 출제되고 있다.

세부유형		
	C언어	제시된 코드의 특성을 파악하고, 결과를 추론하는 유형
	JAVA	

유형 2   컴퓨터 활용

2023년 필기시험에서는 엑셀 활용 및 컴퓨터 일반 지식을 묻는 컴퓨터 활용 문항의 비중이 높았다. 실무에 밀접한 소프트웨어 활용 지식을 미리 익힐 필요가 있다.

세부유형	
프로그램 활용	엑셀 등의 각종 프로그램의 활용능력을 평가하는 유형

최신 필기시험 기출분석

1. 컴퓨터에 대한 일반적인 지식을 묻는 유형의 비중이 높았다.
2. 주어진 알고리즘에 따라 결괏값을 구하는 프로그램 논리를 이해하고 있는지 검증하는 문항이 출제되었다.
3. 사무 업무에 흔히 쓰이는 함수를 활용할 수 있는지 묻는 문항이 다수 출제되었다.

1. 컴퓨터 활용 유형보다 프로그래밍 문항의 출제 비중이 증가했다.
2. 프로그램 언어로 JAVA와 C언어가 출제되었다.
3. 프로그래밍 유형 문제의 난도는 낮은 편으로 기초 이론을 미리 파악하면 손쉽게 점수를 얻을 수 있는 문제로 출제되었다.
4. 순서도가 출제되었다는 후기가 있었다.

기출유형 이론

C언어

■ **C 프로그램의 기본 구조**

```
#include <stdio.h>              → 선행처리기

main()                         → 메인 함수
{                              → 메인 함수의 시작
        int SUM;               → 정수형 변수 선언
        int A;
        int B;
        A=10;                  → 변수의 초기화
        B=5;
        SUM=A+B;               → 합계를 구함
        printf("%d \n", SUM);  → 결과를 10진 정수의 형식으로 화면에 출력
}                              → 메인 함수의 끝
```

- C 프로그램은 한 개 이상의 함수로 구성되며, 반드시 main() 함수를 포함해야 한다.
- 함수의 시작과 끝을 알리는 중괄호({ })를 사용해야 한다.
- 중괄호 안에는 변수선언문, 치환문, 연산문, 함수 등의 명령을 기입한다.
- 모든 C 문장은 세미콜론(;)으로 종료된다.
- 한 줄에 여러 개의 세미콜론을 사용하여 여러 문장을 써도 되고, 한 개의 문장이 길면 여러 줄에 걸쳐 써도 된다.

② **C언어의 자료형**

자료형이란 사용하는 자료의 형태로, 변수나 함수 등에 사용되는 자료의 종류나 크기 등의 특징을 의미한다.

자료형	내용
정수형	int형, short int형, long int형
실수형	float형, double형, long double형
문자형	char형

3 C언어의 연산자

연산자	내용
산술 연산자	+(덧셈), −(뺄셈), *(곱셈), /(나눗셈), %(나머지), ++(증가), −−(감소)
대입 연산자	=(대입), +=, −=, *=, /=, %=, &=, |=, ^=, <<=, >>= (연산 후 대입)
관계 연산자	>(크다), >=(크거나 같다), <(작다), <=(작거나 같다), ==(같다), !=(같지 않다)
논리 연산자	&&(AND), ||(OR), !(NOT)
비트 연산자	&(AND), |(OR), ~(NOT), ^(XOR)
시프트 연산자	<<(왼쪽 시프트), >>(오른쪽 시프트)
포인터 연산자	&(번지 연산자), *(간접 번지 연산자)

4 입출력 함수

① printf 함수
- 모니터 화면에 자료를 출력하고자 할 때 사용되는 양식 지정 출력 함수
- 형식: printf("출력 형식", 출력 대상);
- 사용 예: printf("Hello, world!\n"); → "Hello, world"를 출력
  printf("A=%d, B=%d\n",a,b); → 변수 a, b를 10진 정수로 출력

② scanf 함수
- 키보드로부터 자료를 입력받을 때 사용되는 양식 지정 입력 함수
- 형식: scanf("입력 형식",입력 대상);
- 사용 예: scanf("%d",&a); → 변수 a에 정수를 입력받음

5 선택 제어문

① 단순 if문
- 형식: if(조건) 문장;
- 의미: 조건이 참일 경우만 문장을 수행한다.

② if~else문
- 형식: if(조건) 문장1;
    else 문장2;
- 의미: 조건이 참인 경우에는 문장1을 수행하고, 거짓인 경우 문장2를 수행한다.

③ 다중 if~else문
- 형식: if(조건1) 문장1;
    else if(조건2) 문장2;
    else 문장3;

- 의미: 조건1이 참인 경우에는 문장1을 수행하고, 조건1이 거짓이고 조건2가 참이면 문장2를 수행하고, 조건1과 조건2가 모두 거짓이면 문장3을 수행한다.

④ switch문
- 형식: switch(수식)
  {
  case 값1 : 문장1;
  case 값2 : 문장2;
  ‥‥‥‥
  case 값n : 문장n;
  default : 문장x;
  }
- 의미: 수식의 계산 결과가 어느 case문의 값과 일치하는지 찾아서 그 지점부터 switch 구문 마지막까지 모든 문장들을 수행한다.

6 반복 제어문

① for문
- 형식: for(초기식; 조건식; 증감식){
  반복 실행할 문장;
  }
- 기능: 초기식을 수행한 후 조건식을 점검하여 참인 경우에만 반복할 문장을 수행하고, 증감식을 수행한 후 다시 조건식을 점검하여 참인 경우에만 반복한다.

② while문
- 형식: while(조건식){
  반복 실행할 문장;
  }
- 기능: 조건식이 참인 경우에만 반복할 문장을 실행한다.

③ do~while문
- 형식: do {
  반복 실행할 문장;
  } while(조건식);
- 기능: 반복할 문장을 무조건 먼저 수행한 후, 조건식이 참인 경우에만 다시 반복한다.

1 Java 프로그램의 기본 구조

```
public class Exam {                              → 클래스의 시작
    public static void main(String[] args) {     → main 메소드의 시작
    int SUM, A, B;                               → 정수형 변수 선언
    A=10;                                        → 변수의 초기화
    B=25;
    SUM=A+B;                                     → 합계를 구함
    System.out.println(SUM);                     → 결과를 화면에 표시
    }                                            → main 메소드의 끝
}                                                → 클래스의 끝
```

- Java 프로그램은 한 개의 public class와 0개 이상의 class로 구성된다.
- 클래스(class)란 자신의 객체(object)들을 생성하게 될 기본 틀이다.
- main( ) 메소드가 포함되는 클래스명을 파일명으로 저장해야 한다. 즉, 이 프로그램은 Exam. java로 저장해야 한다.
- public은 클래스 Exam에 대한 접근 여부를 명시한 한정자의 일종으로서, 다른 모든 클래스에서 클래스 Exam을 접근하는 것이 허용되어 있음을 의미한다.
- 대문자와 소문자가 구별된다.

2 Java의 자료형

- Java 언어에서 제공하는 자료형으로 크게 기본(primitive) 자료형과 참조(referential) 자료형이 있다.
- 기본 자료형으로는 정수형(byte, short, int, long), 실수형(float, double), 문자형(char), 논리형 (boolean) 등 총 8가지가 제공된다.
- Java 언어에서의 참조형 자료로는 클래스형, 인터페이스형, 배열형, 열거형 등 총 4가지가 있다.

3 배열

```
type [ ] 배열명=new type[첨자];
```

예

3행 4열의 크기를 갖는 정수형 배열

int [ ][ ] a=new int[3][4];

int a [ ][ ]=new int[3][4];

예

int a[ ]=new int[5];   → 5의 크기를 갖는 정수형 배열

for(int i=0; i<a.length; i++)   → 배열의 크기가 배열 객체의 length 필드에 저장됨

    System.out.println(a[i]);   → 배열의 각 요소를 출력

4 1∼100까지의 짝수 합을 구하는 프로그램

```
public class EvenSum {
        public static void main(String[ ] agrs) {
                int sum=0;                                                  → ①
                        for(int i=1; i<=100; i++)                   → ②
                        if(i % 2 !=0) continue;                       → ③
                                else sum+=i;                             → ④
                System.out.println("1∼100까지 싹수의 합 : "+sum);   → ⑤
        }
    }
}
```

① 정수형 변수 sum의 초기값을 0으로 지정한다.

② i는 1에서 100까지 1씩 증가한다.

③ i를 2로 나눈 나머지가 0이 아니면 다시 반복으로 돌아간다.

④ 그렇지 않으면 sum에 1을 누적한다.

⑤ 반복이 모두 끝나면 "1∼100까지 짝수의 합 : "을 출력하고 sum 변수에 저장된 값을 출력한다.

5 5개의 정수 중 가장 작은 값을 찾아서 출력하는 프로그램

```java
public class Sample {
    public static void main(String[] args) {
        int N[]={60, 50, 90, 100, 80};              → ①
        int MIN=9999, i;                            → ②
        for (i=0; i<N.length; i++) {                → ③
            if (MIN>N[i]) {                         → ④
                MIN=N[i];
            }
        }
        System.out.print("최솟값 : "+MIN);           → ⑤
    }
}
```

① 배열 변수 N을 선언하고 5개의 정수를 초기값으로 지정한다.

② MIN의 초기값을 9999로 지정하고, i를 정수형 변수로 선언한다.

③ i는 0에서 배열 크기인 5보다 작은 값인 4까지 반복하고 1씩 증가한다.

④ MIN과 N의 i번째 값을 비교하여 MIN이 크면 MIN에 i번째 값을 보관한다.

⑤ 반복이 모두 끝나면 "최솟값 : "을 출력하고 MIN 변수에 저장된 값을 출력한다.

3 **엑셀의 함수**

1 수학/삼각 함수

함수명	내용
ABS(수)	수의 절대값을 구함
INT(수)	수의 가장 가까운 정수로 내린 값을 구함
RAND( )	0과 1 사이의 난수를 구함
MOD(수1, 수2)	수1을 수2로 나눈 나머지를 구함
FACT(수)	1×2×3×…×수로 계산한 계승값을 구함
SQRT(수)	수의 양의 제곱근을 구함
PI( )	원주율 값을 구함
POWER(수1, 수2)	수1을 수2만큼 거듭 제곱한 값을 구함
SUM(수1, 수2…)	수의 합계를 구함

SUMIF(검색범위, 조건, 합계범위)	검색범위에서 조건을 검사하여 만족하는 경우 합계범위에서 합계를 구함
PRODUCT(수1, 수2…)	인수를 모두 곱한 결과를 표시
SUMPRODUCT(배열1, 배열2)	배열에서 해당 요소들을 모두 곱하고 그 곱의 합계를 반환
ROUND(수, 자릿수)	수를 지정한 자릿수로 반올림함
ROUNDUP(수, 자릿수)	수를 지정한 자릿수로 올림함
ROUNDDOWN(수, 자릿수)	수를 지정한 자릿수로 내림함

2 통계 함수

함수명	내용
AVERAGE(수1, 수2…)	수의 평균을 구함
MAX(수1, 수2…)	인수 중에서 최댓값을 구함
MIN(수1, 수2…)	인수 중에서 최솟값을 구함
LARGE(배열, k)	인수로 지정한 숫자 중 k번째로 큰 값을 구함
SMALL(배열, k)	인수로 지정한 숫자 중 k번째로 작은 값을 구함
COUNT(인수1, 인수2…)	인수 중에서 숫자의 개수를 구함
COUNTA(인수1, 인수2…)	공백이 아닌 인수의 개수를 구함
COUNTIF(검색범위, 조건)	검색범위에서 조건을 만족하는 셀의 개수를 구함
RANK(수, 범위, 방법)	범위에서 수의 순위를 구함(방법을 생략하거나 0으로 시성하면 내림차순, 나머지는 오름차순)

3 날짜/시간 함수

함수명	내용
NOW( )	현재 컴퓨터 시스템의 날짜와 시간을 표시
TODAY( )	현재 컴퓨터 시스템의 날짜를 표시
DATE(연, 월, 일)	해당 날짜 데이터를 표시
YEAR(날짜)	날짜의 연도를 표시
MONTH(날짜)	날짜의 월을 표시
DAY(날짜)	날짜의 일을 표시
TIME(시, 분, 초)	해당 시간 데이터를 표시
HOUR(시간)	시간에서 시를 표시
MINUTE(시간)	시간에서 분을 표시
SECOND(시간)	시간에서 초를 표시
WEEKDAY(날짜, 유형)	요일 번호를 표시(유형이 1이거나 생략하면 일요일＝1, 유형이 2이면 월요일＝1로 표시)

4 논리 함수

함수명	내용
IF(조건식, 값1, 값2)	조건식이 참이면 값1, 거짓이면 값2를 반환
NOT(조건식)	조건식의 결과를 반대로 반환
AND(조건1, 조건2…)	모든 조건이 참이면 TRUE, 나머지는 FALSE를 반환
OR(조건1, 조건2…)	조건 중 하나 이상이 참이면 TRUE, 나머지는 FALSE를 반환

5 문자열 함수

함수명	내용
LEFT(문자열, 개수)	문자열의 왼쪽에서 개수만큼 문자를 추출
RIGHT(문자열, 개수)	문자열의 오른쪽에서 개수만큼 문자를 추출
MID(문자열, 시작위치, 개수)	문자열의 시작위치에서 개수만큼 문자를 추출
LOWER(문자열)	문자열을 모두 소문자로 반환
UPPER(문자열)	문자열을 모두 대문자로 반환
PROPER(문자열)	단어 첫 글자만 대문자로 나머지는 소문자로 반환
REPLACE (문자열1, 시작위치, 개수, 문자열2)	시작위치의 바꿀 개수만큼 문자열1의 일부를 문자열2로 교체
LEN(문자열)	문자열의 길이를 숫자로 구함

6 참조 함수

함수명	내용
VLOOKUP (값, 범위, 열번호, 방법)	범위의 첫 번째 열에서 값을 찾아 지정한 열에서 대응하는 값을 반환(찾을 방법은 정확히 일치하는 값만 찾을 경우 0, 근사치를 찾을 경우 1)
HLOOKUP (값, 범위, 행번호, 방법)	범위의 첫 번째 행에서 값을 찾아 지정한 행에서 대응하는 값을 반환(찾을 방법은 정확히 일치하는 값만 찾을 경우 0, 근사치를 찾을 경우 1)
CHOOSE (검색값, 값1, 값2…)	검색값이 1이면 값1, 2이면 값2… 순서로 값을 반환
INDEX(범위, 행, 열)	범위에서 지정한 행, 열에 있는 값을 반환

7 데이터베이스 함수

함수명	내용
DSUM(데이터베이스,필드,조건범위)	조건을 만족하는 데이터의 합계를 구함
DAVERAGE(데이터베이스,필드,조건범위)	조건을 만족하는 데이터의 평균을 구함
DCOUNT(데이터베이스,필드,조건범위)	조건을 만족하는 데이터 중 숫자 개수를 구함
DCOUNTA(데이터베이스,필드,조건범위)	조건을 만족하는 데이터의 개수를 구함
DMAX(데이터베이스,필드,조건범위)	조건을 만족하는 데이터 중 최댓값을 구함
DMIN(데이터베이스,필드,조건범위)	조건을 만족하는 데이터 중 최솟값을 구함

02 | 대표기출 유형

| 유형 1 | 프로그래밍 |

| 세부 유형 | C언어 |

[01~02] 다음은 C언어로 작성된 코드이고, 제시된 코드의 일부가 [보기]의 결과를 가져온다고 한다. 이를 바탕으로 질문에 답하시오.

```
1    #include <stdio.h>
2    int main(void) {
3
4        int orders[8] = {10500, 28000, 31000, 9800, 50300, 67600, 4900, 34500};
5        int evaluation[8] = {1, 1, 1, 0, 1, 1, 0, 0};
6
7        int bicycle_delivery = 0;
8        int walk_delivery = 0;
9        int car_delivery = 0;
10
11       for(int i = 0; i < sizeof(orders)/sizeof(int); i++) {
12           if(orders[i] < 10000) {
13               walk_delivery += orders[i];
14               walk_delivery -= evaluation[i] ? 0 : orders[i];
15           } else if(orders[i] < 30000) {
16               bicycle_delivery += orders[i];
17               bicycle_delivery -= evaluation[i] ? 0 : orders[i];
18           } else {
19               car_delivery += orders[i];
20               car_delivery -= evaluation[i] ? 0 : orders[i];
21           }
22       }
23       printf("자동차: %d, 자전거: %d, 걷기: %d", car_delivery, bicycle_delivery, walk_delivery);
24       return 0;
22   }
```

| 보기 |

A씨는 주문 금액별로 이동수단을 나눠서 배달한다. 대신 고객의 평가에 따라 A씨의 최종 수익은 달라지게 된다.

1 위의 자료와 [보기]를 고려하였을 때, A씨가 자동차를 통해 배달한 수익을 고르면?

① 76,900원   ② 86,900원   ③ 132,000원
④ 148,900원   ⑤ 183,400원

제시된 코드 내용의 알고리즘에 따라 각 변수에 어떤 값들이 입력되는지 기록하면서 파악하는 것이 우선이다. 이때, 알고리즘과 함께 [보기]의 내용을 활용하여 이해한다면 더욱 빠른 파악이 가능할 것이다.

시간단축TIP

evaluation 필드에서 1(True)을 받은 경우에는 총수익에서 감액이 되지 않으므로, 30,000원 이상의 배달 건에 대하여 해당 값을 받은 경우만 더해주면 31,500＋50,300＋67,600＝148,900(원)이 출력 값으로 나오게 된다.

정답해설

| 정답 | ④

2 만약 변수 evaluation의 값이 {1, 0, 0, 1, 0, 0, 1, 1}인 경우, A씨가 걷기를 통해 배달한 수익을 고르면?

① 9,800원
② 10,500원
③ 4,900원
④ 25,200원
⑤ 14,700원

A씨는 10,000원 미만의 배달 건에 대해서는 걷기로 배달을 하게 된다. 이러한 경우는 index가 3, 6인 경우에 해당하는데 이 둘의 경우 evaluation이 1(True)이므로 감액이 발생하지 않는다. 따라서 정답은 두 건의 총합인 14,700원이 된다.

정답해설

| 정답 | ⑤

[01~02] 다음은 JAVA언어로 작성된 코드이고, 제시된 코드의 일부가 [보기]의 결과를 가져온다고 한다. 이를 바탕으로 질문에 답하시오.

```
1    import java.util.Arrays;
2
3    public classTriangle{
4        public static void main(String[] args) {
5            int[] triangle = {3, 11, 8};
6            Arrays.sort(triangle);
7
8            if (triangle[0]+triangle[1] <= triangle[2]) {
9                System.out.println("삼각형이 아닙니다.");
10           }
11           else {
12               if (Math.pow(triangle[0], 2) + Math.pow(triangle[1], 2) == Math.
                     pow(triangle[2], 2)) {
13                   System.out.println("직각삼각형입니다.");
14               }
15               else {
16                   System.out.println("삼각형입니다.");
17               }
18           }
19       }
20   }
```

보기

• Arrays.sort(A) 함수는 A 배열을 오름차순으로 정렬해주는 것임을 알았다.
• Math.pow(a, b) 함수는 a의 b승을 계산해주는 것임을 알았다.

1 위의 자료에 대한 설명으로 옳은 것을 고르면?

① 6행의 Arrays.sort(triangle)이 없으면 실행 결과는 달라진다.

② triangle＝{3, 4, 5}와 triangle＝{5, 4, 3}의 실행결과는 다르다.

③ triangle 배열의 인자로 음수를 넣으면 프로그램은 정상적으로 컴파일되지 않는다.

④ triangle변수에 {5, 12, 13}을 넣으면 예문과 실행 결과가 동일하다.

⑤ Math.pow(triangle[0],2)를 (traingle[0] * triangle[0])으로 변경하면, 실행 결과는 다르다.

시간단축TIP

C언어 유형과 마찬가지로 [보기]의 내용과 제시된 코드 내용을 같이 활용하여 파악한 알고리즘에 따라 각 변수에 어떤 값들이 입력되는지 기록하면서 해결하도록 한다.

정답해설

Arrays.sort( ) 함수로 정렬을 해주는 이유는 삼각형의 가장 긴 변을 배열의 마지막에 들 수 있기 때문이다. 6행이 없다면 삼각형이 아닌 배열을 입력받았음에도 불구하고 삼각형이 도출된다.

| 정답 | ①

2 다음 중 "삼각형이 아닙니다." 를 출력하는 triangle의 변수값을 고르면?

① {3, 4, 5}

② {5, 12, 13}

③ {2, 3, 4}

④ {5, 7, 1}

⑤ {6, 8, 10}

정답해설

제시된 선택지 ①, ②, ⑤는 "직각삼각형입니다."를 출력하며, ③은 "삼각형입니다."를 출력한다.

| 정답 | ④

MS Excel을 활용하여 이번 달 사용한 카드 사용금액을 시기별, 항목별로 다음과 같이 정리하였다. 항목별 단가를 확인한 후 [D2] 셀에 함수식을 넣어 D5까지 드래그를 하여 결괏값을 알아보고자 한다. [D2] 셀에 입력해야 할 함수식으로 적절한 것을 고르면?

	A	B	C	D
1	시기	항목	횟수	사용금액(원)
2	1주	식비	10	
3	2주	의류구입	3	
4	3주	교통비	12	
5	4주	식비	8	
6				
7	항목	단가		
8	식비	6,500		
9	의류구입	43,000		
10	교통비	3,500		

① =C2*HLOOKUP(B2,$A$8:$B$10,2,0)

② =B2*HLOOKUP(C2,$A$8:$B$10,2,0)

③ =B2*VLOOKUP(B2,$A$8:$B$10,2,0)

④ =C2*VLOOKUP(B2,$A$8:$B$10,2,0)

⑤ =C2*HLOOKUP($A$8:$B$10,2,0)

VLOOKUP 함수는 범위의 첫 열에서 찾을 값에 해당하는 데이터를 찾은 후 찾을 값이 있는 행에서 열 번호 위치에 해당하는 데이터를 구하는 함수이다. 단가를 찾아 연결하기 위해서는 열에 대하여 '항목'을 찾아 단가를 구하게 되므로 VLOOKUP 함수를 사용해야 한다.

찾을 방법은 TRUE(1) 또는 생략할 경우 찾을 값의 아래로 근삿값, FALSE(0)이면 정확한 값을 표시한다. VLOOKUP(B2,$A$8:$B$10,2,0)은 'A8:B10' 영역의 첫 열에서 '식비'에 해당하는 데이터를 찾아 2열에 있는 단가 값인 6,500을 선택하게 된다. 따라서 '=C2*VLOOKUP(B2,$A$8:$B$10,2,0)'은 10×6,500이 되어 결괏값은 65,000이 되며, 이를 드래그 하면, 각각 129,000, 42,000, 52,000의 사용금액을 결괏값으로 나타내게 된다.

| 정답 | ④

03 유형연습 문제

[01~02] 다음은 C언어에서 작성한 코드이고, 제시된 코드가 [보기]의 결과를 가져온다고 한다. 이를 바탕으로 질문에 답하시오.

```c
1   #include <stdio.h>
2   int main(void)
3   {
4   float fahrenheit=44.45, celsius=12.46; int day1=20, day2=−8, day3=4, comp, i;
5       comp=((day1>day2)?day1:day2)>day3?((day1>day2)?day1:day2):day3;
6       if (comp>=25){
7       for(i=0;i<5;i++)
8     {
9       fahrenheit=(9.0/5.0)*celsius+32;
10      celsius+=−10;
11      printf("화씨온도 %10.1f\n",fahrenheit);
12    }
13      } else{
14      for(i=0;i<5;i++)
15      {
16      celsius=(5.0/9.0)*(fahrenheit−32);
17      fahrenheit+=10;
18      printf("섭씨온도 %10.1f\n",celsius);
19      }
20      }
21      return 0;
22  }
```

K사원은 먼저 day1과 day2를 비교하여 큰 값을 찾아내고 그 값을 다시 day3와 비교하는 방식을 통해 3일 동안의 날씨 중 가장 더운 날씨를 알아낸다는 것과 그 값에 따라 섭씨온도를 화씨온도로 변경하거나 화씨온도를 섭씨온도로 변경한다는 것을 알았다.

01 위의 자료에 대한 설명으로 옳은 것을 고르면?

① fahrenheit와 celsius는 C언어에서 자체적으로 제공하는 함수이다.

② fahrenheit값의 데이터 형식을 int(정수형)으로 설정해도 결과는 변함이 없다.

③ 9행에서 9.0/5.0라고 입력한 경우에는 결과가 1로 계산되고 9/5로 입력한 경우에는 1.8로 처리된다.

④ 9행의 출력 결과로 음수가 나올 수도 있다.

⑤ day3와 day1, day2의 순서가 바뀌어도 출력 결과는 같다.

02 다음 중 제시된 코드에서 for문의 i값이 0일 때의 결괏값을 고르면?(단, 소수점 첫째 자리까지 표시한다.)

① 화씨온도 54.4   ② 화씨온도 72.4   ③ 섭씨온도 6.9

④ 섭씨온도 12.5   ⑤ 섭씨온도 18.0

[03~04] 다음은 JAVA 언어로 작성된 코드이고, 제시된 코드의 일부가 [보기]의 결과를 가져온다고 한다. 이를 바탕으로 질문에 답하시오.

```
1    public class payment {
2        public static void main(String[] args) {
3            int workdays = 21; //평일 근무
4            int workweekend = 2; //주말 근무
5            int lunch = 3000; //점심 식대
6            int weekendlunch = 0; //주말 점심은 식대 미지급
7            double weekendrate = 1.5; //주말 수당
8            int daily = 100000; //일당
9            double bonus = workweekend*daily*weekendrate;
10           double pay = workdays*daily + bonus;
11           double food = lunch*workdays;
12           int total = pay+food;
13           System.out.printf("이번 달 월급은 %d원\n", total);
14
15           if (bonus > 300000)
16               System.out.println("오늘은 외식이다!");
17           else
18               System.out.println("외식은 글렀군.");
19       }
20   }
```

보기

회사원 A씨는 // 뒤에 붙는 것은 코드에 영향을 미치지 않는다는 것을 알았다.

3 위의 코드는 회사원 A씨의 이번 달 월급을 계산한 내용일 때, 다음 중 옳은 것을 고르면?

① A씨는 이번 달 월급날 외식을 할 수 있다.

② A씨의 이번 달 월급으로 2,500,000원을 넘게 받는다.

③ A씨는 이번 달 점심 식대는 69,000원이다.

④ A씨의 이번 보너스는 400,000원이다.

⑤ 만약 weekendrate의 값이 2였다면, A씨는 월급날 외식을 할 수 있었을 것이다.

04

정보능력

4 다음 달부터 주말 수당이 1.5배에서 2배로 변경될 때, 외식을 하기 위한 최소 주말 근무 일수는 며칠인지 고르면?

① 1일   ② 2일   ③ 3일

④ 4일   ⑤ 5일

다음과 같이 C로 구현된 프로그램이 있다. 이 프로그램을 분석하여 출력되는 값을 고르면?

```c
1  #include <stdio.h>
2
3  int main( ) {
4      int i, j;
5      int count=0;
6
7      for(i=5; i>j; i--) {
8          for(j=0; j<2; j++) {
9              printf("*%d", count);
10         }
11         printf("\n");
12         count += 1;
13     }
14
15     return 0;
16 }
```

① * *
  * *
  * *

② * * 0
  * * 1
  * * 2

③ * 0 0 *
  * 1 1 *
  * 2 2 *

④ 0 * *
  1 * *
  2 * *

⑤ * 0 * 0
  * 1 * 1
  * 2 * 2

6 다음은 버블 정렬(Bubble Sort) 알고리즘에 대한 설명이다. [보기]의 수를 버블 정렬 알고리즘을 적용하여 오름차순으로 정렬할 때, 세 번째 패스(Pass)까지 실행한 결과로 옳은 것을 고르면?

버블 정렬(Bubble Sort)은 서로 이웃한 데이터들을 비교하면서 큰 데이터를 뒤로 보내며 정렬하는 방식을 말한다. 요소들이 교체 이동할 때 거품이 수면 위로 올라오는 것과 같이 보인다고 해서 버블 정렬이라고 불린다.

$$(5 \ 7 \ 1 \ 4 \ 2)$$

위와 같은 정렬되지 않은 데이터가 있을 때, 각 패스에서는 다음과 같이 정렬된다.

첫 번째 패스	두 번째 패스	세 번째 패스
$(5\ 7\ 1\ 4\ 2) \rightarrow (5\ 7\ 1\ 4\ 2)$ $(5\ 7\ 1\ 4\ 2) \rightarrow (5\ 1\ 7\ 4\ 2)$ $(5\ 1\ 7\ 4\ 2) \rightarrow (5\ 1\ 4\ 7\ 2)$ $(5\ 1\ 4\ 7\ 2) \rightarrow (5\ 1\ 4\ 2\ 7)$	$(5\ 1\ 4\ 2\ 7) \rightarrow (1\ 5\ 4\ 2\ 7)$ $(1\ 5\ 4\ 2\ 7) \rightarrow (1\ 4\ 5\ 2\ 7)$ $(1\ 4\ 5\ 2\ 7) \rightarrow (1\ 4\ 2\ 5\ 7)$	$(1\ 4\ 2\ 5\ 7) \rightarrow (1\ 4\ 2\ 5\ 7)$ $(1\ 4\ 2\ 5\ 7) \rightarrow (1\ 2\ 4\ 5\ 7)$

보기

5, 2, 3, 8, 1

① 2, 1, 3, 5, 8　　　　② 1, 2, 3, 5, 8　　　　③ 2, 3, 1, 5, 8

④ 2, 3, 5, 1, 8　　　　⑤ 5, 8, 2, 3, 1

정답과 해설 P.28

01 MS Excel을 활용하여 다음과 같은 표를 작성하였다. C열에 전체 주소 중 '구' 이름만을 따로 표기하기 위하여 [C2] 셀에 '=LEFT(B2,2)'를 입력하여 [C4] 셀까지 드래그 하였다. 하지만 '구' 이름이 세 글자인 경우, '미추'와 같은 잘못된 결괏값이 나타났다. 올바른 이름이 나타날 수 있도록 [C2] 셀의 함수식으로 옳은 것을 고르면?

	A	B	C
1	이름	주소	구
2	홍길동	서구 당하동 123	서구
3	이순신	계양구 임학동 34	계양
4	이율곡	미추홀구 용현동 22	미추

① =LEFT(B2,SEARCH(" ",B2)−1)

② =LEFT(B2,SEARCH(" ",B2−1))

③ =SEARCH(B2,SEARCH(" ",B2)−1)

④ =SEARCH(B2,SEARCH(" ",B2−1))

⑤ =SEARCH(B2,LEFT(" ",B2)−1)

02 MS Excel을 활용하여 아래와 같이 요일별 사무용품 구매 내역을 정리하였다. 〈표A〉와 〈표B〉 모두 월요일의 구매금액란에 함수식을 넣어 금요일까지 드래그 하여 자동채우기를 했다. 바인더 구매금액란의 결괏값이 다른 이유에 대한 설명으로 옳은 것을 고르면?

▲	A	B	C	D	E
1	〈표A〉				
2	요일	구매물품	수량(묶음단위)	단가(원)	구매금액(원)
3	월요일	A4용지	2	4,500	9,000
4	화요일	볼펜	5	5,200	26,000
5	수요일	바인더	–	3,000	#VALUE!
6	목요일	마우스	1	24,000	24,000
7	금요일	클립	5	1,200	6,000
8					
9	〈표B〉				
10	요일	구매물품	수량(묶음단위)	단가(원)	구매금액(원)
11	월요일	A4용지	2	4,500	9,000
12	화요일	볼펜	5	5,200	26,000
13	수요일	바인더	–	3,000	–
14	목요일	마우스	1	24,000	24,000
15	금요일	클립	5	1,200	6,000

① 〈표B〉는 〈표A〉와 달리 IFERROR 함수를 통해 오류 시의 결괏값을 '0'으로 지정해 주었다.

② 〈표B〉는 〈표A〉와 달리 IFERROR 함수를 통해 오류 시의 결괏값을 '–'으로 지정해 주었다.

③ 〈표B〉는 〈표A〉와 달리 VLOOKUP 함수를 적용하였다.

④ 〈표B〉는 〈표A〉와 달리 HLOOKUP 함수를 적용하였다.

⑤ [C13] 셀에 숫자가 아닌 기호 '–'가 입력되었으므로, [E13] 셀에는 별도로 '–'을 입력할 수밖에 없다.

03 MS Excel을 활용하여 다음과 같은 급여 관련 자료를 작성하였다. 이를 참고할 때, '갑'의 급여액 셀 [D3]에 함수식을 넣은 후 드래그 하여 나머지 네 명의 급여액을 구하였을 때 '병'의 급여액 셀에 입력된 함수식으로 옳은 것을 고르면?

	A	B	C	D	E	F	G	H	I
1	〈지급 급여〉					〈급여 지급 기준표, 단위: 원〉			
2	이름	직급	호봉	급여액(원)		직급\호봉	1	2	3
3	갑	5	3	2,000,000		1	1,000,000	1,100,000	1,200,000
4	을	3	2			2	1,200,000	1,300,000	1,400,000
5	병	4	3			3	1,400,000	1,500,000	1,600,000
5	정	2	1			4	1,600,000	1,700,000	1,800,000
6	무	1	2			5	1,800,000	1,900,000	2,000,000

① =MATCH($G$3:$I$7,$B$5,$C$5)

② =MATCH(G3:I7,C5,B5)

③ =INDEX($G$3:$I$7,C5,B5)

④ =INDEX(G3:I7,B5,C5)

⑤ =INDEX($G$3:$I$7,B5,C5)

04 MS Excel을 활용하여 아래 좌측과 같은 표를 만든 후 함수식을 이용하여 우측과 같이 수성하였다. [H2] 셀에 들어갈 함수식으로 옳은 것을 고르면?

	A	B	C	D	E	F	G	H
1	입사연월일	부서명	이름	직급		입사연월일	부서명	이름
2	191011	영업팀	김길동	대리		191011	영업팀	대리 김길동
3	150320	홍보팀	이길동	과장		150320	홍보팀	과장 이길동
4	220305	총무팀	박길동	사원		220305	총무팀	사원 박길동
5	200507	영업팀	정길동	사원		200507	영업팀	사원 정길동
6	171120	총무팀	최길동	대리		171120	총무팀	대리 최길동

① =MATCH(D2:C2)

② =MATCH(D2,C2)

③ =CONCATENATE(D2+C2)

④ =CONCATENATE(D2:C2)

⑤ =CONCATENATE(D2,C2)

05 인터넷 보안 위협에 대한 설명으로 옳지 <u>않은</u> 것을 고르면?

① 이블 트윈 공격(Evil Twin Attack)은 사회관계망에서 공격 대상의 지인 또는 특정 유명인으로 위장해 공격 대상으로부터 중요한 정보를 획득하는 데 사용된다.

② Man-In-The-Browser 공격은 웹브라우저 내에 악성코드를 설치하여 웹브라우저에서 표시되는 웹페이지 내용을 도청하거나 위·변조하는 공격으로 SSL/TLS 등을 통해 통신구간을 암호화하지 않으면 대응하기 힘들다.

③ 피싱(Phishing)이란 진짜 웹사이트와 거의 동일하게 꾸며진 가짜 웹사이트를 통해 개인정보를 탈취하는 것이다.

④ 파밍(Pharming)이란 도메인을 탈취하거나 악성코드를 통해 DNS의 이름을 속여 사용자가 진짜 웹사이트로 오인하게 만들어 개인정보를 탈취하는 것이다.

⑤ DDoS 공격은 다수의 분산된 컴퓨터를 이용하여 특정 서버 컴퓨터가 처리할 수 있는 용량을 초과하는 정보를 한꺼번에 보내, 과부하로 서버가 다운되거나 정상 접속되지 못하도록 만드는 공격을 뜻한다.

06 엑셀 워크시트에서 [D4] 셀에 =RIGHT(C4, LEN(C4)-4) & "****"을 입력했을 때, 결괏값으로 옳은 것을 고르면?

	A	B	C	D
1	이름	학번	연락처	
2	이철수	108-4101	010-2109-8765	
3	홍길동	108-4102	010-3456-7890	
4	이순희	108-4103	019-2119-9019	
5				

① ****2119-9019

② 019-2119-****

③ 019-****-9019

④ 2119-9019****

⑤ 019-2119-9019

정답과 해설 P.29

노력을 이기는 재능은 없고
노력을 외면하는 결과도 없다.

− 이창호 프로 바둑 기사

PART

05

직무상식평가

NH농협은행

최신경향 분석

▌ 영역 소개

2023년 NH농협은행 직무상식평가는 지원 분야와 무관하게 공통으로 출제되는 영역과 지원 분야별로 전문 지식을 묻는 지원 분야별 영역으로 구성되었다. 두 유형 모두 단 기간에는 실력을 축적하기 어렵기 때문에 지원자 간 변별력이 가장 크게 발생한다. 직무상식평가의 고득점을 위해 평소에 시사이슈를 정리하고 관련 지식을 꾸준히 공부해야 한다. 지원 분야가 '일반'인 경우 금융·경제 상식 문항이 출제되었다. 지원 분야가 'IT'인 경우 정보통신, 보안 관련 문항이 출제되었다.

▌ 출제유형 소개

유형	공통 영역

공통적으로 출제되는 유형으로 전체 30문항 중 20문항 가량 출제되었다.

세부유형		
	농업·농촌·협동조합	농업과 협동조합과 관련된 시사이슈 및 관련 법·제도 묻는 문항
	디지털	제시문에서 설명하는 ICT 기술의 개념을 고르거나 제시된 개념에 대한 설명이 옳은지/옳지 않은지 판단하는 문항

유형	지원 분야별 영역

직무적합성을 판별하고자 지원 분야별 전문 지식에 대한 문항이 출제되었다.

세부유형		
	금융·경제	지원 분야가 '일반'인 경우에 해당 경제학 및 경영학적 지식을 묻는 유형
	IT	지원 분야가 'IT'인 경우에 해당 해당 분야의 전문 지식을 묻는 유형

최신 필기시험 기출분석

1. ICT 상식과 관련한 디지털 지식 문항의 비중이 높았다.
2. 농·축산업 정책 및 제도에 관한 문항이 출제되었다.
3. 경제학과 경영학에 관련한 문항보다 금융시장에 대한 이해도를 묻는 문항이 많았다.

기출복원 키워드

✓ 악성코드, PHP, 클라우드, UAM, 통화스와프, DSR 규제, 가축 전염병, 외환시장 균형

1. 농업·농촌·협동조합 문항은 문항별 난도 차이가 컸다.
2. 디지털 관련 문항은 지엽적인 내용보다는 일반적인 시사 상식 수준으로 출제되었고 기존에 출제된 키워드가 다시 출제된 경우가 있었다.
3. 금융·경제 문항의 경우 경영학보다 경제학의 비중이 높았다.
4. 경제학은 테샛 및 매경테스트 수준으로 출제되었으며 경영학은 AFPK 및 투자자산운용사 자격증 수준으로 출제되었다.

기출복원 키워드

✓ 농협 5대 핵심 가치 / 협동조합 기본법 / 국가별 협동조합의 역사
✓ 레그테크 / 규제 샌드박스 제도
✓ 슈퍼앱 / 하이브리드앱
✓ 에지컴퓨팅 / 머신러닝
✓ 환율결정이론 / J-커브 / 마셜러너 조건
✓ 신고전학파의 AS곡선 특징 / AD-AS 모형의 장단기 특징
✓ ELS와 ELF의 차이 / CAPM 모형 / 자산유동화증권(ABS) 내부신용보강

유형 1	공통 분야

세부 유형	농업·농촌관련 상식

01 HACCP 인증에 대한 설명으로 옳지 <u>않은</u> 것을 고르면?

① 2023년에는 간편조리세트에 대한 품목이 신설되었다.

② HACCP 인증 업체가 주요 위생안전조항 중 2개 이상 위반 시 즉시 인증취소(One-Strike Out) 처리된다.

③ 식육가공업체의 경우 2024년 12월까지 HACCP 의무적용을 해야 한다.

④ 연 매출액 5억 원 미만인 소규모 HACCP 적용업체의 경우 인증 유효 기간이 3년에서 4년으로 확대된다.

⑤ 총 매출액 100억 원 이상인 식품제조업체는 품목과 관계없이 모든 식품에 HACCP을 의무적용해야 한다.

정답해설

즉시 인증취소(One-Strike Out) 방침에 따라 HACCP 인증 업체가 주요 위생안전조항 중 1개 이상 위반 시 즉시 인증취소 처리된다.

[오답풀이]

① 2023년에는 기존 3유형이었던 신선편의식품, 즉석섭취식품, 즉석조리식품과 더불어 '간편조리세트'에 대한 유형을 신설하였다. 통상 밀키트라고 불리는 간편조리세트는 조리되지 않은 손질된 농·축·수산물과 소스 등 가공식품으로 구성되어 소비자가 가정에서 조리하여 섭취할 수 있도록 제조한 제품을 일컫는다.

③ 식육가공업체의 경우 현재까지는 2016년 매출액 1억 원 이상인 업소에 대해 HACCP 의무적용을 하고 있으나 2024년 12월까지 모든 식육가공업체가 HACCP 의무적용을 해야 한다.

④ 연 매출액이 5억 원 미만이거나 종업원 수 21명 미만인 식품·축산물 제조·가공업소의 경우 유효기간이 3년에서 4년으로 확대된다.

⑤ 식품위생법 개정에 따라 2017년 12월부터는 총 매출액 100억 원 이상인 식품·축산물 제조·가공업소에서 제조·가공하는 모든 식품은 HACCP 의무화 대상이다.

| 정답 | ②

02 다음 설명에 해당하는 세균으로 가장 적절한 것을 고르면?

> 해수온도가 18℃ 이상일 때 활성화되는 이 균은 여름철 대표적인 해수세균이다. 이 세균의 일부 종은 인간과 동물의 소화기에서도 발견된다. 일반적으로 염분이 많은 해수에서 발견되며, 다른 미생물과 경쟁하기도 한다. 일부는 물고기와 고등해양생물의 내부에도 존재한다. 이 세균으로 발생하는 질병으로는 콜레라, 식중독, 궤양 등이 있으며, 일반적으로 위장 문제와 관련한 증상이 발생한다. 따라서 여름철 물고기나 해산물 섭취 시 주의해야 하며, 해수와 접촉한 후 손을 깨끗이 씻어야 감염을 피할 수 있다. 이 세균은 열에 약하기 때문에 60℃ 이상에서 충분히 어패류를 조리하면 이 균에 의한 질병 감염을 예방할 수 있다.

① 살모넬라균
② 리스테리아균
③ 황색 포도상구균
④ 병원성 대장균
⑤ 비브리오균

정답해설

비브리오균에 대한 설명이다. 비브리오균은 일반적으로 염분이 풍부한 해수에서 발견된다. 비브리오 세균에 의한 감염을 예방하려면 깨끗한 물로 안전하게 음식 조리해야 한다. 특히 피서철 물놀이나 수산물 소비 시 조심해야 한다. 현재 비브리오 콜레라에 대한 백신이 개발되어 있으며, 콜레라 예방을 위해 사용된다.

[오답풀이]
① 살모넬라균은 주로 달걀, 육류, 가축 등의 식품이 오염될 경우 식중독을 발생시키는 세균이다.
② 리스테리아균은 오염된 육류 및 유제품에서 주로 발견되는 식중독균이다.
③ 황색 포도상구균은 100℃로 가열해도 사멸되지 않는다는 특징이 있으며 사람이나 동물의 소화기관에 상재하여 식중독, 피부염 등을 일으키는 세균이다.
④ 병원성 대장균은 주로 충분히 익히지 않은 식품을 통해 식중독을 일으키는 주요 원인균이다.

| 정답 | ⑤

01 다음 (A)~(D) 중, HTML, XML, PHP에 대한 설명을 순서대로 나열한 것을 고르면?

> (A) 대표적인 서버 사이드 스크립트 언어로 전 세계 수많은 웹 시스템의 기반이 되는 언어이며, 비슷한 언어로는 Perl, Ruby 등이 있다. C-like 문법으로 되어 있고, CGI보다 나으며, Perl처럼 배열이 연관 배열이라 자료 구조가 간편하고, 기본적으로 내장된 웹 관련 함수들이 많아 웹 페이지 제작 시 생산성이 높다.
>
> (B) 마크업 언어로 작성된 문서가 실제로 웹사이트에 표현되는 방법을 정해주는 스타일 시트 언어이다.
>
> (C) 웹 문서를 만드는 데에 이용되는 문서 형식으로, 웹 문서에서 문자나 영상, 음향 등의 정보를 연결해 주는 하이퍼텍스트를 만들 수 있도록 해 준다.
>
> (D) 웹상에서 보이는 문서 작성을 위해 개발된 SGML(standard generalized markup language)을 인터넷용으로 최적화하고 단순화한 SGML의 부분 집합이다.

① (A), (B), (C)

② (A), (C), (D)

③ (B), (A), (D)

④ (B), (C), (D)

⑤ (C), (D), (A)

정답해설

(A)는 PHP에 대한 설명이다. PHP는 대표적인 서버 사이드 스크립트 언어로 전 세계 수많은 웹 시스템의 기반이 되는 언어로 비슷한 언어로는 Perl, Ruby 등이 있다. C-like 문법으로 되어 있고, CGI보다 나으며, Perl처럼 배열이 연관 배열이라 자료 구조가 간편하고, 기본적으로 내장된 웹 관련 함수들이 많아 웹 페이지 제작 시 생산성이 높다는 점에서 사용자 및 사용처가 많다. 1995년 라스무스 러돌프가 처음 공개했고, 지금은 The PHP Group에서 개발 및 관리를 맡고 있다.

(B)는 CSS에 대한 설명이다. HTML 등의 마크업 언어로 작성된 문서가 실제로 웹사이트에 표현되는 방법을 정해주는 스타일 시트 언어로, HTML문서에 <style>태그 안에 삽입할 수도 있지만 별도의 파일로 분리하는 것도 가능해서 다른 HTML에서도 동일한 CSS를 사용할 수 있다.

(C)는 HTML에 대한 설명이다. 웹에서 볼 수 있는 문서를 만들기 위한 일종의 표준 언어로, 일반적인 텍스트로 되어 있으며 태그(Tag)를 통해 웹 브라우저로 보이는 모양을 나타낸다. 파일 확장자는 .html 또는 .htm이다.

(D)는 XML에 대한 설명으로 정식 명칭은 extensible markup language(확장성 생성 언어)이다. XML은 1990년대에 개발되기 시작했다. 웹 페이지의 기본 형식인 HTML(hypertext markup language)에는 확장성이 없어서 새롭게 만들어진 문서 요소들을 정의하는 데 적절하지 않았다. XML은 웹상에서 보여지는 문서 작성을 위해 개발된 SGML(standard generalized markup language)을 인터넷용으로 최적화하고 단순화한 SGML의 부분 집합이다. SGML과 마찬가지로 XML은 DTD(document type definitions)를 이용해서 문서 형태와 문서 안에서 사용되는 태그의 의미들을 정의한다.

따라서 HTML, XML, PHP를 순서대로 나열한 것은 (C), (D), (A)이다.

| 정답 | ⑤

2 다음은 입력데이터, 표시형식, 결괏값 순으로 표시한 것이다. 입력데이터에 사용자 지정 표시 형식을 설정한 후 나타난 결괏값으로 옳은 것을 고르면?

① 123.456 → ?.? → 123.456

② 50.76 → #,##0.0 → 50.8

③ 0.57 → #.# → 0.6

④ 농협 → #"은행" → 농협은행

⑤ 2123500 → #,###,"천원" → 2,123.5천원

정답해설

#은 유효한 자릿수만 나타내고 유효하지 않은 0은 표시하지 않는다. 따라서 50.76을 입력하고 사용자 지정 표시 형식을 #,##0.0으로 지정하면 소수점 둘째 자리에서 반올림한 50.8이 표시된다.

[오답풀이]

① ?는 숫자데이터의 자릿수에 숫자가 있으면 그 자리만큼 표시하고 숫자가 없으면 공백으로 그 자릿수를 표현하고자 할 때 사용하는 서식이다. ?.?는 소수점 한 자리까지 표시하라는 서식이므로 123.5로 표시된다.

③ 소수점 앞의 #은 유효하지 않은 0은 표시하지 않는다. 소수점 이하 #이 한 개이므로 소수점 둘째 자리 값은 반올림된다. 따라서 '.6'이 표시된다.

④ 문자 데이터의 표시 위치를 지정할 때는 @을 사용하고 숫자데이터의 표시 위치를 지정할 때는 #을 사용한다. 따라서 농협으로 출력된다.

⑤ 천 단위마다 자릿점을 표시하고 마지막 자리는 반올림되어 2,124천원으로 표시된다.

| 정답 | ②

05

직무상식평가

대표기출 유형

203

세부 유형   금융·경제

01   다음 중 선도거래와 선물거래를 비교한 내용으로 옳지 <u>않은</u> 것을 고르면?

	특징	선도거래	선물거래
①	거래방식	중개기관을 통한 장외거래	거래소를 통한 거래
②	거래조건	당사자간 합의에 따라 거래조건을 조정	만기일, 가격표시, 계약단위 등을 표준화
③	거래상대방 위험	없음	있음
④	결제 시기	자금결제일 또는 만기일에 정산	가격변동에 의한 손익을 결제기관을 통해 매일 정산
⑤	인수도	만기일에 기초자산 인도	대부분 만기이전에 반대매매

정답해설

선물은 청산소라는 중개기관을 두어 선물거래의 체결 및 인도를 보장한다. 청산소는 선물거래자의 거래상대방으로서 선물매매를 하므로 선물거래자는 거래상대방에 대한 신용 위험을 제거하여 거래할 수 있다. 한편 선도거래는 당사자의 신용에 의존하여 거래가 이루어지므로 위험이 있다.

| 정답 | ③

02 다음 중 대출상환방식에 관한 설명으로 옳지 <u>않은</u> 것을 고르면?(단, 대출금액과 기타 대출조건은 동일하다고 가정한다.)

① 원리금균등분할상환방식은 원금이 상환됨에 따라 매기 이자액의 비중은 점차적으로 줄고 매기 원금 상환액 비중은 점차적으로 증가한다.

② 원금균등분할상환방식은 대출기간 동안 매기 원금을 균등하게 분할 상환하고 이자는 점차적으로 감소하는 방식이다.

③ 체증분할상환방식은 원리금 상환액 부담을 초기에는 적게 하는 대신 시간이 경과할 수록 원리금 상환액 부담을 늘려가는 상환방식이다.

④ 첫 회 이자지급액은 원금균등상환방식이 원리금균등상환방식보다 많다.

⑤ 대출기간 만기까지 대출기관의 총이자수입 크기는 '체증상환방식 > 원리금균등상환방식 > 원금균등상환방식' 순이다.

정답해설

대출조건이 동일하다면 융자원금이 같으므로 원금균등상환방식과 원리금균등상환방식의 첫 회 이자지급액은 동일하다.

| 정답 | ④

01   다음 글의 밑줄 친 ㉠, ㉡을 일컫는 해시 함수 보완 방법이 바르게 짝지어진 것을 고르면?

> 비밀번호는 법적으로 '일방향 암호화'를 하도록 정해져 있다. 즉, 복호화가 불가능하도록 저장해야 한다. 사용자가 비밀번호를 '1234'로 저장했고, DB에 저장된 정보가 'ad1432@!'이라면 사용자는 'ad1432@!'를 입력하지 않는다. 그렇다면 '1234'를 'ad1432@!'로 바꾸는 기법이 있을 것이며, 이러한 기법을 '해싱'이라고 한다.
>
> 해시 함수(Hash Function)는 임의의 길이의 데이터를 고정된 길이의 데이터로 맵핑하는 함수를 뜻한다. 이를 통해 얻은 값을 '해시 값'이라고 한다. 여기서 입력 값이 Key가 되고 해시 함수를 통해서 나온 '코드'를 통해서 자료를 빠르게 탐색할 수 있는 구조를 '해시 테이블'이라고 한다. 해시 함수를 통한 검색은 매우 빠른 속도를 보장하기 때문에 많은 곳에 응용할 수 있다.
>
> 위 해시 함수의 '임의의 길이의 데이터를 고정된 길이의 데이터로 변환'하는 특징을 이용해서 비밀번호를 암호화하여 저장할 수 있게 된다. 즉, 저장된 비밀번호가 '그 값이 원래 무슨 값인지'를 알아내기 힘들도록 만들면 사용자 정보의 유출을 어느 정도 방지할 수 있다. 단방향 해시 함수 보완은 ㉠ 기존 해시 코드를 생성할 때 임의의 문자열을 추가하여 원본 패스워드가 어디부터 어디까지인지를 알아보기 힘들도록 하는 방법과 ㉡ 해시 코드를 다시 해시 함수에 넣어서 여러 번 연산하도록 하여 연산 속도를 늦추는 방법으로 정보를 알아내기 힘들게 하는 방법이 대표적으로 쓰인다.

	㉠	㉡
①	레이블링	솔팅
②	필터링	레이블링
③	솔팅	키 스트레칭
④	키 스트레칭	레이블링
⑤	키 스트레칭	솔팅

정답해설

단방향 암호화란 평문 즉, 입력된 값을 암호화할 수는 있지만 암호화된 문자를 다시 기존의 입력값으로 되돌리는 복호화가 불가능한 암호화 방법이다. 이 방법은 주로 해시 알고리즘을 이용하여 단방향 암호화를 구현한다. 여기서 해시는 임의의 크기를 가진 데이터를 고정된 데이터의 크기로 변환시키는 것을 말한다. 해시 알고리즘은 해시 함수의 특징인 특정 입력 데이터에서 정해진 데이터 크기에 맞추어 해시 값을 생성하는 특징을 이용하여 데이터를 최종 사용자가 원문을 추정하기 힘든 더 작고, 뒤섞인 조각으로 나눈 것을 말한다.

단방향 암호화를 사용하는 주된 이유는 메시지 또는 파일의 무결성을 보장하기 위함이다. 원본 값이 조금만 달라지면 해시 알고리즘을 통해 완전히 다른 해시 값이 나올 확률이 매우 높다.

단방향 암호화의 대표적인 방법으로 '솔팅'(salting)'과 '키 스트레칭(key stretching)'이 있다. 솔팅이란 단방향 해시 함수를 통해 암호화를 진행할 때 본래 데이터에 추가적으로 랜덤한 더미 데이터를 더하여 암호화를 진행하는 방식으로 원래 데이터의 해시 값과 다른 해시 값을 가지게 한다. 키 스트레칭은 해시 알고리즘을 이용하여 생성된 해시 값을 다시 해시 알고리즘에 넣는 방식을 말하며, 이러한 방법을 통해 해시 값을 비교하는 속도를 늦출 수 있게 된다.

| 정답 | ③

2 암호화 코드에 대한 다음 설명을 참고할 때, 빈칸 ㉠, ㉡에 들어갈 말이 바르게 짝지어진 것을 고르면?

> 메시지 보안에 있어 많이 사용되는 방식은 다음과 같다.
> '갑'이라는 메시지를 어떠한 암호화 알고리즘을 통해 '을'이라는 메시지로 변환하였다고 가정하자. 이때 '갑'을 암호화한 사람은 어떤 방법을 거쳐야 이 암호화된 '을'이 다시 '갑'으로 변하는지 알고 있다. 하지만 이 '을'이라는 메시지를 받은 사람은 복호화 방법을 모르기 때문에 메시지 전달자로부터 어떤 방법을 통해 암호화했는지에 대한 정보를 얻어야 한다.
> 보다 쉬운 예를 들어보자. 나는 특수한 물감 A를 만들었는데, 이 물감은 내가 만든 또 다른 화학 물질 B에 닿을 때만 투명하게 변한다. 나는 A를 여러 개 만들어서 집 앞에 두기도 하고, 비밀 편지를 주고받고 싶은 사람들에게 전해주기도 한다. 나에게 비밀 편지를 보내고 싶은 사람들은 편지 위에 이 A를 덧칠하여 나에게 보낸다. 나는 B를 덧칠하여 편지의 내용을 확인할 수 있다. 다른 사람들은 A를 갖고 있기도 하고 이 편지가 A로 덧칠된 것이라는 사실을 알 수도 있지만, A를 어떻게 만든 건지도, B를 갖고 있지도, B를 만드는 방법을 알지도 못하기 때문에, 덧칠된 편지의 내용을 확인할 수 있는 방법을 알지 못한다. 이러한 경우, 물감 A는 누구나 가질 수 있는 (㉠)이지만, B는 나만이 가지고 있는 (㉡)인 것이다.

	㉠	㉡
①	공유키	보안키
②	설정키	튜터키
③	스팸키	보안키
④	개인키	공유키
⑤	공개키	개인키

정답해설

'공개키 암호화 방식'을 설명하는 글이다. 기존의 '대칭키 암호화 방식'은 하나의 키를 통해 내용을 암호화하고, 상대방도 같은 키로 복호화하는 방식이다. 이 방법은 제3자가 대칭키를 갖게 될 경우 복호화할 수 있는 위험이 있어, 상대방에게 안전하게 키를 넘겨줘야하는 허점이 있었다. 공개키 암호화 방식은 이러한 문제를 해결함으로써, 지금의 인터넷 암호화 통신을 가능하게 한 1등 공신이다.

주어진 사례에서 A에 해당하는 것은 공개키(Public key)이며, B에 해당하는 것은 개인키(Private key)가 된다.

| 정답 | ⑤

에듀윌이
너를
지지할게
ENERGY

말로 갈 수도,
차로 갈 수도,
둘이서 갈 수도,
셋이서 갈 수도 있다.
하지만 맨 마지막 한 걸음은
자기 혼자서 걷지 않으면 안 된다.

– 헤르만 헤세(Hermann Hesse)

PART 06

실전모의고사

NH농협은행

실전모의고사 1회

 정답과 해설 **P** 30

01 새로운 메모리 규격으로, 고대역폭의 적층형 메모리 인터페이스인 이것은?

① DDR　　　　　　② HBM　　　　　　③ HMC
④ SSD　　　　　　⑤ RAM

02 다음에서 설명하는 이것은?

> 이것은 납치된 인질의 몸값과 소프트웨어의 합성어로, PC 사용자의 파일을 암호화, 인질로 삼아 금전적인 요구를 하는 악성 프로그램을 의미한다. 최근에는 피해 대상이 PC에서 스마트 폰까지 확산되는 추세이다.

① 셰어웨어　　　　② 랜섬웨어　　　　③ 스파이웨어
④ 트로이웨어　　　⑤ 애드웨어

03 다음 중 대립적인 신경망 구조를 통해 경쟁하며 생성자와 판별자가 성능을 개선해 나가는 데이터 생성모델을 일컫는 것으로 옳은 것은?

① API　　　　　　② Diffusion Model　　　③ GAN
④ OpenAI　　　　⑤ RISC−V

04 사용자의 데이터 기반 정보가 제공됨에 따라, 자신도 모르게 자신이 원하는 정보만 보게 되는 편향을 강화시키는 현상을 일컫는 말로 옳은 것을 고르면?

① IT버블   ② 튤립버블   ③ 필터버블

④ 퍼스널버블   ⑤ 넷 버블

07

실전모의고사

05 다음 중 에지 컴퓨팅에 대한 설명으로 옳지 <u>않은</u> 것을 고르면?

① 자율주행 시스템을 구축할 때 필수적이다.

② IoT 기기의 장거리 대역폭 비용을 절감하기 위해 도입되었다.

③ IoT 기기의 수가 폭증하면서 그 필요성이 대두되었다.

④ 클라우드 컴퓨팅에 비해 보안에 뚫렸을 때의 피해가 크다.

⑤ 클라우드의 데이터 병목 현상을 일정 부분 해소할 수 있다.

06 다음 글의 빈칸에 들어갈 내용으로 적절한 것을 고르면?

직접 구입한 자급제 휴대 전화나 기존에 사용하던 휴대 전화에 사용자가 (   )를 장착하여 알뜰폰 요금제를 저렴하게 이용하는 소비자가 늘어나고 있다. 스마트폰 기능이 상향 평준화되는 동시에 가격이 부담스러워지자, 최신 휴대 전화를 구매하기보다는 기존에 사용하던 휴대 전화를 실속 있게 사용하는 방법을 찾게 된 결과이다. (   )는 이동통신 회사 가입자의 정보 외에도 주소록, 교통카드, 신용카드 등의 부가 기능을 결합하여 단말기를 교체하더라도 손쉽게 사용할 수 있도록 하여 통신 수단을 이용하는 소비자의 선택권을 넓히고 있다.

① IC카드   ② eSIM카드   ③ USIM카드
④ NFC   ⑤ RFID

07 다음 [보기]에서 설명하는 기술에 해당하는 것을 고르면?

보기

무선 주파수를 이용하여 사물이나 사람에 부착된 태그를 인식하여 태그로부터 정보를 송신·수신하도록 하는 비접촉식 기술이다. 주파수 대역에 따라 인식 거리는 수 cm에서 최대 100m에 이른다. 차량 원격 시동, 재고 관리, 유통 물류 분야에서도 활발하게 응용되는 기술이다.

① RFID   ② Li−Fi   ③ ESS
④ NFC   ⑤ QR코드

8 다음 설명을 통해 알 수 있는 '레그테크'의 특징 및 장점을 나타낸 말로 적절하지 <u>않은</u> 것을 고르면?

'레그테크'는 규제를 뜻하는 레귤레이션(regulation)과 기술을 뜻하는 테크놀로지(technology)의 합성어로, 금융회사로 하여금 내부통제와 법규준수를 쉽게 할 수 있도록 해주는 정보기술을 말한다.

금융업 등 산업 전반에 걸쳐 혁신 정보기술(IT)과 규제를 결합하여 규제관련 요구사항 및 절차를 향상시키는 기술 또는 회사를 뜻하는 말로, 이는 금융서비스 산업의 새 영역이자 일종의 핀테크(FinTech)라고 할 수 있다. 레그테크 회사들은 수작업의 자동화, 분석 및 보고 절차의 연결, 데이터 품질 개선, 데이터에 대한 전체적인 시각의 창출, 절차관련 앱에 의한 데이터 자동 분석, 핵심 사업에 대한 의사결정 및 규제당국 앞 송부용 보고서 생산에 초점을 맞춘다. 레그테크를 활용하면 잡다하게 얽힌 데이터 세트를 분리 및 조직화할 수 있으며, 보고 대상을 신속하게 인식하여 산출할 수 있다. 그뿐만 아니라, 단기간에 해결책을 확보하여 운영할 수 있으며, 빅 데이터의 활용 및 진정한 잠재력 파악을 위한 분석 도구가 될 수 있다.

① 통합성   ② 분석력   ③ 자동·전산화
④ 신속성   ⑤ 분산금융

09 다음 [보기]에서 설명하는 기술로 적절한 것을 고르면?

보기

임의의 길이의 정보를 고정된 길이의 값이나 키의 암호문으로 변환하는 기술이다. 해당 기술이 적용된 정보는 복호화가 극히 어렵다. 이 기술은 다른 암호화 방식에 비해 알고리즘이 간단하며 전자서명, 전자상거래 등에 많이 활용된다.

① 스트림 암호   ② 해시함수   ③ 전자서명
④ 비밀키 암호화   ⑤ 블록 암호

10 인공지능(AI)이 얼마나 인간과 유사하게 대화할 수 있는지 평가하는 테스트로 옳은 것을 고르면?

① 뉴턴 테스트 ② 튜링 테스트 ③ 맥스웰 테스트

④ 테슬라 테스트 ⑤ 중국어 방 실험

11 농작업 수행을 위해 만 15~87세의 농업근로자를 고용한 농업 경영인 대상으로 하는 보험의 명칭으로 옳은 것을 고르면?

① 농작업근로자안전보험 ② 농업인안전보험 ③ 농업인안전재해보험

④ 농업수입보장보험 ⑤ 농작물재해보험

12 다음은 우리농촌이 직면하고 있는 농업인의 고령화와 관련한 미국의 사례를 소개한 글이다. 이를 참고할 때, 신규조합원 지원을 위한 프로그램 방안으로 적절하지 <u>않은</u> 것을 고르면?

> 미국은 한국의 상황과 마찬가지로 농업인의 고령화가 심화되었고, 농업분야에 새롭게 진출하는 젊은 층의 농업인의 수도 감소하는 추세다. 미국은 이러한 상황에 대처하기 위해 2000년대 초반부터 신규농 육성사업을 추진했다. 미국 농업의 미래를 책임질 후계세대를 육성하고, 신규 농업인이 영농 기반을 갖추어 농업분야에 정착하도록 지원하기 위한 것이다.
>
> 미국의 신규농 육성사업은 미국 전역의 신규 농업인에게 실질적인 도움을 주었다. 특히 저소득 및 취약계층 대상의 프로젝트를 우선 선발하고 지원하여 도움이 더 절실히 필요한 사람들이 사업의 혜택을 받도록 했다. 다양한 조직이 협업하여 프로젝트를 운영하도록 하여 프로그램의 질적 수준을 높이기도 했다. 지역사회를 기반으로 하는 조직과 전문성을 갖춘 공공기관 등이 협업하여 각 지역의 농업인의 요구를 파악하고, 이들에게 필요한 양질의 교육, 서비스 등을 제공하였다. 또한 정기적으로 사업의 추진 과정과 성과를 점검하는 관리방식도 눈여겨 볼만하다. 이를 기반으로 사업을 개선하고 우수사례를 공유하면서 사업의 효과를 높이고 있다. 우리나라에서도 농업의 미래를 이끌 후계세대를 육성하고자 다양한 정책이 진행되고 있는데 미국의 신규농 육성사업과 같이 도움이 필요한 이들이 실질적인 혜택을 받을 수 있도록 사업을 설계해야 한다. 또한 사업의 추진과정과 성과를 점검하여 사업의 효과성을 높이고 프로그램의 질적 수준을 향상시킬 수 있는 방안을 지속적으로 모색해야 할 것이다.

① 농가소득지원과 농작물보험에 대한 예산을 증가시켜 실질적인 금융지원을 도모한다.
② 신규농 정착 과정을 모니터링하는 전담 조직을 창설하여 현실적인 지원책을 마련한다.
③ 신규농 대상 사업을 저소득 계층으로 확대하여 지원의 효율성을 높인다.
④ 농산물 무역 협상을 가속화하여 세계시장에서 자생력을 키우는 발판을 마련한다.
⑤ 신규농 육성을 위한 다양한 교육 프로그램을 창출하여 적극 홍보한다.

13 다음 중 정부의 청년농업인 영농정착지원금인 '귀농귀촌 지원금'의 지원내용으로 옳은 것을 고르면?

① 귀농귀촌을 계획하고 있는 청년후계농에게 착수금을 최장 5년 동안 월 150만 원씩 지원
② 귀농귀촌을 계획하고 있는 청년후계농에게 착수금을 최장 3년 동안 월 150만 원씩 지원
③ 귀농귀촌 초기에 수입과 소득이 불안정할 수밖에 없는 청년후계농에게 최장 5년 동안 주택 무상 지원
④ 귀농귀촌 초기에 수입과 소득이 불안정할 수밖에 없는 청년후계농에게 최장 3년 동안 일정액을 매월 지원
⑤ 귀농귀촌 초기에 수입과 소득이 불안정할 수밖에 없는 청년후계농에게 최장 5년 동안 일정액을 일시에 지원

14 다음 중 금리스와프에 대한 설명으로 옳지 <u>않은</u> 것을 고르면?

① 금리변동위험을 헤지할 수 있는 수단 중 하나이다.

② 계약당사자간에 이자 지급 및 원금 상환의무가 발생한다.

③ CD 금리뿐만 아니라 한국무위험지표금리인 KOFR를 준거금리로 사용할 수 있다.

④ 금리상승이 예상되는 경우 변동금리를 받고 고정금리를 지급하는 것이 거래차익 확보에 유리하다.

⑤ 차입비용의 절감을 위해 두 차입자가 각자의 채무에 대한 이자지급의무를 상호간에 교환하는 계약이다.

15 다음 글에서 설명하는 자금세탁방지를 위한 절차와 밀접한 제도로 옳은 것을 고르면?

> 금융회사 등이 금융거래(카지노에서의 칩교환 포함)와 관련하여 수수한 재산이 불법재산이라고 의심되는 합당한 근거가 있거나, 금융거래의 상대방이 자금세탁행위나 공중협박자금조달행위를 하고 있다고 의심되는 합당한 근거가 있는 경우 이를 금융정보분석원장에게 보고토록 한 제도이다.

① 리니언시   ② 금융 옴부즈만   ③ 고객확인제도

④ 고액현금거래보고   ⑤ 의심거래보고

16 다음 중 예금자보호법에 의해 보호되는 금융상품을 모두 고르면?

> ㉠ 주택청약저축   ㉡ 외화예금   ㉢ 환매조건부채권(RP)
> ㉣ MMF   ㉤ 정기예금   ㉥ 증권사 CMA

① ㉡, ㉤   ② ㉠, ㉡, ㉤   ③ ㉢, ㉣, ㉥

④ ㉠, ㉡, ㉣, ㉤   ⑤ ㉡, ㉢, ㉤, ㉥

17 선도거래와 선물거래에 대한 설명으로 적절하지 <u>않은</u> 것을 고르면?

① 선도거래는 장외파생상품, 선물거래는 장내파생상품으로 일반적으로 분류된다.

② 선도거래는 사후적으로 손익은 0이 되는 제로섬게임으로 채무불이행위험이 존재하지 않는다.

③ 선물거래는 일일정산제도를 통해 실현손익만 존재한다.

④ 선물거래에서 미결제약정수가 감소한다면 선물지수가 하락할 것을 예측할 수 있다.

⑤ 두 거래 모두 상품 자체로는 가치를 가지지 않는다.

18 다음은 일정 시점의 3개국의 빅맥 가격과 환율에 대한 자료이다. 이때 미국에서 빅맥은 3달러에 판매되었다면, 구매력평가설이 성립한다고 가정할 때 환율이 상승할 것으로 예상되는 국가를 모두 고르면?

국가	현지 빅맥 가격	환율
영국	2파운드	0.6파운드/달러
러시아	158루블	90루블/달러
일본	150엔	120엔/달러

① 영국　　　　　　　　② 러시아　　　　　　　　③ 일본

④ 러시아, 일본　　　　⑤ 없음

19 다음 용어에 대한 설명이 옳지 <u>않은</u> 것은?

① ELS : 개별 주식 가격이나 주가지수, 종목에 연계돼 투자 수익이 결정되는 유가증권

② ELD : 주가지수의 변동과 연계해 수익이 결정되는 은행 판매 예금

③ ELF : 주가연계펀드로서 ELS를 펀드로 만든 수익 증권

④ DLS : 특정 주식이나 주가지수 등 기초 자산을 미리 정한 조건에 따라 미래에 사거나 팔 수 있는 권리가 붙은 증권

⑤ DLF : 주가 및 주가지수뿐만 아니라 이자율·통화·실물자산 등을 기초자산으로 한 파생결합증권을 편입한 펀드

20 다음 [조건]을 바탕으로 이 기업이 이윤을 극대화시키는 1인당 연회비로 가장 적절한 것을 고르면?

조건

- 이 기업은 독점적으로 골프장을 운영하고 있으며 주민 10명으로 구성된 마을의 월별 수요함수는 $P = 200 - Q$이다.
- 골프 라운드 1회당 발생하는 비용은 100원이고, 고정비용은 없으며 이부가격제 전략을 선택하고 있다.
- 마을 주민 10명의 골프에 대한 선호도는 동일하고, P와 Q는 각각 골프장 1회 이용료 및 월별 골프 횟수를 나타낸다.

① 1,200원   ② 2,400원   ③ 4,800원

④ 6,000원   ⑤ 7,200원

21 다음 [상황]에 따른 한국, 중국, 일본의 2022년 GDP 변화로 가장 적절한 것을 고르면?

상황

- 한국에 소재한 한 기업이 2021년에 반도체를 생산하였다.
- 이 반도체를 일본 소재 한국의 컴퓨터 제조기업이 2022년에 수입하여 컴퓨터에 내장한 뒤 같은 해에 중국으로 수출하였다.
- 중국의 소비자가 이 컴퓨터를 2022년에 구입하였다.

	한국	일본	중국
①	증가	불변	감소
②	증가	불변	증가
③	불변	불변	불변
④	불변	증가	불변
⑤	불변	증가	증가

22 통화량 변동에 관한 설명으로 가장 적절한 것을 고르면?

① 법정지급준비율의 변동은 본원통화량을 변화시키지 않는다.

② 중앙은행이 통화안정증권을 발행하여 시장에 매각하면 통화량이 증가한다.

③ 중앙은행이 시장으로부터 채권을 매입하면 본원통화량이 감소한다.

④ 정부의 중앙은행차입이 증가하면 통화량은 감소한다.

⑤ 스마트폰 결제가 활성화되면 통화량은 감소한다.

23 다음 중 장단기금리역전 현상에 대한 설명으로 옳지 <u>않은</u> 것을 고르면?

① 중앙은행은 기준금리를 인상하는 것으로 대응한다.

② 장기채권에 대한 수요가 증가하여 발생한다.

③ 통화주의자에 따르면 경기침체가 발생할 것이다.

④ 경기선행지표의 일종으로, 향후 경기가 침체될 것으로 예상할 수 있다.

⑤ 안전자산으로 유동성이 쏠리는 현상이 발생한다.

24 다음은 외환시장의 상황을 나타낸 자료이다. 이에 대한 설명으로 가장 적절한 것을 고르면?

[그래프] 외환시장의 수요와 공급

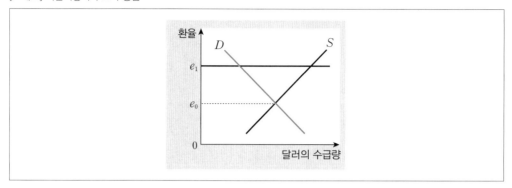

> **상황**
> • 현재 외환시장의 환율은 e_0이다.
> • 경제 상황이 침체되자 환율을 인상해야 한다는 기업들의 주장이 나오고 있다.

① 환율을 e_1으로 상승시키려면 한국은행은 달러를 매입하여야 할 것이다.

② 환율을 e_1으로 상승시키려면 정부는 미국 기업의 국내 유치를 적극적으로 검토해야 한다.

③ 환율 인상 주장에 대해 달러 표시 외채가 많은 기업은 이를 지지할 것이다.

④ 환율 인상 주장에 대해 상품을 미국에 수출하는 사람은 이를 반대할 것이다.

⑤ 환율 인상 주장에 대해 상품을 미국으로부터 수입하는 사람은 이를 지지할 것이다.

25 파레토 균형 및 일반균형에 대한 설명으로 적절하지 않은 것을 고르면?

① 한 경제 내 모든 시장이 불균형이어도 일반균형이 존재할 수 있다.

② 완전경쟁시장의 균형에서 각 생산자의 이윤이 극대화되고 양의 값을 가진다.

③ 일반균형이 존재하기 위해서는 개인의 선호가 볼록성을 만족해야 한다.

④ 한 소비자의 후생을 높이기 위해서 반드시 다른 소비자의 후생이 낮아져야 한다.

⑤ 주어진 예산제약 하에서 효용극대화를 달성한다.

26 다음 중 소비자물가지수에 관한 설명으로 옳지 <u>않은</u> 것을 고르면?

① 5년마다 변화하는 재화 바스켓에 기초한다.
② 신규주택가격은 소비자물가지수 산정에 포함된다.
③ 소비자물가지수는 물가를 과대평가하고, GDP디플레이터는 과소평가한다.
④ 소비자물가지수는 라스파이레스 가격지수이고, GDP디플레이터는 파셰 가격지수이다.
⑤ 수입재는 소비자물가지수에 포함되고, GDP디플레이터에 포함되지 않는다.

27 다음 중 인플레이션에 관한 설명으로 옳은 것을 고르면?

① 새케인즈학파에 의하면 예상된 인플레이션의 경우 어떤 형태의 사회적 비용도 발생하지 않는다.
② 예상과 다른 인플레이션이 발생하면 채무자가 느끼는 실질적 부담이 감소하여 효율성이 증가한다.
③ 예상과 다른 인플레이션이 발생하면 고정된 명목임금을 받는 노동자가 이득을 본다.
④ 예상과 다른 인플레이션이 발생하면 단기계약보다 장기계약을 더 회피하도록 만든다.
⑤ 비용인상 인플레이션은 총수요정책을 통해 관리할 수 있다.

28 채권가격 5가지 정리에 대한 설명으로 적절하지 <u>않은</u> 것을 고르면?

① 이자율이 상승하면 채권가격은 하락한다.
② 긴 만기의 채권은 이자율변동에 따른 채권가격 변동도 더 크다.
③ 만기가 길어질수록 이자율변동에 따른 채권가격 변동폭은 체감적으로 증가한다.
④ 이자율 상승시의 채권가격하락보다 이자율 하락시의 채권가격 상승이 더 작다.
⑤ 액면이자율이 낮을수록 동일 이자율 변동에 채권가치 변동률이 더 크다.

29 다음 중 NAT 기능으로 옳지 <u>않은</u> 것을 [보기]에서 모두 고르면?

㉠ 사설 IP주소를 공인 IP주소로 바꿔주는 데 사용하는 통신망의 주소 변환기이다.

㉡ 기업이나 조직의 모든 정보가 컴퓨터에 저장되면서, 컴퓨터의 정보 보안을 위해 외부에서 내부, 내부에서 외부의 정보통신망에 불법으로 접근하는 것을 차단하는 시스템이다.

㉢ 서로 다른 네트워크를 중계해 주는 장치로 보내지는 송신정보에서 수신처 주소를 읽어 가장 적절한 통신 통로를 지정하고, 다른 통신망으로 전송하는 장치를 말한다.

① ㉠
② ㉠, ㉡
③ ㉠, ㉢
④ ㉡, ㉢
⑤ ㉠, ㉡, ㉢

30 컴퓨터 시스템을 감염시켜 접근을 제한하고 일종의 몸값을 요구하는 악성 소프트웨어의 한 종류로, 컴퓨터로의 접근 제한을 풀기 위해 사용자에게 금품을 요구하는 것을 고르면?

① 랜섬웨어
② 소프트웨어
③ 스파이웨어
④ 멀웨어
⑤ Active X

정답과 해설 P.30

31 다음 글의 제목으로 가장 적절한 것을 고르면?

> 물 산업은 수자원 확보·처리, 용도에 따른 공급, 효율적이고 효과적인 이용, 하폐수 이송 처리 등 물의 순환 전 과정에 걸친 방대한 산업을 통칭한다. 물 산업이 급성장하는 배경에는 인류의 '지속 가능한 물 이용'이 불가능할 수 있다는 위기감이 있다.
>
> 인구 증가와 산업 발전, 지구 온난화 등의 요인으로 수생태계 건강성이 악화되면서 수량과 수질이 방치할 수 없는 한계에 이르렀다. 이제라도 지구와 자연에 끼치는 폐해를 최소화하고 '지속 가능한 물 이용 체계'를 구축하지 않으면 미래 세대의 안정적인 물 이용을 보장하지 못한다.
>
> 세계 물 산업 시장 규모는 2020년에 8,000억 달러를 넘어섰다. 매년 3%대 꾸준한 성장을 지속해 2030년에는 1조 2,000억 달러에 이를 것으로 추정된다. 시장 규모만으로는 반도체의 두 배를 넘는다. 석유를 '블랙골드'라고 하는 것에 빗대 물 산업을 '블루골드'라고 부르는 이유다. 시장 규모가 큰 만큼 물 산업 선진국 간 시장 선점 경쟁도 치열하다. 우리나라는 후발 주자이지만 수자원 개발, 설계, 시공, 수처리, 관망시설의 유지 관리 등 기술, 경험, 노하우를 보유하고 있다. 다만 아직 글로벌 시장에서 물 산업 전방위적인 종합 경쟁력은 취약하다.
>
> 물 산업의 가장 큰 특징은 공공성이다. 인간 생존에 필수적인 요소인 만큼 지위의 고하나 빈부를 막론하고 누구나 이용할 수 있어야 한다. 또한 물 산업은 부품, 설비·기자재, 약품, 시설, IT 시스템은 물론 설계, 시공, 관리, 서비스 등 거의 모든 산업군의 제품과 서비스를 망라한다.

① 물 산업, 반도체의 두 배를 넘는 물 시장의 규모
② 전세계적으로 물 산업이 급성장하는 배경
③ 물 산업의 전방위적인 종합 경쟁력 구성요소
④ 지속 가능한 물 이용 체계를 구축하는 방법
⑤ 인류의 지속 가능성을 확립하고자 하는 물 산업

32 다음 글의 내용과 일치하는 것을 고르면?

> 　2023년 9월 4일은 '제1회 고향사랑의 날'이었다. 6월 개정된 '고향사랑기부금법'에 따라 정부가 국가 기념일로 지정했으며, 날짜는 대국민 공모를 통해 정했다. 첫 번째 기념일을 맞아 다채로운 행사가 마련됐다. 2일에는 킨텍스 평화누리길 일원에서 걷기축제가, 2~4일엔 전국 243개 지방자치단체의 답례품을 한자리에서 선보이는 '고향기부제 박람회'도 열려 호응을 얻었다.
>
> 　'고향사랑의 날'은 2023년 1월 1일 새로 시행한 고향기부제가 출발점이 됐다. 고향기부제는 도시민 등이 자신의 주민등록상 거주지 이외 지자체에 자발적으로 연간 최대 500만 원까지 기부금을 낼 수 있으며 10만 원까지는 전액, 10만 원 초과분에 대해서는 16.5%를 세액공제 해준다. 기부금은 정부가 운영하는 누리집 '고향사랑e음'을 통해 납부가 가능하며, 전국 농·축협과 NH농협은행 창구에서도 납부할 수 있다. 지자체는 기부금의 최대 30%에 해당하는 농특산품 등을 기부자에게 답례품으로 보내준다.
>
> 　그런데 고향기부제가 시행한 지 수개월째 접어들었지만 성적이 그리 만족스럽지 않다. 고령화 심화 등으로 농촌은 소멸위험에 노출되어 있어 고향기부제 활성화는 절실하다. '고향사랑의 날'을 계기로 국민들의 적극적인 기부 동참을 기대한다. 기부를 하면 농촌을 살리고 세액공제도 받고, 여기에 답례품까지 받으니 일석삼조이다. 정부도 홍보와 함께 기부금 상한액 확대와 지정기부제 도입 등 제도 개선에도 힘을 쏟아야 할 것이다.

① 고향사랑의 날은 지방 자치별로 기념일로 지정하였다.
② 고향기부제의 성공적 정착으로 고향사랑의 날로 발전하였다.
③ 9월에 3일간의 행사를 통해서 지방자치단체의 답례품을 볼 수 있는 행사가 진행되었다.
④ 고향기부제로 11만 원을 기부할 경우 전액 세액 공제되고 최대 3.3만 원의 답례품도 받을 수 있다.
⑤ 기부금은 농협은행뿐만 아니라 시중 은행에서도 납부할 수 있다.

33 농촌진흥청 농업기술 작업센터에서 안전 관리 담당을 맡고 있는 김 사원은 농업기계 안전 관리 운영에 대한 보고서를 작성하고자 한다. 김 사원이 작성한 보고서의 개요가 다음과 같을 때, ㉠~㉤의 하위 항목의 내용으로 적절하지 <u>않은</u> 것을 고르면?

Ⅰ. 서론
  1. 농업기계의 현황
    1) 우리나라 농업 기계 보급 현황 ·· ㉠
    2) 농업기계 안전사고 현황 ··· ㉡
    3) 농업기계 안전사고 유형과 안전 수칙
Ⅱ. 본론
  1. 농업기계의 안전 관리 제도
    1) 우리나라 안전 관리 제도 ··· ㉢
    2) 해외 안전 관리 제도
  2. 농업인 안전 공제
    1) 우리나라 농업인 안전 공제 ·· ㉣
    2) 해외 농업인 안전 공제
  3. 농업인의 안전사고 예방 교육 ··· ㉤
Ⅲ. 결론
  요약 및 제언

---

① ㉠: 농업 기계 종류별 보유 현황, 지역별 농업 기계 보유 현황
② ㉡: 농업 기계 안전사고 추세, 종류별 사고 건수 및 사망자 수, 상황별 안전 운전 수칙
③ ㉢: 농업 기계·운전자 관리 제도, 농업 기계 안전장치 및 검사 제도
④ ㉣: 농작업 관련 재해 보상 안전 공제 안내, 우리나라 농업 안전 공제 지원 사업 안내
⑤ ㉤: 안전상 위험 요소 점검 교육, 안전 교육 이수증 발급, 농업 기계 안전 이용 가이드 제공

질량이 동일한 쇠막대와 코르크 마개를 동시에 물 위로 던지면 쇠막대는 바로 가라앉지만, 코르크 마개는 쉽게 물 위에 뜬다. 질량이 같은데 왜 코르크 마개만 물 위에 뜰까? 그것은 두 물질의 밀도 차이에 있다. 두 물질은 질량은 같지만 부피가 다르다. 코르크 마개의 부피가 훨씬 더 크기 때문에 쇠막대에 비해 단위 부피당 질량, 즉 밀도는 작아지게 된다. 부피는 온도의 영향을 많이 받기 때문에 밀도를 나타낼 때에는 온도를 함께 표시하여야 한다. 일반적으로 온도가 높아질수록 부피가 증가한다. 밀도가 다른 두 물질을 섞으면 상대적으로 밀도가 작은 물질이 뜨고, 밀도가 큰 물질이 가라앉기 때문에, 물보다 밀도가 작은 코르크 마개는 뜨고, 밀도가 큰 쇠막대는 물속으로 가라앉는다. 밀도는 질량을 부피로 나눈 값으로, 단위 부피당 질량이다. 같은 부피라도 밀도가 클수록 무겁다.

비중은 어떤 고체와 액체가 물에 뜨는지, 어떤 기체가 공기에 뜨는지를 알 수 있도록 해주는 역할을 한다. 일반적으로 고체와 액체는 공기보다 항상 밀도가 크기 때문에 공기와 비교하는 것은 의미가 없다. 고체와 액체의 경우 비중이 1보다 크면 물보다 밀도가 크다는 의미이므로 물속으로 가라앉고, 비중이 1보다 작으면 물 위에 뜬다는 것을 알 수 있다.

① 코르크 마개는 따뜻한 바닷물에서 더 잘 뜬다.

② 철을 움푹하게 가공하면 물 위에 띄울 수 있다.

③ 얼음은 물보다 밀도가 낮아서 물에 뜬다.

④ 구리는 비중이 8.93이므로 물에 가라앉는다.

⑤ 큰 풍선은 작은 풍선보다 비중이 크다.

35 다음 주어진 [가]~[마]를 순서에 맞게 배열한 것은?

[가] 전국 미분양 주택은 2023년 1월에 7만 5,359호로 10년 2개월 만에 최대 물량을 기록할 정도로 악화되었다. 이 같은 시장 상황을 반영해 한국신용평가는 저축은행, 증권, 부동산신탁 등 업종 전망을 비우호적으로 제시했다.

[나] 또 집계에 따르면 지난해 6월 기준 미분양 우려가 높은 고위험 사업장에 대한 PF대출 규모는 17조 2,000억원, 담보의 환금성이 상대적으로 떨어지는 아파트 외 사업장에 대출 규모는 55조 7,000억원으로 2019년 이후 지속적으로 늘었다.

[다] 저축은행은 브릿지론, 부동산 PF의 자기자본 대비 비중이 각각 100%를 초과하거나 합산 기준이 200%를 넘는 곳을 집중적으로 모니터링하기로 했다. 한국신용평가는 증권사에 대해서도 "부동산금융 건전성이 악화하면 자본 적정성과 유동성 위험이 모두 높아질 가능성이 크다"고 언급했다.

[라] 특히 저축은행, 증권사 등 비은행금융기관 비중이 높아 부실 가능성이 높은 것으로 보인다. 한국은행은 금융안정 보고서를 통해 "은행이 2011~2013년 PF대출 부실 사태 이후 PF대출 취급에 소극적이었던 반면, 비은행권은 사업 다각화 및 수익성 제고 노력 등을 PF대출을 대폭 늘렸다"고 분석했다.

[마] 2022년 말 기준으로 제2금융권 부동산 PF 금융 위험노출액은 200조 원이 넘은 것으로 파악된다. 한국금융연구원은 비은행권 부동산 PF 금융 위험노출액이 2022년 6월 말 기준 191조 7,000억원 규모로 2018년 말(94조 5,000억 원)의 두 배가 넘는다고 집계했다. 부동산 PF 위험노출액에는 대출, 지급보증, 유동화증권 등이 모두 포함됐다.

① [가] − [나] − [마] − [다] − [라]
② [가] − [다] − [나] − [마] − [라]
③ [다] − [마] − [라] − [나] − [가]
④ [마] − [가] − [라] − [나] − [다]
⑤ [마] − [나] − [라] − [가] − [다]

[36~37] 다음은 주택 도시 기금 대출 중 버팀목 전세 자금 대출에 대한 설명이다. 이를 읽고 이어지는 물음에 답하시오.

---

1. 개요
「주택 도시 기금」 근로자/서민/저소득 전세 자금의 통합 상품

2. 특징
(1) 정부가 지원하는 저리의 전세 자금 대출
(2) 중도 상환 수수료 없이 자유롭게 상환 가능
(3) 주거용 오피스텔도 신청 가능

3. 대출 대상
대출 신청일 현재 세대주로서 대출 대상 주택에 2억 원 이하(단, 수도권(서울, 경기, 인천)은 3억 원 이하)의 전(월)세 계약을 체결하고 전(월)세 보증금의 5% 이상을 지불한 근로자 및 서민으로 다음 각 호의 요건을 모두 구비한 고객

(1) 대출 신청일 현재 만 19세 이상인 세대주(단, 만 25세 미만 미혼 세대주는 직계 존속 중 1인 이상 과 동일 세대를 구성하고 주민등록표상 부양 기간(합가일 기준)이 계속해서 6개월 이상인 분) 또 는 세대주로 인정되는 고객
  - 단, 만 25세 이상인 단독 세대주는 신청 가능
(2) 대출 신청일 현재 세대주로서 세대주를 포함한 세대원 전원이 무주택인 고객
(3) 최근 연도 또는 최근 1년간 부부 합산 총소득이 5,000만 원 이하인 고객
  - 신혼 가구(결혼 예정자 포함)의 경우 6,000만 원 이하인 고객
  - 혁신 도시 이전 공공 기관 종사자인 경우 6,000만 원 이하인 고객
  - 타 지역으로 이주하는 재개발 구역 내 세입자인 경우 6,000만 원 이하인 고객
    ※ 부부 합산 총소득은 차주 및 배우자(결혼 예정자 포함)의 근로 소득(상여금 및 수당 포함) 및 사업 소득의 자료를 제출

4. 대출 한도 금액
(1) 수도권: 최대 1억 2천만 원(다자녀 및 신혼 가구는 최대 1억 4천만 원)
(2) 수도권 외 지역: 최대 8천만 원(다자녀 및 신혼 가구는 최대 1억 원)
※ 다자녀 가구: 만 19세 미만 자녀가 3인 이상인 가구
※ 신혼 가구: 혼인 관계 증명서상 신청인과 배우자의 혼인 기간이 5년 이내인 가구(결혼 예정자 포함)

(3) 기본 금리

연소득(부부 합산)	보증금 5천만 원 이하	보증금 1억 원 이하	보증금 1억 원 초과
2천만 원 이하	연 2.3%	연 2.4%	연 2.5%
4천만 원 이하	연 2.5%	연 2.6%	연 2.7%
6천만 원 이하	연 2.7%	연 2.8%	연 2.9%

(4) 금리 우대
  - 부부 합산 연소득 4천만 원 이하로서, 기초생활수급권자 · 차상위 계층 · 한부모 가족 확인서를 발급받은 가구의 경우 연 1%p 인하
  - 신혼 가구 연 0.7%p 인하
  - 다자녀 가구 연 0.5%p 인하

- 다문화·장애인·노인 부양·고령자 가구 연 0.2%p 인하
  • 추가 금리 우대: 주거 안정 월세 대출 성실 납부자 연 0.2%p 인하
※ 단, 주거 안정 월세 대출 성실 납부자는 연 0.2%p 금리 인하를 제외한 다른 금리 우대는 중복 적용 불가
  • 상환 방법: 만기 일시 상환(대출금 추가 상환시 추가 수수료 없음)
  • 담보: 한국주택금융공사 신용 보증서(보증 한도는 보증 신청인의 개인별 연간 소득 금액에 따라 차등 적용)
  • 대상 주택: 임차 전용 면적 85m²(수도권을 제외한 도시 지역이 아닌 읍 또는 면 지역 100m² 이하) 및 임차 보증금 수도권(서울, 경기, 인천) 3억 원(수도권 외 지역은 2억 원) 이하의 주택(단, 85m² 이하 주거용 오피스텔 포함)

36 다음 중 주어진 자료에 관한 설명으로 옳지 <u>않은</u> 것을 고르면?

① 주택 도시 기금을 재원으로 서민들에게 전세 자금을 빌려주는 대출 상품이다.

② 단독 세대주는 신청 불가이며, 세대주를 포함한 세대원 전원이 무주택자여야 신청 가능하다.

③ 만기에 일시 상환하는 방식이며, 대출금 상환 시 추가로 납부해야 하는 수수료가 없다.

④ 다자녀 가구는 대출 한도 금액과 금리 면에서 우대를 받을 수 있다.

⑤ 대출 대상 주택 금액과 면적, 부부 합산 연소득에 제한이 있다.

37 다음 [보기]는 주어진 내용에 따라서 대출 금리를 산정한 것이다. 이 중 바르게 산정한 것을 모두 고르면?

> **보기**
> ㉠ 연소득 3천만 원인 신혼 가구의 세대주가 보증금 1억 원인 주택을 대상으로 대출받을 경우 연 2.5%의 금리가 적용된다.
> ㉡ 연소득이 세대주 3천만 원, 배우자 2천만 원인 맞벌이 가구가 보증금 1억 5천만 원인 주택을 대상으로 대출받을 경우 연 2.9%의 금리가 적용된다.
> ㉢ 현재 80세인 어머니와 함께 살며, 연소득 4천만 원인 세대주가 보증금 8천만 원인 주택을 대상으로 대출받을 경우 연 2.4%의 금리가 적용된다.
> ㉣ 일반 회사에서 연봉 6천만 원을 받는 세대주가 현재 자신이 거주하고 있는 지역에 있는 보증금 3억 원인 주택을 대상으로 대출받을 경우 연 2.9%의 금리가 적용된다.

① ㉠, ㉢   ② ㉠, ㉣   ③ ㉡, ㉢

④ ㉠, ㉡, ㉣   ⑤ ㉡, ㉢, ㉣

38 다음 글을 읽고 K사 주가에 대한 [그래프]와 K사 현황에 대한 자료를 바탕으로 내린 분석 내용 중 가장 타당한 것을 고르면?

신용평가제도는 주식 가치를 결정하는 중요한 두 요소인 기대현금 흐름과 위험에 대한 정보를 모두 포함하고 있는 유용한 정보로 인식되고 있다. 그러나 일반적인 인식과 달리 신용도의 변화와 주가 변동 사이에 큰 연관성이 없는 경우도 빈번하다. 가장 큰 원인으로 신용평가는 건전성과 안전성에 높은 가중치를 부여하는 반면, 주가는 성장성에 더 높은 가중치를 부여한다는 점이 꼽힌다. 신용등급이 높아져도 이는 안정적인 재무 상태를 토대로 회사채의 부도율이 낮아졌다는 것만을 의미할 뿐, 급격한 회사의 성장으로 주가를 견인한다는 것을 보장하지는 않는다. 회사채 신용등급 변경이 주가에 미치는 영향에 관한 실증연구에서도 신용등급 상향은 주가와 별다른 연관이 없는 것으로 나타났다. 그러나 신용등급 하향은 사건일 10일 전부터 주가에 영향을 미치는 것으로 나타났다. 이는 회사채 상환 능력마저 저해할 정도의 기대현금 흐름 악화는 회사의 성장성에도 큰 영향을 미치기 때문이라고 해석할 수 있다.

[그래프] K사 주가

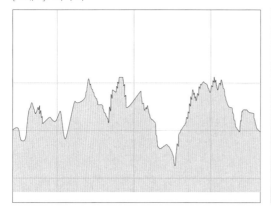

[K사 현황]
N신용평가는 최근 K사의 신용등급을 A⁻에서 A⁰로 상향 조정하면서 "최근 견고한 현금 흐름과 현금성 자산의 비중이 부쩍 높아지면서 신용등급을 상향하게 되었다"고 밝혔다. 과거 K사는 대규모 수출계약이 불발되어 신용등급이 두 단계 낮아지고, 그와 함께 주가도 급락하였지만 안정적인 회사 운영을 통하여 위기를 극복해 낸 것이다.

① K사의 신용등급이 높아졌으니 곧 주가도 상승하겠군.
② K사의 신용등급이 낮아졌을 때 주가도 함께 급락한 것은 우연의 일치일 뿐이야.
③ K사의 주가 그래프 중간에서 V자 반등이 일어난 것은 K사의 신용등급 상향 덕분이겠군.
④ K사의 주가가 일정한 박스권 안에서 안정적인 것으로 보았을 때 K사의 신용등급도 거의 일정했겠군.
⑤ K사의 최근 주가 상황이 썩 좋지는 않지만 재무 상태가 건전하므로 향후 실적에 따라 주가가 움직이겠군.

[39~40] 다음은 대출상품의 상환방식에 대한 설명이다. 다음 자료를 바탕으로 질문에 답하시오.

대출을 받은 사람은 약정한 대출 기간 내에 원금과 이자를 모두 상환해야 한다. 이때, 원금과 이자를 상환해 나아가는 방식은 매우 다양하므로 대출을 실행할 때에는 반드시 상환방법도 함께 고려하는 것이 좋다. 현재 보편적으로 많이 사용되는 대출 상환 방식으로는 만기일시상환, 원리금균등분할상환, 원금균등분할상환이 꼽힌다.

만기일시상환이란 빌린 원금을 대출 만기 일시에 한 번에 갚는 방식으로 대출 기간을 정하고 기간 중에는 매월 이자만 납부하다가 대출 기간이 종료되는 대출 만기일에 원금을 일시 상환하는 방식이다. 만기일시상환은 조기상환의 부담이 적다는 장점이 있으나, 다른 상환 방식에 비해 이자가 높다는 단점이 있다. 원리금균등분할상환이란 원금과 이자를 합한 원리금을 매 기간 균등하게 상환하는 방식이다. 원리금균등분할상환은 매월 상환액이 동일하여 계획적인 자금운영이 가능하다는 장점이 있어 소득과 지출이 비교적 일정한 정액소득자에게 적절한 상환 방식이다. 원금균등분할상환은 대출원금을 매월 일정한 금액으로 균등하게 상환하고, 이자는 원금 잔액에 적용하는 방식이다. 시간이 흐름에 따라 상환금액이 감소한다는 장점이 있으나 원리금균등분할상환과 다르게 매월 갚아야 할 금액이 변동되어 번거롭다는 단점이 있다.

39 위의 자료에 대한 설명으로 옳은 것을 고르면?

① 원리금균등상환방식은 초기에 원금 상환 비중이 이자 지출액보다 많다.
② 대출금을 이용하여 수익률이 높은 투자처에 투자하고자 한다면 만기일시상환방식이 가장 유리하다.
③ 신용카드 할부구매 시 가장 많이 이용되고 있는 상환 방식은 원리금균등상환이다.
④ 원금균등상환방식은 대출 초기에 상환하는 이자 비용이 대출 후반에 상환하는 이자 비용보다 적다.
⑤ 세 가지 대출상환 방식 중 약정기간 동안 매월 원리금 상환 부담이 가장 적은 방식은 원금균등상환방식이다.

40 상훈이의 대출 정보가 다음과 같을 때, 상훈이가 상환해야 할 상환 총액을 고르면?

- 대출 원금: 1억 2,000만 원
- 대출 기간: 1년
- 대출 이자율: 연 6%
- 상환 방법: 원금균등분할상환

① 1억 2,293만 원 ② 1억 2,320만 원 ③ 1억 2,390만 원
④ 1억 2,435만 원 ⑤ 1억 2,720만 원

41 A, B가 본사에서 타지점으로 각각 일정에 따라 이동하기로 하였다. A가 먼저 차를 타고 시속 80km로 출발하여 30분 지난 뒤 B가 차를 타고 시속 100km로 같은 경로를 따라 뒤따라갔다. 두 사람이 만나는 곳은 본사에서 몇 km 떨어진 곳인지 고르면?

① 140km   ② 160km   ③ 180km

④ 200km   ⑤ 220km

42 서로 다른 두 개의 주사위를 동시에 던질 때, 적어도 한 개는 짝수의 눈이 나올 확률을 고르면?

① $\dfrac{5}{12}$ ② $\dfrac{1}{2}$ ③ $\dfrac{7}{12}$

④ $\dfrac{2}{3}$ ⑤ $\dfrac{3}{4}$

43 A와 B가 가위바위보를 하여 이긴 사람은 2계단을 올라가고 진 사람은 1계단을 내려가기로 하였다. 가위바위보를 총 20회 하여 A가 처음 위치보다 7계단을 올라가 있었을 때, B가 이긴 횟수를 고르면?(단, 비기는 경우는 없다.)

① 7   ② 8   ③ 9

④ 10   ⑤ 11

44 A사의 B지역 작년 총 직원 수는 1000명이었다. 금년에는 작년에 비하여 남자 직원이 4%, 여자 직원이 6% 증가하여 전체적으로 49명이 증가하였다. 금년의 남자 직원과 여자 직원 수의 차이를 고르면?

① 45명　　　　　　　② 52명　　　　　　　③ 67명
④ 79명　　　　　　　⑤ 95명

45 어떤 행사에서 20종류의 스티커를 모으면 경품을 받을 수 있다고 한다. 갑은 5종류, 을은 6종류, 병은 7종류의 스티커를 모았다. 두 사람씩 비교하였을 때 각각 세 종류의 스티커가 공통으로 있었고, 세 사람을 함께 비교하였을 때에는 두 종류의 스티커가 공통으로 있었다. 갑, 을, 병의 스티커를 모아서 경품을 받으려고 할 때, 최소한 몇 종류의 스티커가 더 필요한지 고르면?

① 6종류　　　　　　　② 9종류　　　　　　　③ 10종류
④ 12종류　　　　　　　⑤ 13종류

46 정원이는 2024년 1월 초인 아버지 환갑 때 선물을 해드리기 위하여 2021년 1월부터 매월 초 월급의 일정 금액을 저금하여 2023년 12월 말까지 1,000만 원을 마련할 계획이다. 매월 0.5% 복리로 계산할 경우 얼마씩 저금해야 하는지 고르면?(단, $1.005^{36} = 1.2$로 계산하고, 백 원 단위에서 반올림한다.)

① 249,000원　　　　　　　② 251,000원　　　　　　　③ 254,000원
④ 262,000원　　　　　　　⑤ 277,000원

47 다음은 2018년부터 2022년까지 A 기업 매출액 및 당기순이익 현황을 나타낸 자료이다. 이 자료를 바탕으로 할 때, 다음 [보기] 중 옳은 것을 모두 고르면?

[그래프] A 기업 매출액 · 매출총이익 현황   (단위: 천만 원)

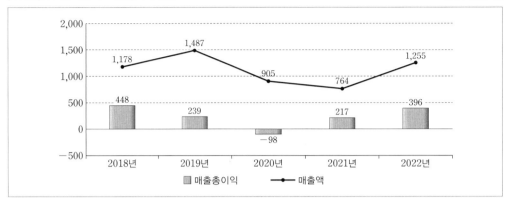

※ (매출총이익)=(매출액)−(매출원가)

[표2] A 기업 당기순이익 현황   (단위: 천만 원)

구분	2018년	2019년	2020년	2021년	2022년
당기순이익	54	102	−180	−17	251
판매관리비	128	51	324	96	153

※ (당기순이익)=(매출총이익)−(판매관리비)+(기타손익)
※ (기타손익)=(영업외수익)−(영업외비용)−(법인세)

> **보기**
>
> ㉠ 매출원가가 가장 큰 연도는 2019년이다.
> ㉡ 기타손익의 값이 가장 큰 연도는 2019년이다.
> ㉢ 당기순이익이 가장 큰 해에는 매출총이익도 가장 크다.
> ㉣ 2022년 A 기업의 매출액은 2년 전 대비 40% 미만으로 증가하였다.

① ㉠, ㉡   ② ㉠, ㉣   ③ ㉡, ㉢
④ ㉠, ㉢, ㉣   ⑤ ㉡, ㉢, ㉣

48 다음 [그래프]는 2018년부터 2022년까지 네 제품 A~D의 판매량을 조사하여 나타낸 자료이다. 이 자료를 바탕으로 할 때, 다음 중 옳지 <u>않은</u> 것을 고르면?

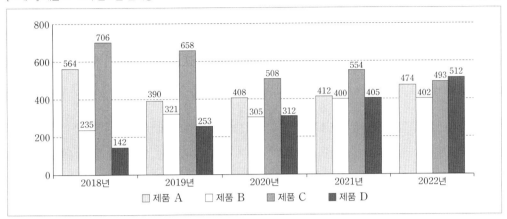

[그래프] 제품 A~D의 연도별 판매량 (단위: 천 개)

① 제품 A의 5년간 판매량은 200만 개 이상이다.

② 판매량이 꾸준히 감소하거나 증가하는 제품이 있다.

③ 두 제품 B, D의 5년간 판매량 차이는 3만 개 미만이다.

④ 네 제품 판매량의 합이 세 번째로 많은 연도는 2018년이다.

⑤ 제품 C의 2021년 판매량은 2018년 대비 20% 이상 감소하였다.

49 다음은 재무제표 비율분석에 대한 자료이다. 자료를 바탕으로 판단할 때, U 사의 2022년 당좌비율을 고르면? (단, 소수점 첫째 자리에서 반올림하여 계산한다.)

재무제표는 경영진이나 투자자가 합리적인 의사결정을 할 수 있도록 제공되는 회계정보이다. 회계정보이용자들은 재무제표를 다각도로 분석하여 미래의 위험이나 수익성, 안전성 등을 평가하고 미래를 예측할 수 있다. 이러한 재무제표를 분석하는 방법 중 가장 일반적인 분석기법으로는 비율분석이 있다.

비율분석은 재무제표의 한 항목과 다른 항목간의 비율을 의미하는 재무비율을 이용하여 재무제표를 분석하는 것으로 한 항목이 다른 항목과 상관관계를 가지고 있을 경우 유의미하다. 만약 서로 상관관계가 없는 항목끼리 비율을 계산하는 경우, 계산된 비율은 유용한 추가 정보를 제공해주지 못 한다. 비율분석은 한 항목과 다른 항목간의 비율을 계산하는 과정뿐만 아니라 계산된 비율과 기준이 되는 다른 비율을 서로 비교하는 과정이 필요하다.

재무비율은 크게 기업의 위험을 평가하는 비율과 수익성을 평가하는 비율로 구분할 수 있다. 회계정보 이용자들은 기업의 위험과 수익성을 평가하여 기업이 지속적으로 수익을 창출할 수 있는지 또는 미래에 부채를 상환할 수 있는지 등을 추측할 수 있다. 기업의 위험을 평가하는 비율 중에는 유동성 비율(Liquidity ratio), 레버리지 비율(Leverage ratio), 기업의 채무상환능력을 나타내는 안전성 비율이 포함된다. 안전성 비율에는 유동비율, 당좌비율, 부채비율 등이 포함되며 계산된 비율을 기준비율과 비교하여 기업의 채무상환능력을 평가한다.

유동비율은 단기적인 채무를 충당할 수 있는 유동자산을 나타내는 비율로 유동부채 대비 유동자산의 비율이다. 유동자산이란 현금화를 할 수 있는 기간이 짧은 자산으로 유동비율이 높을수록 기업의 단기채무지급능력이 양호하다. 당좌비율은 유동부채 대비 당좌자산의 비율이다. 당좌자산이란 유동자산에서 재고자산을 뺀 값으로 유동자산 중 환금성이 낮은 재고자산을 제외함으로써 유동자산 중 재고자산이 차지하는 비중이 높은 기업들의 단기채무지급능력을 판단하는 데 도움을 줄 수 있다. 부채비율은 회사가 자기자본으로 부채를 어느정도 지급할 수 있는지를 표시하는 비율로 자본총액 대비 부채총액의 비율을 의미한다. 부채비율이 높다는 것은 타인자본의존도가 높다는 의미로 기업이 과도한 부채 때문에 문제가 발생하지는 않을지 재무상태를 파악하는 데 사용할 수 있다. 그러나 기업이 단기적으로 채무를 갚아야하는 압박이 없는 상태라면 타인자본을 조달하여 얻을 수 있는 수익률이 타인자본이자율보다 높을 경우, 당기순이익을 자기자본으로 나눈 값인 자기자본이익률은 오히려 증가할 수도 있다.

구분			2021년	2022년
자산	유동자산	소계	( )	( )
		당좌자산	( )	( )
		재고자산	250	230
	비유동자산		3,410	3,980
	자산총계		5,510	6,240
부채	유동부채		( )	( )
	비유동부채		850	1,030
	부채총계		2,050	2,410
자본	자본금		1,980	2,520
	자본잉여금		400	400
	기타포괄손익		200	350
	이익잉여금		880	560
	자본총계		3,460	3,830

① 138% ② 147% ③ 154% ④ 164% ⑤ 175%

50 다음 [그래프]는 연간 1인당 양곡 및 쌀 소비량에 관한 자료이다. 이에 대한 설명으로 옳은 것을 고르면?

[그래프1] 1인당 연간 양곡 소비량 (단위: kg)

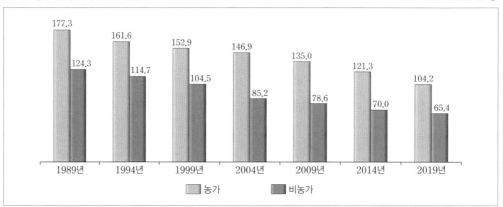

[그래프2] 1인당 연간 쌀 소비량 (단위: kg)

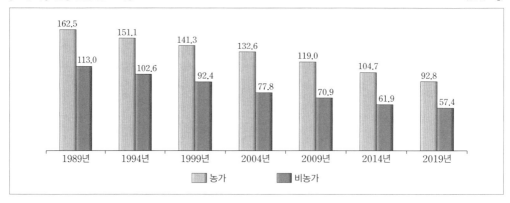

① 연간 쌀 소비량은 농가가 비농가보다 많다.

② 2019년 비농가의 1인당 쌀 소비량은 30년 전 대비 절반 이하이다.

③ 2019년 10년 전 대비 농가의 1인당 양곡 소비량의 감소량은 1인당 쌀 소비량의 감소량보다 작다.

④ 2000년대 이후 농가의 1인당 연간 양곡 소비량은 비농가의 1.5배 이상이다.

⑤ 2019년 1인당 양곡 소비량 중 쌀이 차지하는 비율은 비농가가 농가보다 높다.

51 다음 전제를 보고 항상 참인 결론을 고르면?

전제 1	어떤 학생은 드론을 가지고 있다.
전제 2	드론을 가지고 있는 사람은 조종자격증이 있다.
결론	

① 모든 학생은 조종자격증이 있다.

② 어떤 학생은 조종자격증을 가지고 있지 않다.

③ 조종자격증이 있는 모든 사람은 학생이다.

④ 조종자격증이 있는 어떤 사람은 학생이다.

⑤ 조종자격증이 있지 않은 모든 사람은 학생이다.

52 다음 조건에 따라 옳지 <u>않은</u> 것을 고르면?

- 스릴러를 좋아하지 않으면 SF를 좋아한다.
- 스릴러를 좋아하면 코미디를 좋아하지 않는다.
- 뮤지컬을 좋아하면 SF를 좋아하지 않는다.

- 박 대리는 김 대리가 좋아하는 장르는 좋아하지 않는다.
- 박 대리는 김 대리가 좋아하지 않는 장르는 좋아한다.
- 김 대리는 코미디를 좋아한다.

① 코미디를 좋아하면 뮤지컬은 좋아하지 않는다.

② 뮤지컬을 좋아하면 스릴러를 좋아한다.

③ SF를 좋아하지 않으면 코미디를 좋아하지 않는다.

④ 김 대리는 SF를 좋아한다.

⑤ 김 대리는 뮤지컬을 좋아하지 않으며, 박 대리는 스릴러를 좋아하지 않는다.

53 4명의 직원 A~D는 프로모션 관련 회의 참석에 관하여 [보기]와 같이 이야기하고 있다. 4명 중 1명은 거짓을 말하고 3명은 진실을 말하였을 때, 다음 중 회의에 참석하지 <u>않는</u> 인원수를 고르면?(단, 거짓을 말하는 사람의 진술은 모두 거짓이고, 진실을 말하는 사람의 진술은 모두 진실이다.)

> **보기**
>
> - A: C는 참여하고, B는 참여하지 않는다.
> - B: A는 참여하고, D도 참여한다.
> - C: B는 참여하고, D는 참여하지 않는다.
> - D: A는 참여하고, C도 참여한다.

① 1명   ② 2명   ③ 3명
④ 4명   ⑤ 알 수 없음

54 6명의 직원 A~F는 각각 제품기획부 또는 마케팅부에 근무한다. 아래의 [조건]은 A~E의 5명이 증언한 내용인데, 각각의 증언에서 하나는 참이고, 다른 하나는 거짓이다. 이때, 다음 중 같은 부서의 직원끼리 짝지은 것을 고르면?

> **조건**
>
> - A: 나는 제품기획부이고, B는 제품기획부가 아니다.
> - B: 나는 마케팅부이고, C도 마케팅부이다.
> - C: 나는 마케팅부이고, D도 마케팅부이다.
> - D: 나는 마케팅부이고, E도 마케팅부이다.
> - E: 나는 제품기획부이고, F는 마케팅부이다.

① A, B, C   ② A, B, D   ③ C, D, E
④ C, D, F   ⑤ D, E, F

55 A, B, C, D, E, F사는 한 건물에 입주해 있는 각기 <u>다른</u> 회사이다. 다음 조건을 보고 이들의 입주 층수에 대한 설명으로 옳은 것을 고르면?

- A사, B사, C사, D사, E사, F사는 1~6층에 각 층당 1개 회사씩 입주해 있다.
- B사와 E사가 입주한 층수의 합은 C사와 D사가 입주한 층수의 합과 같다.
- F사는 D사보다 위층, B사보다 아래층에 입주해 있다.
- C사는 A사보다 위층에 입주해 있다.
- C사는 D사보다 아래층에 입주해 있다.

① F사는 4층에 입주해 있다.
② C사는 2층에 입주해 있다.
③ F사와 A사가 입주한 층 사이에는 3개 층이 있다.
④ E사보다 높은 층의 입주사는 3개 이상이다.
⑤ E사보다 낮은 층의 입주사는 1개이다.

56 다음 조건을 보고 성우, 나희, 희영, 민호, 영수, 동철, 수영 7명의 키 순서에 대한 설명으로 옳은 것으로 고르면?(단, 키가 큰 순서대로 순위를 매긴다.)

- 성우보다 키가 큰 사람과 작은 사람의 수는 같다.
- 희영은 동철, 나희보다 키가 작지만 수영보다는 크다.
- 민호보다 키가 큰 사람 중에 희영, 수영, 성우가 포함되어 있다.
- 성우보다 키가 큰 사람 중에 영수, 동철이 포함되어 있다.
- 나희는 성우보다 키가 크며, 수영과의 키 순서 사이에는 2명이 있다.
- 희영과 동철의 키 순서 사이에는 2명이 있다.

① 희영의 키 순서는 6위이다.
② 가장 키가 큰 두 사람은 동철과 나희이다.
③ 동철과 수영의 키 순서 사이에는 3명이 있다.
④ 성우보다 키가 큰 사람에 희영이 포함된다.
⑤ 나희와 성우의 키 순서 사이에는 1명이 있다.

57 다음은 N은행의 적금 5가지를 정리한 내용과 B씨와 상담원과의 대화 내용을 적립한 내용이다. 두 자료를 보고 고객 B가 선택할 적금을 고르면?

구분	A적금	B적금		C적금	
가입기간	6개월	6~24개월		12개월 이상 36개월 이내	
가입금액	매회1천 원~10만 원 월 70만 원 이내	월 1만 원 이상 50만 원 이내		초입금 1만 원 이상 매회 1만 원 이상 분기당 3백만 원 이내	
가입방법	창구/온라인 가능	온라인 전용 상품		창구/온라인 가능	
적립방법	자유적립식	월정기적금		자유적립식	
이자지급	만기일시지급식	월복리		월복리	
기본금리 (%)	2.6	6개월 ~ 12개월 미만 12개월 ~ 18개월 미만 18개월 ~ 24개월 미만	2.5 2.6 2.7	12개월 ~ 24개월 미만 24개월 ~ 36개월 미만 36개월 이상	3.3 3.5 3.8
우대금리 (%p)	휴일 신규 가입시	0.1	3개월 이상 급여이체	1.0	3개월 이상 급여이체	0.3
	입금 60회 이상	0.3	마케팅 동의	0.2	가입기간 내 N신용 카드 결제 90만원 결제	0.1
	입금액 200만 원 이상 입금액 300만 원 이상 (위 항목은 중복 불가)	0.1 0.2	비대면 채널 (인터넷/스마트뱅킹)에서 월평균 2건 이상 이체	0.3	N은행 주택청약종합저축 신규가입 시	0.2

구분	D적금		E적금	
가입기간	12개월 이상 36개월 이내		6~12개월	
가입금액	초입금 5만 원 이상 매회 1만 원 이상 매월 5백만 원 이내		월 1만 원 이상 50만 원 이내	
가입방법	창구/온라인 가능		창구 전용 상품	
적립방법	자유적립식		월정기적금	
이자지급	만기일시지급식		만기일시지급식	
기본금리 (%)	12개월 ~ 24개월 미만 24개월 ~ 36개월 미만 36개월 이상	3.7 3.9 4.1	2.6	
우대금리 (%p)	가입기간 내 N신용카드 90만 원 결제	0.1	통장미발급	0.3
	타인에게 적금 추천, 타인 적금 가입	0.3	대중교통이용실적(월 평균 10회 이상)	0.4
			온실가스줄이기 서약서 제출	0.1

[상담원과의 대화]

- **상담원 A**: 안녕하십니까, N은행입니다. 무엇을 도와드릴까요?
- **고객 B**: 네, 안녕하세요. 적금을 추천받으려고 하는데요.
- **상담원 A**: 네, 고객님 혹시 고려 중인 적금 상품이 있으실까요?
- **고객 B**: 제가 직장인이라서 은행에 직접 가서 가입하기가 어려워서 온라인으로 적금 가입이 가능하였으면 좋겠습니다.
- **상담원 A**: 그러시군요. 혹시 적금 기간은 어느 정도 생각하고 계신가요?
- **고객 B**: 단기간으로 생각하는 거라서 딱 1년짜리 적금을 알아보고 있어요.
- **상담원 A**: 혹시 급여 이체 되는 통장이나 신용카드 사용하시는 게 있으신가요?
- **고객 B**: 아뇨, 제가 이번에 처음 회사에 입사하여 급여 통장은 개설 예정이고, 신용카드는 없는데 앞으로도 사용하지 않을 생각입니다.
- **상담원 A**: 저희 적금 중에 급여 이체 시 우대금리를 드리는 적금들도 있고 급여 이체시 이체 수수료도 무료이니 급여 통장도 같이 이용해보시길 추천합니다.
- **고객 B**: 그게 좋겠네요. 그럼 그 중에서 금리 높은 적금과 급여 통장을 추천해 주세요. 아! 제가 이번에 주거래 은행을 N은행으로 하려고 해서 신용카드 외 다른 우대금리 요건은 다 충족시킬 수 있으니 참고해서 추천해 주세요.

① A적금
② B적금
③ C적금
④ D적금
⑤ E적금

NH농협은행은 ESG 실천기업에 지원하는 'NH친환경기업우대론' 잔액이 2조 원을 돌파했다고 밝혔다.

'NH친환경기업우대론'은 환경성평가 우수등급 및 녹색인증(표지인증)기업 등 환경경영 수준이 우수한 기업에 금리우대 및 대출한도 우대(최대 대출한도 10억 원)를 지원하는 ESG 여신특화상품이다. 1년간 우대론을 이용한 A사의 자금 담당자는 ESG 경영으로 높은 우대금리를 받을 수 있었다는 소감을 밝히기도 하였다. A사는 대출한도 우대를 통해 4억 원의 대출을 실행하였으며 가장 낮은 기준금리 기준으로 1년간 사용 후 일시상환(월평균 이자 144만 원)하여 기업이 적시에 투자할 수 있는 투자금으로 사용하였다. 이 밖에도 자금지원을 받은 기업은 건설업, 화학제품 제조업, 전기장비제조업 등 다양한 업종에 포진해 있으며 녹색기술인증, 환경성평가 우수, ISO14001 인증 등 친환경 경영을 실천하는 기업은 최고 1.50%p 금리우대와 대출한도 우대를 받았으며, 기업체의 80%가 지방소재 ESG 경영 우수기업으로 파악됐다. 다음은 'NH친환경기업우대론'의 대출금리에 대한 내용이다.

[대출금리]

기준금리		가산금리	우대금리
월중 신규 COFIX(12개월) 변동	2.96%	2.66%p	최고 1.50%p
금융채(6개월) 변동	3.78%	2.67%p	
CD(3개월) 변동	3.15%	3.15%p	
금융채(12개월) 고정	4.45%	2.68%p	

※ 우대금리: ①+②+③ (최고 1.50%p)
　① 거래실적우대(최대 0.20%p): 외국환실적 $10,000 이상 0.20%p
　② 정책우대(최대 0.40%p): 상위신용등급(1~4B등급)우대 0.20%p,
　　　　　　　　　　　　 우량담보우대(보증비율 80% 이상, LTV 60% 이하) 0.20%p
　③ 상품우대(최대 0.90%p): 모범납세자 0.10%p, 일자리창출기업 0.10%p, 녹색인증 0.10%p,
　　　　　　　　　　　　 ISO14001(환경시스템)인증 0.10%p, ESG캠페인 참여 0.30%p,
　　　　　　　　　　　　 환경성평가 BBB등급 이상 0.20%p, 기술금융여신 중 창업기업 0.10%p

① 0.60%p　　　　　② 0.70%p　　　　　③ 1.10%p
④ 1.30%p　　　　　⑤ 1.31%p

59 다음 [표]는 업무용 PC제품 A~E의 스펙이다. 다음 [조건]에 모두 부합하는 업무용 PC제품을 고르면?

[표] 업무용 PC 비교견적서

구분	A	B	C	D	E
CPU	3세대	5세대	5세대	5세대	7세대
메모리	8GB	8GB	16GB	16GB	16GB
HDD 용량	2TB	3TB	1TB	2TB	4TB
파워	600W	500W	600W	600W	600W
1대당 금액	100만 원	120만 원	150만 원	170만 원	200만 원

조건

- CPU: 5세대이상
- 메모리: 8GB이상
- 용량: 2TB이상
- 파워: 600W이상
- 금액: 1대당 200만 원 미만

① A ② B ③ C
④ D ⑤ E

60 다음 자료에 따라 H사의 사업장 안전관리 평가 등급은 무엇인지 고르면?

[표1] 안전관리 평가기준

구분(총점)	세부평가항목	배점
안전관리(30점)	• 안전관리규정 개정여부	항목별 만점 10점
	• 안전보건교육 실시여부	
	• 위험성평가 실시여부	
안전수준(60점)	• 작업전 안전회의 실시여부	
	• 시설물 안전점검 실시여부	
	• 안전 작업절차 준수여부	
	• 화재 및 화학물질 사고예방여부	
안전성과(30점)	• 안전관리 이행도 작성여부	
	• 사고재발방지 대책 수립여부	
	• 안전경영보고서 작성여부	

[표2] H사 사업장 안전관리 평가표

구분(총점)	세부평가항목	배점
H사	• 안전관리규정 개정	8
	• 안전보건교육 실시	7
	• 위험성평가 실시	8
	• 작업전 안전회의 실시	9
	• 시설물 안전점검 실시	10
	• 안전 작업절차 준수	9
	• 화재 및 화학물질 사고예방	10
	• 안전관리 이행도 작성	8
	• 사고재발방지 대책 수립	6
	• 안전경영보고서 작성	7

[평가등급]

- S등급 : 합계점수 91점 이상
- A등급 : 합계점수 81~90점
- B등급 : 합계점수 71~80점
- C등급 : 합계점수 61~70점
- D등급 : 합계점수 51~60점

① S등급　　　　　② A등급　　　　　③ B등급
④ C등급　　　　　⑤ D등급

61 다음 [그림]의 워크시트에서 E4와 F4에 수식 X와 Y를 입력하고, [E4:E11], [F4:F11]까지 각각 채우기 핸들을 이용하여 복사하였다. 선수 E의 총점과 순위가 다음과 같이 나타날 수 있도록 하는 함수식 X와 Y를 고르면?

[그림] 워크시트

	A	B	C	D	E	F
1						
2						
3		선수이름	예술점수	기술점수	총점	순위
4		A	32.2	108	X	Y
5		B	43.3	102		
6		C	36.5	99		
7		D	40.5	112		
8		E	40.5	100.5	141	3.5
9		F	39.8	100.5		
10		G	33.6	97.5		
11		H	36.5	104.5		

① X: =SUM(C4,D4)

　　Y: =RANK.AVG(E4,E4:E11,0)

② X: =SUM(C4:C11,D4:D11)

　　Y: =RANK.AVG(E4,$E$4:$E$11,0)

③ X: =SUM(C4,D4)

　　Y: =RANK.EQ(E4,$E$4:$E$11,0)

④ X: =SUM(C4:C11,D4:D11)

　　Y: =RANK.EQ(E4,$E$4:$E$11,0)

⑤ X: =SUM(C4,D4)

　　Y: =RANK.AVG(E4,$E$4:$E$11,0)

62 다음 [그림]의 워크시트에서 [D4] 셀에 어떤 수식 A를 입력하고, [D4:D10]까지 채우기 핸들을 이용하여 수식을 복사하였다. 다음과 같은 결과가 나타날 수 있도록 하는 수식으로 옳은 것을 고르면?

[그림] 워크시트

	A	B	C	D
1				
2				
3		고객명	결제금액	배달료
4		김가나	12000	2,500원
5		이다라	8800	4,000원
6		박마바	25000	무료배달
7		윤사아	18000	1,200원
8		국자차	37000	무료배달
9		안카타	19900	1,200원
10		최파하	14700	2,500원

① =COUNTIF(C4<10000, "4,000원", C4<15000, "2,500원", C4<25000, "1,200원")

② =IF(C4>25000, "무료배달", "1,200원":"2,500원":"4,000원")

③ =IFS(C4<10000, "4,000원", C4<15000, "2,500원", C4<25000, "1,200원", TRUE, "무료배달")

④ =RANDIF("2,500원", "4,000원", "무료배달", "1,200원")

⑤ 정답 없음

63 A씨는 하드 디스크의 공간이 부족하여 디스크 정리를 하려고 한다. 다음 [보기]에서 디스크 정리로 삭제할 수 있는 파일을 모두 고르면?

> 보기
>
> ㉠ Windows 업데이트 정리
> ㉡ 사용하지 않은 폰트(*.TTF) 파일
> ㉢ 임시 인터넷 파일
> ㉣ DirectX 셰이더 캐시
> ㉤ 이미지 파일
> ㉥ Microsoft Defender 바이러스 백신
> ㉦ 휴지통

① ㉠, ㉡, ㉢, ㉤, ㉦

② ㉠, ㉢, ㉣, ㉥, ㉦

③ ㉡, ㉢, ㉤, ㉦

④ ㉢, ㉣, ㉤, ㉥, ㉦

⑤ ㉢, ㉣, ㉥, ㉦

64 다음 [그림]의 워크시트에서 수식을 각각 입력했을 때 결괏값이 <u>다른</u> 것을 고르면?

[그림] 워크시트

	A	B	C
1	200	100	
2			

① $=IF(A1<>B1,A1-B1,B1-A1)$

② $=IF(NOT(AND(A1<0,B1>0)),A1-B1,B1-A1)$

③ $=IF(OR(A1>=0,B1<0),A1-B1,B1-A1)$

④ $=IF(NOT(A1>B1),A1-B1,B1-A1)$

⑤ $=IF(NOT(OR(A1<=0,B1=0)),A1-B1,B1-A1)$

65 해외여행 후 집에 돌아온 D씨는 컴퓨터의 전원 버튼을 눌렀으나 비프음이 들릴 뿐 컴퓨터가 정상적으로 부팅되지 않는 문제를 겪었다. 다음 중 문제의 원인으로 옳지 <u>않은</u> 것을 고르면?

① RAM이 제대로 꽂혀 있지 않아 메인보드가 메모리 인식을 하지 못했다.

② GPU의 핀 전원이 제대로 공급되지 않았다.

③ 먼지로 인해 발생한 일시적인 접촉 불량일 것이다.

④ 본체 뒤편의 파워 스위치가 OFF로 되어 있었다.

⑤ 바이오스 설정에 충돌이나 에러가 발생하였다.

66 다음 [그림]의 워크시트에서 H3 셀에 '=IF(ROUND(G3,0)>=90, "우등", "해당 없음")'라고 입력한 후 채우기 핸들을 이용하여 [H4:H9] 셀까지 수식을 복사하였다. 이때 "우등"이라고 표시된 셀의 개수는 몇 개인지 고르면?

[그림] 워크시트

	A	B	C	D	E	F	G	H
1								
2			영어	수학	과학	국어	평균	우등생
3		김민지	90	70	85	77	80.5	
4		이승민	100	95	100	90	96.25	
5		심정민	85	90	90	75	85	
6		김철환	90	90	90	90	90	
7		양진	50	100	100	100	87.5	
8		홍문기	85	75	95	65	80	
9		이현주	84	95	86	93	89.5	
10								

① 2명　　　　　　② 3명　　　　　　③ 4명

④ 5명　　　　　　⑤ 6명

67 다음 순서도를 통해 출력되는 것을 고르면?

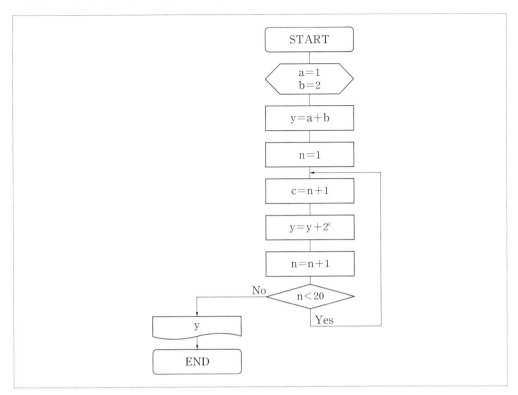

① $1+2+3+4+\cdots$

② $1+3+5+7+\cdots$

③ $1+2+4+8+16+\cdots$

④ $1+1*2+2*3+3*4+\cdots$

⑤ $1*2*3*4*5*\cdots$

하이브리드 앱은 기본 기능으로 HTML 등의 웹 표준 기술을 기반으로 구현하고, 패키징은 아이폰, 안드로이드 등 모바일 운영 체제(OS)별로 구현하는 앱을 말한다. 스마트폰을 포함한 모바일 단말기에서 실행할 수 있는 애플리케이션을 모바일 앱(mobile App)이라고 하는데, 모바일 앱은 개발 방식에 따라 네이티브 앱(native App), 웹 앱(Web App), 하이브리드 앱 (hybrid mobile App), 프로그레시브 웹 앱(progressive Web App)으로 나뉜다.

하이브리드 앱은 모바일 웹과 기존 네이티브 앱의 장점을 모두 가지고 있다. ㉠ 하이브리드 앱을 만들려면 먼저 HTML, 스타일 시트(style sheets), 자바스크립트(JavaScript) 등 웹 표준 기술을 사용하여 웹 페이지를 구현한다. 그 다음 안드로이드(Android)나 아이폰(iOS) 개발 환경에서 웹 브라우저로 해당 웹 페이지들을 로딩하여 OS 환경에 맞게 빌드(build)하여 만든다. 즉, ㉡ 웹 앱을 네이티브 앱처럼 변환해서 사용할 수 있게 하는 기술로 웹 개발 기술을 모든 OS에서 사용할 수 있으며 같은 코드를 모바일 운영 체제별로 다르게 패키징할 수 있다. ㉢ 네이티브 앱처럼 앱 스토어와 플레이 스토어에 배포할 수 있고 업데이트가 생기면 다시 내려 받아야 한다.

스마트폰이 활성화되면서 사용자 모바일 기기에 동작되는 앱 서비스의 필요성이 대두되었다. 모바일 OS별로 제작해야 하는 네이티브 앱(native App)은 제작 기간이 길고, 개발 및 유지보수 비용 등의 부담이 크다. 반면 웹 앱은 OS별로 코드를 개발할 필요가 없고, HTML5 같은 언어로도 고급 표현이 가능하다. 이에 ㉣ 네이티브 앱과 웹 앱의 장점을 통합하여 개발하는 하이브리드 앱 방식이 관심을 받게 되었다. 모바일 하드웨어를 사용할 수 있으나 연결해 주는 플러그인에 의존해야 하므로 제한은 있지만 기존 네이티브 앱(native App)의 기능을 대부분 탑재할 수 있다. 예를 들어 ㉤ 모바일 웹에서는 지원되지 않는 푸시 알림 기능이 하이브리드 앱에서는 지원되며, 인터넷이 연결되지 않아도 웹 브라우저에서 이용할 수 있다.

하이브리드 앱은 웹 문서들을 서버 내에 두고 서비스하는 방식과 기본적인 웹 문서들을 사용자 기기에 다운로드하여 저장한 뒤 오프라인 상태에서도 이용하는 방식이 모두 가능하다.

① ㉠   ② ㉡   ③ ㉢   ④ ㉣   ⑤ ㉤

69 다음 글의 빈칸에 공통으로 들어갈 말로 가장 적절한 것을 고르면?

> 사용자가 컴퓨터나 네트워크를 의식하지 않는 상태에서 장소에 구애받지 않고 자유롭게 네트워크에 접속할 수 있는 환경을 의미하는 유비쿼터스 시대가 시작된 이후 세계 각국에서는 유비쿼터스 컴퓨팅 및 네트워크 관련 기술을 개발하고 있다. 관련 기술로는 모든 디바이스를 통해 컴퓨팅 할 수 있도록 하기 위해 네트워크와의 연결, 이동성을 해결하는 문제가 핵심 요소라고 볼 수 있다. 이러한 핵심 요소를 기반으로 유비쿼터스 환경에 적응하기 위한 기술로 임베디드 소프트웨어 분야 및 텔레매틱스 분야 등이 있으며, 세계 각국은 이 분야에서 선도하기 위해 발빠르게 주력하고 있다.
>
> 이로 인해 컴퓨팅 환경은 도처에 널리 퍼져 있는 다양한 기기에서 서비스의 요구량이 늘어날 수 있는 다양한 서비스의 요구를 효율적으로 처리할 수 있는 방안으로 발전되어야 하며, 사용자와 고객이 필요로 할 때 언제, 어디서나 컴퓨팅 파워 및 서비스를 사용할 수 있는 주문형 컴퓨팅 환경 또한 필요로 하게 된다.
>
> 이러한 서비스를 포함하는 다양한 컴퓨팅 자원을 보다 유연하게 사용할 수 있도록 하는 (　　　)은(는) 유비쿼터스 서비스를 구현하기 위해 새로운 관심을 불러일으키고 있는 초기 단계의 기반 기술이라고도 볼 수 있다. (　　　)은(는) 사용자와 고객이 필요로 할 때 언제, 어디서나 컴퓨팅 파워 및 서비스를 사용할 수 있는 주문형 컴퓨팅 환경으로, 궁극적으로는 유틸리티 서비스 형태로 발전한다. 즉, 가정이나 회사가 전기, 수도, 가스 또는 전화와 같은 공공 인프라 서비스를 사용하는 것처럼 컴퓨팅 파워를 유틸리티 서비스 형태로 사용하게 되어, 수도꼭지를 틀면 물이 나오고 전원 스위치를 켜면 전기를 사용할 수 있는 것처럼 컴퓨팅 서비스도 유틸리티 개념으로 사용하게 될 것이다.

① 온 디맨드 컴퓨팅　　　② 클라우드 컴퓨팅　　　③ 라우팅 서버 컴퓨팅
④ 플랫폼 컴퓨팅　　　⑤ SaaS 컴퓨팅

70 D군은 보안의 중요성을 대비하기 위해 윈도우10 환경에서 파일의 확장자를 항상 표시하려고 한다. 다음 [보기]에서 옳은 것을 모두 고르면?

> **보기**
>
> ㉠ [메뉴]-[보기]에 들어가서 [폴더 및 검색 옵션 변경]에 들어가서 [보기] 탭에서 '알려진 파일 형식의 파일 확장명 숨기기'를 해제한다.
> ㉡ [메뉴]-[보기]에 들어가서 [표시/숨기기] 그룹에서 파일 확장명을 해제한다.
> ㉢ 확장자를 변경할 파일을 누르고 'Shift+Delete'를 누른다.

① ㉠　　　　　　　② ㉡　　　　　　　③ ㉠, ㉡
④ ㉠, ㉢　　　　　⑤ ㉠, ㉡, ㉢

실전모의고사 2회

직무상식평가

정답과 해설 ● 43

01 다음 글의 빈칸에 들어갈 단어로 가장 적절한 것을 고르면?

> (   )이란 대규모의 정보 안에서 통계적 규칙이나 경향을 체계적으로 분석하여 새롭고 가치 있는 결과를 추출하는 도구이다. 금융 산업에 필요한 통계 처리, 생산과 연계된 전산 운용, 마케팅에 필요한 경영 관리 등 고급 통계 분석과 모델링 기법을 적용하여 광범위하게 활용할 수 있다. 인터넷 서점으로 출발한 미국의 아마존이 고객의 구매 이력을 분석하여 대형 온라인 쇼핑몰로 성장한 사례가 대표적이며, 정보의 양이 폭증하는 산업 환경에서 AI, 머신 러닝 분야 등의 발전과 발맞추어 더욱 강조되고 있다.

① 군집 분석   ② 인공 신경망   ③ 데이터 마이닝
④ 사례 기반 추론   ⑤ 연관 규칙 분석

02 다음 중 공동인증서에 대한 설명으로 옳지 않은 것을 고르면?

① 공동인증서의 유효기간은 1년이다.
② 공동인증서는 클라우드에 저장할 수 없다.
③ 정부 민원업무를 볼 때에도 사용할 수 있다.
④ 공동인증서 비밀번호는 숫자, 영문, 특수문자를 포함하여 10자리 이상으로 등록해야 한다.
⑤ 기존 공인인증서는 더 이상 사용할 수 없으므로 즉각 폐기하고 공동인증서로 재발급받아야 한다.

3 블록체인의 분산원장 기술을 이용하여 자본시장법상 증권을 디지털화하여 발행한 증권을 일컫는 것을 고르면?

① 토큰증권   ② 지분증권   ③ 유틸리티 토큰

④ 전자증권   ⑤ 스테이블 코인

4 다음 자료에서 펌뱅킹 및 오픈뱅킹과 NH농협이 지원하는 ㉠에 대한 설명으로 옳지 <u>않은</u> 것을 고르면?

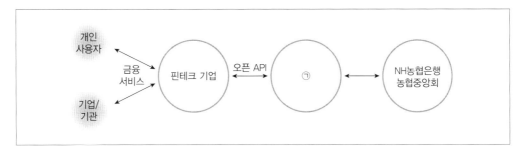

① 펌 뱅킹이란 기업과 은행 간 전용회선과 VAN(Value Added Network)을 통해 은행업무를 패키지로 제공하는 서비스이다.

② 오픈뱅킹은 송금결제망을 표준화하고 개방하여 하나의 앱으로 모든 금융서비스를 제공하는 계좌서비스이다.

③ ㉠을 통해 간편결제뿐만 아니라 계좌와 신용카드 사용내역을 실시간으로 조회하고 연동할 수 있다.

④ ㉠은 공통, 간편결제, 자산관리 등 총 113개의 금융 API와 P2P, 조각투자 등 74개의 맞춤형 API를 제공한다.

⑤ 펌뱅킹과 달리 ㉠은 전용회선이 아닌 인터넷을 통해 고객사와 은행을 연결하여 별도의 보안인증 없이 신속하고 유연한 금융서비스를 제공한다.

05 MS Excel을 활용하여 다음과 같은 표를 작성하였다. [E3] 셀과 [F3] 셀의 결괏값을 함수식으로 나타 낼 경우, 두 셀에 입력해야 할 함수식이 바르게 짝지어진 것을 고르면?

	A	B	C	D	E	F
1	거래처명	매출액(원)	수금액(원)			
2	A	1,733,450	1,733,450		거래 건수	수금 건수
3	B	864,300	387,400		11	7
4	C	264,890	미입금			
5	D	2,786,400	1,475,080			
6	E	579,200	미입금			
7	F	563,000	563,000			
8	G	176,840	미입금			
9	H	1,874,300	1,874,300			
10	I	684,300	미입금			
11	J	3,874,300	1,877,400			
12	K	1,987,400	876,400			

	[E3] 셀	[F3] 셀
①	=COUNT(C2:C12)	=COUNTA(A2:A12)
②	=COUNT(A2:A12)	=COUNTA(C2:C12)
③	=COUNTA(A2:A12)	=COUNT(C2:C12)
④	=COUNTA(A2:A12)	=COUNT(B2:B12)
⑤	=COUNTA(A2:A12)	=COUNTIF(C2:C12)

6 MS Excel을 활용하여 다음과 같은 인사관리 시트를 작성하였다. 판매량이 많은 순으로 순위가 표기되고, 판매량이 60개 이상인 경우 H열에 H2부터 '우수', 60개 미만인 경우 '미흡'이 기재되도록 할 때, [G2] 셀과 [H2] 셀에 들어갈 함수식이 순서대로 바르게 짝지어진 것을 고르면?

	A	B	C	D	E	F	G	H
1	구분	이름	생년월일	사번	부서 코드	판매량(개)	판매순위	기타
2	1	김사랑	750215	4157	110	78	1	우수
3	2	이정우	770123	3567	130	60	2	우수
4	3	허안나	870412	9845	120	50	4	미흡
5	4	박진현	891225	4571	90	52	3	미흡
6	5	최현우	901015	1254	100	39	5	미흡

① =RANK(F2,$F$2:$F$6)

  =IF(F2><=60,"미흡","우수")

② =RANK($F$2:$F$6,F2)

  =IF(F2>=60,"미흡","우수")

③ =RANK(F2,$F$2:$F$6)

  =IF(F2><=60,"우수","미흡")

④ =RANK($F$2:$F$6,F2)

  =IF(F2>=60,"우수","미흡")

⑤ =RANK(F2,$F$2:$F$6)

  =IF(F2>=60,"우수","미흡")

07 다음 중 ⊙~ⓒ에 해당하는 웹 서비스 공격 기법을 바르게 짝지은 것을 고르면?

⊙ 게시판의 글에 원본과 함께 악성코드를 삽입하여 글을 읽을 경우 악성코드가 실행되도록 함으로써 클라이언트의 정보를 유출하는 공격 기법
ⓒ 공격자의 악의적인 데이터로 예상하지 못한 명령을 실행하거나 관리자 인증을 우회하는 등 적절한 권한 없이 데이터에 접근하도록 인터프리터를 속이는 공격 기법
ⓒ 불특정 다수를 대상으로 사용자가 자신의 의지와는 무관하게 공격자가 의도한 행위를 특정 웹사이트에 요청하게 하는 공격 기법

⊙	ⓒ	ⓒ
① CSRF	SQL Injection	XSS
② XSS	SQL Injection	CSRF
③ CSRF	XSS	DoS
④ XSS	CSRF	SQL Injection
⑤ DoS	XSS	CSRF

08 다음 중 엑셀에서 사용하는 Shift 관련 단축키로 옳지 <u>않은</u> 것을 고르면?

단축키	의미
① Shift+F2	메모 삽입
② Shift+F3	함수 마법사
③ Shift+F4	저장
④ Shift+F5	찾기
⑤ Shift+F7	동의어 사전

09 다음 중 엑셀에서의 매크로 실행 및 보안에 대한 설명으로 옳지 <u>않은</u> 것을 고르면?

① Alt+F1 키를 누르면 Visual Basic Editor를 실행하여 매크로를 수정할 수 있다.

② Alt+F8 키를 누르면 매크로 대화 상자가 표시되고, 목록에서 매크로를 선택하여 실행할 수 있다.

③ 매크로 보안 설정 사항으로는 모든 매크로 제외(알림 표시 없음), 모든 매크로 제외(알림 표시), 디지털 서명된 매크로만 포함, 모든 매크로 포함(위험성 있는 코드가 실행될 수 있으므로 권장하지 않음) 등이 있다.

④ '개발 도구-코드 그룹'의 매크로를 클릭하거나 매크로를 기록할 때 지정한 바로가기 키를 눌러 매크로를 실행할 수 있다.

⑤ 빠른 실행 도구 모음에서 매크로를 선택하여 아이콘으로 추가하면 아이콘 클릭으로 매크로를 실행할 수 있다.

10 다음 글의 빈칸에 들어갈 말로 적절한 것을 고르면?

> 특정 상품의 수입 급증이 수입국의 경제 또는 국내 산업에 심각한 타격을 줄 우려가 있는 경우 (   )가(이) 발동하여 시장을 안정화 시킨다. 국외에서 들여오는 수입품의 수량이 증가함에 따라 국내 산업이 영향을 받을 경우 취해지는 조치이다.

① 선샤인 액트   ② 리쇼어링   ③ 테이퍼링
④ 세이프가드   ⑤ 매니페스토

11 다음 중 Active X에 대한 설명으로 옳지 <u>않은</u> 것을 고르면?

① Internet Explorer를 대체하는 브라우저들과 HTML 5 등의 다양한 웹 기술의 발전, 2022년 Internet Explorer의 지원 종료로 인해 Active X는 점차 사라지는 추세이다.

② MS가 개발한 기술로, 자동으로 필요한 프로그램을 설치해 준다는 장점이 있다.

③ 해외 사용자들이 한국 웹사이트에 접속하는 경우, Active X는 큰 불편을 야기할 수 있다.

④ 신뢰할 수 있는 경로를 통해서 설치되기 때문에 보안 및 해킹에 대한 문제로부터 안전하다는 특징이 있다.

⑤ 호환성이 낮아 일부 인터넷브라우저로는 서비스를 사용할 수 없다.

12 다음 글의 빈칸에 들어갈 말로 적절한 것을 고르면?

( )는 금융거래 시 그 목적과 자금 출처, 서비스 내용, 이용자 주소와 연락처 등을 의무적으로 확인하도록 한 제도다. 1993년 금융실명제가 도입됐지만 자금세탁이나 불법거래를 근절하지 못했다는 지적에 따라 2006년 도입됐다. 금융당국은 최근 암호화폐 거래소에 강화된 이 제도를 도입하도록 했다.

① 고객거래제도
② 고객확인제도
③ 본인거래제도
④ 실거래금융제도
⑤ 개인정보보호제도

13 다음 설명을 참고할 때, 송풍법, 살수법, 연소법의 단점을 ㉠~㉣에서 골라 바르게 짝지은 것을 고르면?

최저기온이 영하 2도 이하가 되면 서리 피해 주의보가 발령된다. 서리가 내리기 쉬운 기상 조건은 낮 기온이 18℃도 이하, 오후 6시 기온이 10℃ 이하, 오후 9시 기온이 4℃ 이하이고, 하늘이 맑으며 바람이 없을 때이다. 서리 피해를 예방하기 위해서는 송풍법, 살수법, 연소법 등으로 사전 대책을 세워야 한다.

송풍법은 기온이 내려갈 때 방상팬을 가동시켜 따뜻한 바람을 송풍시키는 방법이다. 작동온도는 3도 정도로 설정하고 여러 대가 동시에 가동되지 않도록 제어반에서 5~10초 간격을 둔다. 가동 정지온도는 설정온도보다 2℃ 높게 한다.

살수법은 스프링클러 등을 이용해 물을 뿌려 물이 얼음으로 될 때 나오는 잠열을 이용하는 방법이다. 온도가 1~2℃가 되면 살수시스템을 가동하고 일출 이후에 중단한다.

연소법은 톱밥, 왕겨 등을 태워서 과원 내 기온을 높여 주는 방법이다. 기온이 영하 1℃ 정도가 될 때 10a당 점화통 20개 정도를 과원 주위에는 많이, 안쪽에는 드물게 배치해 온도가 고루 올라가도록 한다.

피해가 난 과원에서는 피해 상황을 잘 확인하고 피해를 받지 않은 꽃을 선택해 철저한 인공수분을 해야 한다.

㉠ 산불이 발생되지 않도록 각별히 주의해야 한다.
㉡ 지면이 피복되어 있을 경우 피복을 제거해야 하는 번거로움이 있다.
㉢ 일출 이후 온도가 급변할 수 있다.
㉣ 시간과 노력이 많이 소요되며 과원에 냄새가 남아있게 된다.

	송풍법	살수법	연소법
①	㉡	㉠, ㉣	㉢
②	㉠	㉡, ㉣	㉢
③	㉢, ㉣	㉠	㉡
④	㉡, ㉢	㉣	㉠
⑤	㉢	㉡	㉠, ㉣

14 다음 중 주식회사와 협동조합의 차이점으로 적절하지 <u>않은</u> 것을 고르면?

구분	주식회사	협동조합
㉠ 의결권	투자액에 비례하여 1주 1표 행사	출자액에 무관하게 1인 1표 행사
㉡ 이사회 구성	주주에 의하여 선출	조합원에 의하여 선출
㉢ 자금 조달	증자, 채권 발행 등	조합원 출자 등
㉣ 설립 목적	이윤 극대화	조합원의 복지와 실익 증진
㉤ 법적 근거	상법에 의한 인가	협동조합기본법에 따른 신고

① ㉠

② ㉡

③ ㉢

④ ㉣

⑤ ㉤

15 다음 중 협동조합에 소속된 조합원이 아닌 투자자에게도 배당을 부여하여 출자금을 형성하는 출자 방법을 고르면?

① 목적 출자

② 순환 출자

③ 외부 출자

④ 우선 출자

⑤ 조합원의 직접 출자

16 합리적 경제주체들이 인플레이션율을 5%로 예상하고 다음과 같은 경제행위를 하였다. 실제 인플레이션율이 8%일 때, 손해를 보는 경제주체를 모두 고르면?

> ㉠ 고정금리로 정기예금에 가입한 A씨
> ㉡ 고정된 봉급의 임금계약을 체결한 근로자 K씨
> ㉢ 고정금리로 국채를 발행한 정부
> ㉣ 고정금리로 주택담보 대출을 받은 차입자 L씨

① ㉠, ㉡   ② ㉠, ㉢   ③ ㉡, ㉢
④ ㉡, ㉣   ⑤ ㉢, ㉣

17 다음 환율 변동에 따른 경제 변화 중에서 원인이 다른 것을 고르면?

① 교역조건이 개선된다.
② 해외 현지 공장 건설 비용이 증가한다.
③ 외화부채를 가진 기업의 부담이 증가한다.
④ 수출기업의 고용이 증가하고, 경상수지가 개선된다.
⑤ 유학생 자녀를 둔 학부모의 부담이 증가한다.

18 다음 [보기]에서 자국통화의 가치가 평가절하될 경우 나타날 수 있는 J-곡선효과에 대해 바르게 설명한 것을 모두 고르면?

> **보기**
>
> ㉠ 초기에는 경상수지가 악화되지만 일정 시간이 지나면 경상수지가 개선되는 것을 말한다.
> ㉡ 초기에는 경상수지가 개선되지만 일정 시간이 지나면 경상수지가 악화되는 것을 말한다.
> ㉢ 초기에는 경상수지의 변동이 없지만 일정 시간이 지나면 경상수지가 개선되는 것을 말한다.
> ㉣ 가격변동과 수량변동 사이에는 시차가 있음을 보여준다.

① ㉠, ㉡   ② ㉠, ㉢   ③ ㉠, ㉣

④ ㉡, ㉣   ⑤ ㉢, ㉣

19 다음 자료를 읽고 전개될 수 있는 경제현상에 대해 적절하지 <u>않은</u> 것을 고르면?(단, 장기의 AS곡선은 수직이라고 가정하고, 움직이지 않는다.)

> 미 연준이 자이언트 스텝(0.75%p 금리 인상)을 단행하였다. 이와 동시에 대차대조표 축소를 위해 보유하고 있는 채권을 매도하기 시작하였다. 그에 따라 2007년 11월 이후 미국 2년물 국채의 경우 시장수익률이 4.3%를 넘었고, 스프레드 역전폭은 더욱 확대되었다. 한국과의 기준금리 차이가 다시 벌어짐에 따라 당국은 긴급히 회의를 열어 자본 유출 억제를 위한 방안을 모색하고 있다.

① 미국의 긴축적인 통화정책으로 강달러 현상이 나타날 것이다.

② 미국의 국민소득은 단기적으로 감소하지만, 물가는 장기적으로 변하지 않는다.

③ 한국의 경우 수입을 감소시켜 경상수지를 개선해야 균형으로 복귀한다.

④ 한국이 자본수지 개선을 위해 긴축적인 통화정책 시행 시 한국의 균형소득은 단기적으로 감소한다.

⑤ 미국인의 입장에서 원화로 된 국채를 매수하기 유리해진다.

20 다음 중 외부성에 대한 설명으로 옳은 것을 고르면?

① 공해, 매연과 같은 부정적 외부성은 0이 되어야만 사회적으로 최적이다.

② 생산의 부정적 외부성이 존재하는 경우 사회적 최적생산량은 시장균형생산량보다 많다.

③ 소비의 긍정적 외부성이 존재하는 경우 사회적 최적소비량은 시장균형소비량보다 적다.

④ 공유지의 비극은 소비의 긍정적 외부성의 문제이다.

⑤ 소유권의 확립을 통해 외부성 문제가 해결될 수 있다.

21 다음 [보기]에서 자국 통화가치를 평가절하 하였을 때의 결과로 옳은 것을 모두 고르면?

> **보기**
>
> ㉠ 평가절하 직후에는 경상수지가 악화된다.
> ㉡ 마샬-러너 조건을 만족한다면 경상수지가 개선된다.
> ㉢ 수입수요탄력성이 1보다 크면 경상수지가 악화된다.
> ㉣ 환율의 가격전가 효과가 나타날 경우, 경상수지 개선 효과가 강화된다.

① ㉠, ㉡   ② ㉠, ㉢   ③ ㉠, ㉣

④ ㉡, ㉢   ⑤ ㉢, ㉣

22 국내와 미국에 투자를 고려하고 있다고 가정할 때, 이자율평형조건에 대한 설명 중 적절하지 <u>않은</u> 것을 고르면?

① 국가 간 자본이동이 자유롭고 외환시장이 균형 상태에서 국내와 미국에서 투자에 대한 기대수익률이 일치한다.

② 다른 조건이 일정할 때 달러 예금 금리의 상승은 원화의 절하를 가져온다.

③ 다른 조건이 일정할 때 원화 예금 금리의 상승은 원화의 절상을 가져온다.

④ 다른 조건이 일정할 때 미래의 기대 원/달러 환율의 상승은 원화의 절상을 가져온다.

⑤ 다른 조건이 일정할 때 현재의 환율이 상승하면 해외 투자의 기대수익률은 하락한다.

23 다음 중 대출 상환방식에 대한 설명으로 옳지 <u>않은</u> 것을 고르면?

① 원금균등분할 방식일 경우 이자는 상환으로 줄어든 대출 잔액에 대해 대출이자율을 적용하여 납부한다.

② 원금균등분할 방식은 상환 초기에 상환원리금 중 원금 비율이 낮아 상환에 대한 부담이 적다.

③ 원리금균등분할 방식은 총이자 금액을 미리 산출하여 매월 일정한 원리금을 납부한다.

④ 체증식분할 방식은 회차가 지날수록 상환금액이 증가하며 상환회차별로 원금 비중은 증가하고 이자 비중은 감소한다.

⑤ 차입자의 소득이 일정할 때 원금균등분할 방식의 DTI는 만기에 가까워질수록 낮아진다.

24 다음 중 금융업의 자산건전성 분류에 대한 설명으로 적절하지 <u>않은</u> 것을 고르면?

① 금융투자업자는 매 분기마다 자산 및 부채에 대한 건전성을 정상, 요주의, 고정, 회수의문, 추정손실의 5단계로 분류한다.

② 매 분기 말 고정이하 분류 채권에 대해서 적정한 회수예상가액을 산정해야 한다.

③ 금융투자업자는 순자본비율을 100% 이상 유지해야 한다.

④ 경영개선명령은 순자본비율이 50% 미만인 경우에 받게 된다.

⑤ 은행이 유지해야 하는 BIS비율 수준은 8%이다.

25 주요 재무비율에 대한 설명으로 가장 적절한 것을 고르면?

① 주가수익비율(PER): 당기순이익 ÷ 유통 주식 수

② 자기자본이익률(ROE): (매출총이익 ÷ 평균자기자본) × 100

③ 이자보상비율: (유동자산 ÷ 이자비용) × 100

④ 당좌비율: (총자산 ÷ 유동부채) × 100

⑤ 총자산이익률(ROA): (당기순이익 ÷ 총자산) × 100

26 주식의 분할에 관한 설명으로 적절하지 <u>않은</u> 것을 고르면?

① 회사는 주주총회의 특별결의로 주식을 분할할 수 있다.

② 분할 후의 액면주식 1주의 금액은 100원 미만으로 가능하다.

③ 주식의 분할은 회사가 통지한 주권제출기간이 만료한 때에 그 효력이 생긴다.

④ 주식을 분할할 경우 주주명부에 기재된 주주에게 통지하여야 한다.

⑤ 주식을 분할할 경우 회사는 1월 이상의 기간을 정하여 그 뜻과 그 기간 내에 주권을 회사에 제출할 것을 공고한다.

27 다음은 어떤 정렬 방식을 순서대로 설명하는 그림이다. 이 정렬 방식의 특징으로 옳지 <u>않은</u> 것을 고르면?

7	4	5	1
4	7	5	1
4	5	7	1
4	5	1	7
4	1	5	7
1	4	5	7

① 안정적인 정렬방식이다.

② 리스트가 이미 정렬된 경우 최선의 시간 복잡도를 가진다.

③ 최선의 시간복잡도는 $O(n)$이다.

④ 리스트가 역순으로 정렬된 경우 최악의 시간 복잡도를 가진다.

⑤ 최악의 시간복잡도는 $O(n\log n)$이다.

28 다음 [보기]의 프로세스들을 HRN 스케줄링 방식으로 처리할 때, 옳은 설명을 고르면?

보기

프로세스 번호	P1	P2	P3
실행 시간	2	1	8
대기 시간	1	5	10

① P1의 우선순위는 2이다.

② P2의 우선순위는 1.2이다.

③ P3의 우선순위는 2.0이다.

④ HRN은 선점 스케줄링 방식이다.

⑤ 우선순위는 P2 > P1 > P3이다.

29 다음은 갑~무 5개 지역에 대한 사용전력을 조사하여 예상전력과 비교한 자료이다. '초과여부'란을 IF 함수에 의해 표시하였을 때, 이에 대한 설명으로 옳은 것을 [보기]에서 모두 고르면?

	A	B	C	D
1				(단위: kWh)
2	지역명	예상전력	사용전력	초과여부
3	갑 지역	12,000	11,500	
4	을 지역	10,000	10,500	초과
5	병 지역	11,500	10,200	
6	정 지역	9,500	10,000	초과
7	무 지역	10,400	9,800	

보기

㉠ [D3] 셀에 '=IF(C3>B3,"초과")'를 입력하여 [D7] 셀까지 드래그하여 얻은 자료이다.

㉡ '초과'와 '미초과'를 모두 '초과여부'란에 표시하고자 할 때에는 두 가지의 IF 함수식을 구분하여 사용해야 한다.

㉢ [D4] 셀에는 '=IF(C4>B4,"초과")'가 입력되어도 '초과'의 값을 얻을 수 있다.

㉣ [D6] 셀과 [D7] 셀에는 모두 조건에 맞지 않을 때의 변환값을 입력할 수 있다.

① ㉠, ㉡   ② ㉡, ㉢   ③ ㉢, ㉣

④ ㉠, ㉡, ㉢   ⑤ ㉡, ㉢, ㉣

30 ㉠~㉣에 들어갈 윈도우 명령어를 바르게 연결한 것을 고르면?

> • (㉠)은(는) 도메인 네임을 얻거나 IP주소 매핑을 확인하기 위해 DNS에 질의할 때 사용하는 명령
> • (㉡)은(는) 지정한 IP주소의 통신 장비 접속성을 확인하기 위한 명령
> • (㉢)은(는) 패킷이 목적지까지 도달하는 동안 거쳐 가는 라우터의 IP주소를 확인하는 명령
> • (㉣)은(는) 전송 프로토콜, 라우팅 테이블, 네트워크 인터페이스, 네트워크 프로토콜 통계를 위한 네트워크 연결 상태를 보여 주는 명령

	㉠	㉡	㉢	㉣
①	ping	tracert	netstat	nslookup
②	nslookup	ping	netstat	tracert
③	ping	nslookup	tracert	netstat
④	nslookup	ping	tracert	netstat
⑤	ping	tracert	nslookup	netstat

정답과 해설 P.43

31 다음 글을 읽고, S사원이 이해한 것으로 옳은 것을 고르면?

> 리튬이온전지의 핵심 소재는 양극재, 음극재, 분리막, 전해질이다. 양극재는 이차전지 내 리튬의 공급원이 되는 역할을 하며, 전지의 용량을 결정하는 소재이다. 중대형 전지의 경우 높은 에너지 밀도가 요구되기 때문에, 니켈(Ni) 함량이 높은 NCM, NCA 중심의 고용량 활물질 개발이 가속화되고 있다. 해당 활물질들은 코발트(Co) 함량이 적어 기존에 사용되었던 LCO 대비 가격 경쟁력이 우수하고, 표면적이 넓은 특징으로 인해 뛰어난 출력밀도를 보인다.
>
> 음극재는 이차전지의 용량·출력·안전성 등을 결정하는 핵심 소재로서, 양극으로부터 나온 리튬 이온을 저장하는 역할을 한다. 이에 따라, 양극의 고용량화에 동반하여 음극의 고용량화가 가속화되고 있다. 흑연 음극에 실리콘을 첨가하여 제한된 흑연 음극재의 용량을 증가시키거나, 혹은 실리콘 단독 기반의 음극을 개발하려는 노력들이 진행되고 있다.
>
> 리튬이온전지 성능 및 안전성 향상을 위한 분리막은 리튬 이온이 전극 사이로 이동할 수 있는 통로를 제공하며 양극과 음극의 물리적 접촉을 차단하는 역할을 한다. 특히, 최근 중대형 전지의 화재사고 등으로 안전성 문제가 대두되면서, 내열성 및 기계적 강도가 향상된 분리막 기술 개발에 대한 관심이 더욱 높아지고 있다.
>
> 한편, 전해질은 리튬 염, 유기용매 및 첨가제의 종류에 따라 그 물성을 다양하게 조절할 수 있다. 특히, 전기차는 소형 기기에 비해 온도 차이가 큰 환경에 장시간 노출되고 고용량 전지가 사용되기 때문에, 온도 민감성 개선 및 폭발·발화를 억제할 수 있는 전해액 첨가제에 대한 연구가 진행되고 있다.

① 활물질의 표면적이 넓을수록 출력밀도도 높다.

② LCO는 NCM, NCA보다 가격이 저렴하고 에너지 밀도가 낮다.

③ 리튬 이온은 전해질을 통해 전극 사이로 이동한다.

④ 전기차의 경우 온도민감성이 높은 고용량 전지를 사용해야 한다.

⑤ 실리콘을 첨가한 흑연 음극보다 실리콘 단독 음극이 더 많은 용량의 리튬이온을 저장할 수 있다.

- **NH 청년도약계좌 자격**
  해당 계좌는 연령 조건, 소득 조건을 모두 충족한 사람에 한해 개설이 가능합니다.
  - 만 19세~35세 이하의 청년(병역 복무 기간 최대 6년 추가 인정)
  - 개인 연 소득 7,500만 원 이하, 가구 소득 2023년 기준 중위소득 180% 이하
  - 월 최대 70만 원 한도 내에서 자유롭게 납입 가능하며 중간에 납입이 없더라도 계좌는 만기일까지 유지
  - 5년 만기 자유적립식 적금
  - 청년 희망 적금 만기 후 청년도약계좌 순차 가입을 허용
- **NH 청년도약계좌 우대조건**
  - 기본금리는 연 4.5%로 3년간 고정, 이후 2년은 변동 금리 적용
  - 가입 월부터 만기 전전월말까지 급여 임금실적에 따라 12개월 0.1%/26개월, 0.3%/50개월에 0.5%p 우대 적용 (월별 50만 원 이상인 경우 인정, 비연속적인 경우도 포함)
  - 가입 월부터 만기 전전월말까지 농협은행 NH 채움(개인·신용·체크)카드 이용 실적(현금 서비스 제외) 월평균 20만 원 이상 시 0.2%p 우대 적용
  - 적금 가입 직전 1년간 농협은행 예적금(청약 포함) 미보유 또는 NH 청년 희망적금 만기 해지 고객일 경우 0.1%p 우대
  - 적금 가입 시점에 상품 서비스 안내 동의서 전체 동의 고객일 경우 우대 0.2%p 우대
  - 소득 우대 최고 0.5%p
- **NH 청년도약계좌 혜택**
  - 개인소득 수준과 납입한 금액에 비례해 소득 구간별 정부기여금 지원
    (총급여 2,400만 원 이하: 지급한도 40만 원, 총급여 2,400만 원 초과 3,600만 원 이하: 지급 한도 50만 원, 총급여 3,600만 원 초과 4,800만 원 이하: 지급한도 60만 원, 총급여 4,800만 원 초과 6,000만 원 이하: 70만 원)
  - 저소득층 청년 대상 일정 수준의 우대금리 제공
  - 이자 소득에 대한 비과세 혜택 제공

보기

고객문의

   청년 희망 적금이 만기된 이후에 NH 청년도약계좌를 신청했는데, 자격 요건에 맞아 계좌 개설이 가능하다는 답변을 받았습니다. 어떤 혜택이 있는지 궁금합니다.

① 연령 조건, 소득 조건을 충족하면 중복으로 신청 가능하여 저축금액을 늘릴 수 있습니다.
② 변동금리가 적용되기 때문에 적금 만기 때 실제 지급받는 이자 금액이 다소 높습니다.
③ NH 채움 카드로 공과금 납부 포함 월평균 20만 원 사용 시 우대금리가 적용 가능합니다.
④ 총급여 수준과 납입 금액이 높을수록 더 많은 정부 기여금을 받을 수 있습니다.
⑤ 납입을 중지하더라도 5년 동안 계좌는 유지되며, 정부 기여금과 이자 소득을 받을 수 있습니다.

33 다음 문단 (가)~(라)를 논리적인 순서에 맞게 배열한 것을 고르면?

(가) 다양한 학교폭력에 노출된 피해 관련 학생들은 심리·정서적으로 어려움을 겪고 있으며 성인이 되어서까지 트라우마에서 벗어나지 못하는 경우도 많다. 현재 우리나라 청소년의 폭력 실태와 정신건강은 현대 사회의 심각한 사회문제로 대두되고 있는 실정이다.

(나) 따라서 청소년들의 다양한 폭력에 노출된 일상화를 차단하기 위하여 학교폭력 문제는 우리 사회 전체가 함께 고민하고 해결해야 하는 문제로 인식해야 한다. 교육청과 학교, 학부모, 학생 모두의 관심과 노력이 필요하고 학교에서는 보다 실질적인 학교 폭력 예방 교육을 실시하고 학부모 역시 자녀들에 대한 관심과 소통으로 안전을 위해 함께 노력해야 한다.

(다) 2023 전국 학교폭력 실태조사에 따르면 조사 학생의 98%가 학교폭력을 경험한 것으로 나타났다. 학교폭력 중에 사이버 폭력, 언어폭력, 괴롭힘, 신체폭력 순으로 사이버 폭력이 가장 높은 비율을 차지했으며 폭력 양상도 다양화되고 있다.

(라) 과거에 학교폭력은 학생들 사이의 왕따 현상으로 대상 학생에 대해 그림자처럼 취급하는 거였다면 최근의 학교폭력은 대상 학생에 대한 지속적인 괴롭힘으로 재미와 희열을 느낀다. 피해 관련 학생은 자신의 피해 사실을 객관적인 자료로 입증을 해야 하는데, 그 자료를 마련하는 것이 어렵고 이런 이유로 가해관련 학생은 가벼운 처벌만 가능할 뿐 법적 책임을 묻기 힘든 것이 현실이다. 가해 관련 학생들은 법적 책임을 피할 수 있다는 점을 이용해 잔인하고 교묘해진 폭력 수법으로 수위가 높아지고 사회적으로 폭력 범위가 확대되고 있다는 것이 문제이다.

① (가)-(다)-(라)-(나)   ② (가)-(다)-(나)-(라)

③ (다)-(가)-(라)-(나)   ④ (다)-(나)-(라)-(가)

⑤ (다)-(라)-(가)-(나)

CMA는 'Cash Management Account'의 약자로, '자산관리계좌'를 뜻한다. 종합금융회사나 증권사에서 CMA통장에 예치된 고객의 돈으로 펀드, RP(환매조건부채권), 기업어음 등에 투자하고, 그 수익을 고객에게 나누어주는 종합적인 자산관리를 해주기 때문에 자산관리계좌라고 불린다. 우리가 흔히 사용하는 은행의 보통예금처럼 수시입출금이 가능하고 예치된 돈을 종합금융사나 증권사에서 투자하여 수익을 내기 때문에 은행의 보통예금보다 높은 금리를 받을 수 있다. 하루만 예치해도 금리를 받을 수 있기에 단기여유자금을 넣어두기에 적합하다.

CMA통장은 돈을 어디에 투자하느냐에 따라 종금형, RP형, MMF형, MMW형으로 구분한다. 종금형은 종합금융 업무 인가를 받은 종합금융사(종금사)에서 운용하는 상품이다. CMA-종금형은 원금에 손실이 발생할 수 있는 실적배당형 상품이다. CMA 상품 중 유일하게 예금보험공사의 5,000만 원 한도 예금자보호제도의 적용을 받기 때문에 비교적 안전하지만, 수익률이 낮다는 특징이 있다. RP형은 RP에 투자하는 상품이다. RP란 금융기관 등이 단기자금을 조달하기 위해 발행하는 채권을 의미한다. CMA-RP형 상품은 국공채, 은행채와 같은 우량 채권에 투자하고, 확정형 금리상품이기 때문에 안정성이 높은 편이다. 시중의 CMA통장 대부분은 RP형이다. MMF형은 MMF(Money Market Fund)에 투자하는 상품이다. MMF형은 자산운용사에서 단기 국공채, 기업 어음(CP), 양도성 예금증서(CD)와 같은 단기금융상품에 투자하여 실적을 내는 구조다. 실적에 따라 변동금리로 배당이 되기 때문에 금리 상승기에는 고정금리로 운영되는 RP형보다 수익성이 높지만, 금리 하락기에는 수익성이 낮다는 것이 특징이다. MMW형은 MMW(Money Market Wrap)에 투자하는 상품이다. MMW형은 증권사가 신용등급이 높은 한국증권금융과 같은 우량 금융기관의 채권, 예금과 같은 단기 금융 상품에 투자하여 실적을 내는 구조다. 실적배당형 상품이며, 일복리로 계산되기 때문에 예치 기간이 길수록 유리하지만 오후 5시에서 다음 날 오전 8시에 예치한 금액을 출금하는 경우 하루치 이자를 받을 수 없다는 단점이 있다.

종금형을 제외한 CMA통장은 일반적인 은행 예금과 달리 예금보험공사의 예금자보호 대상이 아니다. 증권사에서 주식거래계좌를 개설할 때 함께 개설을 권유하는 CMA통장은 대부분 RP형이므로 예금자보호가 되지 않는다. 물론 네 가지 종류의 CMA 상품 모두 비교적 신용 등급이 높은 안전한 금융 상품에 주로 투자하지만, 원금 손실 가능성이 존재하니 주식거래를 위한 CMA통장 개설 시 이 점을 꼭 유의해야 한다.

'주식거래계좌'는 주식을 사고팔 수 있는, 즉 매수와 매도를 할 수 있는 기능을 가진 계좌다. 대부분의 CMA통장은 이러한 기능 없이 투자대기자금을 넣어둘 목적으로만 사용할 수 있다. 따라서 주식을 매매하기 위해서는 매번 CMA통장에 있는 자금을 주식거래계좌로 이체해야 하기에, 단기매매를 주로 한다면 번거로울 수 있다. 이외에도 공모주 청약, 해외주식 거래 등에서 제약이 존재한다. 다만 일부 증권사의 CMA통장은 주식매매 기능을 지원하므로 자신이 개설하고자 하는 CMA통장이 주식매매가 가능한 통장인지 확인이 필요하다.

34 주어진 글의 내용과 일치하는 것을 고르면?

① MMF형 상품은 약정된 이율로 운영된다.
② 대부분의 CMA통장에서는 주식을 직접 거래할 수 있다.
③ 종합금융사에서 운용하는 CMA 상품은 원금을 보장한다.
④ RP형은 오전 7시에 원리금을 출금하는 경우 하루치 이자의 손실이 발생한다.
⑤ CMA통장에 예치한 돈은 자유롭게 출금할 수 있다.

35 다음은 N투자증권에서 판매 중인 CMA 상품에 대한 설명일 때, 이에 대해 분석한 내용으로 적절한 것만을 [보기]에서 모두 고르면?

[A상품]
한국증권금융 등 우량금융기관의 예금, 콜론, 예수금 등을 편입하여 운영하는 상품으로 수시 입출금 및 재투자가 가능하여 금리 인상 시기에 유리합니다.
• 약정수익률: 실적 배당
• 선호고객: 재투자효과

[B상품]
국채, 특수채, 회사채 등 신용등급 A0 이상 우량 채권에 투자하여 약정된 수익률을 제공하는 상품으로, 주식거래 및 다양한 금융상품 거래가 가능한 편리한 서비스를 제공해 드립니다.
• 약정수익률: 2.05~2.10%(세전, 2022.08.26. 기준)
• 선호고객: 약정수익 선호

보기

㉠ 시중의 CMA통장 유형은 B상품보다 A상품의 비율이 높다.
㉡ A상품과 B상품 모두 예금자보호 대상에 해당하지 않는다.
㉢ A상품은 예치기간이 길수록 유리하다.

---

① ㉠   ② ㉢   ③ ㉠, ㉡
④ ㉡, ㉢   ⑤ ㉠, ㉡, ㉢

게임 이론은 언제 어떻게 사용할까? 완전 경쟁 시장에서 소비자 한 명의 행동은 시장에 거의 영향을 주지 못한다. 이와 달리 게임 이론은 참가자의 행동이 다른 참가자에게 영향을 주는 상호 작용적 상황(Interactive Situation)에 적합한 분석 틀이다. 경제학에서 과점적 경쟁(Oligopolistic Competition)에 게임 이론을 많이 적용하는 것도 이러한 이유 때문이다.

게임 참가자들 사이의 상호 작용은 구체적인 행동의 결과도 있지만, 그 의미에 대한 인식 혹은 교감을 통해서도 이루어진다. 이런 인식 혹은 교감의 과정은 참가자 간의 커뮤니케이션과 신호의 전달 및 처리(Signaling)로 이해된다. 요약하면, 게임 이론 참가자들이 상호 작용하면서 변화해 가는 상황을 이해하는 데 도움을 준다. 그 상호 작용이 어떻게 전개될 것이며, 어떻게 행동하면 더 이득을 취할 수 있는지를 객관적으로 분석해 주기 때문이다.

전략적 상황 분석에서 가장 중요한 것은 상대의 의도와 전략을 읽고 대응하는 것이다. 이것은 전쟁이든 기업 경영이든 전략의 첫걸음이다. 도청, 스파이, 운용 등의 첩보전이나 상대의 구체적 행동(투자 패턴, 병력 배치, 공개된 행동과 말)을 통해 유추할 수 있다. 서로 만나서 솔직하게 물어보는 방법도 있다. 이 경우, 가능한 수단은 다 써야 하며 상대의 입장에서 생각해 보는 것이 가능하다. 각각의 상황에서 상대방이 정말로 어떤 선택을 할 것인가를 예상하여 자신의 행동을 결정하는 것이 게임 이론의 출발점이다.

합리적 상황 분석이 좀 더 체계적인 정보 수집과 판단으로 뒷받침되면 승률은 더 높게 된다. 또한 꾸준한 훈련과 경험 축적을 통해서 마음먹은 대로 전략을 펼칠 수 있다면 더욱 유리하다. 합리적 분석을 넘어 상대방의 의도와 행동에 숨어 있는 의도적, 비의도적, 비합리성까지 분석하고 대응할 수 있다면 더욱 유리해진다. 투수와 타자의 게임을 예로 들어 보자. 타자의 특징이나 능력을 무시하고 아무 데나 던지는 투수가 이길 확률은 적다. 게임 전체의 상황과 주자의 위치 등을 생각하면 어떤 공이 더 효과적인가를 판단할 수 있다. 나아가 상대팀에게서 나올 수 있는 의도적, 비의도적인 전략까지 고려해서 전략을 세운다면 더욱 유리할 것이다. 여기에는 꾸준한 훈련을 통해서 마음먹은 대로 공을 던질 수 있고, 다른 수비 선수들과도 정확하게 손발이 맞는다는 전제가 있어야 한다.

현실 세계의 게임은 더 복잡하다. 전쟁은 수많은 사람의 목숨과 재산을 건 엄청난 일이다. 전쟁의 공포는 사람의 이성을 마비시키고 심리적 중압감은 합리적 의사 결정을 힘들게 한다. 그럴수록 게임 이론에서 얻은 직관력과 분석력은 더 좋은 의사 결정을 위한 길잡이가 된다. 물론 게임 이론 책과 달리 현실에서는 정보 자체를 수집하고 전략을 실행하는 것에 많은 노력이 필요하다. 따라서 게임 이론이 주는 답이 전략의 모든 것은 아니다. 그러나 기업이나 국가의 미래를 건 의사 결정에서 몇 가지 생각할 점들을 알려 주는 것만으로도 그 의미는 엄청나다. 게임 이론을 공부한다고 주어진 상황에 딱 맞는 답을 제시할 수는 없다. 다만 게임 이론은 상황을 좀 더 체계적으로 헤아려 보는 데 도움이 되고, 무엇을 어떻게 살펴봐야 할 것인지 더 깊이 생각할 수 있게 해 준다. 화투나 바둑을 할 때 마구 생각나는 대로 수를 두는 것보다 꼼꼼하게 따지고 헤아려서 게임을 하는 것이 승률이 높은 것은 당연하다.

① 투자자들이 규칙을 지키면서 상황에 따라 전략을 세워 경쟁하는 공간이다.

② 합리성과 효율성이라는 경제의 원리가 구현되는 공간이다.

③ 기본 가치에 대한 객관적인 평가를 제공하는 금융 시장이다.

④ 기업의 주가와 내재적 가치를 일치시켜 나가는 공간이다.

⑤ 게임에서 승리하는 이들이 많은 것들을 구성하는 것처럼, 승리한 이들을 위한 공간이다.

37 다음 글을 읽고 빈칸에 들어갈 말로 가장 적절한 것을 고르면?

인플레이션을 설명할 때 가장 많이 쓰이는 공식은 어빙 피셔가 발표했던 교환방정식 $MV=PT$이다. 여기서 M은 통화량을, V는 화폐의 유통속도를, P는 가격(물가)을, T는 모든 재화의 총수량을 말한다. 즉, 이 방정식에 의하면 '통화량×통화 유통속도＝가격지수(물가)×재화의 수량'이 정확히 일치한다는 것이다.

화폐가 등장한 이후 모든 거래는 화폐로 이뤄지고 있다. 그러므로 이 방정식은 우변에 해당하는 '모든 재화의 거래대금'은 좌변에서의 '경제 내의 화폐량과 그 화폐의 지급 빈도 즉, 통화 유통속도의 곱'과 일치한다는 것을 설명한다. 그런데 통화량과 통화 유통속도를 늘리게 되면 자연적으로 재화의 수량이 일정하다는 가정하에 가격만 올라가게 된다는 것을 의미하기도 한다. 즉,
(   )
이처럼 통화량이 늘어나고 통화 유통속도까지 회복되면 자산 버블 등을 포함한 인플레이션 속도가 빨라진다. 시장은 그럴 경우 자연적인 흡수 현상을 내보이게 되어, 예금하려고 하는 돈은 인플레이션을 고려하여 좀 더 높은 이자를 받으려고 할 것이며, 반대로 돈을 대출해 주는 입장에서는 조금이라도 높은 금리를 받아야 인플레이션 시 손해를 보게 되지 않게 된다.

① 통화 유통속도를 판단하는 한 가지 방법으로 저축률을 생각할 수 있으며, 저축률이 낮으면 통화 유통속도가 빠른 것으로, 저축률이 높으면 유통속도가 느리다고 생각할 수 있다.

② 통화량이 지속해서 늘어나도 통화 유통속도가 어느 정도 안정적인 수준을 유지한다면, MV가 높아지는 것을 제어할 수 있다는 이야기이다.

③ 정부가 줄어든 민간 수요를 견인하기 위해 재정정책과 함께 통화정책을 과도하게 사용하면 결국 가격(P)만 오르게 되어 인플레이션을 발생시키게 된다.

④ 세계 각국의 정부와 중앙은행이 재정 집행 및 양적 완화 정책을 통해 통화량 확대를 도모했지만, 미국 등 선진국에서는 은행이 신용창조를 줄이면서 통화량이 줄어든 사례가 있다.

⑤ 금리를 올리고자 하여도, 가계와 중기의 대출이자 상환 부담과 이에 따른 도산의 증가 우려, 기업, 은행의 수익성 악화가 염려되어 금리를 올리지 못하는 것이다.

38 다음 글을 읽고 추론할 수 있는 내용으로 가장 적절한 것을 고르면?

金이 세계 화폐의 중심이 되는 금본위제도는 금이 화폐와 어떻게 교환되는가에 따라 몇 가지로 나뉘는데, 우선 '금화본위제'는 영국을 중심으로 제1차 세계대전 이전까지 운영된 제도로, 금화가 유통되고 금화의 자유로운 주조와 금 수출입의 자유가 인정되는 가장 원시적인 형태이다. '금지금본위제'란 금의 자유로운 주조를 인정하지 않고 화폐 발행기관이 일정 가격으로 금을 매입·매각할 의무를 가짐으로써 금과 지폐와의 관계를 유지하는 제도이다. 그리고 '금환본위제'란 한 국가의 통화를 다른 국가에서 발행한 환어음과 바꾸는 방식이다. 이때 환어음은 자국통화를 일정 환율로 금과 바꿀 수 있는 나라에서 발행하기 때문에 각국은 이 나라(금본위국)를 통해 화폐단위와 금의 등가관계를 유지할 수 있다.

영국은 19세기 초에 최초로 금본위제도를 채택하였는데, 금을 기초로 한 통화 중 영국 파운드화는 세계 무역 결제 금액 가운데 60%를 장악하였고, 런던 금융시장은 전 세계 투자의 절반을 소화했다. 하지만 국제금본위제도는 제1차 세계대전의 전쟁비용 마련 때문에 많은 돈을 찍어내면서 막을 내렸다. 결국 영국은 1914년에 금본위제 포기를 선언하였다.

그 후 1944년부터 금본위제도의 중심 통화를 파운드화에서 미 달러화로 바꾼 브레턴우즈 체제가 유지되었다. 브레턴우즈 체제와 고전적 금본위제와의 결정적인 차이는 각국의 중앙은행이 금 태환을 독자적으로 행하는 것이 아니라 미국만이 독점적으로 금 태환을 실시하는 것으로써, 타국 통화는 모두 USD와의 환전을 통해 간접적으로 금과 연결되었다. 세계 각국의 화폐가 (주기적으로 변경되는) 고정 환율로 달러에 고정되고, 달러는 35달러당 1온스로 교환할 수 있게 고정한 것이다. 하지만 베트남 전쟁 후 미국이 보유한 금의 양은 점점 바닥을 보이기 시작했고, 미국 정부의 막대한 부채를 감당할 능력이 없던 닉슨 대통령은 1971년 달러와 금을 교환하는 금 태환 정지를 선언한다.

① 금본위제도에서 중앙은행들은 금의 확보보다는 물가를 조절하는 데 초점을 맞추었을 것이다.
② 브레턴우즈 체제의 금본위제에서 미국을 제외한 국가의 통화와 금의 결합은 직접적이고 강력하게 유지되었다.
③ 1차 세계대전 이후에는 금본위제가 실질적인 역할을 하지 못하다가 다시 영국을 중심으로 재정비되었다.
④ 금화본위제는 여러 사람을 거쳐 사용하다 보니 화폐의 훼손도가 높고, 무게가 많이 나가는 단점이 있었을 것이다.
⑤ 금본위제는 두 나라 간의 통화 간 가치 기반이 금으로 고정되어 있어 경제 변동에 신속하게 대처할 수 있었을 것이다.

39 다음은 '주택임대차계약서'의 일부 내용이다. 이에 대한 설명으로 옳지 <u>않은</u> 것을 고르면?

제1조(보증금과 차임) 부동산의 임대차에 관하여 임대인과 임차인은 합의에 의하여 보증금 및 차임을 아래와 같이 지불하기로 한다.

보증금	금	원정(₩	)		
계약금	금	원정(₩	)은 계약시에 지불하고 영수함. 영수자 (	인)	
중도금	금	원정(₩	)은 ____ 년 ____ 월 ____ 일에 지불하며		
잔금	금	원정(₩	은 ____ 년 ____ 월 ____ 일에 지불한다.		
차임(월세)	금	원정은 매월 일에 지불한다(입금계좌:	)		

제2조(임대차기간) 임대인은 임차주택을 임대차 목적대로 사용·수익할 수 있는 상태로 년 월 일까지 임차인에게 인도하고, 임대차기간은 인도일로부터 년 월 일까지로 한다.

제3조(입주 전 수리) 임대인과 임차인은 임차주택의 수리가 필요한 시설물 및 비용부담에 관하여 다음과 같이 합의한다.

수리 필요 시설	□ 없음 □ 있음(수리할 내용:)
수리 완료 시기	□ 잔금지급 기일인 ____ 년 ____ 월 ____ 일까지 □ 기타 ( )
약정한 수리 완료 시기까지 미 수리한 경우	□ 수리비를 임차인이 임대인에게 지급하여야 할 보증금 또는 차임에서 공제 □ 기타( )

제4조(임차주택의 사용·관리·수선) ① 임차인은 임대인의 동의 없이 임차주택의 구조변경 및 전대나 임차권 양도를 할 수 없으며, 임대차 목적인 주거 이외의 용도로 사용할 수 없다.

② 임대인은 계약 존속 중 임차주택을 사용·수익에 필요한 상태로 유지하여야 하고, 임차인은 임대인이 임차주택의 보존에 필요한 행위를 하는 때 이를 거절하지 못한다.

③ 임대인과 임차인은 계약 존속 중에 발생하는 임차주택의 수리 및 비용부담에 관하여 상호 합의한다. 다만, 합의되지 아니한 기타 수선비용에 관한 부담은 민법, 판례 기타 관습에 따른다.

① 보증금은 일반적으로 계약금, 중도금, 잔금으로 나누어 지불한다.

② 임차인은 임차주택이 정상적인 사용에 맞는 상태로 인도받을 권리가 있다.

③ 거주 중 생활의 편의를 위해 구조물의 변경을 원할 경우, 임차인은 임대인의 동의를 얻어야 한다.

④ 계약 기간 중 수리가 필요한 상황이 발생한 경우, 이는 상호 합의에 의해 임차인 또는 임대인이 부담할 수 있다.

⑤ 임차주택의 수리가 필요한 시설물에 대해서는 임차인의 입주일 전까지 임대인이 비용을 부담하여 수리를 완료하여야 한다.

40 다음 중 주어진 글을 뒷받침할 수 <u>없는</u> 것을 고르면?

> 우리나라의 농촌 인구는 1970년 이후 지속적으로 감소하다가 귀농·귀촌 등 농촌 지역의 순 유입 인구 증가로 2015년에는 증가하였다. 다만 농촌 인구 중 농가인구는 감소하고 있지만, 비농가인구는 증가하고 있다. 연령별로는 농촌의 40대 미만 인구는 감소했으나, 40대 이상(60대 제외) 인구는 증가하는 등 전체적으로는 고령화가 심화되어 노년부양비 및 노령화 지수가 빠르게 상승하고 있다. 따라서 증가하고 있는 농촌의 비농가인구와 40~50대 중장년층 인구의 경제 활동이 지역 활성화의 중요한 변수가 될 것으로 예상된다. 한편 최근 농촌의 외국인 인구가 빠르게 증가해 2015년 농촌 인구 중 4.0%를 차지하고 있다.
>
> 전국적으로 가구 수가 증가하고 있는 가운데 농촌 가구 수도 농촌 인구 증가, 가구 분화 등으로 증가 추세를 보인다. 또한 농촌의 고령가구 수, 1인 가구 수가 빠르게 증가하고 있으며, 2015년 고령가구와 1인 가구 비율은 도시보다 높은 수준이다. 특히 농촌의 노인 독거 가구 비율은 11.8%로 도시 지역의 2배 이상이다. 한편 농촌의 다문화 가구 비율은 농촌 가구 중 1.9%이며, 농촌이 도시보다 결혼 이민을 전제로 성립하는 다문화 가구 비중이 더 높은 특성을 보인다.
>
> 농촌 마을 수는 최근 15년 동안 2.1% 증가하였고, 이 중 읍 지역 인구수는 증가했으나, 면 지역의 인구수는 감소하였다.

- 노년부양비$(\%) = \dfrac{\text{고령인구(65세 이상)}}{\text{생산가능인구(15~64세)}} \times 100$

- 노령화지수 $= \dfrac{\text{고령인구(65세 이상)}}{\text{유소년인구(14세 이하)}} \times 100$

① 농촌(읍·면)의 유소년인구와 생산연령인구는 최근 15년(2000~2015년) 동안 비중이 거의 비슷한 수준을 유지하고 있으며, 65세 이상의 고령인구는 탈농 현상으로 인해 40.9%의 급격한 감소세를 보였다.

② 최근 농촌 인구는 2000년 938만 명에서 2010년 876만 명으로 감소하다가 2015년 939만 명으로 증가하였다.

③ 2000~2010년 동안 읍 인구는 376만 명에서 462만 명으로 증가했지만, 면 인구는 563만 명에서 478만 명으로 감소하였다.

④ 재촌 농가인구는 2005년 276만 명에서 2015년 193만 명으로 10년 동안 30.0% 감소하였으나, 같은 기간 재촌 비농가인구는 600만 명에서 746만 명으로 10년 동안 24.3% 증가하였다.

⑤ 2006년에는 농촌에서 도시로 인구가 1만 6,438명 순 유출되었으나 2015년에는 도시에서 농촌으로 4만 1,300명이 순 유입되었다.

41 일정한 속력으로 달리는 기차가 길이가 800m인 터널을 완전히 통과하는 데 20초가 걸렸고, 길이가 1,400m인 터널을 완전히 통과하는 데 30초가 걸렸다. 이 기차의 길이를 고르면?

① 200m ② 300m ③ 400m

④ 500m ⑤ 600m

42 6개의 x와 4개의 y를 모두 사용하여 10자리 문자열을 만들려고 한다. 이때 y는 연속해서 나오지 않도록 하고, y로 시작하는 문자열은 반드시 x로 끝나도록 하려고 한다. 이 조건을 만족하는 문자열의 개수를 고르면?

① 15개 ② 24개 ③ 25개

④ 240개 ⑤ 720개

43 어느 병원에서 식사를 하지 못하는 환자에게 적절한 영양을 공급하기 위해 환자에게 필요한 농도의 포도당 용액을 조제하고 있다. 이 환자에게 필요한 10% 포도당 용액 500g을 조제하기 위하여 8% 포도당 용액과 14%의 포도당 용액을 섞은 뒤 물을 추가하였다. 8% 포도당 용액과 물을 1:1의 비율로 섞었다고 할 때, 14% 포도당 용액은 몇 g 섞었는지 고르면?

① 100g ② 150g ③ 200g

④ 250g ⑤ 300g

44 A본부 직원 10명에게 실시한 교육과 관련된 평가 결과 남자 직원의 평균이 80점, 여자 직원의 평균이 85점이고, 전체 평균이 83점이었다. 이때 남자 직원의 수를 고르면?

① 2명 　　　　　② 4명 　　　　　③ 5명
④ 6명 　　　　　⑤ 7명

45 초콜릿을 3개씩 포장하면 1개가 남고, 4개씩 포장하면 2개가 남고, 5개씩 포장하면 3개가 남고, 6개씩 포장하면 4개가 남는다고 한다. 7개씩 포장했을 때 남는 초콜릿의 개수를 고르면?(단, 초콜릿의 개수는 100개 이하이다.)

① 1개 　　　　　② 2개 　　　　　③ 3개
④ 4개 　　　　　⑤ 5개

46 다음의 N은행의 신용대출 상품을 통해 사업자 김 씨는 2,400만 원을 5년 동안 분할상환 조건으로 대출받았다. 김 씨가 대출한 지 2년이 되는 시점에 나머지 원금을 모두 상환하려고 할 때 발생하는 중도상환해약금을 고르면?

N은행 신용대출 약관	
가입 대상	• N은행의 개인인터넷뱅킹 가입 및 사업자정보와 휴대전화번호가 등록된 고객 • 사업 기간이 12개월 이상 경과한 고객
가입 방법	• 인터넷뱅킹, 스마트뱅킹
대출 한도	• 최대 5천만 원
상환 방식	• 일시상환: 1년(기한연장 가능) • 분할상환: 5년 원금균등분할상환(거치기간 없음)
대출 금리비고	• 최저 연 3.14%
중도상환해약금	• 중도상환해약금＝(중도상환원금)×10%×(3년 − 대출 경과 연수)÷3년 (3년 경과 시 면제)

① 420,000원   ② 480,000원   ③ 540,000원
④ 600,000원   ⑤ 720,000원

47 다음 [표]는 시·도별 노인장기요양보험 신청자 주요 질병 및 증상 현황에 관한 자료이다. 이에 대한 설명으로 옳지 <u>않은</u> 것을 고르면?

[표] 시·도별 노인장기요양보험 신청자 주요 질병 및 증상 현황 (단위: 명)

구분	계	치매	중풍(뇌졸중)	치매+중풍	고혈압	당뇨병
합계	551,786	360,070	98,217	70,210	11,488	11,801
서울	76,932	48,431	15,407	9,123	1,987	1,984
부산	31,997	20,105	6,795	4,022	422	653
대구	25,658	16,838	4,321	3,777	308	414
인천	29,468	17,932	6,221	3,586	904	825
광주	13,096	8,673	2,464	1,453	208	298

① 대구 보험 신청자 중 신청자 수가 많은 질병 및 증상을 순서대로 나열하면 이와 동일한 지역은 3곳이다.

② 서울 보험 신청자 중 증상이 치매인 신청자의 수는 고혈압인 신청자의 수의 25배 미만이다.

③ 증상이 중풍인 보험 신청자 중 부산 신청자는 광주 신청자보다 4,300명 이상 많다.

④ 인천 보험 신청자와 서울 보험 신청자 수의 차이는 48천 명 미만이다.

⑤ 전체 보험 신청자 중 증상이 당뇨병인 신청자의 비중은 5% 미만이다.

48 다음 [표]는 A~F 6개의 활동으로 이루어진 프로젝트에서 각 활동의 활동 시간과 직전 선행 활동을 나타낸 것이다. B의 여유 시간은 0이며, 프로젝트의 최단 완료 시간이 45일이라고 할 때, 옳지 <u>않은</u> 것을 고르면?

[표] A~F 6개 활동의 활동 시간과 직전 선행 활동

활동	A	B	C	D	E	F
활동 시간(일)	8	10	7	( )	10	15
직전 선행 활동	–	A	A	B, C	C	D, E

※ 여유 시간이 0인 활동들을 연결하면 주경로가 된다.

① D의 활동 시간은 12일이다.

② C의 여유 시간은 3일이다.

③ 주경로는 A → B → D → F이다.

④ C에서 가장 늦은 완료 시간은 18일이다.

⑤ E에서 가장 늦은 완료 시간은 25일이다.

49 다음 [그래프]는 2020년 어느 회사에서 판매한 전체 10가지 제품 유형(A~J)의 수요 예측치와 실제 수요의 관계를 나타낸 자료이다. 이에 대한 설명으로 옳은 것을 고르면?

[그래프] 제품 유형별 수요 예측치와 실제 수요   (단위: 개)

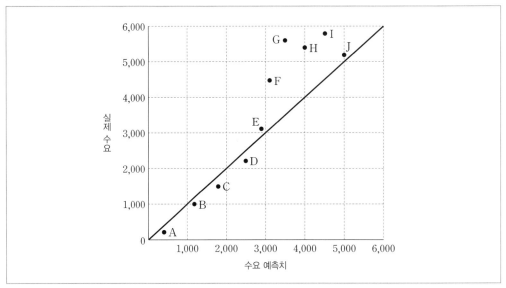

※ (수요 예측 오차)=|(수요 예측치)−(실제 수요)|

① 수요 예측 오차가 가장 작은 제품 유형은 G이다.

② 실제 수요가 큰 제품 유형일수록 수요 예측 오차가 작다.

③ 수요 예측치가 가장 큰 제품 유형은 실제 수요도 가장 크다.

④ 실제 수요가 3,000개를 초과한 제품 유형 수는 전체 제품 유형 수의 50% 이하이다.

⑤ 실제 수요가 3,000개 이하인 제품 유형은 각각 수요 예측치가 실제 수요보다 크다.

50 다음 [표]는 2020년 개인사업자의 산업별 대출에 관한 자료이다. 이에 대한 설명으로 가장 적절하지 않은 것을 고르면?

[표] 개인사업자의 산업별 대출 현황 (단위: 만 건)

산업분류별	평균 대출					중위 대출
	전체	가계 (대출 용도별)	사업자 (대출 용도별)	은행 (금융 기관별)	비은행 (금융 기관별)	전체
농업, 임업 및 어업	29,282	18,586	10,696	8,319	20,963	15,000
제조업	23,818	7,018	16,800	18,558	5,260	11,100
건설업	11,440	7,161	4,279	4,505	6,935	6,553
도매 및 소매업	12,409	6,973	5,436	7,893	4,516	6,862
운수 및 창고업	6,633	5,107	1,526	3,244	3,389	5,000
숙박 및 음식점업	13,686	7,162	6,524	7,884	5,802	6,000
정보통신업	12,838	7,100	5,738	9,631	3,207	8,500
부동산업	28,527	13,913	14,614	18,420	10,107	19,700
전문, 과학 및 기술서비스업	14,269	9,068	5,201	9,904	4,365	9,515
교육서비스업	9,562	6,391	3,171	6,160	3,402	5,907

① 정보통신업의 전체 평균 대출 건수는 제조업 건수의 50% 이상이다.

② 전문, 과학 및 기술서비스업은 평균 대출 건수와 중위 대출 건수의 차이가 세 번째로 작다.

③ 전체 평균 대출 대비 은행에서 대출한 비율과 가계대출 용도로 빌린 비율의 차이가 가장 많이 나는 산업은 제조업이다.

④ 금융기관별로 분류하였을 때, 전체 평균 대출 대비 은행에서 대출한 비율이 40% 미만인 산업은 2개이다.

⑤ 전체 평균 대출 대비 가계용도로 대출한 비율이 가장 큰 산업은 운수 및 창고업이다.

51 다음 중 주어진 결론이 반드시 참이 되도록 빈칸의 ㉠에 들어갈 전제로 옳은 것을 고르면?

> • 전제 1: 어떤 어린이는 풍선을 좋아한다.
> • 전제 2: (㉠   )
> • 결론: 어떤 어린이는 과자를 싫어한다.

① 풍선을 좋아하는 사람은 과자를 싫어하지 않는다.
② 과자를 싫어하는 사람은 풍선을 좋아하지 않는다.
③ 과자를 싫어하지 않는 어떤 사람은 풍선을 좋아한다.
④ 과자를 싫어하지 않는 사람은 풍선을 좋아하지 않는다.
⑤ 풍선을 좋아하지 않는 사람은 과자를 싫어하지 않는다.

52 다음 중 주어진 결론이 반드시 참이 되도록 빈칸의 ㉠에 들어갈 명제로 옳은 것을 고르면?

> • 국어를 좋아하는 사람은 영어를 좋아하지 않는다.
> • (㉠   )
> • 역사를 좋아하는 사람은 수학을 좋아한다.
> • 지민이는 국어를 좋아한다.
> • 결론: 지민이는 수학을 좋아한다.

① 지민이는 영어를 좋아한다.
② 지민이는 역사 이외의 어느 한 과목을 더 좋아한다.
③ 영어를 좋아하는 사람은 수학을 좋아하지 않는다.
④ 수학을 좋아하지 않는 사람은 영어를 좋아한다.
⑤ 국어를 좋아하지 않는 사람은 역사를 좋아하지 않는다.

53 다음 명제들을 통해 도출할 수 있는 결론으로 옳은 것을 고르면?

> - 모든 갑 지역은 어떤 을 지역이다.
> - 어떤 을 지역은 병 지역이다.
> - 모든 병 지역은 갑 지역이 아니다.
> - 어떤 병 지역은 을 지역이 아니다.
> - 결론: (   )

① 모든 병 지역은 을 지역이다.
② 모든 을 지역은 갑 지역이다.
③ 어떤 갑 지역은 병 지역이다.
④ 어떤 을 지역은 갑 지역이 아니다.
⑤ 어떤 병 지역은 어떤 갑 지역이면서 모든 을 지역이다.

54 A~J 10명이 5명씩 2개조로 나누려고 한다. 다음 [조건]을 바탕으로, 항상 참인 것을 고르면?

> **조건**
> - A, B는 각 조의 조장이다.
> - E와 F는 사이가 나쁘므로 다른 조에 배정한다.
> - G와 H는 같은 조가 되었다.
> - B, D는 가족이다.
> - 가족은 서로 다른 조에 배정한다.

① B와 G는 같은 조이다.
② C, I, J가 같은 조라면, 이들은 A와 다른 조이다.
③ I와 J는 같은 조가 될 수 없다.
④ A와 G가 같은 조라면 C와 E는 B와 같은 조이다.
⑤ H는 J와 같은 조이다.

55 영업팀과 생산팀 인원으로 구성된 TF팀은 프로젝트 진행을 위해 중요 안건에 대한 찬반 의견을 개진하였다. 다음 조건을 보고 의견이 같은 사람끼리 모인 조합으로 옳지 <u>않은</u> 것을 고르면?(단, 찬성 또는 반대 의견만 개진하는 것으로 가정한다.)

- 영업팀은 이 부장, 박 과장, 최 대리가, 생산팀은 노 부장, 정 과장, 엄 과장, 이 대리가 참석하였다.
- 반대가 찬성보다 1명 더 적었으며, 박 과장은 찬성하였다.
- 최 대리와 정 과장은 서로 다른 의견을 개진하였다.
- 이 부장과 노 부장은 서로 같은 의견을 개진하였다.
- 정 과장과 이 대리는 서로 같은 의견을 개진하였다.

---

① 박 과장, 최 대리
② 박 과장, 정 과장
③ 박 과장, 노 부장
④ 엄 과장, 최 대리
⑤ 엄 과장, 이 대리

56 학년 회의에 참석하는 1~8반 학급반장의 자리 배치도는 다음과 같다. 다음 조건을 보고 옳은 것을 고르면?(단, A~D가 같은 라인, E~H가 같은 라인이다.)

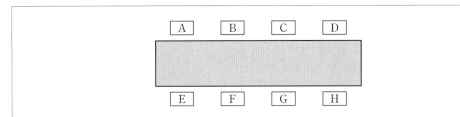

- 회의에는 1~8반의 학급반장 8명이 참석한다.
- 3반 반장과 6반 반장은 가장 멀리 떨어져 위치한다.
- 4반 반장은 5반 반장과 마주보고 있다.
- 8반 반장은 3반 반장, 4반 반장과 각각 떨어진 거리가 같다.
- 7반 반장은 A자리에 위치하며 1반 반장, 2반 반장, 3반 반장, 4반 반장은 모두 같은 라인에 위치한다.

① 7반 반장과 8반 반장 사이에는 한 자리가 있다.
② 2반 반장과 3반 반장 사이에는 두 자리가 있다.
③ 5반 반장은 1반 반장, 2반 반장과 각각 떨어진 거리가 같다.
④ 1반 반장의 건너편에는 8반 반장이 위치한다.
⑤ 7반 반장과 1반 반장은 가장 멀리 떨어져 위치한다.

57 다음 금융상품 설명서를 바탕으로 해당 상품에 가장 적합한 고객을 고르면?

○○○을/를 위한 월 복리 적금

- 가입대상: 만 18세 이상 개인(개인사업자 제외)
- 가입기간: 12개월 이상 36개월 이내(월 단위)
- 가입금액: 초입금 및 매회 입금 1만 원 이상 원 단위(계좌당), 분기당 3백만 원 이내(1인당)
- 금리(연 이율 기준)

기본금리		우대금리	
가입기간	금리		
12개월 이상 24개월 미만	0.81%	당행에 3개월 이상 급여이체 실적	+0.3%p
24개월 이상 36개월 미만	0.84%	당행 카드 결제실적 100만 원 이상	+0.2%p
36개월 이상	0.95%	당행 주택청약저축 또는 적립식 펀드 중 1개 이상을 3개월 이상 유지	+0.2%p

※ 인터넷(스마트)뱅킹 또는 앱으로 이 적금에 가입할 경우 추가 우대금리 +0.1%p
※ 우대금리의 합계는 +0.8%p를 넘길 수 없음

- 이자지급방법: 입금액마다 입금일부터 만기일 전일까지 기간에 대하여 약정금리로 계산한
  이자를 월 복리로 계산하여 지급
- 유의사항: 이 적금은 만기일 전일까지 기간에 대하여 월 복리로 이자를 계산하여 지급하며,
  중도해지금리 및 만기후금리는 단리로 계산하여 지급
- 추가 적립: 자유적립식 상품으로 가입 및 적립금액 한도 내 추가 입금 가능

---

① 6개월 후 사용할 해외여행 경비를 마련하려는 대학생 A씨
② 향후 점포 확장을 위해 미리 자금을 마련하려는 자영업자 B씨
③ 주택청약 당첨 확률을 높여 내 집 마련의 꿈을 꾸는 30대 가장 C씨
④ 연 3% 이상의 수익을 추구하여 빠르게 개인 자산을 불려가려는 사회초년생 D씨
⑤ 해당 은행의 금융 상품을 활발하게 이용하면서 본격적인 투자를 위한 종잣돈을 마련하려는
  직장인 E씨

58 다음 [표]는 2022년 S기업의 재무상태를 간략히 나타낸 것이다. [조건]의 정보를 바탕으로 S기업이 '안정적' 등급을 받기 위해 늘려야 하는 유동자산 금액의 최솟값을 고르면?(단, 유동자산 및 유동자산의 변화에 따라 자동으로 변하는 항목 외에는 모두 변하지 않는다고 가정한다.)

[표] 2022년 S기업의 재무상태 (단위: 억 원)

구분	금액
자산총계	( )
유동자산	5,000
비유동자산	19,000
부채총계	( )
유동부채	8,000
비유동부채	8,000
고유목적사업준비금	3,000
자본총계	( )

※ (자산총계)=(유동자산)+(비유동자산)
※ (부채총계)=(유동부채)+(비유동부채)+(고유목적사업준비금)
※ (자본총계)=(자산총계)-(부채총계)

※ (유동비율)(%)=$\dfrac{(유동자산)}{(유동부채)} \times 100$

※ (부채비율)(%)=$\dfrac{(부채총계)}{(자본총계)} \times 100$

조건

　기업의 안정성 지표로는 1년 정도에 해당하는 단기간의 안정성을 보여주는 유동비율과 장기간의 안정성을 보여주는 부채비율이 있다. 유동비율은 1년 이내에 갚아야 할 빚(유동부채)을 변제하기 위해 1년 이내에 현금화할 수 있는 자산(유동자산)이 충분히 마련되어 있는지 알아보는 지표로, 유동비율이 100% 이상이라면 유동부채를 변제할 기본적인 능력은 갖춘 기업이라고 평가할 수 있다. 그러나 사업을 영위하다 보면 여러 가지 변수가 발생하기 때문에 유동비율이 200% 이상이어야 안정적이라고 볼 수 있다. 부채비율은 차입한 금액을 사업자의 자기자본으로 충당할 수 있는지 알아보는 지표로, 부채비율이 100% 이하라면 안정적이라고 볼 수 있다. 유동비율과 부채비율 모두 안정적일 때 안정성 지표에서 '안정적' 등급을 받는다.

① 1조 4,000억 원
② 1조 5,000억 원
③ 1조 6,000억 원
④ 1조 7,000억 원
⑤ 1조 8,000억 원

59 다음은 S사가 구매하려는 법인 차량에 대한 판매 정보이다. 법인용 차량 5대를 구매하려고 할 때, 가격과 유지비를 모두 고려하여 가장 저렴한 제조사를 고르면?

[표1] 제조사별 판매가격과 프로모션 (단위: 만 원)

구분	K사	T사	H사	C사	P사
판매가격	2,800	2,600	3,000	2,400	3,200
프로모션	1대당 5% 할인	–	1대당 10% 할인	–	1대당 20% 할인

[표2] 제조사별 차량 연평균 유지비 (단위: 만 원)

구분	K사	T사	H사	C사	P사
연평균 유지비	200	180	160	260	140

*연평균 유지비＝보험료와 연비 등 종합적으로 고려해서 1년간 드는 유지비

① K사 ② T사 ③ H사
④ C사 ⑤ P사

60 영업팀 김부장의 거래처 4개 지점의 거리에 대한 자료이다. 김부장이 4개 지점을 최단거리로 모두 방문한다고 할 때 총 이동거리를 고르면?

[표] 회사 및 영업지점간의 이동거리 (단위: km)

구분	A지점	B지점	C지점	D지점
회사		20		25
A지점			15	30
B지점	15			
C지점		20		
D지점			25	

① 70km ② 75km ③ 80km
④ 85km ⑤ 90km

61 MS Excel을 활용하여 다음과 같이 생년월일의 정보 사항을 수정하였다. [F2] 셀에 REPLACE 함수식을 입력한 후 [F5] 셀까지 드래그 하였다면, [F2] 셀에 입력된 함수식으로 옳은 것을 고르면?

	A	B	C	D	E	F	G
1	이름	생년월일	부서명		이름	생년월일	부서명
2	조○○	1998. 10. 02.	총무팀	➡	조○○	1998. 10. **	총무팀
3	장○○	2001. 03. 12.	인사팀		장○○	2001. 03. **	인사팀
4	서○○	2000. 04. 07.	홍보팀		서○○	2000. 04. **	홍보팀
5	최○○	1995. 10. 27.	영업팀		최○○	1995. 10. **	영업팀

① =REPLACE(B2,9,2,"**")

② =REPLACE(B2,3,9,"**")

③ =REPLACE(B2,3,11,"**")

④ =REPLACE(B2,11,2,"**")

⑤ =REPLACE(B2,11,3,"**")

62 MS Excel을 활용하여 다음과 같이 필요한 모든 셀에 함수식을 입력하여 전기요금 미납가구 현황을 정리하였다. 각 셀에 입력된 함수에 대한 설명으로 옳지 <u>않은</u> 것을 고르면?(단, 전기사용량과 단가, 금액은 모두 지수화한 수치임)

	A	B	C	D	E	F	G	H	I	J
1	이름	동, 호수	전력	단가	미납액	체납기간(일)	장기체납(30일 이상)		아파트 구분	가구수
2	K아파트	101동 202호	120	20		10	단기		K아파트	3
3	H아파트	202동 303호	180	15		35	장기		H아파트	2
4	K아파트	303동 404호	220	20		26	단기		S아파트	1
5	S아파트	101동 505호	100	15		20	단기		N아파트	2
6	N아파트	201동 606호	200	15		42	장기			
7	N아파트	301동 707호	150	20		36	장기		단기 15인 미납가구의 전력사용량 합계	
8	H아파트	101동 808호	120	20		18	단기		580	
9	K아파트	201동 909호	100	15		32	장기			
10	합계		–	–	20,900	–	–		미납가구 수	8가구

① E10 셀에는 SUMPRODUCT 함수를 사용할 수 있다.

② G2 셀에는 IF 함수를 사용할 수 있다.

③ J2 셀에는 REPLACE 함수를 사용할 수 있다.

④ 병합된 I8 셀에는 SUMIF 함수를 사용할 수 있다.

⑤ J10 셀에는 COUNTA 함수 또는 COUNT 함수를 사용할 수 있다.

63 다음의 워크시트에서 '=COUNTIF(B3:B9,"이??")'수식을 입력했을 때 나타나는 결괏값을 고르면?

	A	B	C	D	E
1					
2		이름	생일	거주지	
3		이상현	1995/04/07	서울	
4		김미현	1987/05/02	제주	
5		곽도훈	2002/09/25	경기	
6		임기철	1997/01/26	대전	
7		이다니엘	1988/06/16	서울	
8		고경배	1990/12/31	광주	
9		이근우	1994/11/01	부산	
10					

① 1   ② 2   ③ 3

④ 4   ⑤ 5

64 다음 글의 빈칸 (A)와 (B)에 들어갈 말이 바르게 짝지어진 것을 고르면?

　　머신러닝 알고리즘은 크게 (　A　)와(과) (　B　)(으)로 나눠진다. (　A　) 알고리즘은 훈련을 위한 데이터 및 정답을 필요로 한다. 이때 사용되는 데이터와 정답을 입력과 타깃이라고 부르며, 이 둘을 합쳐서 훈련 데이터라고 부른다. 타깃이 있으므로, 알고리즘이 정답을 맞히는 것을 학습한다. (　B　) 알고리즘은 정답을 사용하지 않기 때문에 무언가를 맞힐 수가 없다. 그 대신 데이터를 잘 파악하거나 변형하는 데 도움을 준다. 즉, 입력 데이터만 있고 타깃이 없을 경우에 활용할 수 있다.

　　다시 말해 문제와 정답을 모두 알려주고 공부시키는 방법이 (　A　)이며, 답을 가르쳐 주지 않고 스스로 분류하도록 하는 방법이 (　B　)이다.

	(A)	(B)
①	기계학습	자연학습
②	군집화	회귀분석
③	다중분류	지도학습
④	회귀분석	군집화
⑤	지도학습	비지도학습

65 다음 [그림]의 워크시트에서 D4에 어떤 수식을 입력하고, [D4:D10] 셀까지 각각 채우기 핸들을 이용하여 복사하였다. 다음과 같은 결과가 나타날 수 있도록 D4에 입력한 수식으로 옳은 것을 고르면?

[그림] 워크시트

	A	B	C	D
1				
2				
3		사원	주민등록번호	성별
4		A	990101-1010010	남
5		B	910501-2211013	여
6		C	001001-3002931	남
7		D	081225-4110139	여
8		E	020201-3329432	남
9		F	040914-4842231	여
10		G	980903-2330101	여

① =CHOICE(MID(C4,1),"남","여","남","여")

② =CHOOSE(C4,8,1),"남","여")

③ =MID(CHOOSE(C4,8,1),"남","여")

④ =CHOOSE(MID(C4,8,1),"남","여","남","여")

⑤ =MID(C4,8,2),"남","여")

66 다음 [자료]는 트리를 순회하는 방법을 설명하고 있다. 이를 참고하여 [보기]의 트리가 후위 순회를 하는 경우, 노드 방문 순서로 옳은 것을 고르면?

자료

• 전위 순회: 노드 방문 → 왼쪽 서브 트리 방문 → 오른쪽 서브 트리 방문
• 중위 순회: 왼쪽 서브 트리 방문 → 노드 방문 → 오른쪽 서브 트리 방문
• 후위 순회: 왼쪽 서브 트리 방문 → 오른쪽 서브 트리 방문 → 노드 방문

보기

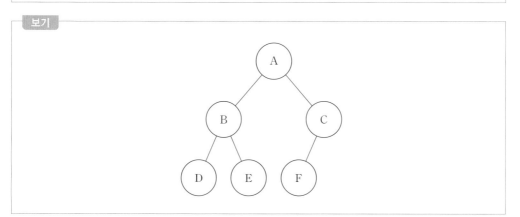

① A－B－C－D－E－F
② A－B－D－E－C－F
③ D－B－E－A－F－C
④ D－E－B－F－C－A
⑤ E－B－D－A－F－C

67 2+4+6+8+…+100을 구하는 순서도를 완성하기 위해 빈칸 ⓐ와 ⓑ에 들어갈 것을 고르면?

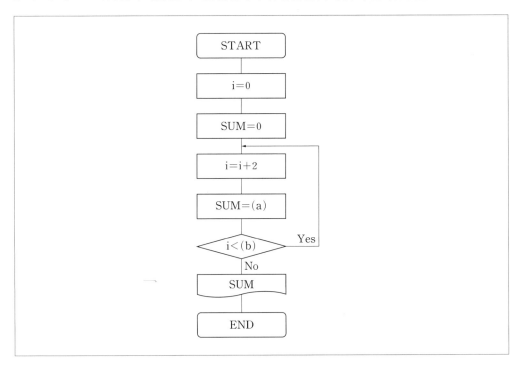

	(a)	(b)
①	SUM+i	99
②	SUM+i	101
③	SUM−i	100
④	SUM*i	98
⑤	SUM*i	99

68 다음은 C언어로 내림차순 버블정렬 알고리즘을 구현한 함수이다. 빈칸 ㉠에 들어갈 if문의 조건으로 옳은 것을 고르면?(단, size는 1차원 배열인 value의 크기이다.)

```c
void BubbleSorting(int *value, int size) {
    int x, y, temp;
    for(x=0; x < size; x++) {
        for(y=0; y < size-x-1; y++) {
            if(    ㉠    ) {
                temp=value[y];
                value[y]=value[y+1];
                value[y+1]=temp;
            }
        }
    }
}
```

① value[x]>value[y+1]

② value[x]<value[y+1]

③ value[y]>value[y+1]

④ value[y]<value[y+1]

⑤ value[y+1]≤value[y]

　　클라우드 컴퓨팅의 개념은 1965년 미국의 컴퓨팅 학자인 존 매카시에 의해서 유래되었다. 2005년부터는 클라우드 컴퓨팅이라는 용어가 대중들에게도 널리 퍼지기 시작했고, 처음에는 SaaS(Service as a Software)에만 치중되어 있었지만 점차 영역을 넓혀 나가면서 현재에는 IaaS(Infra as a Software), PaaS(Platform as a Software)까지도 아우르는 서비스가 되었다.

　　클라우드 컴퓨팅의 핵심은 사용자들이 각각의 기술들에 대한 심도 있는 이해가 없이도 해당 서비스를 이용할 수 있게 해주는 것이다. 인터넷을 통해 서버, 스토리지, DB, 네트워킹, SW, 분석, 인텔리전스 등의 서비스를 이용할 수 있게 하는 것이 클라우드 컴퓨팅이라고 할 수 있다. 이와 같은 클라우드 컴퓨팅 서비스는 이제는 일상 속에서도 쉽게 접할 수 있다. 가장 흔하게 접할 수 있는 클라우드 서비스로는 Google Drive, 네이버 MyBox 등이 있으며, 클라우드 서비스를 활용하여 새로운 비즈니스 모델 창출에 대한 분석을 하는 기관에서 발표한 자료에 따르면 2022년 기준 Microsoft, AWS, Google, Salseforce, SAP가 세계 클라우드 시장을 주도하고 있는 것을 확인할 수 있다. 이러한 클라우드 컴퓨팅 서비스를 이용하는 것에는 다음과 같은 장점이 있다.

1. 비용: 데이터 센터를 구축할 필요가 없으므로 초기 투자비용 및 유지비 측면에서 비용절감 가능
2. 속도, 성능: 대기업들의 데이터 센터의 컴퓨팅 파워를 사용하므로 고성능의 컴퓨팅 파워 이용이 가능
3. 뛰어난 확장성: 조직의 필요에 따라 탄력적으로 컴퓨팅 파워 및 리소스의 양을 조절하는 것이 가능
4. 생산성: 필요한 하드웨어 및 소프트웨어 관리에 들어가는 시간이 감소
5. 안정성, 보안: 데이터 백업 및 재해 복구에서 보다 효과적이며, 보안 관련 다양한 기술들을 통해 보안성 증대 가능

　　위와 같은 장점들 덕분에 점점 더 많은 기업들에서 클라우드 기반 서비스를 만들고 사용하는 추세이다. 앞서 언급한 바와 같이 클라우드 컴퓨팅 서비스는 서비스 모델에 따라 크게 다음과 같은 세 가지로 분류된다.

IaaS(Infra as a Software)	고객은 운영 체제(OS) 및 데이터, 애플리케이션, 미들웨어 및 런타임을 담당 관리하며 제공 업체는 사용자가 필요로 하는 네트워크, 서버, 가상화 및 스토리지의 관리와 액세스를 담당 및 시스템이나 서비스를 구축하는 데 필요한 IT 자원을 서비스 형태로 제공. IaaS라는 틀 안에서 이용자가 원하는 운영 체제와 응용프로그램을 설치하여 활용 가능
PaaS(Platform as a Software)	클라우드 자체 인프라에서 하드웨어와 OS, 소프트웨어가 구축되어 있는 서비스를 제공하고 관리. 프로그래밍 언어를 사용하여 사용자가 개발한 애플리케이션을 실행 및 관리할 수 있으며, 애플리케이션 실행 환경이나 DB 등이 미리 마련되어 있어 단기간에 응용프로그램을 개발하여 서비스 제공 가능
SaaS(Service as a Software)	제공 업체에서 소프트웨어와 데이터, 버그 수정 및 기타 유지관리를 제공. 제공 업체가 사용자에게 각 기술 분야 지원을 제공하므로 사용자는 별도의 설치나 부담이 필요 없이 비용만 내고 API를 통해 소프트웨어 서비스를 이용 가능

69 주어진 글에서 언급된 '클라우드 컴퓨팅'에 대한 설명으로 적절하지 <u>않은</u> 것을 고르면?

① 가장 먼저 대중화되기 시작한 서비스 모델은 SaaS이다.

② 정보의 보관보다 정보의 처리 속도와 정확성이 관건인 네트워크 서비스이다.

③ DB나 네트워킹 등에 대한 기술적 지식이 없이도 서비스 이용이 가능하다.

④ 비용절감과 데이터 백업 측면에서 장점이 있는 서비스이다.

⑤ 기업이 관리하던 영역을 서비스로 제공하는 것이 서비스 모델의 진화된 특징이다.

70 다음은 클라우드 컴퓨팅 서비스의 세 모델을 그림으로 나타낸 것이다. (가)~(다)에 해당하는 모델명이 바르게 짝지어진 것을 고르면?

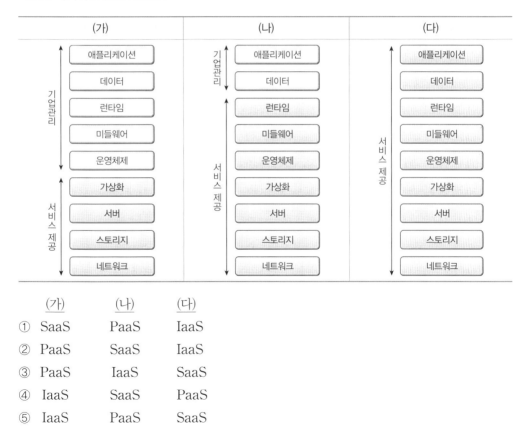

	(가)	(나)	(다)
①	SaaS	PaaS	IaaS
②	PaaS	SaaS	IaaS
③	PaaS	IaaS	SaaS
④	IaaS	SaaS	PaaS
⑤	IaaS	PaaS	SaaS

정답과 해설 P.48

실전모의고사 3회

정답과 해설 ● P.56

[01~02] 다음 글을 읽고 물음에 답하시오.

대미달러 환율이 2008년 글로벌 금융위기가 한창 진행됐던 수준까지 오르고 있다. 환율이란 기본적으로 양국 통화의 교환비율로, 예를 들어 대미달러 환율은 미국 1달러가 우리나라 몇 원에 해당하느냐를 의미한다. 따라서 대미달러 환율이 상승하는 것은 원화 가치가 하락하고, 환율이 하락하면 원화가치가 상승하는 것을 의미한다. 따라서 일반적으로 환율이 상승하면 수출업자는 수출품의 가격 경쟁력이 높아져 유리하지만, 수입업자는 수입가격 상승으로 불리하게 작용한다.

최근에는 미국의 연방준비은행이 기준금리를 인상하고 국채 등의 채권매입을 중단하는 등 강력한 통화긴축을 추진하고 있다. 이에 따라 미국의 금리가 타국의 금리에 비해 높아, 미국의 달러는 우리나라 원화만이 아니라 유로나 엔화 등 세계 주요국의 통화에 대해서도 급속히 상승하는 추세를 보이고 있다. 환율은 자금의 유출입이 자유로운 상황에서는 동일한 통화로 표시한 수익률이 같아지도록 환율이 결정된다는 금리평가설이 기본이 된다. 즉, 어떤 국가의 금리가 상승하면 그 나라로 자금이 몰려 그 나라의 통화가치는 상승하게 된다. 미국의 금리가 다른 국가의 금리보다 빠르게 증가하고 있기 때문에, 미국 달러의 가치가 큰 폭으로 상승하고 있는 것이다. 올해 들어 미국의 달러는 외국의 주요 통화에 비해 평균으로 10% 이상 상승하고 있는데, 이는 주로 미국의 금리가 빠르게 상승하고 있다는 사실에 기인한다.

미국의 달러가치 상승, 원화의 환율 상승으로 인해 일반적으로 발생하는 수출 증대효과는 크지 않다. 이는 경쟁 대상국들의 통화도 비슷한 수준으로 가치가 하락하고 있기 때문이기도 하지만, 무엇보다 러시아의 전쟁과 중국의 제로 코로나 정책으로 세계경제가 좋지 못하기 때문이다. 또한 자금이 미국으로 집중되는 과정에서 스리랑카, 파키스탄 등 신흥개도국들은 경제위기를 겪게 되며 세계경제를 더욱 불안하게 하고 있다. 특히 환율 상승은 우리나라처럼 외국에 경제 의존도가 높은 국가에서는 수입물가를 상승시켜 인플레이션을 높여 임금상승 – 인플레이션의 악순환이라는 부정적인 효과를 야기한다.

따라서 우리나라의 입장에서는 환율을 안정시키는 것이 매우 중요하다. 이를 위해서는 무엇보다 한국은행의 기준금리를 미국의 기준금리에 맞춰 높이는 일이 시급하다. 물론 기준금리 인상은 가계부채가 높은 상황에서 부작용도 있을 수 있지만, 환율 안정과 이를 통한 거시경제관리라는 측면에서는 매우 중요한 과제이다. 특히 소규모 국가로서 자본시장이 완전히 개방된 상황에서 외국과의 금리 차이는 예상치 못한 자본유출을 가져와 환율불안정을 가속화시킬 수 있다. 따라서 현재의 상황에서 환율안정을 위해서는 미국과의 통화정책 조화가 필수적이라 할 수 있다.

1 주어진 글에 대한 설명으로 적절하지 <u>않은</u> 것을 고르면?

① 환율을 안정시키기 위해 우리나라의 상황에서는 미국과의 통화정책 조화가 필수적이다.

② 금리평가설에 따르면, 어떤 국가의 금리가 상승하면 그 나라의 통화가치는 상승하게 된다.

③ 환율의 상승으로 인해 미국의 물건을 수입하는 우리나라 수입업자는 수입가격 상승으로 불리하게 작용한다.

④ 미국의 달러가치가 상승하면 대외 의존도가 높은 국가들은 인플레이션이 높아져 악순환이 반복될 수 있다.

⑤ 외화 대비 원화의 환율이 상승하더라도 수출 증대효과가 크지 않은 것은 경쟁 대상국들의 통화도 비슷한 수준으로 가치가 상승하기 때문이다.

2 [보기]는 주어진 글을 읽고 난 후 진행한 L은행의 회의 내용이다. 주어진 윗글을 바탕으로 추론한 내용이 적절하지 <u>않은</u> 것을 고르면?

> **보기**
>
> • A: 이번 미국의 기준금리 인상으로 우리나라의 원화 가치가 하락할 것으로 예상됩니다. 우리 L은행에서 어떤 점을 고려해야 할까요?
> • B: 한국은행에서도 기준금리를 인상시킬 가능성이 높습니다. 이에 따라 개인의 부채가 높은 경우에는 이자 등을 감당하기 어려울 수 있으니 이에 대비해야 할 것 같습니다.
> • C: 맞습니다. 그뿐만 아니라 일반적으로 환율이 상승하면 수출 기업에 유리한데, 현재는 전쟁 등의 여파로 수출 증대효과가 높지 않습니다. 따라서 수출을 중심으로 하는 기업들의 대출금 상환에 대한 리스크를 분석할 필요가 있습니다.
> • D: 그렇지만 가계부채가 높은 우리나라의 형편상 한국은행이 기준금리를 인상하기 부담스러울 수 있습니다. 오히려 자본시장이 완전히 개방되어 있다는 점을 고려해 우리 L은행의 여유 자금을 해외에 투자하는 것이 더 적절할 수 있습니다.
> • E: 리스크를 관리하기 위해서는 오히려 환율 불안정이 가속화될 상황에 대비하는 것이 더 낫지 않을까요? 대출금 이자에 대한 상황이 어려워지면 결국 개인과 기업의 파산이 우리 L은행의 손해로 이어질 수 있습니다.

① A   ② B   ③ C   ④ D   ⑤ E

임베디드 금융이란 비금융회사가 금융서비스 중개 또는 판매 차원을 넘어 정보기술(IT)·디지털기술을 이용해 아예 자체 플랫폼에 내장하는 것을 말한다. 예컨대 온라인쇼핑이나 헬스케어 같은 비금융 플랫폼이 본연의 서비스 외에 결제, 대출 등 금융서비스를 내장해서 고객에게 더 높은 만족도를 제공하는 게 대표적 사례다.

미국 자산관리회사 라이트이어캐피털에 따르면 글로벌 임베디드 금융시장은 5년 동안 연평균 60% 이상 성장했고, 2025년에는 2,298억 달러(약 265조 원)에 이를 것으로 전망된다. 가장 활발한 소비자결제(B2C)는 임베디드 금융 침투율이 15%에서 29%로 거의 두 배 상향될 것으로 분석된다.

이와 같은 초고속 성장에 대한 배경은 무엇일까. 전문가들은 코로나19로 소비 형태가 온라인으로 바뀌면서 비대면 금융서비스, 즉 핀테크를 더 빠르고 간편하게 이용하려는 수요가 급증한 점을 꼽는다. 또 디지털 기술 발달, 금융 규제 완화 등도 요인으로 꼽힌다. 특히 기술개발 비용 절감과 효율성을 높여준 클라우드컴퓨팅, 개방형 API 기술 활용이 임베디드 금융 급성장에 큰 역할을 하고 있다는 평가다.

그럼 어떤 효과를 기대할 수 있을까. 무엇보다 소비자가 구매와 동시에 결제 등 금융서비스를 싸고 간편하게 받을 수 있다는 것이 핵심이다. 비금융플랫폼 회사는 고객 충성도 제고와 기반 확장을 기대할 수 있고, 금융서비스 내장을 위한 투자비용과 시간도 절약할 수 있다. 금융플랫폼 회사도 비금융플랫폼 고객 기반 활용과 새로운 수익 창출이란 점에서 플러스 효과가 많다는 의견이다.

[A사원의 보고서]
- 주제: 임베디드 금융의 정의
- 배경
  ① 코로나19로 핀테크 수요 증감
  ② 디지털 기술 발달, 금융 규제 완화
- 효과
  ① 소비자: 금융서비스를 저렴하고 간편하게 받을 수 있음
  ② 판매자: 고객 충성도 제고 및 투자 비용과 시간 절감

[B팀장의 피드백]

① 글의 내용이나 구성상 빠진 것은 없고 ② 주제가 글 내용을 함축하도록 '임베디드 금융의 성장과 기대효과'로 수정하고 배경의 첫 번째 ③ 수요 증감에서 증감이라는 단어는 많아지거나 줄어진다는 의미이므로 증가나 급증이란 단어로 수정하세요. ④ 디지털 기술 발달에 대한 내용이 급성장에 가장 큰 역할을 했다는 내용이 있으니 그 부분을 조금 더 설명해서 '디지털 기술(클라우드컴퓨팅, 개방형 API), 금융 규제 완화'로 수정하고 ⑤ 효과 부분에서 판매자는 비금융플랫폼 회사의 효과만 있으니 비금융과 금융플랫폼 회사로 구분하여 금융플랫폼 회사의 효과를 추가하도록 하는 것이 좋겠습니다.

○ 목적: 생산에서 판매단계까지 안전관리체계를 구축해 소비자에게 안전한 농산물을 공급

○ 신청 자격: 개별생산농가 및 생산자단체 등

○ 신청 기관: 농산물품질관리원장이 지정한 농산물우수관리인증기관에 신청

○ 신청 시기: 우수관리인증을 받으려는 자는 신청대상 농산물이 인증기준에 따라 생육 중인 농산물로서 최초 수확 예정일로부터 1개월 이전에 신청하여야 하며, 동일한 재배포장에서 인증기준에 따라 생산계획 중인 농림산물도 신청할 수 있다. 동일 작물을 연속하여 2회 이상 수확하는 경우에는 생육기간의 2/3가 경과되지 않은 경우에 신청할 수 있다. 이때 생육기간이라 함은 파종일로부터 수확 완료일까지의 기간을 말한다. 버섯류 및 새싹채소 등 연중 생산이 가능한 작물인 경우는 위의 규정을 따르지 않을 수 있다. 단, 인증신청 시 재배포장(재배사)에 신청 대상 농산물이 생육 중이어야 한다. 인삼이 생육 중인 재배포장이 있으면 유효기간 이내에 인삼 식재를 위한 예정지도 신청할 수 있다.

○ 일반 작물 인증의 유효기간: 2년

*예외작물(인삼류 및 약용을 목적으로 생산·유통하는 작물로 동일 재배포장에서 2년을 초과하여 계속 재배한 후 수확하는 품목): 3년

*예외작물과 일반 작물을 동일한 인증으로 신청한 경우의 유효기간은 일반 작물과 동일

○ 대상 품목: 식용을 목적으로 생산·관리하는 농산물

○ 인증 기준: 농산물우수관리기준에 따라 적합하게 생산·관리된 것

○ 신청서 처리기한: 신규 40일간, 갱신 1개월(공휴일 및 일요일 제외)

○ 시정명령 등의 처분 기준

인증농산물이 규격에 미달되거나 해당 표시품의 생산이 곤란하다고 인정하는 때 또는 표시방법을 위반하였을 때에는 시정명령, 판매의 금지, 표시의 정지 또는 인증·등록의 취소 등 필요한 처분을 할 수 있음

행정처분대상	행정처분 기준		
	1차 위반	2차 위반	3차 위반
우수관리기준에 미치지 못한 경우	표시정지 1개월	표시정지 3개월	표시정지 6개월

○ 농산물우수관리인증의 취소 및 표시정지에 관한 처분 기준

인증기관은 우수관리인증을 한 후 우수관리기준을 지키는지 조사·점검 등의 과정에서 다음 각 호의 사항이 확인되면 우수관리인증을 취소하거나 표지정지를 할 수 있음

위반행위	위반횟수별 처분기준		
	1차 위반	2차 위반	3차 위반
거짓이나 그 밖의 부정한 방법으로 우수관리인증을 받은 경우	인증취소	—	—
우수관리기준을 지키지 않은 경우	표시정지 1개월	표시정지 3개월	인증취소

전업·폐업 등으로 우수관리인증농산물을 생산하기 어렵다고 판단되는 경우	인증취소	−	−
우수관리인증을 받은 자가 정당한 사유 없이 조사·점검 또는 자료제출 요청에 응하지 않은 경우	표시정지 1개월	표시정지 3개월	인증취소
우수관리인증을 받은 자가 법 제6조 제7항에 따른 우수관리인증의 표시방법을 위반한 경우	시정명령	표시정지 1개월	표시정지 3개월
농수산물품질관리법 제7조 제4항에 따른 우수관리인증의 변경승인을 받지 않고 중요 사항을 변경한 경우	표시정지 1개월	표시정지 3개월	인증취소
우수관리인증의 표시 정지 기간 중에 우수관리인증의 표시를 한 경우	인증취소	−	−

① 동일 작물을 연속하여 2회 이상 수확하는 경우 파종일로부터 최초 수확 예정일까지 2/3가 경과되지 않은 경우에 우수관리인증을 신청할 수 있다.

② 인삼과 함께 고추를 동일한 인증으로 신청하였다면 고추의 인증 유효기간은 3년이다.

③ 5월 1일에 우수관리인증을 갱신 신청하는 경우 6월 1일 전까지 처리해야 한다.

④ 우수관리기준을 지키지 않고 3차 위반을 한 경우 표시정지 6개월 처분을 받는다.

⑤ 우수관리인증을 받은 자가 법 제6조 제7항에 따른 우수관리인증의 표시방법을 2차 위반하고 1개월 이내에 우수관리인증의 표시를 하는 경우 인증취소 처분을 받는다.

05 N은행에서는 직원들을 대상으로 '보이스피싱 사기 예방 교육'을 이수하도록 하였다. 교육 일정과 직원 A, B의 일정이 다음 [표]와 같을 때, 직원 A가 월요일에 수강하는 강의와 B가 수요일에 수강하는 강의로 바르게 짝지어진 것을 고르면?(단, 공문에 나와 있는 조건을 모두 만족한 경우에 교육을 이수한 것으로 하며, 직원 A, B는 일정이 없는 시간에 강의를 수강할 수 있다.)

보이스피싱 사기 예방을 위한 교육 이수 안내

■ 개요

　보이스피싱 사기 행각이 더욱 교묘해짐에 따라 고객들의 보이스피싱 사기 예방과 안전한 금융거래에 도움을 주기 위하여 보이스피싱 관련 교육을 이수하도록 한다.

■ 교육 일정

월요일		화요일		수요일	
강의명	강의시간	강의명	강의시간	강의명	강의시간
최신 피싱정보	09:00~10:00	피해구제신청	09:00~10:00	채권추심업무	09:00~11:00
노년 대상 보이스피싱	10:00~11:00	최신 피싱정보	10:00~11:00	피해구제신청	11:00~12:00
피해구제신청	11:00~12:00	파밍 사기	11:00~12:00	보이스피싱 예방서비스	14:00~15:00
채권추심업무	14:00~16:00	노년 대상 보이스피싱	14:00~15:00	스미싱 사기	15:00~16:00
보이스피싱 예방서비스	16:00~17:00	보이스피싱 예방서비스	15:00~16:00	최신 피싱정보	16:00~17:00

■ 교육 이수 지침
- 5개의 서로 다른 강의를 이수해야 한다.
- 과장은 채권추심업무 강의를 반드시 이수해야 한다.
- 모든 직원은 최신 피싱정보 강의를 반드시 이수해야 한다.
- 모든 직원은 피해구제신청 강의를 반드시 이수해야 한다.
- 동일한 강의는 두 번 이상 수강할 수 없다.
- 하루에 강의를 최대 2시간 수강할 수 있다.
- 강의는 처음부터 끝까지 수강하는 경우에 이수한 것으로 한다.

[표] 월요일~수요일 직원 A, B의 근무 일정

구분	직급	월요일	화요일	수요일
A	과장	13:00~17:00 외근	09:00~12:00 외근	15:00~17:00 외근
B	주임	09:00~13:00 외근	09:00~10:00 외근 14:00~17:00 외근	15:00~17:00 외근

	A가 월요일에 수강하는 강의	B가 수요일에 수강하는 강의
①	최신 피싱정보	피해구제신청
②	최신 피싱정보, 노년 대상 보이스피싱	피해구제신청, 보이스피싱 예방서비스
③	최신 피싱정보, 피해구제신청	피해구제신청, 보이스피싱 예방서비스
④	최신 피싱정보, 피해구제신청	피해구제신청
⑤	피해구제신청	피해구제신청, 보이스피싱 예방서비스

06 다음 [그래프]는 은행의 고정이하 여신비율과 대손충당금 적립률에 관한 자료이다. 이에 대한 설명으로 옳지 <u>않은</u> 것을 고르면?

[그래프1] 은행 고정이하 여신비율 추이   (단위: %, 조 원)

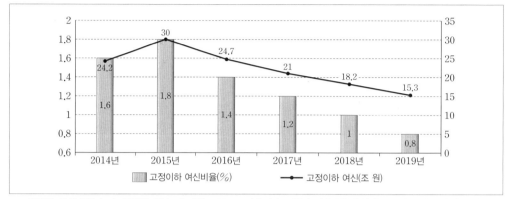

※ 고정이하 여신비율(%)=(고정이하 여신÷총여신)×100%로 계산하며, 비율이 낮을수록 은행이 보유하고 있는 여신의 건전성이 양호하다.

[그래프2] 은행 대손충당금 적립률   (단위: %)

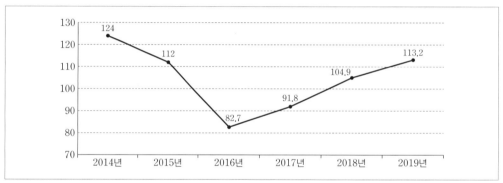

※ 대손충당금 적립률(%)=(총대손충당금 잔액÷고정이하 여신)×100%로 계산하며, 일반적으로 100%를 상회하는 경우 현재의 문제여신이 은행 경영에 크게 영향을 미치지 않는 것으로 판단할 수 있다.

① 고정이하 여신의 추이와 고정이하 여신비율의 증감 추이는 동일하다.

② 2019년 대손충당금 적립률은 5년 전 대비 10.8%p 감소하였다.

③ 은행이 보유하고 있는 여신의 건전성이 가장 양호하지 않은 해에 문제여신이 은행 경영에 크게 영향을 미치지 않았다.

④ 총대손충당금 잔액이 가장 적은 해는 2016년이다.

⑤ 2019년 총여신은 전년 대비 증가하였다.

07 다음 [그래프]는 2019년 OECD 주요 국가의 가계부채비율과 2008년부터 2019년까지 우리나라의 가계부채비율에 관한 자료이다. 이에 대한 설명으로 옳은 것을 고르면?

[그래프1] 2019년 OECD 주요 국가의 가계부채비율   (단위: %)

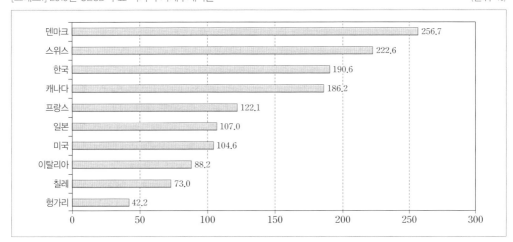

[그래프2] 연도별 우리나라 가계부채비율   (단위: %)

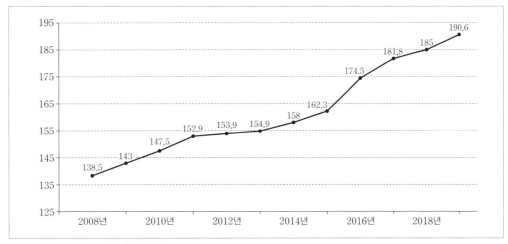

※ 가계부채비율(%)= $\dfrac{(가계부채총액)}{(가구순가처분소득)}$ ×100

① 2019년 OECD 전체 국가 중 가계부채비율이 가장 낮은 국가는 헝가리이다.

② 우리나라 가계부채비율의 전년 대비 증가율은 해마다 꾸준히 증가하고 있다.

③ 2019년 OECD 주요 국가 중 가계부채총액이 가구순가처분소득보다 많은 국가는 3개이다.

④ 우리나라 가계부채비율이 전년 대비 가장 많이 증가한 해에 비율이 11.25%p 증가하였다.

⑤ 우리나라의 2011년 가계부채총액이 1,000조 원이라면 가구순가처분소득은 650조 원 이상이다.

[08~09] 다음 [그래프]는 제지 펄프의 국제 가격 추이와 제지회사 A사의 이익률에 관한 자료이고, [보기]는 제지회사 A, B사에 대한 분석 리포트이다. 이를 바탕으로 질문에 답하시오.

[그래프1] 제지 펄프의 국제 가격 추이 (단위: 달러/톤)

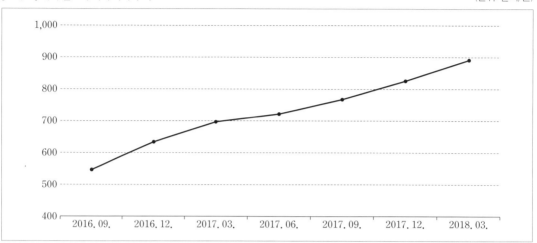

[그래프2] 제지회사 A사의 이익률 (단위: %)

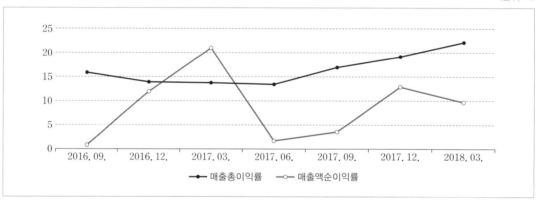

  펄프를 전량 국외에서 수입하여 사용하는 B사의 올해 매출액은 전년 대비 증가했지만 영업이익은 지난해의 절반 수준으로 크게 감소했다. 한편, A사는 국내에 펄프 생산을 겸한 일관화공장을 운영하고 있다. 이곳에서 생산한 펄프 중 일부는 국내·외 업계에 내다 팔고, 나머지는 종이 제조를 위해 자체 소화하고 있다. 펄프가 부족할 경우에는 국외에서 수입하여 사용한다.

8 위의 자료에 대한 설명으로 옳은 것을 고르면?

① B사는 생산한 제지를 모두 국내에만 판매한다.

② A사는 제지 펄프의 국제 가격이 높아질수록 유리하다.

③ B사의 가격탄력성이 1보다 크다면 B사의 매출액은 높아질 것이다.

④ 제지 펄프의 국제 가격 상승에 따른 타격은 B사가 A사보다 클 것이다.

⑤ A사의 매출총이익률과 매출액순이익률은 서로 비례 관계에 있는 것으로 보인다.

9 다음 중 A사의 향후 수익성을 판단하기 위해 추가로 필요한 자료로 볼 수 없는 것을 고르면?

① B사의 향후 매출원가

② A사의 공장 확장 비용

③ 향후 제지 수요 추이

④ 국내 펄프의 향후 공급 추이

⑤ 제지 펄프의 향후 국제 가격 추이

10 다음 내용을 바탕으로 A사가 기획회의로 선택한 요일과 회의실을 고르면?

[A사 관련사항]

- 한국 내 소재를 둔 A사는 외국에 2개의 자회사(B사, C사)를 두고 있음
- B사는 파리, C사는 두바이에 위치
- 시차: 파리는 서울보다 8시간 느림(단, 3~10월은 서머타임으로 시차 한 시간 줄어듦)
  두바이는 한국보다 5시간 느림

[회의 관련사항]

- 안건: 신규사업 기획회의
- 일자: 10월 18~21일 중 협의(1시간 30분 소요 예정)
  ※ 회의는 3개사 근무시간(9~18시)에 이루어짐
- 참여인원: A사(7명, 한 회의실에 모여 회의), B사(2명), C사(1명)
- 회의실은 선착순 예약 시스템으로 이루어짐

[회의실 현황]

구분	a회의실		b회의실		c회의실	
회의 가능 인원	~6명		~8명		~15명	
정규회의	월	영업팀 9~10시	월	본부장 회의 10~12시	월	임원 회의 13~16시
	화	전략 회의 12~13시	화	연구 회의 13~15시	화	사업 회의 16~17시
	수	–	수	영업팀 16~18시	수	마케팅팀 14~16시
회의관련 특이사항 (18~21일)	1) 본부장 회의 회사 행사로 인해 당일 15시 이후로 연기(2시간) 2) 회의 추가: 영업팀 외부 미팅(c회의실, 월요일 11시~12시) 인사총무팀 미팅(b회의실, 수요일 10~11시)					

① 월, a회의실 ② 월, b회의실 ③ 화, b 회의실
④ 화, c회의실 ⑤ 수, b회의실

[11~12] 다음 [표]는 연도별 상장회사의 영업이익, 순이익, 종업원 수와 전년 대비 2017년 종업원 수의 증감폭이 가장 큰 상위 5개 상장회사에 관한 자료이다. 이를 바탕으로 질문에 답하시오.

[표1] 연도별 상장회사의 영업이익, 순이익, 종업원 수 (단위: 조 원, 만 명)

구분	2014년	2015년	2016년	2017년
영업이익	91.0	102.2	123.0	157.7
순이익	61.0	63.6	81.8	114.6
종업원 수	123.8	126.2	126.0	125.2

[표2] 전년 대비 2017년 종업원 수의 증감폭이 가장 큰 상위 5개 상장회사 (단위: 명)

순위	기업명	증감폭	기업명	증감폭
1	○○오일	−6,732	○○전자	4,195
2	○○해운	−5,232	○○닉스	2,645
3	○○중공업	−5,198	○○화학	1,587
4	○○물산	−3,774	○○생명	1,223
5	○○석유	−2,901	○○전력공사	927

11 위의 자료에 대한 설명으로 옳지 <u>않은</u> 것을 고르면?

① 2017년 상장 공기업들의 종업원 수는 전년보다 1,000명 이하로 증가하였다.

② 조사기간 동안 상장회사의 영업이익과 순이익 증감 추이는 서로 동일하다.

③ 조사기간 동안 상장회사의 종업원 수 대비 영업이익은 매년 증가하였다.

④ ○○전자의 종업원 수가 전체 상장회사 종업원에서 차지하는 비중은 2016년보다 2017년에 더 높다.

⑤ 전년 대비 2017년 종업원 수 감소폭이 가장 큰 상위 5개 상장회사의 종업원 감소폭은 증가폭이 가장 큰 상위 5개 상장회사의 종업원 증가폭보다 크다.

12 다음 중 2017년 상장회사 종업원 수의 전년 대비 증가율과 가장 가까운 값을 고르면?

① −1.2%   ② −0.6%   ③ −0.1%

④ 0.6%   ⑤ 1.2%

ELS는 'Equity Linked Securities'의 약자로, 주가연계증권이라고도 부른다. 주가와 연계되어 수익률이 결정되는 파생금융상품이며, 일반적인 예금 금리보다는 높은 약정 수익률을 추구할 수 있지만, 경우에 따라 투자 원금이 손실될 수도 있는 중수익−중위험 상품이다. ELS의 한 종류인 조기상환 스텝다운 낙인형 상품을 예로 들어 ELS 상품 구조를 파악해 보자.

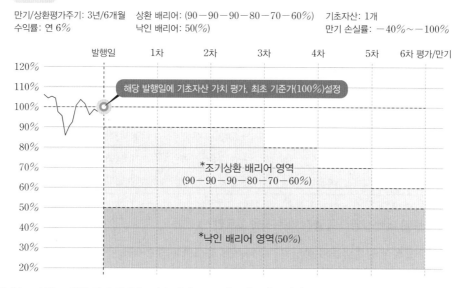

ELS는 보통 1개의 금융상품을 기초자산으로 삼는다. 기초자산은 KOSPI200과 같은 주식시장 지수가 될 수도 있고, 삼성전자 주가와 같은 개별기업의 주식도 가능하다. 기초자산을 무엇으로 할지 결정되었으면, ELS 발행일의 기초자산 가격을 최초 기준가(100%)로 설정한다. 위에서 예시로 든 상품은 만기가 3년짜리이며, 상환평가주기는 6개월이다. 따라서 1차부터 6차까지 총 6번의 상환평가가 있다.

최초 기준가(100%) 아래에는 조기상환 배리어 영역과 낙인 배리어 영역 2개의 구간이 존재한다. 만약 ELS 발행일로부터 6개월이 흘러 1차 상환평가일이 도래했을 때, 기초자산 가격이 조기상환 배리어 영역 위에 머물러 있다면 상품 가입자에게 원금과 약정된 연 6%의 수익금(이 경우 6개월만 운용했으므로 6×0.5=3%)을 지급하고 ELS 상품 운용을 종료한다. 비록 1차 상환평가일이 도래하기 전에 기초자산 가격이 10% 이상 하락하여 조기상환 배리어 영역을 침범하였더라도 상환평가일에만 기초자산 가격이 배리어 영역 위에 있다면 조기상환이 이루어진다.

만약 1차 상환평가일에 기초자산 가격이 10% 이상 하락하여 조기상환 배리어 영역을 침범하였다면, 조기상환되지 않고 2차 상환평가일까지 ELS가 계속 운용된다. 만약 2차 상환평가일에 조기상환 배리어 영역 위까지 기초자산 가격이 회복한다면 1차와 동일하게 원금과 연 6%의 수익금을 지급하고 ELS 상품 운용을 종료한다. 이러한 패턴은 3차까지 유지되다가 4차부터는 조기상환 배리어 기준이 최초 기준가의 80%, 5차에서는 70% 수준으로 다소 완화된다. 이렇게 뒤로 갈수록 조기상환 기준이 낮아지는 형태를 스텝다운이라고 부른다. 만약 5차까지 조기상환에 실패하였다면, 상품 만기일인 6차 상환평가일에는 조기상환 배리어 영역이 아닌 낙인 배리어로 기준선이 바뀐다. 만기일에 기초자산 가격이 낙인 배리어 영역 위에 해당하는 50% 이상만 보존된다면, 원금과 함께 연 6%의 수익금(이 경우

3년을 운용했으므로 6×3＝18%)을 지급한다. 그런데 만약 그동안 조기상환에는 실패했어도 낙인 배리어는 침범하지 않으면서 만기까지 왔는데, 하필이면 만기에 낙인 배리어를 아래로 뚫어버리면 그때는 기초자산 하락분 전체를 손실로 떠안게 된다. 예를 들어 만기에 기초자산 가격이 최초 기준가 대비 40%까지 떨어졌다면, 손실률은 60%가 된다.

지금까지는 기초자산 가격이 만기 전까지 낙인 배리어를 단 한 번도 뚫지 않은 경우(낙인 미진입)만을 다루었다. 그러나 ELS 발행일 이후로 기초자산 가격이 단 한 번이라도 최초 기준가 대비 50% 이상 하락하여 낙인 배리어 영역을 침범하면(낙인 진입), 상품의 규칙이 약간 바뀐다. 일단 낙인에 진입하여도, 1~5차 상환평가일에 기초자산 가격이 조기상환 배리어 위에만 있다면 낙인 미진입과 마찬가지로 원금과 연 6%의 수익금을 지급하고 ELS 상품 운용을 종료한다. 문제는 만기까지 한 번도 조기상환 조건을 충족하지 못한 경우이다. 낙인 미진입 시에는 만기에 원금 보장 기준선이 낙인 배리어였지만, 낙인 진입 시에는 만기에 원금 보장 기준선이 조기상환 배리어로 높아진다. 따라서 만기에 기초자산 가격이 최초 기준가의 55% 수준이라면, 낙인 미진입 시에는 원금과 연 6%의 수익금을 얻을 수 있지만 낙인 진입 시라면 45%의 원금 손실이 발생한다.

13 위의 금융상품에 대한 설명으로 옳지 <u>않은</u> 것을 고르면?

① 조기상환 스텝다운 낙인형 ELS는 만기가 있어도 중간에 상품 운용이 종료될 수 있다.

② 조기상환 스텝다운 낙인형 ELS는 시간이 흐를수록 조기상환 기준이 낮아지는 특징을 가지고 있다.

③ 조기상환 스텝다운 낙인형 ELS는 수익률이 다소 제한적이지만, 손실률은 100%까지 열려 있는 상품이다.

④ 조기상환 스텝다운 낙인형 ELS에서 기초자산 가격이 낙인 배리어 영역 아래로 낮아진 적이 있다면 조기상환은 불가능하다.

⑤ 조기상환 스텝다운 낙인형 ELS에서 기초자산 가격이 낙인 배리어 영역 아래로 낮아진 적이 있더라도 원금이 보존될 수 있다.

14 다음 [표]와 [그래프]는 조기상환 스텝다운 낙인형 ELS 상품 정보 및 S&P500 가격 변동에 관한 자료이다. 이를 바탕으로 ELS 상품 운용 결과로 옳은 것을 고르면?(단, S&P500 가격은 제시된 [그래프]의 꺾은선 형태로만 움직였다고 가정한다.)

[표] 조기상환 스텝다운 낙인형 ELS 상품 정보

만기/상환평가주기: 3년/6개월	기초자산: S&P500
상환 배리어: 90-90-80-80-70-70(%)	최초 기준가: 4,000
낙인 배리어: 50(%)	수익률: 연 10%
발행일: 2020. 01. 01	만기 손실률: −30% ∼ −100%

[그래프] S&P500 가격 변동

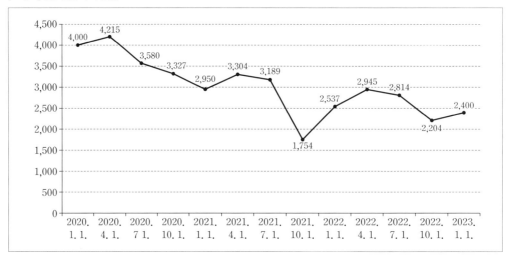

① 만기에 40%의 손실이 발생한다.

② 만기에 60%의 손실이 발생한다.

③ 만기에 원금과 30%의 수익금을 얻는다.

④ 조기상환에 성공하여 원금과 15%의 수익금을 얻는다.

⑤ 조기상환에 성공하여 원금과 25%의 수익금을 얻는다.

15 다음 글을 읽고 추론한 내용으로 적절하지 <u>않은</u> 것을 고르면?

> CBDC는 실물 명목화폐를 대체하거나 보완하기 위해 중앙은행이 직접 발행하는 디지털화폐를 뜻하며, 발행 대상에 따라 일반적인 소액결제용과 금융기관 간 거액결제용으로 구분할 수 있다. CBDC는 전자적 방식으로 구현되어 현금과 달리 익명성을 제한할 수 있고, 이자 지급이 가능하며, 보유한도 설정 및 이용시간 조절도 가능하다.
>
> CBDC와 관련된 논의는 과거에도 있었으나, 최근 분산원장기술의 발전과 암호자산의 확산 등을 계기로 이에 대한 논의가 급격히 활성화되었다. 특히 인구가 적고 현금 이용 감소에 따른 부작용 발생 우려가 있거나, 금융 포용 수준이 낮은 특수 환경에 처한 일부 국가들이 CBDC 발행을 보다 적극적으로 검토하고 있다. 스웨덴은 현금 이용이 크게 감소하여 일부 민간 전자지급 수단에 대한 의존도가 심화되었고, 그 결과 지급 서비스 시장 독점의 문제가 발생하여 이를 해결하기 위해 CBDC 발행을 검토하고 있다. 우루과이, 튀니지 등은 지급 결제 인프라가 미비하여 국민들이 금융 서비스에 쉽사리 접근하지 못하는 상황을 타개하기 위하여 CBDC 발행을 고려하고 있다.
>
> 2019년에 중국은 CBDC를 발행한다고 공식 발표하였으며, 튀르키예 중앙은행이 CBDC 발행 계획을 2019~2023 경제 로드맵에 포함시켰다. 노르웨이 중앙은행, 태국 중앙은행, 러시아 중앙은행도 CBDC 발행을 낙관적으로 검토하고 있다고 밝힌 바 있다.
>
> 스웨덴은 입출금과 계좌이체, 지급결제 등이 모두 가능한 디지털화폐 'e-크로나'를 본격적으로 개발하고 있으며, 영국과 EU, 캐나다와 일본 등 주요국 중앙은행들도 전담반을 꾸리는 등 CBDC 연구에 적극 나서고 있다. 한국은행도 이러한 국제 이슈에 대응하고자 CBDC 연구·기술팀을 신설하였으며, CBDC의 기술적 구현 가능성을 검증하는 과정을 끝내고 상용화 검증을 앞두고 있고, 그 이후에는 CBDC 시범 운영을 시행할 계획이다. 국제적 흐름에 따라 기축 통화인 달러를 발행하는 미국마저 CBDC 발행 계획이 없다는 기존 입장을 뒤집고 디지털화폐 연구를 강화하겠다고 밝혔다.

① 우리나라는 아직 CBDC를 발행·유포하지 않았다.

② 미국은 CBDC 발행에 대해 유보적인 입장이었다.

③ CBDC가 도입되면 불법자금 및 지하경제 문제가 완화될 수 있다.

④ 스웨덴은 현금 이용 감소에 따른 부작용을 극복하고자 'e-크로나'를 개발하고 있다.

⑤ CBDC는 우루과이나 튀니지처럼 금융 인프라가 충분히 발달하지 않은 국가에서는 실효성이 없다.

NH 모바일 전세대출

특징	신규 입주 시 전세자금 또는 전세기간 중 생활자금을 서울보증보험 보험증권 담보로 최대 5억 원까지 지원받을 수 있는 전세대출상품(모바일 전용 가입상품)
대출 대상	부동산 중개업소를 통해 임대차계약을 체결하고 5% 이상의 계약금을 지급한 임차인으로, 소득 대비 금융비용부담률(DTI)이 40% 이내이며 서울보증보험(주)의 개인금융신용보험증권 발급이 가능한 개인 고객(개인사업자, 기타소득자 취급 불가) ※ 금융비용부담률: 연소득 대비 총부채(본 상품 신청금액 포함)의 연간 이자 상환 금액 비율 ※ 대출 대상 주택: KB시세가 조회되는 아파트
대출기간	1년 이상 2년 이내(생활자금은 임대차계약 잔여기간이 1년 미만일 시 취급 불가)
대출한도	최대 5억 원 이내

대출금리		기준금리(A)		가산금리(B)	우대금리(C)	*최종금리(A+B−C)
	당행 기준금리 고정		연 2.01%	연 1.97%	최대 0.80%	연 3.18~3.98%
	월중신규 COFIX 6개월 변동		연 1.62%	연 2.07%	최대 1.00%	연 2.69~3.69%

* 주택전세자금의 경우 주택신보출연료 0.22%p 가산

우대금리	1) 거래실적우대(가입 기간 중 충족 시) • 당행 신용카드 100만 원 이상 사용(3개월): 0.20%p • 당행 급여이체(매월): 0.20%p • 자동이체 처리(매월) 5건 이상: 0.20%p • 당행 펀드상품 20만 원 이상 이체(매월): 0.20%p 2) 기타 우대(가입 시점에 충족 시) • 상위 신용등급 3등급 이상/4등급: 0.10%p/0.05%p • 하나로고객 탑클래스/골드: 0.10%p/0.05%p • 올원뱅크 가입 고객: 0.10%p
상환 방법	만기 일시 상환
중도 상환	중도 상환 해약금＝중도 상환 금액×0.8%×(잔여기간÷대출기간)

[A씨의 문의]

안녕하세요, 전세 신규 입주를 위해 전세자금을 대출받으려고 하는데요. 궁금한 게 있습니다. KB시세라는 걸 처음 들어보는데 관련 내용 설명 부탁드리고요. 대출금리 규정에서 당행 기준금리 고정과 월중 신규 COFIX 6개월 변동이라는 게 도대체 무슨 말인지 모르겠습니다. 그리고 만기 일시 상환이면 대출 기간 동안에는 돈을 안 드리다가 만기 때 모든 원리금을 한꺼번에 드리면 되는 건가요? 마지막으로 대출과 관련된 다른 기타 비용에 대해서도 말해주세요.

[농협 직원의 답변]

안녕하세요, 고객님! 말씀해주신 문의에 답변해드리겠습니다.

KB시세는 KB부동산 리브온에서 제공하는 부동산 시세 정보입니다. KB시세에서 검색이 되지 않을 경우 자체적으로 감정평가를 해야 하므로 미등기 아파트나 아파트 외 주택은 대출 대상에서 제외되고 있는 점 양해 부탁드립니다.

당행 기준금리 고정은 간단하게 말씀드리면 고정금리로, 대출 실행 시 결정된 금리가 약정기간 동안 동일하게 적용됩니다. 그리고 월중신규 COFIX 6개월 변동은 변동금리로, 대출 약정기간 내 기준금리가 변경될 경우 당해 대출금리가 변경되는 금리로서 6개월 단위로 대출금리가 변동될 수 있습니다. 만기 일시 상환은 대출기간 동안 매월 이자만 납부하시다가 만기일에 원금과 마지막 이자를 일시에 상환하는 형식이므로, 매월 이자는 부담하셔야 합니다.

마지막으로 대출 시 따로 인지세를 납부하셔야 하는데요. 인지세란 인지세법에 의해 대출 약정 체결 시 납부하는 세금으로, 대출 금액에 따라 차등 적용되어, 각 50%씩 고객님과 농협은행이 부담하게 됩니다. 대출 금액에 따른 인지세는 다음과 같습니다.

대출 금액	인지세
5천만 원 이하	비과세
5천만 원 초과 1억 원 이하	7만 원
1억 원 초과 10억 원 이하	15만 원
10억 원 초과	35만 원

16 위의 금융상품에 대한 설명으로 옳지 <u>않은</u> 것을 고르면?

① 신용등급이 높으면 우대금리 적용 시에 항상 유리하다.

② 전세 계약 기간이 8개월 남은 상황에서는 이용할 수 없는 상품이다.

③ 연립주택이나 다세대주택으로 이사 갈 때는 이용할 수 없는 상품이다.

④ 개인 간 거래로 임대차계약을 체결했다면 이용할 수 없는 상품이다.

⑤ 향후 기준금리 상승이 예상된다면 당행 기준금리 고정으로 대출을 받는 것이 유리할 수 있다.

17 [보기]의 A씨는 위의 금융상품을 이용하려고 한다. 이때 A씨의 현 상황을 바탕으로 최대 대출 가능 금액과 최대 금액 대출 시 A씨가 납부해야 하는 인지세를 고르면?(단, DTI 계산 시 기타 우대금리만 적용한다.)

[A씨의 현 상황]
- 연소득 5,000만 원
- 상품 가입 전 매년 1,500만 원의 이자비용 지출 중
- 당행 기준금리 고정, 대출기간 2년
- 신용등급 3등급
- 하나로고객 탑클래스
- 가입 기간 중 농협 신용카드 3개월간 100만 원 이상 사용 예정
- 가입 기간 중 농협 급여통장에 매월 급여이체 예정
- 가입 기간 중 농협 펀드상품에 매월 150,000원 이체 예정

※ $DTI = \dfrac{(전세대출액) \times (대출금리)}{(연\ 소득)}$

	최대 대출 가능 금액	인지세
①	1억 2,500만 원	75,000원
②	1억 2,500만 원	150,000원
③	1억 3,228만 원	75,000원
④	1억 3,228만 원	150,000원
⑤	1억 3,889만 원	150,000원

18 의류를 수입해서 판매하는 사업을 운영하는 김 씨는 의류를 수입해올 때 구입비의 10%를 세금으로 납부한다. 김 씨는 의류의 원가를 의류 구입비+세금으로 책정하고, 이익이 30%가 되도록 정가를 매기려고 한다. 김 씨가 한 벌에 400달러짜리 의류를 구입하여 우리나라에서 판매할 때, 이 의류 한 벌의 정가는 얼마인지 고르면?(단, 1,000원은 0.8달러이다.)

① 625,000원 ② 680,500원 ③ 700,000원
④ 702,500원 ⑤ 715,000원

19 다음 [그림]과 [표]는 '가'도시의 A~H서점 위치와 거리에 관한 자료이다. 김 씨는 한정판 도서를 구매하고자 H서점을 출발하여 모든 서점을 방문하고자 한다. 김 씨는 시간당 5km를 이동한다고 할 경우 이동 거리가 가장 길 때와 짧을 때의 이동 시간 차이를 고르면?(단, 이미 지난 서점은 다시 지날 수 없다.)

[그림] '가'도시의 서점 연결 지도

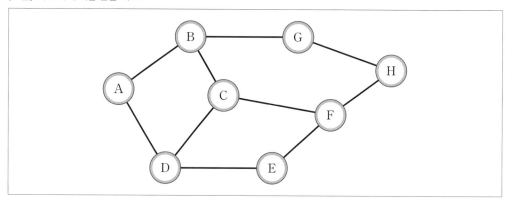

[표] 각 서점 간 거리 (단위: km)

구분	B	C	D	E	F	G	H
A	27		41				
B		19				25	
C			30		34		
D				38			
E					23		
F							15
G							24

① 1.6시간   ② 1.8시간   ③ 2.0시간

④ 2.2시간   ⑤ 2.4시간

20 다음은 재개발 시 관리처분계획 전 조합원의 분담금 산정 방식에 대한 자료이다. 조합원 A씨의 분담금을 책정한 금액으로 옳은 것을 고르면?

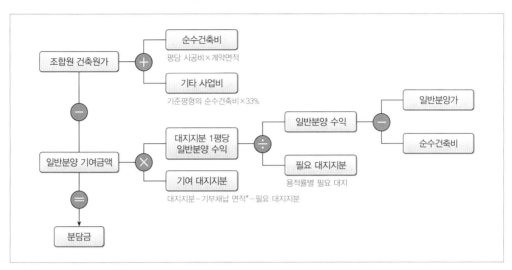

(*기부채납 면적＝대지지분×기부채납비율)

[조합원 A씨]
- 보유 대지지분: 15평
- 기부채납비율: 5%
- 희망 조합원 분양 평형: 26평형
- 26평의 계약면적: 45평
- 26평형의 필요 대지지분: 11.25평
- 평당 시공비: 300만 원/평
- 26평형의 일반분양가(예상): 4억 8,000만 원

① 87,250,000원 ② 87,350,000원 ③ 87,450,000원
④ 87,550,000원 ⑤ 87,650,000원

21 다음은 무주택자를 대상으로 하는 대출 상품에 대한 내용이다. 주어진 자료를 바탕으로 옳은 것을 고르면?(단, 결혼예정자는 부부로 보며, 언급하지 않은 사항은 고려하지 않는다.)

- **대출대상**

  다음 2가지 조건을 모두 만족한 가구
  - 세대주와 세대원 전부 무주택자
  - 단독세대주의 경우 본인 연봉 5천만 원 이하, 단독세대주가 아닌 경우 부부합산 연봉 6천만 원 이하

- **만기별 기본금리**

연봉 기준	만기별 금리			
(부부인 경우 합산)	10년	15년	20년	30년
2천만 원 이하	4.25%	4.35%	4.45%	4.55%
2천만 원 초과 4천만 원 이하	4.55%	4.65%	4.75%	4.85%
4천만 원 초과	4.85%	4.95%	5.05%	5.15%

  ※ 수도권(서울, 인천, 경기) 아파트 구매를 위한 대출인 경우 0.5~1.0%p 금리 가산(아파트 가격 5억 원 미만 0.5%p, 5억 원 이상 1.0%p)

- **우대금리 적용조건**
  - 다자녀가구 0.5%p, 다문화가구·장애인가구·신혼가구(결혼 기간 만 7년 미만, 결혼예정자 포함) 각각 0.2%p씩 금리 우대(대출기간 중 위 우대금리 조건에 해당하게 된 경우에도 우대금리 적용 가능)
  - 본인 또는 배우자 명의의 주택청약저축에 가입 중인 경우 0.1~0.2%p 금리 우대(12회 이상 납입한 경우 0.1%p, 36회 이상 납입한 경우 0.2%p)
  - 우대금리 적용 결과 최종 대출금리가 3.9% 이하인 경우에는 3.9% 적용

① 단독세대주 A(무주택자, 연봉 5,500만 원, 주택청약저축 40회 납입)가 부산에 5억 5천만 원짜리 아파트를 구매하기 위해 15년 만기로 대출을 받은 경우 4.75%의 금리로 대출이 가능하다.

② 신혼부부인 B(무주택자, 연봉 4,000만 원, 주택청약저축 180회 납입)와 C(무주택자, 연봉 3,500만 원, 주택청약저축 80회 납입)가 대전에 4억 원짜리 아파트를 구매하기 위해 30년 만기로 대출을 받은 경우 4.75%의 금리로 대출이 가능하다.

③ 서로 결혼 예정인 D(무주택자, 연봉 3,000만 원, 주택청약저축 24회 납입)와 E(무주택자, 연봉 2,500만 원, 주택청약저축 없음)가 서울에 6억 원짜리 단독주택을 구매하기 위해 15년 만기로 대출을 받은 경우 5.65%의 금리로 대출이 가능하다.

④ 결혼 10년차이자 다자녀가구 세대주인 F(무주택자, 연봉 2,000만 원, 주택청약저축 없음)와 G(무주택자, 소득 없음, 주택청약저축 없음)가 인천에 2억 원짜리 아파트를 구매하기 위해 10년 만기로 대출을 받은 경우 3.9%의 금리로 대출이 가능하다.

⑤ 부모로부터 4억 원(증여세 차감 후)의 현금을 물려받은 단독세대주 H(무주택자, 연봉 1,500만 원, 주택청약저축 40회 납입, 장애인)가 충청남도에 5억 원짜리 아파트를 구매하기 위해 10년 만기로 대출을 받은 경우 3.9%의 금리로 대출이 가능하다.

최근 비밀번호를 대체하는 생체인식 기술이 급속도로 발전하고 있다. 생체인식 기술은 신체정보를 이용하는 방식과 행위 특성을 이용하는 방식으로 나눌 수 있는데, 신체정보를 이용하는 방식에는 지문 인식, 홍채 인식, 안면 인식 등이 있고, 행위 특성을 이용하는 방식에는 음성 인식, 걸음걸이 인식, 서명 등이 있다. 각각의 특징은 다음과 같다.

지문 인식	지문은 사람마다 모두 다른 고유의 값을 선천적으로 가지고 있으며, 분실의 위험이 없기 때문에 지문 인식은 매우 효과적이며 편리한 방식이다. 그러나 스카치테이프만으로도 지문 정보를 채취 및 복제할 수 있어 보안성 측면에서는 취약한 편이며, 변경이 불가능하기 때문에 보안 정보가 한번 유출되면 인증 정보를 자유롭게 바꿀 수 있는 고전적 보안 체계보다 더 위험에 빠질 수 있다. 따라서 최고 수준의 보안이 요구되는 곳에서는 오히려 지문 인식이 아닌 고전적 보안 체계를 사용하고 있다. 변경 불가능으로 인한 문제점은 지문 인식뿐만 아니라 생체인식 기술의 전반적인 결점으로 지적된다.
홍채 인식	홍채는 사람마다 모두 선천적으로 다른 고유의 값을 가지고 있으며, 분실의 위험이 없기 때문에 매우 효과적이며 편리하다. 또한 광학 또는 초음파 지문 인식은 잘린 손가락으로 보안이 뚫리는 반면, 홍채 인식은 안구 적출 시 신경이 끊어져 홍채가 다른 모양으로 변하기 때문에 보안성 측면에 지문 인식보다 우수하다. 최근에는 기술이 발전하여 콘택트렌즈나 안경을 착용한 상태에서도 문제없이 인식이 가능하지만, 실눈을 뜨거나 짙은 선글라스를 착용하는 등 눈 전체를 노출하지 않으면 인식이 어렵다.
안면 인식	안면 인식은 지문과 홍채와 달리 인식이 되지 않는 경우가 상당히 빈번하다. 머리를 자르거나, 모자를 쓰거나, 화장을 하거나, 표정을 바꾸거나, 세월에 따른 얼굴 변화로 인해 인식하지 못하는 경우가 생긴다. 따라서 안면 인식의 경우 머신러닝에 의한 얼굴 변화 인식이 필수적인데, 높은 비용이 동반된다. 또한 머신러닝으로 이를 극복한다 하여도 급격히 성장하는 청소년이나 사용 빈도가 극히 낮은 경우에는 안면 인식이 적합하지 않다.
음성 인식	음성 인식은 보안의 기능과 함께 비서 서비스도 연동할 수 있다는 장점이 있다. 또한 다른 생체인식 기술과 달리 원거리에서도 신분 확인을 할 수 있으며, 시스템 가격이 상대적으로 저렴하다. 그러나 감기에 걸리거나 목 상태가 좋지 않은 경우, 주변에 큰 소음이 있을 때는 인식률이 떨어지며, 녹취 등에 의한 정보 유출이 일어날 수 있다.
걸음걸이 인식	걸음걸이 인식의 최대 장점은 무자각으로 인증을 진행할 수 있어 사용자의 거부감이 적고 간단하다는 것이다. 온몸을 스캔하지 않고 하반신만 스캔해도 인증이 가능하지만, 옷차림에 따라 인증이 어려운 경우도 발생할 수 있다. 또한 신경이나 근육, 뼈 등에 이상이 발생하여 걸음걸이가 달라지면 인증이 불가능해지는 단점이 존재한다.
서명	서명은 고전적 보안 체계에서도 사용되었지만, 생체인식 기술과 접목되면서 더 간편하고 정확하게 인증이 가능해졌다. 또한 다른 생체인식 기술과는 다르게 언제든지 사인을 변경할 수 있으므로 보안 정보가 유출되더라도 대처가 가능하다. 그러나 연습에 의한 모방이 어느 정도 가능하여 보안성은 다른 생체인식 기술에 비해 떨어지는 편이다.

22 주어진 글에 대한 설명으로 가장 적절한 것을 고르면?

① 음성 인식은 원거리에서도 인식이 가능하지만, 인증 장비가 고가라는 문제점이 있다.

② 서명은 고전적 보안 체계를 한 단계 발전시켜 다른 생체인식 기술에 비해 보안성이 탁월한 편이다.

③ 안면 인식은 인증 정보를 자의적으로 변경할 수 없으므로 보안 정보가 한번 유출되면 큰 위험에 빠질 수 있다.

④ 홍채 인식은 보안성 측면에서 지문 인식보다 우수하지만, 인증할 때마다 콘택트렌즈나 안경, 선글라스를 벗어야 하는 번거로움이 있다.

⑤ 걸음걸이 인식은 옷차림에 관계없이 하반신만 스캔해도 인증이 가능하지만, 신체적인 문제가 발생하여 걸음걸이가 달라지면 인식이 불가능해진다.

23 다음 [보기]의 회의록과 주어진 글을 바탕으로 채택되는 생체인식 기술을 고르면?

> **보기**
>
> • A: 이번 보안 시스템 업데이트 때 새롭게 생체인식 기술을 도입하려고 하는데, 옵션이 여러 가지더군요. 어떤 기술을 도입하는 것이 가장 좋을까요?
> • B: 우리 건물에 왕래하는 사람이 워낙 많으니, 여러 명을 한꺼번에 인식할 수 있는 걸음걸이 인식을 도입하는 것이 어떨까요?
> • C: 임직원 중에 휠체어를 탄 사람들도 더러 있는데 그 사람들은 어떻게 인증하나요? 그리고 행위 특성을 인식하는 방식은 다소 부정확할 수 있으니까 모두 제외하도록 하죠.
> • D: 현장 작업자들은 보안경을 착용하는 경우도 있는데, 색깔이 있는 보안경은 인식이 안 되는 경우도 더러 있다고 합니다. 이런 측면도 고려해야 해요.
> • E: 말씀하신 것들을 모두 고려하되, 비용이 좀 낮은 시스템을 채택하도록 하겠습니다. 예산이 그렇게 여유로운 편이 아니거든요.

① 지문 인식　　　　　　② 홍채 인식　　　　　　③ 안면 인식
④ 음성 인식　　　　　　⑤ 서명

24 다음은 A씨가 소유한 카드(22년 10월 25일 가입)의 상세 설명과 2개월간의 사용한 내역에 대한 설명이다. 이를 바탕으로 12월 13일 결제될 금액은 얼마인가?(단, 결제일 13일은 전월 1일~말일 사용분이 결제된다.)

[올바른 지구카드]

1. 연회비(가입 후 다음 결제일에 청구)

등급	기본	제휴	총연회비
일반	6,000원	9,000원	15,000원

※ 기본연회비는 회원관리(카드 발급, 이용대금명세서 발송 등) 비용으로 청구되는 연회비이며, 제휴연회비는 서비스 제공을 위해 청구되는 연회비임

2. 주요서비스

교통서비스	1) 버스(고속ㆍ시외버스 포함)/지하철/택시/철도(KTX/SRT에 한함) 7% 청구할인 2) 공유모빌리티(렌터카, 쏘카, 그린카, 카카오T바이크) 7% 청구할인
생활서비스	1) 이동통신(SKT, KT, LGU＋ 자동이체 건에 한함) 5% 청구할인(월 1건) 2) 오픈마켓(쿠팡, 11번가, G마켓)/배달앱(배달의 민족, 요기요) 5% 청구할인 3) 스포츠 매장(스포츠 센터, 요가, 수영장, 볼링장 가맹점에 한함) 5% 청구할인
기타	1) 커피전문점(스타벅스, 이디야, 커피빈, 투썸플레이스) 1만 원 이상 결제시 　 1,000원 청구할인(월 2회) 2) 편의점 이용건당 1만 원 이상 결제시 1,000원 청구할인(월 2회) * 기타 항목은 전월 실적에 상관없이 제공됨

3. 전월실적 기준 및 통합할인 한도

교통서비스	40만 원 이상 ~ 80만 원 미만: 1만 원 80만 원 이상: 2만 원	최초 카드 사용등록일로부터 다음달 말일까지 실적이 없는 경우에도 2구간(80만 원 이상) 서비스가 제공됩니다.
생활서비스	40만 원 이상 ~ 80만 원 미만: 5천 원 80만 원 이상: 1만 원	

[A씨의 2개월 간 카드 사용 내역]

2022년 10월

이용일	이용한 곳	이용금액	비고
2022-10-31	지하철 5 건	6,250원	
2022-10-31	버스 6 건	7,200원	
2022-10-31	㈜귀뚜라미에너지	7,490원	자동이체
2022-10-27	코웨이(주)	32,900원	자동이체
2022-10-26	옥션	15,500원	
2022-10-26	스타벅스코리아	10,000원	

2022년 11월

이용일	이용한 곳	이용금액	비고
2022-11-30	지하철 23 건	22,000원	
2022-11-30	버스 9 건	8,000원	
2022-11-30	(주)귀뚜라미에너지	7,100원	자동이체
2022-11-27	코웨이(주)	32,900원	자동이체
2022-11-24	KTX	150,000원	
2022-11-20	쏘카	120,000원	
2022-11-18	배달의 민족	25,000원	
2022-11-17	쿠팡	5,000원	
2022-11-15	스타벅스	15,000원	
2022-11-13	KT	75,000원	
2022-11-10	편의점	3,000원	
2022-11-07	편의점	14,600원	
2022-11-01	스타벅스	25,400원	

※ 자동이체 항목은 비고에 별도 표기

① 473,750원　　② 474,750원　　③ 478,500원

④ 503,000원　　⑤ 520,000원

25 다음 순서도를 통해 출력되는 것을 고르면?

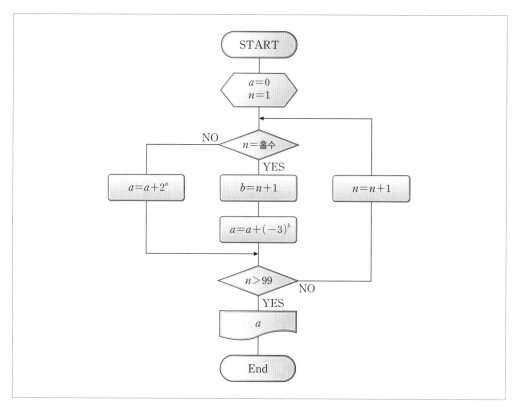

① $(-3)+(-3)^2+(-3)^3+(-3)^4+\cdots+(-3)^{99}+(-3)^{100}$

② $2+2^2+2^3+2^4+\cdots+2^{99}+2^{100}$

③ $-3+2^2+(-3)^3+2^4+\cdots+(-3)^{99}+2^{100}$

④ $-3+2+(-3)+2^3+\cdots+(-3)^{99}+2^{100}$

⑤ $(-3)^2+2^2+(-3)^4+2^4+\cdots+(-3)^{100}+2^{100}$

26 다음 글의 주제로 가장 적절한 것을 고르면?

> 농업은 지형과 기후, 강수량 등 기후적 요인뿐만 아니라 사회·경제적 요인 등의 영향을 많이 받는다. 1960년대 이후 공업이 발달하면서 농업에 대한 투자가 제대로 이루어지지 않아 경쟁력 차이가 나기 시작했고 도시와 농촌의 소득 격차, 생활 기반 시설 부족 현상이 생겨났다. 그 결과 농촌은 경지 이용률 감소, 노동력 부족으로 인한 고령화, 인력난 등의 문제가 나타났다.
>
> 이러한 문제점을 해결하기 위해 국내에서는 농가에 정보통신기술 지역 특화 스마트팜과 같은 복합영농 기술을 지원하여 데이터 기반 스마트 농업 환경을 마련해 농가 소득 증대, 일자리 창출, 농작업의 질 향상 등 지역 경제 발전에 힘쓰고 있다. 빅데이터를 활용한 나라별 농업 현황을 기반으로 국내에서는 현장에 빠르게 스마트팜 보급을 확산하고 교육장 마련과 함께 융복합 영농 기술 전문교육을 추진해 미래의 주역 청년 농업인을 육성하고 있다. 아직까지는 대부분의 농가가 스마트팜 원격제어 시스템만 활용할 뿐 농작물 품질과 생산성 향상을 위한 데이터 활용은 부족한 실정이지만 기업과의 다양한 협업으로 전문성을 키워나감으로써 미래 농업 디지털화에 긍정적인 신호를 일으킬 것으로 기대된다.

① 국내 청년 스마트팜 창업 지원
② 나라별 스마트 농업 현황 비교
③ 국내 스마트 농업 활성화 노력
④ 과거와 현재의 농업 관리 기술 변천사
⑤ 스마트 농업으로 인한 농가 소득 증대

[27~28] 다음 글을 읽고 질문에 답하시오.

> 국내 투자자의 수익률 추구는 금융상품 투자 측면에서 볼 때 신용물 채권, 대체 투자, 해외 투자, 파생결합증권·신용파생상품 등에 대한 투자 증가로 나타나고 있다.
>
> 국내 금융기관의 영업 행태 측면에서는 증권회사, 투자펀드의 위험선호가 일부 강화되고 있는 것으로 나타났다. 은행과 보험회사의 경우 아직까지 위험선호 강화가 나타나지는 않고 있다. 그러나 은행의 경우 예대마진이 축소되고 있고, 보험회사도 수익·비용 역마진이 지속되어 수익률 제고 압력이 증대되면서 위험선호를 강화할 유인이 상존하고 있다. 여기에 주요 기관투자자인 연기금도 공적연금을 중심으로 대체 투자와 해외 투자를 지속적으로 확대하는 등 기금 소진 전망에 따른 수익률 추구 현상이 관찰되고 있다.
>
> 과도한 수익률 추구는 리스크 평가의 관대화로 이어져 리스크 과소평가를 초래할 개연성이 크다. 특히 공정 가치 평가가 용이하지 않은 복잡하고 유동성이 낮은 금융상품의 경우 리스크 평가의 어려움이 가중된다. 리스크 과소평가가 심화된 상황에서 금리 급등 등의 충격이 발생하면 급격한 리스크 재평가와 신용스프레드 확대를 유발할 가능성이 있다. 신용스프레드의 급격한 확대로 금융기관 등 투자자의 손실이 확대될 경우 보유 자산의 급매각을 초래하여 금융시장 전반으로 충격이 증폭·확대될 수 있다.
>
> 이러한 금융 환경에서 정책 당국은 시스템 리스크의 과도한 축적을 억제하면서 금융 산업의 건전한 발전을 도모하는 균형 있는 접근을 강화할 필요가 있다. 최근 사모펀드 등 일부 금융부문의 급격한 성장이 투자자의 수익률 추구에서 기인한 것으로 보이는 만큼, 이러한 변화가 시스템 리스크의 확대로 이어지지 않도록 금융상품 투자 및 금융기관의 영업 행태 등에 대한 모니터링 체계를 더욱 확충해 나가야 한다.

27 주어진 글을 읽고 추론한 내용으로 가장 적절한 것을 고르면?

① 국내 금융기관 중 보험회사와 증권회사는 위험선호가 강화되지 않았다.

② 수익·비용 역마진이 지속되는 상황은 은행이 더 큰 리스크를 감당하도록 만든다.

③ 연기금의 경우 그동안 공적연금을 투자했던 자산의 수익률이 해외투자 수익률보다 낮은 편이다.

④ 사모펀드는 수익률을 추구하기 위해 공정가치 평가가 용이한 금융상품에 투자하는 경향이 있다.

⑤ 현재 금리 급등 등의 충격이 발생하면 은행과 보험회사의 투자처에서 급격한 리스크 재평가가 발생할 우려가 있다.

28 주어진 글을 읽은 리스크관리부의 A부장이 B대리에게 메시지를 남겼다. 다음 중 A부장의 메시지를 받은 B대리가 향후 취할 행동으로 옳은 것을 고르면?

- 보내는 사람: 리스크관리부 A부장 <A_boojang@nhbank.net>
- 받는 사람: 리스크관리부 B대리 <B_replacingman@nhbank.net>
- 날짜: 2020. 02. 24. 오후 06:01:22
- 제목: 내일까지 이것 좀 확인해 주게나

　우리 은행도 혹여나 위험선호가 강화되어 리스크를 과소평가하고 있는 것은 아닌지 확인해 볼 필요가 있을 것 같네. 우선 투자금융부에 연락해서 현재 자산 포트폴리오에 대한 자료부터 요청하게. 투자금융부에 없는 자료는 아마 자금부에 연락하면 될 것이네. 그리고 기업 대출 부분도 체크해야 하니 여신관리부에 연락해서 만기가 1년 이내인 여신 자료부터 우선 요청하게. 해당 여신들에 대한 평가 자료는 이미 여신심사부에서 여신관리부로 모두 넘어간 상태니까 굳이 여신심사부에 추가 자료를 요청할 필요는 없을 걸세. 자료를 다 받은 후에는 자료 중 가장 적절한 평가 모델을 선정하고 그에 맞춰 정리 부탁함세. 그걸 리스크검증단의 C과장에게 맡기도록 하게.

---

① 여신심사부에는 연락하지 않는다.
② 현재 자산 포트폴리오에 대한 조사를 시작한다.
③ 위험선호가 강화되고 있는지 자료를 통해 분석한다.
④ 여신관리부에 연락하여 청산되지 않은 모든 여신 자료를 요청한다.
⑤ 투자금융부와 여신관리부에 자료를 요청하고 미리 적절한 평가 모델을 선정하여 자료를 입수하는 즉시 정리 작업에 착수한다.

29 다음은 친환경농산물 인증제도에 관한 자료이다. A작물을 [보기]의 (가)~(다) 방식으로 각각 재배할 경우 얻을 수 있는 인증과 각 생산농가에서 생각하는 적정가로 바르게 짝지어진 것을 고르면?

[친환경농산물 인증제도]

친환경농산물이란 환경을 보전하고 소비자에게 안전한 농산물을 공급하기 위하여 농약과 화학비료 및 사료첨가제 등 합성 화학 물질을 사용하지 않거나, 최소량만 사용하여 생산한 농산물을 말한다. 친환경농산물은 재배할 때 몸에 유해한 물질을 사용하지 않기 때문에 안심하고 먹을 수 있다. 또 맛과 향이 좋고, 영양가 함량이 높으며, 인공첨가물을 넣지 않아 신선도가 오래 지속된다.

종류	기준
유기농인증 농산물	• 전환기간 이상을 유기합성농약과 화학비료를 사용하지 않고 재배 (전환기간: 다년생 작물은 3년, 그 외 작물은 2년)
무농약인증 농산물	• 유기합성농약을 사용하지 않고, 화학비료는 권장시비량의 1/2 이하로 사용
저농약인증 농산물	• 화학비료는 권장시비량의 1/2 이하로 사용 • 농약 살포횟수는 농약안전사용기준의 1/2 이하로 사용 • 제초제는 사용하지 않아야 함 • 잔류농약은 농산물의 농약잔류허용기준의 1/2 이하로 사용

다음은 농산물 유통에 참여하는 각 주체들을 대상으로 그들이 각 유통 단계별로 거래 현장에서 실제로 접하는 현재 가격과 그들이 적절하다고 생각하는 적정 가격을 조사한 것이다. 아래 표 내의 수치는 각 유통 단계별로 일반 농산물 가격을 100으로 했을 때의 환산 가격이다.

예를 들어 생산농의 경우, 일반 농산물의 현재 판매 가격이 1만 원이고 저농약인증 농산물의 현재 판매 가격이 1만 1천 원이라면, 일반 농산물의 환산 가격은 100, 저농약인증 농산물의 환산 가격은 110이다.

유통 주체	가격	일반농산물	저농약인증 농산물	무농약인증 농산물	유기농인증 농산물
생산농	현재가	100	110	115	125
	적정가	100	122	124	130
도매상	현재가	100	105	105	131
	적정가	100	107	120	138
소매상	현재가	100	110	113	135
	적정가	100	105	126	140
소비자	현재가	100	110	113	135
	적정가	100	110	112	130

(가) 4년간 유기합성농약과 화학비료를 사용하지 않고 재배한 A작물의 현재 가격은 5,500원이다.

(나) 농약안전사용기준과 잔류허용기준의 절반 이하를 사용 및 유지하였으며, 권장시비량의 40%에 해당하는 화학비료를 사용한 A작물의 현재 가격은 6,000원이다.

(다) 농약은 전혀 사용하지 않고 화학비료만 권장시비량의 30%를 사용한 A작물의 현재 가격은 6,500원이다.

	(가)	(나)	(다)
①	유기농인증(5,720원)	저농약인증(6,655원)	무농약인증(7,009원)
②	저농약인증(6,655원)	유기농인증(5,720원)	무농약인증(7,009원)
③	유기농인증(5,760원)	무농약인증(7,015원)	저농약인증(6,660원)
④	저농약인증(6,660원)	무농약인증(7,015원)	유기농인증(5,760원)
⑤	유기농인증(5,760원)	저농약인증(6,660원)	무농약인증(7,015원)

다음 [표]는 A사의 전결규정에 관한 자료이다. 이에 대한 설명으로 옳은 것을 고르면?

[표] A사의 전결규정

업무 내용		전결권자			
		사장	부사장	본부장	팀장
주간업무보고					○
팀장급 인수인계			○		
일반예산 집행	잔업수당	○			
	회식비			○	
	업무활동비			○	
	교육비		○		
	해외연수비	○			
	시내교통비			○	
	출장비	○			
	도서인쇄비				○
	법인카드사용		○		
	소모품비				○
	접대비(식대)			○	
	접대비(기타)				○
이사회 위원 위촉		○			
임직원 해외출장		○(임원)		○(직원)	
임직원 휴가		○(임원)		○(직원)	
노조관련 협의사항			○		

① 팀장급 인수인계서는 담당자를 제외하고 2명의 결재를 거치게 된다.

② 업무활동비 집행을 위한 결재 문서에는 '사장' 결재란에 아무도 서명하지 않는다.

③ 해외연수비와 시내교통비 집행을 위한 두 결재 문서의 '부사장' 결재란에는 아무도 서명하지 않는다.

④ 접대비 집행을 위한 결재 문서에는 금액에 관계없이 사장과 부사장 모두 결재하지 않는다.

⑤ 임직원 해외출장을 위한 결재 문서에는 항상 부사장의 결재가 필요하다.

31 다음 글을 읽고 추론한 내용으로 적절하지 <u>않은</u> 것을 고르면?

아쿠아포닉스 시스템이 친환경 양식 기술로 주목받고 있다. 아쿠아포닉스는 물고기를 양식하는 과정에서 형성되는 물속의 유기 영양소로 작물을 수경 재배하는 순환형 생산시스템으로 물 소비량이 일반 양식장에 비해 적고 사육생물과 작물의 성장이 빨라 돈이 되는 양식 방법이라고 알려져 있다. 아쿠아포닉스(Aquaponics)는 물고기 양식(Aquaculture)과 수경재배(Hydroponics)의 합성어로 물고기와 작물을 함께 길러 수확하는 방식을 말한다. 작물의 재배 원리는 물을 순환시켜 재배하는 수경재배와 동일하지만 수경재배는 채소가 필요한 대부분의 영양분을 비료에서 얻고, 아쿠아포닉스는 물고기 배설물, 사료 등의 유기물에서 흡수한다는 점에서 차이가 있다. 아쿠아포닉스의 가장 큰 장점은 물 사용량을 크게 줄일 수 있다는 것이다. 채소와 물고기가 자라는데 필요한 물을 지속적으로 순환해 외부로의 방출을 최소화하기 때문이다. 또, 물고기의 배설물인 유기물을 무기화해 화학비료의 추가적 투입이 필요없어 비용을 줄일 수 있다는 장점이 있다.

국립수산과학원 첨단양식실증센터는 바이오플락 기술(Biofloc Technology, 이하 BFT)을 기반으로 한 아쿠아포닉스 시스템을 소개하고 있는데, 여기서 바이오플락은 사육수조 내 미생물과 미세조류가 사육과정에서 발생하는 사료 찌꺼기나 배설물 등 유기물을 완전히 분해하고 정화함으로써 사육수 교환을 하지 않은 무환수 친환경 양식기술을 말한다. 물고기를 사육하는 과정에서 발생하는 생물의 배설물로 물 환경에는 암모니아와 질산염같은 독성물질이 발생한다. 수상생물의 배설물에는 식물이 필요한 유기물이 풍부하게 존재하기 때문에, 1차적으로 미생물 또는 박테리아가 반응을 유도해 암모니아가 질산염으로 전환돼 수상생물에게 독성이 없는 형태로 사육수에 잔류하게 되며, 이 유기 반응물들이 펌프에 의해 순환되면서 식물 뿌리에 흡수돼 양질의 영양분을 공급해주는 방식이다. 국립수산과학원 첨단양식실증센터 관계자는 "BFT 기반의 아쿠아포닉스는 별도의 여과장치 없이 식물을 이용해 수질을 개선하는 동시에 물고기와 식물을 함께 생산할 수 있는 기술"이라고 설명했다.

① 아쿠아포닉스를 통해 물고기를 양식하면 작물의 성장이 빨라 경제적인 효과를 기대할 수 있다.
② 물을 순환시켜 재배하는 원리를 통해 물고기의 배설물을 흡수하고 물 사용량을 줄일 수 있게 된다.
③ 무환수 친환경 양식기술의 펌프 순환에 의해 양질의 영양분이 식물 뿌리에 공급되는 것이 가능하다.
④ 아쿠아포닉스 시스템을 이용하면 화학비료에 의한 비용을 줄이고 물 환경을 보호하는 것이 가능하다.
⑤ 바이오플락 기술을 활용함으로써 배설물을 완전히 분해하고 독성물질의 발생 자체를 봉쇄할 수 있다.

[32~33] 다음 제도에 관한 자료를 바탕으로 질문에 답하시오.

청년내일채움공제

1. 지원대상
  1) 개인
    ① (연령) 만 15~34세*의 청년으로 중소기업에 정규직으로 신규 취업한 청년
      * 군 의무복무기간과 연동하여 최장 만 39세까지 가능
      * 정규직은 기간의 정함이 없는 근로자를 의미함
    ② (고용보험 이력) 고용일 현재 고용보험 총 가입기간이 12개월 이하
      * 단, 3개월 이하 단기 가입 이력은 총 가입기간에서 제외
    ③ (학력) 제한 없으나, 취업일 현재 재학·휴학 중인 자는 제외(졸업예정자 가능)
      * 졸업예정자의 경우 대학교는 마지막 학기 재학 중인 자, 고등학교의 경우 마지막 학기 교육
        과정 종료 후 취업한 자에 한함
  2) 기업
    고용보험 피보험자수 5인 이상 중소기업으로 상기 청년을 정규직으로 채용한 기업
    * 벤처기업, 지식서비스산업 등 일부 1~5인 미만 기업도 가능(※ 소비향락업, 비영리기업 등 일
      부업종 제외)
2. 적립구조
  : 청년·기업·정부의 3자 적립을 통한 자산형성
  1) 청년적립: 청년 본인은 2년간 300만 원 적립 (매월 25일 12.5만 원 적립)
  2) 기업: 기업 규모에 따라 적립금액 및 적립·지원방식 구분
      정부 지원금의 경우 6·12·18·24개월 말일에 기업 이름으로 기업가상계좌에 적립
      기업은 만기에 청년가상계좌에 적립

30인 미만 기업	기업지원금 전부를 지원받아 적립
30~49인 기업	기업기여금 20%를 기업부담금으로 적립하고(매월 2.5만원) 80%는 기업지원금을 적립 주기별로 지원받아 적립
50~199인 기업	기업기여금 50%를 기업부담금으로 적립(매월 분할 적립)하고 50%는 기업지원금을 적립 주기별로 지원받아 적립
200인 이상 기업	기업 기여금 100%를 기업부담금으로 적립(매월 분할 적립)

  3) 정부: 취업지원금 2년간 600만원 적립(1·6·12·18·24개월 말일 적립, 청년가상계좌에 적립)
3. 중도해지 환급금

가입기간		1월 이상 ~6월 미만	6월 이상 ~12월 미만	12월 이상 ~18월 미만	18월 이상 ~24개월 미만
청년 부담금		납부 누계액 및 그 기간까지 이자 해당분			
정부지원금	청년귀책	0원	0원	160만 원	230만 원
	기업귀책	20만 원	50만 원		
기업기여금		기업부담금 기업 반환 / 정부 지원금 정부 환수			

32 다음 조건을 보고 청년내일채움공제에 가입할 수 있는 청년 중 가장 많은 금액을 받는 사람과 그 금액을 고르면?(단, 모두 고용보험 12개월 이내에 가입을 신청하였다.)

구분	A	B	C	D
입사일	2021.01.01.	2020.10.18.	2020.09.02.	2020.12.31.
퇴사일	2022.12.31.	2022.05.04.	2021.12.31.	2021.12.31.
입사당시 나이	32 (군의무복무 0년)	33 (군의무복무 2년)	35 (군의무복무 2년)	34 (군의무복무 0년)
학력	고등학교 마지막학기	대학 졸업	대학 졸업예정자	고등학교 졸업
회사	중견기업(698인)	중소기업(50인)	벤처기업(3인)	중소기업(35인)

① A, 600만원 ② B, 455만원 ③ B, 600만원
④ C, 385만원 ⑤ D, 310만원

33 주어진 자료에 대한 설명으로 옳은 것을 고르면?

① 중소·중견 기업에 취업한 청년들의 자산 형성을 지원하기 위해 만든 제도이다.

② 첫 직장에서 6개월차인 계약직 직원은 청년내일공제를 신청할 수 있다.

③ 50인 기업의 경우 매월 기업부담금으로 6.25만 원을 적립해야 한다.

④ 청년내일채움공제를 신청 후 2년이 지나면 총 1,500만 원의 자산을 마련할 수 있다.

⑤ 만기를 채우지 못한 청년이더라도 가입기간에 따라서 정부지원금과 기업기여금의 일부를 환급 받을 수 있다.

경쟁하는 가설 중에서 하나를 선택해야 할 때, 우리는 관련된 경험적 증거를 살펴서 결정하게 된다. 경험적 증거를 어떻게 고려해야 하는지에 대해서는 다음 세 입장을 생각해 볼 수 있다. 우선 제거법은 여러 가설을 세우고 경험적 증거로 경쟁하는 가설들을 하나씩 제거해 감으로써 남는 가설을 선택하는 방법이다. 이 방법은 여러 가설 중에서 참임이 확실한 가설이 분명히 있고, 경험적 증거가 나머지 가설을 분명하게 제외시킬 때 유용하다.

[가] 고전적 귀납주의는 제거법의 이런 단점을 보완하여 경험적 증거가 배제하지 않는 가설들 사이에서 선택을 가능하게 해준다. 고전적 귀납주의는 특정 가설에 부합하는 경험적 증거가 많을수록 그 가설이 더욱 믿을 만하게 된다고 주장한다. 이에 따르면 우리는 관련된 경험적 증거 전체를 고려하여 가설을 선택할 수 있다. 예를 들어 비슷한 효능이 기대되는 두 신약 중 어느 것을 건강보험 대상 약품으로 지정할 것인지를 결정하는 경우를 생각해 보자. 고전적 귀납주의는 우리가 두 신약에 대한 다양한 임상 시험 결과를 종합적으로 고려해서 긍정적 결과를 더 많이 얻은 신약을 선택해야 한다고 조언한다. 물론 임상 시험에서 부정적 효과를 보인 신약에 대해서는 고전적 귀납주의에서도 제거법과 동일한 결론을 제시한다.

[나] 예를 들어 한 에어컨 회사가 여러 가지 기후 증거 자료를 통해 내년 여름 기온이 지난 10년 동안의 평균치보다 더 높아서 에어컨 판매가 늘 것이라는 가설을 세웠다고 하자. 이 가설의 사전 확률을 0.6이라고 하자. 그런데 내년 경기가 좋아져서 가전제품 소비가 늘 것이라는 새로운 증거가 제시되었을 때, 베이즈 정리를 적용하여 주어진 가설의 사후 확률이 0.8로 높아졌다고 하자. 이때 새로운 증거가 주어진 가설에 대해 갖는 힘은 0.2가 된다. 이처럼 베이즈주의는 증거와 가설 사이의 관계를 정확한 정량적 수치로 표현할 수 있어서 가설 선택의 엄밀성을 높일 수 있다.

[다] 하지만 제거법은 경험적 증거가 여러 가설에 부합하는 경우 아무런 도움이 되지 못한다. 예를 들어 최근 경제 지표가 좋다는 경험적 증거는 우리나라 경제가 건전한 성장을 하고 있다는 가설과 외적 성장에도 불구하고 위험 요인이 증대되고 있다는 가설 모두에 부합할 수 있다. 이 경우 경쟁하는 두 가설 어느 것도 주어진 경험적 증거에 의해 배제되지 않으므로 제거법은 가설 선택의 근거를 제공하지 못한다.

[라] 이와 같은 유용성에도 불구하고 베이즈주의에 대한 비판도 제기될 수 있다. 중요한 비판 하나는 베이즈주의가 제시하는 가설 평가 방법이 과학자들의 실제 연구 방법과 일치하지 않는다는 것이다. 베이즈주의는 증거와 가설의 관계에 있어서 확률을 이용하여 분석한다. 그런데 비판자들에 따르면, 실제로 과학자들은 그와 같은 확률 계산을 하지 않고 다른 증거 평가 방식을 사용하는 경우가 많다는 것이다. 이런 맥락에서 베이즈주의는 현실에 맞지 않는 이론이라고 비판받는다. 이에 대해 일부 베이즈주의자들은 베이즈주의가 과학자들이 실제로 가설을 평가하는 방식을 기술한 이론이 아니라 과학자들이 마땅히 따라야 할 규범을 제시한 이론이라고 대응하기도 했다.

[마] 그런데 어떤 경험적 증거가 특정 가설에 부합할 때, 우리는 고전적 귀납주의로부터 그 가설의 신뢰도가 그 경험적 증거로 인하여 얼마나 높아지는지를 정량적으로 판단할 수 없다. 베이즈주의는 이 문제를 다음과 같이 해결한다. 새로운 경험적 증거가 입수되기 전 가설에 대해 우리가 가지고 있던 신뢰도를 0부터 1까지의 값으로 나타냈으며, 이를 '사전 확률'이라 하였다. 신뢰도 0은 가설이 거짓임을 우리가 확신한다는 의미이고, 1은 가설이 참임을 확신한다는 의미이다. 이 사전 확률이 새로운 경험적 증거에 의해 어떻게 새로운 신뢰도, 즉 '사후 확률'로 바뀌는지를 말해 주는 '베이즈 정리'라는 명확한 계산 방식이 있다. 베이즈주의는 사후 확률에서 사전 확률을 뺀 값을 '증거의 힘'이라고 부르며, 이를 통해 새로운 경험적 증거가 가설에 대해 얼마나 강력한 증거인지를 판별한다. 그러므로 주어진 가설의 신뢰도에 변화를 주지 않는 경험적 증거의 힘은 0이 된다.

① [가]-[나]-[다]-[라]-[마]
② [나]-[가]-[마]-[라]-[다]
③ [다]-[가]-[마]-[나]-[라]
④ [다]-[마]-[가]-[나]-[라]
⑤ [마]-[다]-[가]-[라]-[나]

35 어느 상점에서는 A제품을 거래처로부터 구입하려고 한다. A제품의 정가는 7만 원이고, 0~200개를 구입할 때 할인율은 10%, 200개 이상 구입할 때 할인율은 15%이다. 이때 몇 개 이상 필요할 때부터 200개를 구입하는 것이 더 이익인지 고르면?

① 149개   ② 159개   ③ 169개

④ 179개   ⑤ 189개

[36~37] 다음 [표]는 8월 3~4일의 환율테이블이다. 이를 바탕으로 질문에 답하시오.

[표] 환율테이블 (단위: 원)

날짜	통화명	매매기준율	현찰		송금(전신환)	
			살 때	팔 때	보낼 때	받을 때
8월 3일	미국USD(달러)	1,127.50	1,147.23	1,107.77	1,138.20	1,116.80
	일본JPY(100엔)	1,076.17	1,095.00	1,057.34	1,086.39	1,065.95
	유럽EUR(유로)	1,332.48	1,358.49	1,306.01	1,344.90	1,319.60
8월 4일	미국USD(달러)	1,129.50	1,149.26	1,109.74	1,140.20	1,118.80
	일본JPY(100엔)	1,077.15	1,096.00	1,058.30	1,087.38	1,066.92
	유럽EUR(유로)	1,335.52	1,361.82	1,309.22	1,348.20	1,322.84

36 김 대리는 8월 3일 외화 예금 통장으로 미국에서 1만 달러를 송금받았고, 이를 원화로 환전하여 출금하려고 한다. 이때 김 대리가 모두 원화로 환전하여 출금한 금액을 고르면?(단, 수수료는 고려하지 않는다.)

① 11,077,700원 ② 11,168,000원 ③ 11,275,000원
④ 11,382,000원 ⑤ 11,472,300원

37 이 대리는 8월 3일 원화 통장으로 유로화 2,000유로를 송금받았고, 같은 통장에서 8월 4일 일본으로 엔화 50,000엔을 송금하려고 한다. 이때 통장에 남아 있는 금액을 고르면?(단, 송금받기 전 통장에는 0원이 있었고, 원 미만은 절사한다.)

① 2,064,020원 ② 2,095,510원 ③ 2,096,005원
④ 2,101,990원 ⑤ 2,156,340원

38 다음 글의 내용을 바탕으로 한 고객문의에 대한 답변 중 옳지 <u>않은</u> 것을 고르면?

■ A문고 회원 등급별 혜택

구분		플래티넘	골드	실버	프렌즈
최근 3개월 순수구매액		30만 원 이상	20만 원 이상 30만 원 미만	10만 원 이상 20만 원 미만	10만 원 미만
포인트 적립	매장 및 온라인	3%			2%
	추가 적립	4%	3%	2%	–

■ 등급 산정 기준

혜택기간	매월 1일(오전 9시)부터 3개월
선정 기준	최근 3개월 순수구매액 ※ 1개월 순수구매액: 전월 26일~당월 25일
순수구매액	A문고 구매금액 합산 ※ 쿠폰, 통합포인트, 마일리지, 포장봉투, 배송비 등은 제외

■ 추가 적립 관련 사항
 – 적립된 포인트는 반품·주문 취소가 발생할 경우 단품별로 차감되며, 결제 잔액이 기준 미만으로 변경될 경우 추가 적립된 포인트는 전액 차감될 수 있습니다.
 – 추가 적립은 실결제금액이 3만 원 이상일 경우 적용됩니다.
 – 실결제금액은 전체 주문·결제 금액 중 할인쿠폰 적용금액 및 포인트, 마일리지, 교환권 사용금액을 제외한 결제금액입니다.
 – 포인트 유효기간은 1년이며, 사용하지 않은 포인트는 유효기간 경과 시 자동 소멸됩니다.
   (단, 이벤트로 제공된 포인트는 발급 시 기준에 의함)

• 고객: 안녕하세요. A문고에서 최근 3개월 동안 12만 원을 사용하였습니다. 제 등급은 언제 바뀌나요? 그리고 제 예상 등급과 그에 따른 혜택 및 유의사항이 있다면 알려 주세요.
• 답변: 안녕하세요, 고객님. 먼저 저희 A문고를 지속적으로 이용해 주셔서 감사드립니다. ① A문고의 회원 등급은 직전 3개월의 순수구매액에 따라 정해지며, 당월 25일부터 혜택이 적용되어 이후 3개월 동안 해당 등급으로 이용하실 수 있습니다. ② 고객님이 말씀하신 직전 3개월의 순수구매액을 기준으로 현재 고객님은 실버 등급으로 산정될 것으로 예상됩니다. 다만, ③ 해당 금액에서 쿠폰, 통합포인트, 배송비 등의 금액은 제외되오니 참고 부탁드립니다. ④ 현재의 예상대로 등급 산정이 진행될 경우, 3%의 매장 및 온라인 포인트 적립과 2%의 추가 적립 혜택이 적용되며, ⑤ 추가 적립은 실결제금액이 3만 원 이상일 경우 적용됩니다.

39 다음 신문기사를 읽고 '업무협약'에 대한 설명으로 적절하지 <u>않은</u> 것을 고르면?

> 환경부 산하 국립공원공단은 NH농협은행과 탄소중립 및 취약계층 지원 공동 추진을 위한 '업무협약'을 체결한다. 이번 업무협약은 양 기관이 지역 사회 및 경제 활성화에 중요한 역할을 한다는 공통점을 활용하여 다양한 협력 사업을 추진하기 위해 마련됐다. 이에 양 기관은 국립공원 탐방과 자원봉사 활동에 대해 금리를 우대해주는 농협은행 적금상품을 출시할 예정이다. 설악산, 지리산 등 전국 17개 산악형 국립공원이 적용 대상이며, 국립공원 환경정화 등 자원봉사 프로그램에 참여한 후 '국립공원 자원봉사 포털'에서 확인서를 발급받아 첨부하면 금리를 추가로 우대받을 수 있다.
>
> 양 기관은 국립공원 숲 속 결혼식 사업도 공동으로 추진한다. 지난해부터 실시한 숲 속 결혼식은 사회적 거리두기로 결혼식을 올리지 못한 다문화가정, 저소득층 등 취약계층을 위해 국립공원을 자연 속 결혼식장으로 제공하는 사업이다. 지난해 27쌍의 다문화 및 취약계층 신혼부부가 전국 10개 국립공원에서 결혼식을 올렸다. 올해 더욱 많은 취약계층에 기회를 제공하기 위해 농협은행은 사업 기금을 조성하고, 국립공원공단은 취약계층을 모집하여 결혼식을 지원한다.

① 숲 속 결혼식 사업은 자연 속을 결혼식장으로 제공하는 사업이다.

② 지역 사회의 경제를 활성화할 수 있다는 공통점을 활용한 협약이다.

③ 탄소중립과 취약계층 지원을 추진하기 위한 목적으로 체결하는 협약이다.

④ 국립공원 탐방과 자원봉사 활동에 대해 금리를 우대해주는 적금상품이 계획되어 있다.

⑤ 숲 속 결혼식을 올린 부부에게 결혼 준비 자금을 지원하기 위해 사업 기금을 조성하고 있다.

40 다니던 회사를 그만두고 커피숍을 창업하려는 A가 금융기관에 근무하는 B를 찾아 창업상담과 대출을 위한 창업 컨설팅을 요청하고 있다. 다음에 주어진 [조건]을 바탕으로 A와 B의 상담 내역 중 옳지 **않은** 것을 고르면?(단, 세금 등 [조건]에서 언급되지 않은 내용은 고려하지 않는다.)

> **조건**
> - 커피매장 임차비용: 보증금 1억 2,000만 원, 월세 800만 원(월말 납부)
> - 커피매장 운영비용: 월 200만 원
> - 커피 1잔 판매가격: 3,500원
> - 커피 1잔 원가: 500원
> - 1일 평균 판매량: 180잔(월 25일 운영)
> - A의 현재 보유자금: 6,000만 원
> - 예금금리: 연 3%
> - 대출금리: 연 5%
> - A의 현재 연봉: 3,800만 원(현재 회사가 경영난 극복을 위하여 임직원 연봉 무기한 동결을 선언함)
> - 영업이익이란 매출액에서 월세, 운영비용, 원가와 같은 영업비용을 차감한 이익이며, 순이익이란 영업이익에서 이자비용과 같은 영업외비용까지 차감하여 남는 이익을 뜻한다.

① A: 커피매장을 운영하려면 보증금 1억 2,000만 원이 필요한데, 현재 제가 보유한 자금이 6,000만 원뿐이라 6,000만 원을 대출해야 할 것 같아요. 가능한가요?

② B: 네 고객님, 현재 신용 현황을 확인한 결과 6,000만 원 전액 대출이 가능하며, 이 경우 이자비용이 매년 300만 원씩 발생합니다.

③ A: 커피매장을 운영하면 1년에 발생하는 예상 영업이익이 4,200만 원이군요. 이 정도면 안심하고 창업해도 될까요?

④ B: 이자비용까지 고려한 순이익으로 따져보시는 게 좋습니다. 이자비용 300만 원을 제하면 1년에 발생하는 예상 순이익은 3,900만 원이 되겠네요.

⑤ A: 현재 제가 다니는 회사에서 받는 연봉이 3,800만 원이니, 기회비용까지 모두 따져보면 조금밖에 차이는 나지 않지만 그래도 커피숍을 창업하는 게 더 많은 소득을 기대할 수 있겠군요.

[41~42] 다음은 Java에서 작성한 코드이고, 제시된 코드의 일부가 [보기]의 결과를 가져온다고 한다. 이를 바탕으로 질문에 답하시오.

```
1    class A {
2        public A( ) {
3            System.out.print("A") ;
4        }
5        public A(String a) {
6            System.out.print("B") ;
7        }
8    }
9
10   class B extends A {
11       public B( ) {
12           System.out.print("C") ;
13       }
14       public B(String a) {
15           System.out.print("D") ;
16       }
17   }
18
19   public class C {
20       public static void main(String [ ] args) {
21           B a = new B("#") ;
22       }
23   }
```

보기

　A사원은 B extends A는 B 클래스가 A 클래스를 상속한다는 의미로 B 클래스는 A 클래스의 필드와 메소드를 전달받아 사용하게 된다는 것을 알았다.

41 제시된 자료에 대한 설명으로 옳지 <u>않은</u> 것을 고르면?

① A 클래스는 B 클래스의 슈퍼 클래스로 정의되어 있다.

② A 클래스와 B 클래스는 각각 두 개의 생성자를 갖고 있다.

③ B a＝new B("#") ; 구문이 실행될 때 A 클래스의 기본 생성자가 먼저 호출되고 그 다음에 B 클래스의 생성자가 수행된다.

④ 프로그램의 실행 결과로 "BD"가 출력된다.

⑤ 21행의 코드를 A a ＝ new B("#") ;로 수정해도 실행 결과는 동일하다.

42 다음 중 제시된 코드의 21행 이후에 B b=new B( ) ; 코드를 추가한 후 프로그램을 실행했을 때 나오는 결괏값으로 옳은 것을 고르면?

① ABCD   ② ABAD   ③ DACA

④ ADAC   ⑤ BDAC

43 박 차장은 마음에 드는 가방 1개를 구매하려고 한다. 다음 [표]의 국가별 현재 가방 가격 및 환율을 바탕으로 박 차장이 구매한 가방의 최소비용을 고르면?(단, 엔화는 달러를 기준으로 한 간접 환거래만 가능하며, 비고를 제외한 기타 세금 및 환전 수수료 등은 고려하지 않는다.)

[표1] 국가별 현재 가방 가격

국가	가방 가격	비고
한국	334,000원	8% 할인
미국	298달러	10달러 할인
중국	2,200위안	12% 할인
일본	27,100엔	—
독일	220유로	관세 10% 추가

[표2] 환율

환율 단위	원/달러	원/위안	엔/달러	원/유로
환율	1,120	160	90	1,250

① 302,500원   ② 307,280원   ③ 309,760원
④ 322,560원   ⑤ 325,200원

44 다음 [그림]의 워크시트에서 "=INDEX((A2:D6,A8:D14),3,4,2)"를 입력했을 때의 결괏값으로 옳은 것을 고르면?

[그림] 워크시트

	A	B	C	D
1				
2	부서명	사원번호	상반기	하반기
3	인사부	EF-010	18,250	15,326
4	관리부	EF-011	18,995	19,891
5	영업부	EF-012	18,829	17,642
6	총무부	EF-013	18,589	18,026
7				
8	부서명	사원번호	상반기	하반기
9	생산부	EF-014	17,914	17,212
10	관리부	EF-015	15,868	19,203
11	인사부	EF-016	19,557	19,124
12	총무부	EF-017	16,286	17,758
13	영업부	EF-018	19,216	16,294
14	인사부	EF-019	16,314	17,839

① 관리부   ② EF-015   ③ 19,203
④ 19,124   ⑤ 19,891

NH농협은행은 우리 경제의 기둥이 되고 있는 중소기업과 신(新)성장 동력인 혁신 기업에 대한 자금 지원에도 적극적으로 나서고 있다. 또한, 일자리 창출 기업에 대한 금융 지원과 함께 중소기업의 경영 효율성 제고를 위한 기업 자금 관리 서비스도 제공하고 있다.

농협은행은 중소기업의 사업 기반 확충을 위해 여신 지원을 확대했다. 우선 우량 산업 단지 입주 기업과 기술력 우수 기업 등 우량 중소기업에 대한 여신을 늘려, 중소기업이 자금 부족으로 사업이 위축되지 않도록 했다.

아울러 정부의 일자리 창출 정책에 맞춰 일자리 창출 기업과 신성장 기업에 대한 자금 지원을 강화하고 있다. 이를 위해 농협은행은 2017년 8월 신용보증기금(이하 신보)과 일자리 창출 및 신성장 기업 지원을 위한 업무 협약을 체결한 바 있다. 농협은행은 신보에 120억 원을 특별 출연하고, 신보는 이를 재원으로 4,000억 원 규모의 협약 보증서를 발급해 자금을 지원한다. 또한, 보증 비율과 보증료를 우대해 자금 사정이 어려운 중소기업 및 창업 기업의 부담을 줄였다.

한편, 농협은행은 중소기업의 비용 절감 차원에서 클라우드를 활용해 기업 자금을 관리할 수 있는 '클라우드 브랜치'를 내놓았다. 클라우드 브랜치는 은행에 방문하지 않고 기업의 금융 업무와 자금 관리 업무를 온라인으로 처리할 수 있는 가상의 은행 점포로, 기업을 위한 자금 관리 시스템(CMS, Cash Management System)이다.

그동안 기업이 CMS를 이용하기 위해서는 별도의 서버를 설치해야 했지만, 농협은행은 이를 클라우드로 대체해 구축 비용과 이용료 부담을 크게 낮추었다. 중소기업은 이 서비스를 활용해 ▲금융 관리 ▲자금 수납 ▲자금 지급 ▲법인 카드 관리 ▲자금 보고서 등을 이용할 수 있다.

농협은 2020년까지 농가 소득 5,000만 원 달성을 목표로 세웠으며, 이를 위해 농업 관련 중소기업에 대한 여신을 확대하고, 청년 농업인 지원 등의 지원 프로그램도 마련했다. 농식품 기업에 대한 사업 컨설팅과 스마트팜 종합 자금도 여기에 해당된다. 아울러 농업 핀테크 기업을 적극 발굴·육성해 농업의 수익성을 높이고, 일자리 창출에도 기여한다는 방침이다.

① 협약 보증서 직접 발급
② 농식품 기업의 사업 컨설팅 제공
③ 사업 기반 확충을 위해 여신 지원 확대
④ 기업 자금 관리 서비스 제공
⑤ 적은 비용으로 기업 자금을 관리할 수 있는 '클라우드 브랜치' 출시

46 다음 약관을 바탕으로 한 고객문의에 대한 답변 중 적절하지 <u>않은</u> 것을 고르면?

제13조(재화등의 공급) ① 쇼핑몰은 이용자와 재화 등의 공급시기에 관하여 별도의 약정이 없는 이상, 이용자가 청약을 한 날부터 7일 이내에 재화 등을 발송할 수 있도록 주문제작, 포장 등 기타의 필요한 조치를 취합니다. 다만, 쇼핑몰이 이미 재화 등의 대금의 전부 또는 일부를 받은 경우에는 대금의 전부 또는 일부를 받은 날부터 3영업일 이내에 조치를 취합니다. 이때 쇼핑몰은 이용자가 재화 등의 공급 절차 및 진행 사항을 확인할 수 있도록 적절한 조치를 합니다.

② 쇼핑몰은 이용자가 구매한 재화에 대해 배송수단, 수단별 배송비용 부담자, 수단별 배송기간 등을 명시합니다. 만약 쇼핑몰이 약정 발송기간을 초과한 경우에는 그로 인한 이용자의 손해를 배상하여야 합니다. 다만 쇼핑몰이 고의성이 없거나 외부적 요인에 의한 경우에는 그러하지 아니합니다.

제14조(환급) 쇼핑몰은 이용자가 구매 신청한 재화 등이 품절 등의 사유로 인도 또는 제공을 할 수 없을 때에는 그 사유를 이용자에게 통지하고 사전에 재화 등의 대금을 받은 경우에는 사실을 안 날로부터 영업일 기준 5일 이내에 환급하거나 환급에 필요한 조치를 취합니다.

제15조(청약철회 등) ① 쇼핑몰과 재화 등의 구매에 관한 계약을 체결한 이용자는 수신확인의 통지를 받은 날부터 7일 이내에는 청약의 철회를 할 수 있습니다.

② 이용자는 재화 등을 배송받은 경우 다음 각 호의 1에 해당하는 경우에는 반품 및 교환을 할 수 없습니다.

1. 이용자에게 책임 있는 사유로 재화 등이 멸실 또는 훼손된 경우(다만, 재화 등의 내용을 확인하기 위하여 포장 등을 훼손한 경우에는 청약철회를 할 수 있습니다.)
2. 이용자의 사용 또는 일부 소비에 의하여 재화 등의 가치가 현저히 감소한 경우
3. 시간의 경과에 의하여 재판매가 곤란할 정도로 재화 등의 가치가 현저히 감소한 경우
4. 같은 성능을 지닌 재화 등으로 복제가 가능한 경우 그 원본인 재화 등의 포장을 훼손한 경우
5. 재화 등의 내용을 확인하기 위하여 포장 등을 훼손한 경우라도 제품의 가치가 현저히 감소한 경우
6. 이용자의 조립에 의하여 제품의 상태가 본 상태로 복원이 불가능하게 된 경우

[고객문의]

- **고객**: 쇼핑몰에서 의자를 주문하였는데 생각보다 배송기간도 늦고 막상 조립해보니 마음에 들지 않네요. 늦은 배송에 대한 배상과 제품 환불이 가능할까요?
- **답변**: 안녕하세요, 고객님. ① 우선 배송의 경우 고객님이 주문하신 날부터 7일 이내에 상품을 발송하는 것을 원칙으로 하고 있으며, ② 이를 초과한 경우 그에 대한 손해를 배상받으실 수 있습니다. ③ 다만, 천재지변이나 배송사의 실수 등 쇼핑몰의 고의성이 없는 요인이 있을 경우 그렇지 않을 수 있습니다. ④ 상품 환불의 경우 내용물 확인 등을 위해 포장이 훼손된 경우 반품 및 교환이 어렵습니다. ⑤ 또한 조립한 후 제품의 상태를 원래의 상태로 되돌리기 어려운 조립형 제품의 경우 반품 및 교환 대상에 포함되지 않을 수 있습니다.

47 MS Excel을 활용하여 다음과 같은 표를 만들었다. 각 항목의 총재고가치를 일일이 구하여 합산하지 않고 함수식을 이용하여 [C9] 셀의 결괏값을 도출하였다. 다음 중 [C9] 셀에 들어가야 할 함수식으로 가장 적절한 것을 고르면?

	A	B	C
1	가격(원)	재고 수량(개)	총 재고가치(원)
2	1,000	10	
3	500	10	
4	3,000	20	
5	5,000	5	
6	10,000	5	
7	5,000	50	50
8	4,000	10	
9	합계	–	440,000

① =VLOOKUP(A2:B8)

② =SUBTOTAL(A2:B8)

③ =SUBTOTAL(A2:A8,B2:B8)

④ =SUMPRODUCT(A2:B8)

⑤ =SUMPRODUCT(A2:A8,B2:B8)

2005년 퇴직연금제도가 처음 시행된 이후 퇴직연금의 적립금은 빠르게 증가하고 있다. 퇴직연금제도란 근로자의 노후 소득 보장과 생활 안정을 위해 근로재직기간 중 사용자가 퇴직급여 지급재원을 금융회사에 적립하는 제도로 근로자가 퇴직한 이후 금융기관에서 근로자가 개설한 개인형퇴직연금 계좌로 퇴직금을 지급한 뒤, 근로자의 선택에 따라 연금이나 일시금으로 지급받는 제도이다. 근로자 입장에서는 재직 중 회사가 파산하여도 외부금융기관에 적립된 퇴직금을 보장받을 수 있고, 연금 수령 시 세제 혜택을 받을 수 있어 노후자금 관리 효율성도 증대할 수 있다. 근로자 입장에서의 장점 뿐만 아니라 사용자 입장에서도 사외 적립을 통해 파산이나 임금 체불로부터 보다 안전하게 자원을 관리할 수 있고, 법인세의 절감 효과를 볼 수 있는 장점이 있다. 현재 퇴직연금은 매월 급여를 받아 생활하는 직장인들에게 개인연금, 국민연금과 더불어 3층 연금체계를 구성하는 주요 요소 중 하나로 확정 급여형(DB, Defined Benefit)과 확정 기여형(DC, Defined Contribution)으로 구분된다.

확정 급여형은 근로자가 퇴직 시 지급할 급여수준과 내용이 근로자의 근무기간과 평균임금에 의해 사전에 확정되어 있는 제도이다. 사용자는 매년 1회 이상 고용노동부령으로 사정에 확정된 기준책임준비금, 즉 확정된 퇴직급여 재원을 금융회사에 적립해야하며, 적립한 적립금의 운용 책임은 회사에 있다. 이에 따라 확정 기여형과는 달리 부담금이 사용자의 자산으로 인식되며, 납입해야 하는 부담금의 수준은 적립한 적립금의 운용실적에 따라 달라질 수 있다. 확정 급여형의 퇴직급여는 퇴직 직전 3개월간의 평균임금과 근속년수를 곱해 확정 지급하므로 최종 임금수준이 퇴직금을 결정한다.

확정 기여형은 사용자가 납입할 부담금이 매년 근로자 연간 임금 총액의 1/12으로 결정되며, 사용자는 정기적으로 부담금을 근로자 개별 계좌에 납입해야한다. 적립한 적립금의 운용 책임은 근로자 본인에게 있으며, 근로자는 사용자가 납입한 부담금과 합쳐 연간 1,800만 원 한도 내에서 스스로 추가 부담금 납입도 할 수 있다. 이때, 근로자는 추가 납입한 부담금 중 700만 원 한도에 대해서 납입액의 13.2%에 해당하는 세액공제 혜택을 받을 수도 있다. 중도인출이 불가능한 확정급여형과 달리 무주택자의 주택구입, 주택임차보증금, 본인 및 배우자 혹은 부양가족의 6개월 이상 요양 등 법정요건을 충족할 경우 중도인출이 가능하다. 또한, 확정기여형의 경우 사용자가 퇴직연금규약에서 정한 부담금 납입기일까지 부담금을 납입하지 않는 경우 납입 예정일 다음날부터 14일까지 연 10%, 14일 후부터 실제 납입일까지 연 20%의 지연이자가 발생하여 회사의 부담금 납입을 유도하므로 근로자의 운용수익을 보전할 수 있다.

퇴직급여는 만 55세 이상이고 퇴직연금 가입기간이 10년인 이상이면 연금 수급조건을 충족하여 연금으로 지급받을 수 있으며, 연금 수급조건에 해당되지 않는 경우나 연금 수급조건에 해당하나 일시금으로 받고자 하는 경우 일시금으로 지급받을 수도 있다. 확정 급여형 퇴직연금제도는 근로자의 퇴직 시 근로자의 퇴직일로부터 14일 이내에 퇴직연금사업자에게 퇴직급여 지급을 지시하며, 퇴직연금사업자는 근로자가 지정한 개인형퇴직연금제도의 계좌로 퇴직급여 전액을 지급하고, 확정 기여형 퇴직연금제도는 퇴직연금사업자가 근로자가 지정한 개인형퇴직연금제도의 계좌로 근로자가 운용 중인 퇴직급여 전액을 지급하게 된다.

2021년		2022년		2023년	
1월 (1월 1일 입사)	250	1월	265	1월	284
2월	290	2월	300	2월	320
3월	250	3월	265	3월	284
4월	250	4월	265	4월	284
5월	250	5월	265	5월	284
6월	250	6월	265	6월	284
7월	250	7월	265	7월	284
8월	250	8월	265	8월	284
9월	290	9월	300	9월	320
10월	250	10월	265	10월 (10월 31일 퇴사)	284
11월	250	11월	265		
12월	290	12월	315		

48 위의 자료에 대한 설명으로 옳지 <u>않은</u> 것을 고르면?

① 만 60세에 퇴직한 근로자라도 퇴직연금 가입기간이 10년 미만인 경우 퇴직급여를 연금으로 수급할 수 없다.

② 퇴직급여의 운용 수익을 고려하지 않으면 매년 연봉이 상승하는 경우 DB형 제도가 DC형 제도보다 근로자에게 유리하다.

③ 퇴직연금제도의 시행으로 사용자는 근로자의 퇴직금을 사내에 적립하지 않게 되었다.

④ 확정 급여형 가입자의 계좌로 사용자가 매년 300만 원의 부담금을 적립하는 경우 근로자는 매년 1,500만 원을 추가 납부할 수 있다.

⑤ 퇴직 연금 적립금으로 근로자가 추가 납입한 부담금은 연간 최대 924,000원의 세액공제를 받을 수 있다.

49 Y 씨는 DC형 퇴직급여 제도에 가입되어 있으며, 사용자는 매년 8월 31일에 연간 적립금 전액을 금융기관에 납입하고 있다. 무주택자인 Y 씨는 주택구입을 위해 2023년 8월 30일에 적립된 퇴직급여의 전액을 중도인출했다고 할 때, Y 씨가 중도인출할 퇴직급여 금액을 고르면?(단, 원단위 이하 절사하여 계산하며, 금융회사에 적립된 적립금은 매년 5%의 운용 수익이 발생했다. 신규 입사자의 경우 입사 월부터 적립금을 산정한다.)

① 5,350,000원   ② 5,617,500원   ③ 5,680,000원

④ 5,754,000원   ⑤ 5,964,000원

50 Y 씨는 DB형 퇴직급여 제도에 가입되어 있으며, 사용자는 매년 10월 31일에 연간 적립금 전액을 금융기관에 납입한다. 금융회사에 적립된 적립금은 매년 4%의 운용 수익이 발생했다고 할 때, Y 씨가 수령할 퇴직급여 금액을 고르면?(단, 원단위 이하 절사하여 계산한다.)

① 8,386,660원   ② 8,406,820원   ③ 8,570,680원

④ 8,722,120원   ⑤ 8,746,590원

정답과 해설 P.56

정답과 해설 **P** 67

01 다음 중 NH올원뱅크가 제공하는 서비스의 내용으로 옳지 <u>않은</u> 것을 고르면?

① 올원공구: 프리미엄 농·축산물을 저렴한 가격으로 공동 구매할 수 있다.

② 오픈뱅킹: 타행(他行) 계좌를 등록하여 거래 내역을 조회하거나 송금할 수 있다.

③ 다모아대출: NH금융지주 내 계열사의 대출 상품을 한 번에 조회하여 신청할 수 있다.

④ 올원용돈관리: 부모와 자녀 등 제3자와 거래 내역을 공유하여 자금을 관리할 수 있다.

⑤ 올원마이농가: 영농 일지를 조회하여 농기계를 임대하거나 농가 손익을 분석할 수 있다.

02 다음 중 Mydata에 대한 설명으로 옳지 <u>않은</u> 것을 고르면?

① 개인정보자기결정권과 개인정보이동권을 기반으로 한다.

② 우리나라에서는 데이터 3법의 시행으로 Mydata 개념이 도입되었다.

③ 개인이 자신의 정보를 적극적으로 통제하고 능동적으로 활용한다는 개념이다.

④ Mydata 서비스는 일반적으로 개인, 개인 데이터 보유자, Mydata 서비스 제공자, 제3자로 구성된다.

⑤ 데이터 이동 권리에 따르면 데이터 주체는 개인정보 처리자에게 제공한 개인 데이터를 제3자에게 전송할 권리가 없다.

03 다음 글에서 설명하는 것과 관련된 농협은행의 업무로 가장 적절한 것을 고르면?

> 농림축산식품부가 지난 8~9월 발생한 집중 호우와 태풍으로 피해를 본 농가에 농업 경영 회생 자금을 지원한다고 밝혔다. 건실하게 농업을 영위하다가 재해 등으로 일시적인 경영 위기에 처한 농업인은 기존 대출금을 최대 20억 원까지 10년간 장기 저리로 대환할 수 있다. NH농협은행 시·군 지부 등에서 신청 가능하며, 농협에 설치된 경영평가위원회 심의를 거쳐 평가 유형에 따라 지원 여부가 결정된다.

① 국가나 공공 단체의 업무 대리

② 조합 및 중앙회의 사업 자금 대출

③ 「은행법」에 따른 은행 및 겸영 업무

④ 농어촌 자금 등 농업인 및 조합에 필요한 자금 대출

⑤ 국가, 공공 단체, 중앙회 및 조합 등이 위탁하거나 보조하는 사업

04 다음 글의 밑줄 친 ㉠~㉤ 중 협동조합의 7대 원칙으로 옳지 않은 것을 고르면?

> 협동조합은 ㉠ 모든 사람에게 차별 없이 개방된 자발적인 조직으로, 조합원의 의사 결정에 따라 민주적으로 관리되어야 한다. ㉡ 지정된 조합원을 중심으로 조합에 필요한 자본금을 출자하며, 만약 다른 조직과 약정을 맺거나 ㉢ 외부에서 자원을 유치할 경우에는 조합의 자율성을 유지해야 한다. 협동조합 또한 ㉣ 조합원에 대한 교육과 훈련을 통해 협동의 본질을 알리는 한편, 다른 협동조합과 지역을 넘어 국제적인 수준까지 연대를 강화할 필요가 있다. 나아가 조합원의 의사에 따라 ㉤ 지역 사회의 지속 가능한 발전을 위해 노력해야 한다.

① ㉠

② ㉡

③ ㉢

④ ㉣

⑤ ㉤

5 다음 중 농협 5대 핵심가치의 '잘사는 농업인'을 실현하기 위한 혁신과제로 옳지 <u>않은</u> 것을 고르면?

① 10대 농작물 수급예측 정보시스템 구축

② 한우 산업 구심체로서의 축산경제 역량 강화

③ 농기자재 가격경쟁력 제고 및 적기·적소 공급

④ 농촌 여건을 반영한 조합원 관련 제도 개선 추진

⑤ 농가 경영안정성 제고를 위한 재해 피해 지원 확대

6 국내 인공지능(AI) 윤리기준에 대한 설명으로 옳지 <u>않은</u> 것을 고르면?

① '인간성(Humanity)'를 최고의 가치로 하여 의결된 기준이다.

② 3대 기본원칙에 '기술의 합목적성 원칙'이 포함된다.

③ 10대 핵심요건은 인공지능 개발부터 활용 전 과정에 반드시 적용되어야 한다.

④ 10대 핵심요건의 투명성 항목에 따르면 AI는 스스로 설명 가능성을 가져야 한다.

⑤ 10대 핵심요건의 책임성 요건에 따라 AI 윤리기준은 법적 구속력을 갖는다.

다음 중 FIDO에 관한 설명으로 옳지 <u>않은</u> 것을 고르면?

① UAF와 U2F 2가지 프로토콜로 구분된다.

② 인증 프로토콜과 인증 수단을 분리하였다.

③ 기존 비밀번호 기반 인증은 전혀 사용되지 않는다.

④ 지문, 홍채, 안면 인식, 목소리, 정맥 등의 생체 정보를 활용하기도 한다.

⑤ FIDO는 모바일뿐만 아니라 키오스크, 간편결제 등 여러 방면에서 활용되고 있다.

8 다음 2진수의 뺄셈 연산의 결괏값을 고르면?(단, 수의 표현은 2의 보수이다.)

$$011011 - 11101$$

① 001101   ② 011110   ③ 100011

④ 110011   ⑤ 111110

09 네트워크 슬라이싱에 대한 설명으로 옳지 <u>않은</u> 것을 고르면?

① 5G 기술을 구현을 위한 온 디맨드 네트워크 아키텍처 기술의 일종이다.

② 물리적 코어 네트워크를 독립된 다수의 가상 네트워크로 분리하는 기술이다.

③ 코어 네트워크를 서비스별로 자동분배를 하므로 효율이 낮다는 단점이 있다.

④ 네트워크 슬라이싱을 이용하면 리소스를 분산할 수 있어 주파수 부족을 해소할 수 있다.

⑤ 네트워크 슬라이싱을 실현하기 위한 RAN 기술 및 표준이 실용화 단계에 이르지 못했다.

07

실전모의고사

10 다음 중 서비스 거부(DoS) 공격에 대한 설명으로 옳지 <u>않은</u> 것을 고르면?

① 대부분의 서비스 거부 공격은 해커가 아직 침입하지 못한 시스템을 대상으로 하며, 시스템의 정당한 사용을 불가능하게 한다.

② 서비스 거부 공격으로 인하여 너무 많은 시스템 자원이 사용되기 때문에 유용한 작업이 실질적으로 수행되지 못할 수 있다.

③ 서비스 거부 공격은 공격 트래픽이 네트워크 대역폭의 대부분을 차지하여 네트워크를 사용하지 못하게 할 수 있다.

④ 분산 서비스 거부(Distributed Denial of Service, DDoS) 공격은 많은 수의 좀비 PC들이 동시에 하나의 대상을 공격하여 방지와 탐지가 더욱 어렵다.

⑤ 서비스 거부 공격은 시스템의 정상적인 동작과 동일한 메커니즘을 사용하기 때문에 일반적으로 서비스 거부 공격을 예방하는 것은 가능하다.

11 다음 글의 ㈀~㈐에 들어갈 내용으로 바르게 짝지어진 것을 고르면?

> (㈀)은 머리에 뿔이 (㈁)개 달린 전설 속에 등장하는 동물로, 경제 분야에서는 기업 가치가 (㈂)억 달러 이상인 스타트업을 지칭할 때 사용하는 용어이다. 공유 경제와 4차 산업혁명과 관련하여 떠오른 수많은 신생 스타트업 중 기업 가치가 높은 기업을 구분하여 부르기 위해 미국의 통신사인 블룸버그가 처음으로 명명하였다. 미국의 에어비앤비, 핀터레스트, 우버 등이 대표적이다.

	㈀	㈁	㈂
①	유니콘	1	100
②	데카콘	1	10
③	데카콘	10	100
④	헥토콘	1	100
⑤	헥토콘	10	1,000

12 카페를 운영하는 A씨의 가게가 장마철에 침수피해를 입지 않을 확률이 60%이고, 피해를 입을 확률이 40%라고 한다. A씨가 침수피해를 입지 않을 때는 250,000원의 소득을 얻고, 피해가 있을 경우 40,000원의 소득을 얻는다. A씨의 소득에 대한 폰 노이만–모겐스턴 효용함수는 $U(W)=\sqrt{W}$이며, A씨는 침수피해에 대비할 수 있는 보험 가입을 고려 중이다. 이 상황에서 보험회사가 받을 수 있는 최대보험료와 위험프리미엄을 고르면?

	최대보험료	위험프리미엄
①	85,600원	10,600원
②	95,600원	11,600원
③	105,600원	21,600원
④	119,600원	35,600원
⑤	133,600원	49,500원

13 다음 자료를 바탕으로 할 때, [보기]에서 옳은 것을 모두 고르면?

> 환율 상승으로 자국 통화가치가 하락하면 수출은 늘어나고 수입은 줄어들어 무역수지가 개선될 것으로 예측한다. 그러나 현실에서 나타나는 무역수지의 변화는 그렇지 않다. 환율 상승 초기에는 수출품과 수입품의 가격이 변하더라도 수출입 물량에 큰 변동이 없어 무역수지가 악화되는 반면, 어느 정도 시간이 흐르면 수출입 상품의 가격 변화가 수출입 물량에 영향을 미쳐 무역수지가 개선된다. 이와 같은 현상을 그림으로 나타내면 알파벳 J의 형태가 되어 'J 커브 효과'라고 한다. 이 효과에 따라 보통 환율 조정 후 12~18개월이 지나야 무역수지가 개선된다고 한다.

> **보기**
>
> ㉠ 수입품의 가격 변화에 대응하여 국내 소비자들이 소비 행태를 바꾸는 데 시간이 걸릴수록 무역수지가 개선되는 시간이 길어진다.
> ㉡ 수출품의 가격 변화에 대응하여 해외 소비자들이 소비 행태를 바꾸는 데 시간이 걸릴수록 무역수지가 개선되는 시간이 짧아진다.
> ㉢ 수출품의 가격 변화에 대응하여 수출품 생산자들이 생산량을 조절하는 데 시간이 걸릴수록 무역수지가 개선되는 시간이 길어진다.
> ㉣ 대부분의 수출입 물량이 환율 상승 이전에 맺은 계약에 의해 고정되어 있다면 환율이 상승한 직후의 무역수지에는 큰 변화가 없다.

① ㉠, ㉡   ② ㉠, ㉢   ③ ㉡, ㉢
④ ㉡, ㉣   ⑤ ㉢, ㉣

14 실질 국외 순수취 요소 소득은 고려하지 않을 때, 다음 설명으로 옳지 <u>않은</u> 것을 고르면?

① 실질 GDP의 변동 요인은 물량이 아닌 가격이다.
② 한 나라의 총생산량이 전년과 동일해도 GDP가 변동될 수 있다.
③ 실질 GNI가 실질 GDP보다 낮아졌다는 것은 교역 조건이 더 나빠졌다는 것을 의미한다.
④ 동일한 제품의 수입 가격보다 수출 가격이 높으면 실질 GNI는 실질 GDP보다 높아진다.
⑤ 동일 제품에 대하여 수출 가격보다 수입 가격이 높으면 해당 제품의 교역 조건은 1보다 작다.

[15~16] 다음은 기업의 경영 상태를 평가하는 재무비율에 관한 자료이다. 이를 바탕으로 질문에 답하시오.

부채비율	(부채총계)÷(자기자본)×100	차입금의존도	(차입금)÷(총자산)
유동비율	(유동자산)÷(유동부채)×100	이자보상배율	(영업이익)÷(이자비용)
매출액 순이익률	(순이익)÷(매출액)×100	자산대비 현금	(영업 현금흐름)÷(총자산)
자산 순이익률	(순이익)÷(총자산)×100	자산회전율	(매출액)÷(총자산)
ROE(자기자본순이익률)	(순이익)÷(자기자본)×100		

※ (매출총이익)=(매출액)−(매출원가), (영업이익)=(매출총이익)−(판매관리비)
※ (순이익)=(영업이익)−(법인세), (총자산)=(부채)+(자기자본)

15 주어진 자료에 대한 설명으로 옳은 것을 고르면?

① 순이익이 작을수록 매출액 순이익율과 자산 순이익률은 모두 낮아진다.
② 자산이 많고 적은 것은 자산회전율과 관계없다.
③ 영업 현금흐름이 좋아지면 자산 순이익률이 증가한다.
④ 순이익과 부채총계의 변동 없이 부채만 적어진다면 부채비율과 유동비율이 모두 낮아진다.
⑤ 부채비율이 높아지면 자기자본수익률이 낮아진다.

16 주식회사 △△의 매출액 순이익률이 5%이고, 자산회전율이 1.2이며 부채비율이 100%일 때 ROE로 옳은 것을 고르면?

① 5% 　　② 6% 　　③ 8%
④ 10% 　　⑤ 12%

17 다음 글을 참고할 때, '유동비율'에 대한 설명으로 옳은 것을 고르면?

> 유동성 분석(liquidity analysis)이란, 유동부채를 갚기 위해 유동자산을 적정하게 확보하고 있는가에 대한 1년 이내의 단기채무 지급능력을 판단하기 위하여 행하는 재무 비율분석을 말한다. 유동성 분석은 주로 유동부채에 대한 유동자산의 비율인 유동비율과 유동부채에 대한 당좌자산의 비율인 당좌비율을 통하여 행하며 세부 분석으로 현금비율, 순운전자본비율, 영업비용감당기간 및 경상운영비감당기간 등이 활용된다. 유동성비율이 단기 채무의 상환 능력에 대한 유익한 진단 자료가 되기 위해서는 다음과 같은 점을 유의하여야 한다.
>
> 첫째, 유동자산을 구성하는 각 계정과목은 현금화되는 속도가 서로 다르다는 것을 유념하여야 한다. 둘째, 현금이 영업활동 기간 중에 각 유동자산에 묶여 있는 기간을 파악하는 것이 중요하다. 따라서 유동성 분석은 활동성 분석을 병행하여 이를 보완할 필요가 있다. 셋째, 유동성이 크다고 반드시 지급능력이 높은 것은 아니다. 단기채무의 상환에 쓰이는 것은 현금이지 유동자산이 아니기 때문이다. 그러므로 부채차입능력이나 현금흐름과 같은 보완적인 분석이 추가되어야 한다.
>
> 유동비율(current ratio)은 유동부채에 대한 유동자산의 비율로서 유동자산을 유동부채로 나누어 계산한다. 이 비율은 단기 채무에 충당할 수 있는 자산이 얼마나 되는가를 나타내며 여신자 입장에서 수신자의 단기지급 능력을 판단하는 대표적인 지표로 이용되어 왔기 때문에 은행가비율(banker's ratio)라고도 한다. 이 비율이 높을수록 회사의 단기지급능력은 양호하다고 판단할 수 있다. 과거에는 전통적으로 투투원룰(two to one rule)이라 하여 200% 이상이면 건전한 상태로 보아 왔으나 근래에는 그 의미의 중요성이 점점 퇴색되고 있으며 회사의 형태, 규모 및 상품의 종류와 분석자의 목적에 따라 상대적으로 평가할 문제로 보는 시각이 대부분이다.

① 유동비율이 크면 당좌비율도 크다고 볼 수 있다.
② 유동비율이 200%가 넘어도 채무지급능력이 우수하다고 판단할 수는 없다.
③ 현금이 많을수록 유동비율이 높은 것은 아니다.
④ 유동자산을 현금화하는 데 걸리는 시간이 길수록 유동성이 높다고 볼 수 있다.
⑤ 당좌비율은 유동부채를 당좌자산으로 나눈 값을 백분율로 나타낸 자료이다.

18 다음 [표]는 갑이 X재와 Y재의 소비로 얻는 한계효용을 나타낸다. X재와 Y재의 가격은 각각 개당 4원과 1원이다. 갑이 16원의 예산으로 두 재화를 소비함으로써 얻을 수 있는 최대의 소비자잉여는 얼마인지 고르면?

> 소비자잉여: 소비자가 어떤 상품을 소비하기 위해 지불할 용의가 있는 금액과 실제로 지불한 가격의 차이

[표] X재의 한계효용과 Y재의 한계효용

수량	X재의 한계효용	Y재의 한계효용
1	16	13
2	12	9
3	8	7
4	4	2
5	2	1
6	1	0.5

① 10   ② 21   ③ 31

④ 36   ⑤ 51

19 다음 글에서 설명하는 생산 기술을 일컫는 것을 고르면?

> 이탈리아의 IDRA사와 미국의 Tesla사가 공동으로 개발한 기술로 6,000톤 및 9,000톤의 압력을 가할 수 있는 초대형 프레스 장비를 활용하여 특수 알루미늄 합금판을 한번에 주조할 수 있다. 기존의 전통적인 방식으로 완성차를 생산할 경우, 본체를 만들기 위해 100개 이상의 금속 부품을 용접해야 하나, 이 기술을 활용할 경우 한번에 큰 부품의 생산이 가능하기 때문에 공정이 축소되어 구조적 무결성과 생산 효율성을 향상시킨다. 또한 부품이 간소화된 만큼 차체 중량을 줄일 수 있다.

① AI 프레스   ② 하이퍼 프레스   ③ 얼터너티브 프레스

④ 네오 프레스   ⑤ 기가 프레스

20 다음은 어떤 머신러닝 알고리즘의 유형의 방법에 대한 설명이다. 해당 유형에 대한 사례로 가장 알맞은 것을 고르면?

> 데이터 셋에서 고유한 패턴을 발견

① 현재까지의 주식 그래프를 기반으로 특정 시점의 주가 예측
② 바둑 대국에서 승리하기 위해 다양한 시도를 행하는 인공지능
③ 과거 매출 이력을 기반으로 미래의 가격 추산
④ 강아지/고양이의 이미지를 구분하여 레이블링
⑤ 초록색이 포함된 이미지에서 '풀'과 같은 특정 카테고리를 분류

21 A기업의 주당순이익은 매년 8%씩 성장하고, 20%의 배당성향을 보이며 주주의 요구수익률이 12%이다. 내년 주당순이익이 2,000원일 것이라고 예상하며 고든의 항상성장모형을 통해 A기업의 주가를 구했을 때 옳은 것을 고르면?

① 3,000원　　　　　② 6,000원　　　　　③ 8,000원
④ 10,000원　　　　　⑤ 12,000원

22 C언어에서 정수형을 문자열 형태로 변경하는 함수로 옳은 것을 고르면?

① sprintf()　　　　　② atof()　　　　　③ atol()
④ ioa()　　　　　⑤ atoi()

23 다음 글의 빈칸의 ㉠, ㉡에 해당하는 개념을 순서대로 짝지은 것을 고르면?

> 기존의 컴퓨터는 폰노이만구조로 구성되어 있어 중앙 처리 장치와 메모리가 분리되어 있다. 메모리에 저장되어 있는 명령어나 연산자를 중앙처리장치에서 불러와 연산을 수행한다. 따라서 연산량이 많아지면 연산속도가 낮아져 데이터 병목현상이 발생하고 작업 처리 속도가 저하된다. 한편 이러한 구조적 문제를 해결할 수 있는 차세대 반도체로 (㉠)이 주목받고 있다. (㉠)은 컴퓨터가 작동할 때 데이터를 저장하고 처리하는 임시 단기 저장소인 (㉡)의 원리를 활용한 융합기술의 일종으로, 메모리 반도체 내에 프로세서 연산기를 집적해 연산을 수행할 수 있다. 메모리 영역에서 데이터 연산이 동시에 가능하기 때문에 처리 속도가 빠르며 전력 소모량도 기존의 컴퓨팅 구조보다 절감된다.

	㉠	㉡
①	PIM	RAM
②	3D D램	ROM
③	V NAND	RAM
④	DDR4	ROM
⑤	DDR5	NAND플래시

24 다음 중 금융소비자 보호 관련 제도에 대한 설명으로 적절하지 <u>않은</u> 것을 고르면?

① 설명의무: 계약 체결을 권유하거나 금융소비자가 설명을 요청하는 경우에는 일반금융소비자가 이해할 수 있도록 설명해야 한다.

② 판매 후 모니터링 제도: 금융소비자와 판매계약을 맺은 날로부터 7영업일 이내에 제3자가 금융소비자와 통화하여 설명의무 이행 여부를 확인해야 한다.

③ 불완전판매 배상제도: 불완전판매행위가 발생하였을 경우 금융투자상품 가입일로부터 15일 이내 금융투자회사에 배상을 신청할 수 있다.

④ 판매수수료 반환 서비스: 금융소비자가 5영업일 이내에 환매, 상환 또는 계약의 해지를 요청하는 경우 판매수수료를 반환해야 한다.

⑤ 청약철회: 금융소비자보호법에 따라 모든 보장성 상품, 대출성 상품, 투자성 상품은 금융소비자보호법에 명시된 기간 또는 약정한 기간 내에 계약을 취소할 수 있다.

25 A기업의 재무레버리지도(DFL)는 5, 매출총이익이 30,000원, 영업이익이 4,500원일 때 이자비용은 얼마인지 고르면?

① 2,500원   ② 3,000원   ③ 3,600원

④ 4,500원   ⑤ 6,000원

26 해외 직접 주식투자 시 발생하는 세금에 대한 설명으로 적절하지 <u>않은</u> 것을 모두 고르면?

> ㉠ 국내 거주자가 해외 비상장 외국법인의 주식을 매매하고 발생한 양도차익은 양도소득세 과세대상에서 제외된다.
> ㉡ 양도소득 기본공제 250만 원을 공제한 과세 표준에 대해 세율을 적용한다.
> ㉢ 주식투자한 해당 국가에서 세금을 원천징수했다면 국내에서는 양도소득세를 과세하지 않는다.
> ㉣ 해외 주식에 대한 양도소득세는 양도소득 과세표준의 16.5%(지방소득세 포함)이다.

① ㉠, ㉡   ② ㉠, ㉢   ③ ㉡, ㉣

④ ㉠, ㉡, ㉢   ⑤ ㉠, ㉢, ㉣

27 다음 중 5G에 대한 설명으로 옳지 <u>않은</u> 것을 고르면?

① 초고속, 초저지연, 초연결의 특성을 가진다.

② 국내 5G 주파수 대역은 3.5GHz 대역과 28GHz 대역으로 나뉜다.

③ LTE보다 20배 빠른 28GHz 대역은 전파가 벽을 통과할 때의 손실률도 획기적으로 낮다.

④ 정식 명칭은 IMT-2020으로, 국제전기통신연합(ITU)에서 정의한 5세대 통신규약을 뜻한다.

⑤ 5G 이동통신 시스템은 트래픽 증가, 디바이스 수 증가, 클라우드 컴퓨팅 의존성 증가, 다양한 5G 기반 융합서비스 등장이라는 4가지 메가트렌드를 필수적으로 고려해야 한다.

28 다음 중 IPv6에 대한 설명으로 옳지 <u>않은</u> 것을 고르면?

① IPv4 부족 문제를 해결하기 위해 개발한 차세대 인터넷 주소이다.

② IPv4의 192.168.0.X 등과 같은 12자리 형식을 주소 구문으로 사용한다.

③ IPv4에서 자주 사용하지 않는 헤더 필드를 제거해 포맷을 단순화하였다.

④ 망 확장성을 향상한 주소 체계를 통해 다양한 전자 제품에 적용할 수 있다.

⑤ 폭발적인 네트워크 사용량에 대비하기 위하여 128비트의 주소 체계를 가지고 있다.

[29~30] 다음 [표]는 핀테크 관련 기술을 정리한 자료이다. 이를 바탕으로 질문에 답하시오.

[표] 핀테크 기술

기술명	내용
가상화폐	각국의 중앙은행이 발행하는 화폐와 달리 실물이 없고, 사이버상에서 발행·유통되는 화폐
간편송금	모바일 기반 앱을 통해 인증서나 OTP 없이 간단한 절차로 송금이 가능하게 하는 기술
로드바이저	로봇(robot)과 투자전문가(advisor)의 합성어로, 고도화된 알고리즘과 빅데이터를 활용해 자산 포트폴리오 관리를 수행하는 온라인 자산관리 서비스
블록체인	거래 정보를 기록한 원장을 특정 기관의 중앙 서버가 아니라 여러 네트워크에 분산해, 시장 참가자들이 공동으로 기록·관리하는 기술
빅데이터	기존의 데이터 처리 및 활용 능력을 뛰어넘는 수준의 대규모 데이터로부터 가치 있는 정보를 추출하고 분석하는 기술
생체인증	지문, 홍채, 안면, 목소리, 걸음걸이 등 개개인의 고유한 생체 정보를 이용하여 사용자를 인증하는 방식
지급결제	기존의 현금 및 카드를 통한 결제방식에서 탈피해 하드웨어(스마트폰) 또는 소프트웨어(앱)를 기반으로 결제가 가능하게 하는 기술
크라우드 펀딩	특정 사업의 수행을 위해 소비자, 후원자 등 불특정 일반 대중으로부터 소액의 사업자금을 모집하는 행위

29 위의 자료를 바탕으로 후불 버스나 편의점 현장에서 이용하기에 가장 적합한 핀테크 기술을 고르면?

① 가상화폐　　　　　② 간편송금　　　　　③ 블록체인
④ 빅데이터　　　　　⑤ 지급결제

30 사용자들 간에 아이템이나 게임 화폐를 자주 거래하는 스마트폰 게임을 운영 중인 회사에서 향후 사업전략을 검토 중이다. 다음 중 해당 회사에 가장 적합한 핀테크 사업전략을 고르면?

① 크라우드 펀딩을 통해 대규모 신규 프로젝트의 개발 자금을 추가 조달한다.
② 자체 개발한 딥러닝 알고리즘을 탑재한 로드바이저 시스템을 대대적으로 홍보하여 투자 자금을 유치한다.
③ 별도의 어플리케이션을 통해 간편하게 게임 화폐를 충전하거나 아이템을 거래할 수 있는 시스템을 구축한다.
④ 걸음걸이로 사용자를 인증하고 로그인하는 시스템을 개발한다.
⑤ 고객의 동의 없이 고객의 아이템 구매 및 게임 화폐 거래 내역과 게임 플레이 데이터를 타 기업에 판매하여 영업 외 수익을 얻는다.

정답과 해설 P.67

일찍 책장을 덮지 말라.
삶의 다음 페이지에서 또 다른 멋진 나를 발견할 테니.

– 시드니 셸던(Sidney Sheldon)

부록

ö NH농협은행

논술

NH농협은행 5급 논술 특징

논술평가는 NH농협은행 5급 및 농협계열사(농협중앙회, NH농협손해보험 등)의 필기 전형에서 시행되고 있다. 2022년 기준으로 약술형과 논술형으로 구분되어 출제되었으며 지원자는 전체 50분 동안 각 문항에 대한 답안을 작성하여야 했다. 지원 분야별로 출제 문항·주제는 다르게 주어졌다.

약술형은 농업·농촌의 현안 및 정책 위주로, 논술형은 우리나라 경제 이슈를 다루는 문항이 출제되는 경향이 있다. 약술형 주제로 2021년에는 '경자유전'이 등장했으며 2022년에는 '지방 소멸 대응 기금'이 약술 주제로 출제되었다. 논술형은 복수의 논술 주제 중 한 가지를 선택해서 기술해야 하며 답안 분량에 제한이 없다. 2021년에는 세계적인 인플레이션에 따른 금리 상승이 금융기관의 수익성에 미치는 영향을 논하라는 주제와 메타버스의 개념 및 메타버스가 금융권에 미칠 영향에 대해 논하라는 문항이 출제되었다. 2022년에는 금융통화정책에 대한 이해도와 고환율의 원인을 묻는 문항과 합성데이터를 주제로 한 문항이 제시되었다.

기출 문항 (2022년도)

세부 유형	약술형	2022년 첫 도입된 지방 소멸 대응 기금은 인구 감소 지역에 10년간 투입될 예정이다. 지방소멸대응 기금이 농촌·농업에 미칠 영향을 5줄 이내로 서술하시오.
	논술형 (택1)	[주제1] 우리나라 경제는 현재 3고(고금리·고물가·고환율)에 처해 있다. 금융통화정책이 화폐경로와 실물경제에 미치는 영향을 서술하시오. 우리나라 한국은행의 빅스텝 시행에도 불구하고 고환율이 지속되는 원인에 대해 논하시오. [주제2] 인공지능(AI) 학습용 데이터의 중요성이 커지면서 합성데이터가 부상하고 있다. 최근 인터넷 기업인 메타는 합성데이터를 생성할 수 있는 'AI Reverie'를 인수한 바 있다. 합성데이터의 정의, 장점 및 폐해에 대해 논하시오.

논술 작성 요령

01 논리성 — 문제에서 묻고 있는 것에 대해 적확하게 답을 작성해야 한다. 논지 및 주장과 근거의 인과 관계가 매끄럽게 성립하도록 글이 구성되어야 한다.

02 간결성 — 전달하려는 메시지가 명료하게 드러나야 한다. 화려한 수사와 긴 문장보다는 정확하고 단순한 문장으로 글을 전개해야 한다.

03 완결성 — 글의 짜임새가 있어야 한다. 서론·본론·결론 구성을 갖춘 글이어야 한다. 완결성을 높이기 위해서 글을 작성하기 전에 개요를 짜서 글의 구조를 설계해야 한다.

예시 답안

[약술형] 지방 소멸 대응 기금이 농촌·농업에 미칠 영향을 5줄 이내로 서술하시오.

지방 소멸 대응 기금은 인구 감소가 우려되는 농촌의 인구 감소 대응 사업에 편성되는 재정 지원책으로 매년 약 1조 원의 규모로 9년간 투입될 예정이며, 농촌 사회의 소멸 위기를 인식하고 중앙정부 차원의 직접 재정 지원을 통해 빠르게 자원을 투입한다는 데 의의가 있다. 이 기금을 통해 농촌 지역 특성에 맞는 상향식 발전 모델을 구상할 수 있으며 도농간 격차가 큰 생활 인프라의 개선을 통해 농촌 인구의 삶의 질을 제고할 수 있다. 또한 스마트팜 등 6차 산업의 육성의 마중물로 작용하여 일자리 창출과 청년 인구 유입의 효과도 기대할 수 있다. 한편 기금의 운용성과를 매년 분석하기 때문에 보여주기 행정에 그칠 수 있다는 지적에 대응해야 하며, 지자체가 투자계획만 수립하고 투자금 지원규모는 정부가 결정하므로 지자체의 자율성이 침해되지 않으면서 기금의 목적이 달성될 수 있도록 지속적인 피드백과 시민 주도 행정이 이루어져야 한다.

[논술형] 우리나라 경제는 현재 3고(고금리·고물가·고환율)에 처해 있다. 금융통화정책이 화폐경로와 실물경제에 미치는 영향을 서술하시오. 우리나라 한국은행의 빅스텝 시행에도 불구하고 고환율이 지속되는 원인에 대해 논하시오.

금융통화당국은 공개시장조작, 재할인율정책, 지급준비율정책 등의 간접규제수단을 통해 이자율과 통화량을 조정하여 물가안정과 금융안정을 달성하는 것을 목표로 한다. 금융통화정책 파급경로는 민간과 통화당국의 역할을 강조하는 화폐경로와 은행 등의 금융기관의 역할을 강조하는 신용경로로 나눌 수 있다. 화폐경로는 금리경로(이자율경로), 자산가격 경로, 환율경로로 다시 나누어 살펴볼 수 있다.

첫 번째로 금리경로는 이자율의 등락이 소비 또는 투자에 미치는 효과이다. 이자율이 변하면 가계의 자산에 영향을 미쳐 소비(실물)가 증가 또는 감소하게 된다. 한편 비대칭 정보 하에서 신용할당이 존재하면 효과가 약화된다.

두 번째로 자산가격경로는 통화량의 변화가 자산가격인 주가와 부동산 가격에 영향을 주고 결과적으로 소비와 투자를 변화시키는 것이다. IS-LM 모형에서 화폐 공급 감소하면 이자율은 상승하게 되며 유가증권의 수익률은 금리에 비해 상대적으로 낮아져 주가는 하락하고 투자가 줄어든다. 한편 이자율 상승은 부동산에도 영향을 미치는데, 대출금리 상승으로 인해 부동산 수요가 감소하고 부동산 가격은 하락하고 가계의 부가 감소하여 소비가 감소한다.

세 번째로 환율경로는 통화량의 변화가 순수출에 영향을 미치는 것이다. 통화량이 감소하면 국내 이자율이 상승하고 외화 수요가 감소하여 외화의 유출이 줄어든다. 환율은 하락하여 수출품의 가격은 상승, 수입품의 가격은 하락하고 순수출은 감소한다.

우리나라는 '물가안정목표제'를 바탕으로 금융통화위원회가 정하는 한국은행의 기준금리를 정책금리로 하여 금융통화정책을 운용하고 있다. 최근 미 연준의 자이언트 스텝에 따라 우리나라도 기준금리를 50bp를 올리는 빅스텝을 단행하였다. 현재 원/달러 환율이 13년래 최고점을 돌파하며 고환율 국면이 지속되는 원인은 한-미 금리역전 현상이 발생했기 때문이다. 환율경로에 따르면 금리 인상은 환율 하락으로 이어진다. 그러나 미 연준의 인플레이션 방어를 위한 긴축 정책 및 강 달러 정책 등의 외부 충격이 발생하여 국내 이자율보다 해외 이자율이 높아졌다. 외화의 수요가 증가하고 국내 금리 인상으로 인한 외화 수요가 감소하는 효과를 상쇄한다. 외국인 자본 유출과 내국인의 해외 투자가 증가하여 외화의 유출이 발생하고 원화의 가치가 평가절하 되어 환율이 상승하게 된다. 환율이 높아지면 원자재 값 상승으로 무역수지가 악화되고 국내 물가 상승의 압박을 받는다. 경기 침체와 물가 상승이 함께 찾아오는 스태그플레이션과 역성장을 경계하며 위기를 극복하기 위한 구조적인 해결책을 모색해야 할 때이다.

농업·농촌·협동조합 분야

6차 산업

농촌융복합산업. 농촌 주민이 중심이 되어 농촌에 존재하는 모든 유·무형의 자원(1차 산업)을 바탕으로 식품 또는 특산품 제조 가공(2차 산업) 및 유통·판매·문화·체험·관광·서비스(3차 산업) 등을 복합적으로 연계 제공함으로써 새로운 부가 가치를 창출하는 활동이다.

공공비축제도

· 公共備蓄制度

정부가 일정 분량의 쌀을 시가로 매입해 비축해 두었다가 시가로 시장에 되파는 제도. 정부는 시장을 웃도는 정책 가격에 따라 쌀을 매입하는 추곡수매제도를 폐지하고, 2005년부터 공공비축제도를 도입하였다. 전쟁, 흉년에 대비하는 식량안보 차원에서 적정비축량만 구매하는 것이 제도의 목적이다.

즉, 추곡수매제도보다 정부의 시장개입 정도가 축소된 정책이라 볼 수 있으며, 시장왜곡이 거의 없어 세계무역기구(WTO)에서도 허용하고 있다. 이를 통해 정부가 구입한 쌀을 공공비축미라 한다.

스마트팜

· smart farm

농사 기술에 정보통신기술(ICT)을 접목하여 만들어진 지능화된 농장. 스마트팜은 사물인터넷(IoT) 기술을 이용하여 농작물 재배 시설의 온도·습도·일조량·이산화탄소·토양 등을 측정·분석하고, 분석 결과에 따라 제어장치를 구동하여 적절한 환경으로 관리할 수 있다. 이는 스마트폰과 같은 모바일 기기를 통해 원격으로도 제어가 가능하다. 스마트팜으로 농업의 생산·유통·소비 과정에 걸쳐 생산성과 효율성 및 품질 향상 등과 같은 고부가 가치를 창출시킬 수 있다.

또한, 낙후된 농가를 스마트팜으로 변화시킴으로써 기후 변화와 농촌 인구 감소, 농가 소득 정체 등의 문제를 개선하고 농업의 경쟁력을 제고하며, 청년층의 농업 창업인구 유치에도 긍정적인 영향을 미칠 수 있다.

유전자변형 농산물

· GMO(Genetically Modified Organism)

유전자 재조합기술로 생산된 농산물. 생명공학기술을 응용해 창출한 생명공학의 산물로 유전자변형 농산물(GMO) 또는 유전자변형 생물체(LMO)로 명명되고 있다. LMO와 GMO는 동일한 의미로 볼 수 있으나, GMO는 LMO가 생명력을 잃고 냉장, 냉동, 가공된 식품(두부, 두유 등)까지 포함한다.

농업보조총액

• AMS(Aggregate Measurement of Support)

농업보조금 중에서 가격지지와 생산량에 큰 영향을 미친다고 판단되는 성격의 보조금. 감축대상보조라고도 부르며, 쌀소득보전직불금 중에서 변동직불금이 여기에 속한다. 이보다 약한 성격의 농업보조금으로는 최소허용보조(DM), 블루박스(BB), 그린박스(GB)가 있으며, 그린박스는 자유무역 협상 시 감축의무가 없어서 허용보조라고도 한다. 쌀소득보전직불금 중에서 고정직불금이 그린박스에 속한다.

쇠고기 이력추적제

• beef traceability
• 履歷追跡制

모든 소에 번호를 부여해 생산 등 단계별로 정보를 기록·관리하는 제도. 소의 사육단계부터 도축, 포장처리, 판매 과정까지의 이력 정보를 기록·관리하여, 필요 시 그 이력 정보의 추적을 통해 방역의 효율성을 도모하고, 유통경로의 투명성을 확보함으로써 국내산 축산물에 대한 소비자 신뢰를 제고하기 위한 목적이다.

⊘ 함께 나오는 용어

돼지고기 이력제
돼지와 국내산 돼지고기의 사육, 도축, 가공, 거래 단계별 이력 정보를 기록·관리하여 판매 시 소비자에게 이력 정보를 손쉽게 제공하여 소비자를 안심시키는 제도.

우루과이 라운드

• UR(Uruguay Round)

관세 및 무역에 관한 일반 협정(GATT)의 제8차 다자간 무역협상. 기존 7차례의 GATT와 구별되는 이유는 매우 광범위한 의제를 다루었고, 특히 그동안의 GATT 체제 밖에 있었던 농산물에 대한 논의가 시작되었기 때문이다. 1986년 9월 우루과이에서 첫 회합이 열린 이래 여러 차례의 협상을 거쳐 1993년 12월에 타결되었고, 1995년부터 발효되었다. 그 결실로 세계무역기구(WTO)가 출범하였다.

구제역

• 口蹄疫
• foot-and-mouth disease

소, 돼지, 양, 염소, 사슴 등 발굽이 둘로 갈라진 동물(우제류)에 감염되는 질병. 전염성이 매우 강하며, 입술·혀·잇몸·코·발굽 사이 등에 물집이 생기고 급격한 체온 상승과 식욕 저하를 일으켜 심하게 앓거나 죽게 하는 질병이다. 세계동물보건기구(OIE)에서 전파력이 빠르고 국제교역상 경제 피해가 매우 큰 질병으로 분류하며, 우리나라 제1종 가축전염병으로 지정되어 있다.

국가 간 상품의 자유로운 이동을 위해 모든 무역 장벽을 완화하거나 제거하는 협정. GATT나 WTO에서 합의한 관세 규정과 같이 모든 회원국에 적용되는 협정이 아닌, 소수의 특정 국가끼리만 서로의 시장을 여는 특혜무역체제이다. 과거에는 두 나라가 맺는 것이 일반적이었지만, 2010년대 들어서는 여러 나라들이 단체로 참여하는 다자간 자유무역협정이 주류를 이루고 있다.

◎ 함께 나오는 용어

- **환태평양경제동반자협정(TPP)**
  태평양을 둘러싼 미국, 일본, 호주 등 12개국이 참여한 메가 자유무역협정이다. 관세는 물론, 무역장벽도 허무는 초대형 자유무역협정이었지만, 2017년 미국이 탈퇴하면서 총 11개국의 합의하에 명칭을 '포괄적·점진적 환태평양경제동반자(CPTPP)'로 변경한 후 2018년 12월 30일 발효되었다.
- **역내포괄적경제동반자협정(RCEP)**
  아시아와 태평양 인근 국가들이 출범시킨 세계 최대의 자유무역협정. 동남아시아국가연합(아세안) 10개국을 비롯해 한국, 중국, 일본, 호주, 뉴질랜드, 인도 등 16개국이 참여한다. 2020년 11월 15일 협상의 최종 타결 및 서명이 이루어졌다.

조류 인플루엔자

- AI(Avian Influenza)

닭이나 오리와 같은 가금류 또는 야생조류에서 생기는 바이러스(Virus)성 동물전염병. 일반적으로 인플루엔자 바이러스는 A, B, C형으로 구분되며 이 중 A, B형이 인체감염의 우려가 있으며, A형만이 대유행을 초래할 수 있다고 알려져 있다.

추곡수매제도

- 秋穀收買制度

정부가 쌀의 수요를 조절하여 가격을 안정시키고자 정해진 가격에 따라 일정량의 쌀을 매입하는 제도. 농가의 소득은 향상시키고 기초 생필품 물가는 낮게 유지하여 저임금 구조를 만들기 위해 제3공화국 때부터는 수매가격을 인상하고, 방출가격은 낮게 유지하는 이중곡가제를 시행하였다. 정책 목표는 달성할 수 있었지만 양곡사업의 적자액이 눈덩이처럼 불어났고, 우루과이 라운드(UR)와 도하개발아젠다(DDA)를 기점으로 추곡수매의 기능이 축소되다 2005년에 폐지되었다.

◎ 함께 나오는 용어

쌀소득보전직불제
정부의 쌀시장 개방 대비책 중 하나로, 쌀 가격이 떨어지더라도 쌀농가 소득을 적정수준으로 안정시키기 위해 실시하는 사업. 농지 소유에 관계없이 실제 농사를 짓는 사람에게 농경지 1ha당 일정 금액을 지불하는 고정직불금에 더해 정부가 목표로 정한 쌀 한 가마니(80kg) 값과 전국 평균 쌀값을 비교해 시세차액의 85%를 추가로 보전하는 변동직불금(쌀 직불금)이 있다.

HACCP

- Hazard Analysis and Critical Control Point

가축의 사육·도축·가공·포장·유통 전 과정에서 축산식품의 안전에 해로운 영향을 미칠 수 있는 위해 요소를 분석하고, 이러한 위해 요소를 방지·제거하거나 안전성을 확보할 수 있는 단계에 중요 관리점을 설정하여 과학적, 체계적으로 중점 관리하는 위생관리 시스템. '해썹'이라고 읽는다.

할랄

• Halal

아랍어로 '허용되는 것'이라는 뜻으로, 이슬람교도인 무슬림이 먹고 쓸 수 있는 제품의 총칭. 이슬람식 알라의 이름으로 도살된 고기(주로 염소고기·닭고기·쇠고기 등)와 이를 원료로 한 화장품 등이 해당된다.

> **◎ 함께 나오는 용어**
>
> 하람(Haram)
> 무슬림에게 금지된 것. 도축하지 않고 자연사한 동물의 고기, 동물의 피와 그 피로 만든 식품, 돼지고기와 돼지의 부위로 만든 음식, 화장품 등이 해당된다.

PLS

• Positive List System
• 농약허용물질목록관리제도

농약 잔류허용기준이 설정되지 않은 농산물에 대해 잔류허용기준을 일률적으로 0.01ppm으로 적용하는 제도. 농약은 허용된 물질만 사용해야 하며 미등록 농약을 사용하거나 잔류농약이 0.01ppm을 초과할 경우 부적합 판정을 내려 출하 연기, 폐기, 과태료 부가 등의 불이익이 발생할 수 있다.

탄소발자국

• carbon footprint

사람의 활동이나 상품을 생산·소비하는 전 과정을 통해 직·간접적으로 배출되는 온실가스 배출량을 환산한 이산화탄소(CO_2)의 총량. 여기에는 이들이 일상생활에서 사용하는 연료, 전기, 용품 등이 모두 포함된다. 대기로 방출된 이산화탄소 등 온실가스가 지구의 기후 변화에 미치는 영향을 알 수 있는 지표이다.

> **◎ 함께 나오는 용어**
>
> 탄소배출권(炭素排出權)
> 일정기간 동안 6대 온실가스의 일정량을 배출할 수 있는 권리. 교토의정서에서 명시된 기간 안에 이산화탄소 배출량을 감축하지 못한 기업은 돈을 주고 구입해야 한다.

로컬푸드

• local food

장거리 운송 등 유통과정을 거치지 않은 지역농산물. 생산자와 소비자 사이의 이동거리를 단축시켜 식품의 신선도를 극대화시키자는 취지로 로컬푸드 운동이 시작되었다. 즉, 먹을거리에 대한 생산자와 소비자 사이의 이동거리를 최대한 줄임으로써 농민과 소비자에게 이익이 돌아가도록 하는 것이다. 우리나라에서는 전북 완주군이 2008년 국내 최초로 로컬푸드를 도입하여 정착에 성공하였다.

친환경농업

• environmentally-
  friendly agriculture

농업이 가지고 있는 홍수조절, 토양보전 등 공익적 기능을 최대한 살리고 화학비료와 농약 사용을 최소화하여 농산물을 생산하고 환경을 보존하면서 소비자에게는 건전한 식품을 공급하고 생산자인 농업인에게는 소득을 보장해주는 방법으로 농업인과 소비자 모두에게 이익을 줄 수 있는 농업이다.

같은 목적을 가지고 모인 조합원들이 물자 등의 구매·생산·판매·소비 등의 일부 또는 전부를 협동으로 영위하는 조직단체. 협동조합은 인적 구성체(人的構成體)이므로, 진정한 민주적 운영을 의도하는 데 있다. 이는 영리를 목적으로 하는 것이 아니므로 조합의 운영은 실비주의를 원칙으로 한다.

[협동조합 7대 원칙]

· 01 자발적이고 개방적인 조합원 제도
· 02 조합원에 의한 민주적 관리
· 03 조합원의 경제적 참여
· 04 자율과 독립
· 05 교육, 훈련 및 정보 제공
· 06 협동조합 간의 협동
· 07 지역사회에 대한 기여

[협동조합의 사업 성격에 따른 분류]

크게 사업협동조합·신용협동조합·협동조합연합회·기업조합의 네 가지로 분류된다.

· 사업협동조합: 농업협동조합·수산업협동조합·축산업협동조합·상업협동조합 등 또는 그에 관련되는 각종 협동조합 사업의 일부 또는 전부를 영위한다.
· 신용협동조합, 협동조합연합회: 조합원을 위한 금융이 사업의 중심이 된다. 이상의 협동조합은 단위협동조합이며, 이 단위조합이 일정한 지역 등을 기반으로 연합체를 결성한 것이 협동조합연합회이다.
· 기업조합: 협동조합의 이념을 보다 고차적으로 구체화한 것이다.

[협동조합의 기능별 분류]

· 생산조합: 동일업종 또는 동일지역의 생산자가 조직하고 있는 협동조합으로, 판매조합·구매조합·이용조합·신용협동조합·생산적 조합으로 구분된다.
· 소비조합: 소비생활협동조합으로, 조합원의 생활에 필요한 물자를 싼값으로 공동구입하는 것을 목적으로 한다.

농업협동조합

· 農業協同組合
· National Agricultural Cooperatives Federation

농민의 자주적인 협동조직을 통하여 농업생산력의 증진과 농민의 경제적·사회적 지위 향상을 도모함으로써 국민경제의 균형 있는 발전을 기하기 위하여 설립된 특수법인체. 일명 NH농협이라고 하며, 현재 우리나라의 협동조합 가운데 가장 큰 조직기반과 사업 규모를 가지고 있다. 농업협동조합은 전문농협(專門農協)과 종합농협(綜合農協)의 두 형태로 구분된다.

농협은 유휴자금을 동원하여 농촌에 생산자금 공급, 농가에 생활물자와 영농자재 염가 공급, 조합원의 조합에 대한 참여의식을 높이고, 영농과 생활에 대한 방향 제시와 지원을 하는 등의 기능과 역할을 하고 있다.

로치데일 협동조합

- The Rochdale Society of Equitable Pioneers

1844년 최초로 설립된 세계 최대 소비자협동조합. 1844년 12월 영국의 공업도시 로치데일 직물공장의 28명 노동자들이 자본가들의 횡포에 맞서 1년에 1파운드씩의 출자금을 모아 식료품을 공동구입하기 위해 설립한 로치데일 공정개척자 조합을 시작점으로 설립된 이후 협동조합의 모델로서 영국 전역에 확산되었다.

한편, 로치데일 공정개척자 조합의 운영원칙으로는 1인 1표제, 정치 및 종교상의 중립, 조합에 의한 교육, 이자의 제한 및 신용거래 금지, 구매액에 따른 배당, 시가판매 등이 있다.

농민운동

- 農民運動
- peasants movement

농민이 그 생활조건 또는 사회적 환경의 개선을 도모하려는 운동. 일반적으로 자본주의 체제하의 농민이 경제적·정치적 이익의 획득을 목표로 일으키는 운동을 뜻하며, 나라에 따라 그 형태와 성격이 다르다. 우리나라의 농민운동은 1890년대 동학농민운동(東學農民運動)을 들 수 있다. 일본 통치하의 농민운동은 독립운동으로 승화되었고, 국토 분단과 1949년의 농지개혁으로 근대적인 의미의 농민운동은 없었다.

농지개혁

- 農地改革

농지의 소유제도를 개혁하는 일. 우리나라에서는 1949년 농지개혁법에 의해 농지를 농민에게 적절히 분배함으로써 농가경제의 자립과 농업생산력의 증진을 통해 농민생활의 향상과 국민경제의 균형 발전에 기하기 위해 실시되었다.

신한공사가 관리하는 적산농지와 국유로 소유자가 분명하지 않은 토지는 흡수하고 비농가의 농지, 자경(自耕)하지 않는 자의 농지, 3ha를 초과하는 농지는 국가에서 수매하여 이들 지주에게 해당농지 연수확량(年收穫量)의 150%로 5년간 연부상환 보상하도록 하는 지가증권을 발급하였다.

농업회사법인

- 農業會社法人

기업적 농업경영을 통해 생산성 향상과 농업의 부가가치 향상, 영농의 편의도모를 목적으로 설립된 법인. 농업농촌기본법 제16조에 규정되어 있다. 본래 위탁영농회사로 설립되었으나, 1995년 농업회사법인으로 변경되었다. 법인을 설립할 수 있는 대상은 농업인, 농산물 생산자단체 및 농지개량조합이며, 대통령령이 정하는 비율의 범위 안에서 농업인이 아닌 자도 법인에 출자할 수 있다. 사업 범위는 농작물 생산 및 유통·가공·판매 등이다.

● 함께 나오는 용어

위탁영농회사(委託營農會社)
일손이 부족한 농가에 대해 농사일을 대신 해주는 농민회사. 위탁영농회사의 법인형태는 합자회사에서부터 합명회사, 유한회사, 주식회사 등 어떤 형태든 상관없다. 위탁영농회사를 설립하면 트랙터, 이앙기, 콤바인 등 5종 농기계 10대를 보조 지원하는 한편, 농기계 구입자금, 농기계보관창고 설치자금, 농업경영자금 등을 융자받을 수 있다.

정밀농업

· 精密農業
· precision agriculture

비료와 농약의 사용량을 줄여 환경을 보호하면서도 농작업의 효율을 향상시킴으로써 수지를 최적화하자는 것으로, 지속농업을 위한 새로운 농업기술. 포장은 작은 구간에서도 토성, 토양비옥도, 지형, 잡초, 병해충, 작물생육상에 따라 양분 요구량 등과 같은 요인이 가변적이다. 정밀농업은 포장의 작은 구간에서 재래식으로 일정량을 투입하는 대신 투입량을 가변적으로 하는 영농방법이다.

식물공장

· 植物工場
· plant Factory

외부환경과 단절된 공간에서 빛, 공기, 온도, 습도, 양분 등 식물의 환경을 인공적으로 조정하여 농산물을 계획적으로 생산하는 시설. 일조시간이 짧은 북유럽에서 발전하였다. 도심 속에서 농산물의 생산이 가능한 점과 도시 소비자들에게 도달하는 거리가 짧아 유통기간과 비용을 절약할 수 있다는 장점이 있다.

식물공장은 실내 농업으로 연중생산이 가능하고, 날씨와 상관없이 농사를 지을 수 있어 생산량 증대와 안정적인 공급의 효과를 볼 수 있다. 더불어 차세대 녹색산업으로 육성함으로써 새로운 영농기술을 확립하고, 관련 하이테크 기업의 기술발전을 유도할 수 있을 것으로 전망된다. 그러나 모든 시설을 인위적으로 만들어야 하기 때문에 설비 비용과 유지 비용이 많이 들어 경쟁력이 떨어질 수 있다는 단점이 있다.

수직농장

· 垂直農場
· vertical farm

도심에 고층 건물을 짓고 각층에 농장을 만들어 수경재배가 가능한 농작물을 재배하는 일종의 아파트형 농장. 수경재배방식으로 다양한 농작물을 기를 수 있고, 태양과 바람 등 재생에너지만을 이용하여 농작물 재배에 필요한 에너지를 얻을 수 있게 설계된다.

공동인증서

인터넷을 이용하여 금전거래를 할 때 인증을 위해 필요한 전자서명. 전자상거래 시 본인만 해당 인증서를 갖고 있고, 본인만 인증서 비밀번호를 알기 때문에 본인임을 증명하는 법적인 디바이스 역할을 한다. 20년 동안 사용해 온 공인인증서가 2020년 12월 10일부로 법적 지위가 폐지되면서 공인이라는 말 대신 공동인증서로 명칭이 변경되었다. 유효기간은 1년이며, 발급받은 후 하드나 USB, 핸드폰 등과 같은 별도 저장 장치에 저장하여 사용할 수 있다. 발급이나 사용도 간편하고 보안프로그램을 설치할 필요도 없다는 장점이 있다.

불가능성 정리

• 不可能性定理
• impossibility theorem

투표자들에게 세 개 이상의 서로 다른 대안이 제시될 때, 어떤 투표 제도도 공동체의 일관된 선호순위를 찾을 수 없다는 것. 1950년대 초 경제학자 애로우(Arrow, K. J.)는 타당한 사회적 선호관계가 구비해야 할 몇 가지 특성을 모아서 다음의 네 가지 조건으로 요약하였다.

① (집단합리성의 조건) 사회적 선호관계는 완전하고 이행적이어야 한다.

② (파레토 원칙) 임의의 두 사회적 상태 $s1$과 $s2$에 대하여 국민 각자가 모두 $s1$을 $s2$보다 선호한다면 사회적으로도 $s1$이 $s2$보다 선호되어야 한다.

③ (제3상태로부터의 독립의 특성) 국민 각자의 개별적 선호관계가 변화한 후에도 기존의 두 상태에 대해서는 선호관계가 변하지 않는다면 그 두 상태에 대한 사회적 선호관계도 변하지 않는다. 공리주의적 선호는 이 조건을 만족하지 못한다.

④ (비독재성) 사회적 선호는 독재이어서는 안 된다.

애로우는 이 네 조건을 검토한 결과, 이들이 서로 논리적 모순관계에 있음을 보임으로써 이 네 조건을 동시에 만족하는 사회적 선호관계란 결코 존재할 수 없음을 발견하였다. 이것은 후생경제학에서 사회적 후생함수와 가치판단의 의미에 대하여, 그리고 폭넓게는 개인의 가치판단과 사회적 선택의 관련성, 민주주의의 이론적 가능성 등에 대하여 여러 가지 문제를 제기하였다.

등량곡선

• isoquant

노동(L)과 자본(K)을 변수로 하는 좌표평면상에서 나타내어지며, 동일한 양의 재화를 생산할 수 있는 노동과 자본의 조합을 연결한 곡선. 무차별곡선이 소비자이론에서 효용의 극대화를 달성하는 점을 찾기 위해 필요한 개념이라면, 등량곡선은 생산자이론에서 산출량의 극대화를 이루는 점을 찾기 위한 개념이라고 할 수 있다. 기업의 생산에 필요한 자원투입의 조합을 나타낸 것으로 그 생산함수에 따라 형태가 다르다. 우하향의 기울기를 가지며, 원점에서 멀수록 더 높은 생산량을 의미한다. 또한 등량곡선은 서로 교차하지 않는다.

수요 인플레이션

• demand inflation

초과수요로 인하여 일어나는 인플레이션. 인플레이션의 대표적 형태로서, 수요초과인플레이션(demand-pull inflation)이라고도 한다. 경기의 호황상태가 과열단계에 이르면, 국민경제적으로 보아 총수요가 총공급을 웃돌기 때문에 생기는 물가상승을 말한다. 수요인플레이션은 총수요를 구성하는 소비·투자·재정지출·수출 중에 하나가 급격히 증대하면, 완전고용 상태에 있기 때문에 그 수요증가분을 채울 만한 재화의 생산과 노동력 공급이 부족하고, 또 다른 산업부문에서 수요증대부문으로의 전환도 이를 급속히 할 수 없는 데서 발생하는 인플레이션이다.

M&A

• Mergers & Acquisitions
• 기업의 인수 · 합병

[우호적 M&A]
매수대상기업의 경영진이 매수희망기업의 인수 의향을 수용함으로써 합의에 의해 이루어진다. 즉 기업 간의 시너지 효과를 위해 이루어지는 경영 전략 중 하나이다.

[적대적 M&A]
매수대상기업의 경영진이 원하지 않는데도 불구하고 다른 기업이 경영권을 장악하는 경우로, 정당한 목적과 합의 없이 하나의 기업이 타 기업의 경영권을 탈취해버리는 것이다. 통상 적대적 M&A는 공개매수(Tender Offer)나 위임장 대결(Proxy Fight)의 형태를 취한다.

[경영권을 보호하기 위한 방어 전략]
• 포이즌 필(Poison Pill): 기존 주주에게 신주를 시가보다 훨씬 싼 가격에 매입할 수 있는 옵션을 부여함으로써 지분 확보를 어렵게 하는 방법
• 복수의결권: 1주당 여러 개의 의결권을 가지는 주식을 발행하는 것
• 우리사주: 직원들이 조합을 결성해 자사주를 매입하면 회사가 같은 수의 자사주를 지원하는 제도
• 황금낙하산: 인수대상 기업의 이사가 임기 전에 물러나게 될 경우 일반적인 퇴직금 외에 거액의 특별 퇴직금이나 보너스, 스톡옵션 등을 주도록 하는 제도
• 왕관의 보석: M&A 대상이 되는 회사의 가장 가치 있는 자산을 처분함으로써 대상 회사의 가치 및 매력을 감소시켜 M&A를 방지하는 것
• 자기공개매수: 자기 회사의 주주를 상대로 지분을 공개매수 하는 것

자산유동화 증권

• ABS, Asset Backed Securities

부동산, 매출채권, 유가증권, 주택저당채권 및 기타 재산권 등과 같은 기업이나 은행이 보유한 유·무형의 유동화자산(Underlying Asset)을 기초로 하여 발행된 증권. 자산유동화(Asset Securitization)란 상대적으로 유동성이 떨어지지만 재산적 가치가 있는 자산을 담보로 증권을 발행하여 유통시키는 방법으로 대상자산의 유동성을 높이는 일련의 행위이다. 자산유동화는 다양한 자금조달 수단의 제공, 조달비용의 절감, 구조조정 촉진 및 재무지표의 개선 등에 활용된다.

유동화전문회사(SPC)는 자산보유자가 보유하고 있는 자산을 양도받은 후 이를 유동화하기 위하여 설립된 특수목적법인으로서 유동화자산을 기초로 자산유동화증권을 발행하고, 자산관리자 및 업무수탁자가 Paper Company인 유동화전문회사를 대신하여 유동화 관련 제반업무를 수행하게 된다.

준지대

공업 부문에서의 내구자본설비에 의해 얻어지는 초과 이윤. 공업 생산에 있어서 생산방법과 생산설비의 차이에 의하여 보다 유리한 위치에 있는 기업은 초과이윤을 얻게 되는데 A. 마샬은 이것을 토지에서 나오는 초과이윤과 구별하기 위해 준지대라고 하였다. 토지 사용에 대한 차액지대가 영구적 성격을 가지는 데 대해서 준지대는 일시적 성격을 갖는다.

만약 기업이 단기에 준지대와 동일한 비용으로 고정요소를 임대하였다면, 기업은 0의 이윤을 얻는다. 기업이 단기에 준지대보다 낮은 비용으로 고정요소를 임대하였다면, 기업은 준지대와 고정비용의 차이에 해당하는 단기 초과이윤을 본다.

GDP 디플레이터

• GDP deflator

국민소득에 영향을 주는 모든 경제활동을 반영하는 종합적 물가지수. GDP란 국내총생산(Gross Domestic Product)라는 말의 영문 약자이고, 디플레이터(deflator)란 가격변동지수를 뜻하며, 'GDP디플레이터$=\dfrac{\text{명목 GDP}}{\text{실질 GDP}}$'로 구할 수 있다.

대표적인 물가지수인 소비자물가지수의 경우 소비자가 구입하는 재화와 서비스를 기준으로 산출하고, GDP디플레이터의 경우 일정기간 동안 국내에서 일어난 모든 경제활동(가계소비, 수출, 투자, 정부지출 등)을 포괄하여 산출한다. 그러므로 소비자가 직접적으로 영향을 받는 물가변동을 측정할 때에는 소비자물가지수, 국가의 총체적인 물가변동을 측정할 때에는 GDP디플레이터를 활용하게 된다. 한국은행 매분기별 국민소득통계 공표 시 GDP디플레이터도 포함하여 공표하고 있다.

칼도어 경제성장에서 정형화된 사실

니콜라스 칼도어가 1961년 논문을 통해 주장한, 경제에서 보여지는 정형화된 6가지 사실

1. 노동자 1인당 GDP(Y/N)은 일정한 속도로 증가한다.
2. 노동자 1인당 자본(K/N)은 일정한 속도로 증가한다.
3. K/Y는 일정하다.
4. GDP에서 노동소득이 차지하는 비중[(wN)/Y=Labor Share=LS]는 일정하다.
   GDP에서 자본소득이 차지하는 비중[(r^k*K)/Y=Capital Share=CS]는 일정하다
5. 자본의 수익률(r^k)는 일정하다.
6. 실질임금(w)는 일정한 속도로 증가한다.

갭 투자

• gap 投資

주택 매매 가격과 전세금 시세의 차이가 적은 집을 전세를 끼고 매입하는 투자 방식. 예를 들어 매매 가격이 10억 원인 주택의 전세금 시세가 9억 원이라면 전세를 끼고 1억 원만으로 집을 구매할 수 있다. 이후 전세 계약이 종료되면 전세금을 올리거나, 주택 매매 가격이 상승하면 되파는 방식으로 시세차익을 얻을 수 있다.

상대적으로 적은 자금만으로도 고가의 부동산 시세 차익을 거둘 수 있는 투자 방식이지만, 주택 매매 가격이 하락하면 세입자의 전세금을 돌려주지 못하거나 주택 매매를 위한 대출금을 갚지 못할 위험이 있다.

공매도

• 空賣渡
• short stock selling

주식을 소유하지 않고 매도 주문을 내는 것. 현재 주식을 소유하지 않고 있음에도 향후 주가가 하락할 것을 예상하고 주식을 빌려 판 뒤, 실제 주가가 하락하면 같은 종목의 주식을 싼값에 되사서 차익을 챙기는 매매 기법이다. 그러나 주가 하락을 예상한 것과 달리 주가가 상승하게 되면 공매도한 투자자는 손해를 보게 되며 결제일에 주식을 입고하지 못하면 결제불이행 사태가 발생할 수도 있다. 우리나라의 주식시장에서는 유상증자 등 사실상 주식 소유로 인정되는 경우에만 예외적으로 공매도를 허용한다.

◉ 함께 나오는 용어

숏 커버링(short covering)
매도했던 주식을 다시 매수하는 것. 숏 포지션은 선물옵션 시장에서 기초자산 하락에 베팅하는 상황을 말하는데, 이에 대한 리스크를 헤징하기 위해 기초자산을 매입함으로써 위험을 커버한다는 뜻이 있다. 보통은 공매도한 후 주가 상승에 따른 피해를 줄이고자 주식을 다시 매수하는 경우에 사용된다.

디마케팅

• demarketing

기업이 고객의 수요를 의도적으로 줄이는 마케팅 기법. 1971년 필립 코틀러(Philip Kotler)가 처음 사용한 개념으로, 제품에 대한 이미지와 브랜드 가치를 향상시키고, 특정 고객들의 충성도를 강화할 수 있다. 대표적으로 담배, 의약품 등의 포장이나 광고에 경고 문구를 삽입하거나, 금융기관에서 휴면계좌를 정리하고 채무 규모가 적정 수준을 넘은 고객의 거래 및 대출한도 등을 제한하는 것이 있다.

당좌예금

- 當座預金
- checking account

기업이 수표 또는 어음을 발행하여 대금 지급을 자유롭게 할 수 있는 요구불예금의 한 종류. 법인이나 사업자로 등록된 개인만 개설할 수 있다. 금전거래가 매우 빈번한 기업이 현금의 출납, 보관 등의 번거로움과 위험성을 피하기 위해 이용한다. 입출금이 매우 자유로워 당좌예금에서 발행된 수표는 예금통화로 현금 취급을 받는다. 금전의 출납이 빈번한 당좌예금 자산으로는 안정적 운용이 어려워 원칙적으로 이자가 지급되지 않는다.

리디노미네이션

- redenomination

한 나라에서 통용되는 화폐의 액면가를 낮은 숫자로 변경하는 조치. 화폐, 채권, 주식 등의 액면 금액을 의미하는 디노미네이션을 다시 하는 것을 말한다. 이를 실시할 경우 거래 편의 제고, 통화의 대외적 위상 상승, 인플레이션 기대 심리 억제, 지하 퇴장 자금의 양성화 촉진 가능성 등의 장점이 있는 반면 새 화폐 제조와 컴퓨터 시스템, 자동판매기, 메뉴 비용 문제 등에 대한 큰 비용이 발생하고, 물가 상승 우려, 불안 심리를 초래할 가능성이 있다.

리보금리

- LIBOR(London Inter-Bank Offered Rates)

런던의 신뢰도가 높은 일류 은행들끼리의 단기적인 자금 거래에 적용하는 대표적인 단기금리. 런던 금융시장에서 우량 은행 간 단기자금을 거래할 때 적용하는 금리로서, 세계 각국의 국제 간 금융거래에서 기준금리로 활용되고 있다.
한편, 신용도가 낮을 경우 리보금리에 몇 퍼센트의 가산금리가 붙는데, 이것을 스프레드라고 하며 이는 금융기관의 수수료 수입이 된다. 그러나 2012년 리보금리 산정과정에서 대형은행들의 조직적인 담합으로 리보금리가 조작되었음이 드러나 신뢰도가 크게 하락하였다. 이에 따라 영국금융청은 2021년까지 리보금리를 폐기하고 새로운 기준금리를 도입하겠다고 발표했다.

바이럴마케팅

- viral marketing

소비자가 자발적으로 이메일, 블로그, SNS 등 전파 가능한 매체를 통해 기업이나 제품 소식을 널리 퍼트리도록 하는 마케팅 기법. 소비자의 입에서 입으로 전해지는 점에서 광고와 다르며, 정보 제공자가 아닌 정보 수용자를 중심으로 확산되는 점에서 입소문 마케팅과 차별된다.

⊘ 함께 나오는 용어

- 니치마케팅(niche marketing)
  시장의 빈틈을 집중 공략하는 전략
- 데카르트마케팅(techart marketing)
  유명 예술가의 작품을 제품 디자인에 적용해 소비자의 감성에 호소하고 브랜드 품격을 높이는 전략
- 넛지마케팅(nudge marketing)
  특정 행동을 직접 지시하지 않고 소비자의 선택에 있어서 유연하고 부드러운 방식으로 접근하는 전략

바이백

• buy back

무엇인가를 팔았다가 다시 되사들이는 행위. 국채와 관련해서는 조기상환(빨리 빚을 갚음)이란 뜻으로 쓰인다. 국채 발행 주체인 정부가 국채를 다시 되사면 빚을 갚을 필요가 없어지므로 사실상 부채를 상환하는 효과를 가진다. 보통 추가 세수를 확보하여 상환 여력이 생겼을 때 시행되며, 바이백을 통해 향후 발생할 추가 이자 부담을 완화하고 재정건전성을 조기에 강화하는 효과를 얻을 수 있다.

빈출 ✏️
배드뱅크

• bad bank

금융기관의 부실채권이나 부실자산만을 사들여 처리하는 전문기관. 은행에 부실자산 또는 부실채권이 발생한 경우 은행이 단독 또는 정부 기관 등과 공동으로 배드뱅크를 자회사로 설립하여, 부실채권 또는 자산을 넘겨주면 그것들을 정리하는 업무를 수행한다. 즉, 자산을 매각하거나 이것을 담보로 하여 유가증권을 발행하는 등의 방법으로 대출금을 회수하며, 배드뱅크에 부실채권이나 부실자산을 넘긴 금융기관은 굿뱅크가 된다.

분식회계

• 扮飾會計
• window dressing settlement

기업이 재정 상태나 경영 실적을 실제보다 좋게 보이게 할 목적으로 부당한 방법을 통해 자산이나 이익을 부풀려 계상하는 것. 한마디로 겉보기에 좋게 회계를 속이는 것을 말한다. 가공의 매출을 기록하거나, 비용을 적게 계상 또는 누락시켜 결산 재무상태표의 수치를 고의로 왜곡시키는 등의 방법이 이용된다. 반대로 세금 부담이나 근로자에 대한 임금 인상을 피하기 위해 실제보다 이익을 적게 계상하는 경우는 '역분식회계(逆粉飾會計)'라고 한다.

시스템 리스크

• system risk

금융 시스템의 전부 또는 일부의 장애로 금융기능이 정상적으로 수행되지 못함에 따라 실물 경제에 심각한 부정적 파급효과를 미칠 수 있는 위험. 현대 금융이 거대해지고 서로 복잡하게 얽힘에 따라 개별 금융기관의 부실이 음의 외부성을 통해 다른 금융기관으로 전이될 수 있으므로, 금융 시스템 전체의 부실을 가져올 수 있다는 의미이다.

> **❤️ 함께 나오는 용어**
>
> SIFI(Systemically Important Financial Institution, 시스템적 중요 금융회사)
> 부실화되거나 파산할 경우 그 규모, 복잡성 및 시스템 내 상호연계성 등으로 인해 금융 시스템 전반 또는 실물 경제에 상당한 부정적 파급 영향을 미칠 수 있는 거대한 금융회사. 이런 SIFI는 파산할 경우 경제에 치명적인 영향을 미치기 때문에 공적자금을 투입하여 강제회생을 시킬 수밖에 없고, 이러한 대마불사적 특성으로 인해 방만한 경영을 하는 도덕적 해이 문제가 꾸준히 거론되어 왔다. 이에 금융감독원은 예금보험공사와 공동으로 금융회사 사전 유언장 제도를 도입하여 SIFI 파산의 시스템 리스크를 최소화하고 도덕적 해이를 방지할 계획이다.

스튜어드십 코드

• stewardship code

연기금과 자산운용사 등 주요 기관투자가들이 위탁자가 맡긴 돈을 자기 돈처럼 여기고 의결권 행사 등 주주 활동을 충실하게 이행해야 한다는 자율 지침. 서양에서 큰 저택이나 집안일을 맡아 보는 집사(스튜어드)처럼 기관들도 고객 재산을 선량하게 관리할 의무가 있다는 뜻에서 생겨난 용어이다. 금융위원회는 기업 경영 투명성을 높이고, 수익성 제고를 위해 2016년 스튜어드십 코드를 도입했다.

은산분리

• 銀産分離

산업자본의 은행 지분 소유에 제한을 두는 제도. 기존 은행법상 산업자본은 의결권이 있는 은행 지분을 4% 이상 소유할 수 없다. 다만 의결권 미행사를 전제로 금융위원회의 승인을 받으면 최대 10%까지 보유할 수 있다. 2019년 1월 17일부터 시행된 인터넷전문은행 특례법에 따라 혁신정보통신기술(ICT) 기업에 한해 한도를 34%로 늘렸다.

오퍼레이션 트위스트

• operation twist

금융 당국이 장기채권 매입과 단기채권 매도를 병행하는 금융 정책. 글로벌 금융위기 당시 미연방준비제도(Fed)가 양적완화와 함께 사용한 경기부양책이다. 시행하게 되면 장기채권 금리는 낮아지고 단기채권 금리는 높아지며, 금융 당국의 보유 자산 비율이 변화하고, 우상향하는 수익률 곡선의 기울기가 줄어들거나 심할 경우 음의 기울기로 변화하는 장단기금리역전 현상이 발생한다.

장기채권의 금리를 낮추는 이유는 기업 투자를 활성화하기 위해서다. 경기를 부양하기 위해서는 기업이 투자를 늘려야 하고, 기업이 투자를 늘리기 위해서는 싼 금리로 돈을 빌릴 수 있어야 한다. 그런데 기업은 장기적인 사업계획을 토대로 장기차입을 원하는 경우가 많기 때문에 기업의 투자를 이끌어내기 위해서는 장기금리를 낮출 필요가 있다. 장기채권 매입과 함께 굳이 단기채권을 매도하는 이유는 시중 유동성을 유지시켜 인플레이션을 방지하기 위해서다. 금융 당국이 장기채권을 매수하면 그 반대급부로 시중 통화량이 증가하고, 이는 곧 인플레이션으로 이어진다. 따라서 단기채권을 매도함으로써 풀린 유동성을 다시 흡수하여 인플레이션을 방지하는 것이다.

비트코인

• bitcoin

미국, 독일 등 세계 정부와 언론에 주목받는 가상화폐. 비트코인 주소를 가진 사람들끼리 P2P 기반의 공개 키 암호방식으로 거래되며, 거리나 시간에 구애받지 않고 직접 송금수료 없이 거래할 수 있다.

비트코인이 활성화되면서 미국 달러와 같은 실제 화폐로 바꿔주는 중개 사이트도 생겼으며, 여러 온라인 쇼핑몰에서 실제 화폐처럼 사용할 수 있는 단계까지 발전하였다. 새로운 투기대상으로 떠오르는 반면 익명성 때문에 불법 약물 거래나 탈세에 악용되기도 한다.

애자일 조직

• agile 組織

부서 간 경계를 허물고 필요에 맞게 소규모 팀을 구성해 유연하게 업무를 수행하는 조직문화. 최근 국내 주요 은행들이 시시각각 변하는 금융환경과 고객 수요에 빠르게 대응하기 위해 도입하고 있다. 일반적으로 비즈니스 모델이 무너지는 정도가 심한 산업일수록 애자일 조직 전환이 빠르다. 금융권에 따르면 NH농협금융지주는 2019년 경영계획 발표 중 데이터 기반의 디지털 금융회사로 전환한다고 밝혔는데, 여기에도 애자일 조직이 적용된다.

워크아웃

• workout

기업의 재무구조 개선 작업. 부실기업의 구조조정을 위해 기업과 금융기관이 서로 협의해 진행하는 경영 혁신 활동으로, 기업가치 회생, 재무구조 개선 작업 등으로 불린다. 기업의 파산보다 사적인 계약 협의를 통한 회생이 일자리 보존과 생산설비 가동에 있어보다 적은 비용이 소요될 것으로 판단하는 경우에 활용된다.

일반적으로 은행 대출금의 출자 전환, 상환 유예, 이자 감면, 일부 부채 탕감 등의 부채구조조정을 도와주며, 기업은 자산 매각, 주력 사업 정비, 계열사 정리 등의 구조조정 노력을 이행해야 한다.

인덱스펀드

• index fund

목표지수인 인덱스를 선정하여 이 지수와 동일한 수익률을 올릴 수 있도록 하는 펀드. 주가지수에 영향력이 큰 종목들 위주로 포트폴리오를 구성하여 지수의 움직임에 맞춰수익률을 제공하도록 운용하는 상품으로, 1970년대 초 금융시장이 발달하면서 위험 회피 전략이나 차익 실현을 위한 수단으로 부각되어 왔다.

이는 상대적으로 운용 비용이 적게 들어 액티브펀드에 비해 수수료율이 낮으며, 분산투자로 인해 위험은 낮고 보수가 적어 장기 투자에 적합하다. 그러나 시장이 침체될 때는 펀드의 수익률도 동반 하락할 수 있다. 우리나라에는 KOSPI, KOSPI200 등의 인덱스를 추종하는 펀드가 있다.

🔗 함께 나오는 용어

ETF(Exchange Traded Funds, 상장지수펀드)
인덱스펀드와 마찬가지로 특정 인덱스를 추종하지만, 여기에 뮤추얼펀드의 특성을 더해 거래소에서 자유롭게 사고팔 수 있다. 운용사는 펀드 계좌를 거래소에 상장시켜 투자자의 환매 요구 부담을 덜고, 투자자는 자유로운 거래가 가능한 이점이 있다.

전환사채

· 轉換社債
· CB(Convertible Bond)

일정 기간이 지난 이후에 주식으로 전환할 수 있는 권리가 생기는 채권. 말 그대로 권리이므로, 행사하지 않고 채권 상태를 유지할 수 있다. 만약 주가가 상승해 주식으로 전환하여 주식전환권을 행사하면 채권자의 권리는 소멸한다. 즉, 투자자 입장에서는 채권과 주식 중 유리한 것을 선택할 수 있으며, 기업의 입장에서는 투자자에게 유리한 조건을 붙여줌으로써 좀 더 저렴한 금리로 자금을 조달할 수 있다는 이점이 있다.

⊘ 함께 나오는 용어

신주인수권부사채(新株引受權附社債, bond with warrant)
해당 기업 신규 주식을 발행하는 경우 미리 약정된 가격에 신규 주식을 부여받을 권리를 지닌 채권. 전환사채는 채권을 주식으로 전환하기 때문에 권리를 행사하면 채권으로서의 가치는 소멸하지만, 신주인수권부사채는 전환이 아니라 새로 부여하는 것이기 때문에 권리를 행사해도 채권으로서의 가치는 유지된다. 미리 약정된 가격에 신규 주식을 취득할 수 있으므로, 현재 주가가 높아진 상태에서 권리를 행사하면 시세차익을 얻을 수 있다. 전환사채보다 유리한 권리가 있는 만큼 채권의 금리는 낮다.

조세피난처

· 租稅避難處
· tax shelter

법인소득의 전부 혹은 상당 부분에 대해 조세를 부과하지 않는 국가나 지역. 법인세, 개인소득세에 대해 원천징수를 전혀 하지 않거나, 과세를 하더라도 아주 낮은 세금을 적용함으로써 세제상의 특혜를 부여한다. 규제가 거의 없고, 금융거래의 익명성이 철저히 보장되기 때문에 전 세계적으로 탈세나 돈세탁용 자금 거래의 온상이 되고 있다. 대표적인 조세피난처는 바하마, 버뮤다 제도 등 카리브해 연안과 중남미 등에 밀집해 있다.

⊘ 함께 나오는 용어

· 페이퍼컴퍼니(paper company)
글자 그대로 물리적 실체가 없이 서류 형태로만 존재하는 회사. '유령회사'라고도 하지만, 실질적인 영업 활동은 자회사를 통해 하고 법적으로는 엄연히 회사 자격을 갖추고 있기 때문에 엄밀한 의미에서 유령회사로 보기 어렵다. 주로 기업 활동에 드는 제반 경비를 절감하기 위해 조세회피지역에 설립된다.

· 역외탈세(域外脫稅, offshore tax evasion)
국내 법인이나 개인이 조세피난처에 페이퍼컴퍼니를 만든 뒤, 해당 회사가 수출입거래를 하거나 수익이 있는 것처럼 회계를 조작해 세금을 면탈하거나 축소하는 행위. 국내 거주자의 경우 외국에서 발생한 소득(역외소득)도 국내에서 세금을 내야 하지만, 외국에서의 소득은 숨기기 쉽다는 점을 악용한 것이다. 국내에 감춰진 소득은 소비나 상속·증여 등을 통해 드러나지만, 외국 소득을 해외로 반출하면 거의 회수할 수 없으므로 더 큰 사회적 지탄을 받는다. 세무 당국이 적발한 역대 최대 규모의 역외탈세는 권혁 시도상선 회장의 경우로 2,000억 원대의 세금을 탈루한 혐의를 받고 있다.

체리피커

· cherry picker

'신포도 대신 체리만 골라 먹는 사람'이라는 뜻으로, 기업의 상품이나 서비스를 구매하지 않으면서 부가서비스 혜택을 통해 실속을 차리기에만 관심을 두는 '얌체 소비자'를 말한다. 소비자 입장에서 체리피커는 똑똑한 소비를 하는 것이지만, 기업 입장에서는 최소 비용으로 최대 혜택을 챙겨가는 '얌체 고객'이다. 심할 경우 블랙리스트를 작성하여 업계 공동으로 대응하는 디마케팅(demarketing)을 시행하기도 한다.

쿼드러플 위칭데이

* quadruple witching day

주가지수선물과 주가지수옵션, 개별주식옵션과 개별주식선물의 만기가 겹치는 날. 미국의 주가지수선물, 주가지수옵션, 개별주식옵션의 만기가 겹치는 '트리플 위칭데이'에서 비롯되었다. 이날 주식시장에 어떤 변화가 일어날지 아무도 예측할 수 없다는 의미에서 '트리플 위칭데이(Triple Witching Day)'라고 칭했다.

하지만 최근 미국에서는 트리플 위칭데이에서 2002년 말부터 거래되기 시작한 개별주식선물이 합세하면서 '쿼드러플 위칭데이'로 변경하였다. '쿼드러플'이란 숫자 4를 의미하는 것으로, 지수선물과 지수옵션, 그리고 개별주식옵션과 개별주식선물이 동시에 만기를 맞음에 따라 붙여진 용어이다. 미국은 선물옵션 만기일이 세 번째 금요일로 정해져 있어 3, 6, 9, 12월 세 번째 금요일이 '쿼드러플 위칭데이'이며, 우리나라는 3, 6, 9, 12월 두 번째 목요일이 '쿼드러플 위칭데이'이다.

출구전략

* 出口戰略
* exit strategy

경제 위기 상황을 타개하기 위해 실시했던 이례적인 조치들이 효과를 본 후, 그 부작용을 최소화시키면서 정책을 원상복귀시키는 것. 글로벌 금융위기에 대한 특단의 대책으로 실시했던 양적완화 정책으로 미국 경제가 살아날 기미를 보이자, 양적완화의 부작용인 인플레이션을 막기 위해 출구전략이 논의되었다. 실행 시기가 중요한 관건으로, 너무 빠르면 양적완화의 효과가 반감되고, 너무 느리면 부작용이 미치는 악영향이 커진다.

❖ 함께 나오는 용어

* 테이퍼링(tapering)
  양적완화(QE) 조치의 점진적인 축소를 의미하는 신조어. 벤 버냉키 미연방준비제도(Fed) 의장이 2013년 5월 23일 의회 증언에서 언급하며 글로벌 금융시장의 키워드로 등장했다. 테이퍼링은 같은 긴축이지만 금리 인상을 의미하는 '타이트닝(tightening)'과 달리 양적완화 정책 속에 자산 매입 규모를 줄여나가는 방식으로, 출구전략의 초기 단계에 해당한다.
* 더블딥(double deep)
  경기침체 후 잠시 불황에서 벗어나 짧은 기간 성장을 기록하다가 다시 불황에 빠지는 이중침체 현상. W자형 불황이라고도 한다. 출구전략의 타이밍을 너무 빨리 잡을 경우 경기가 살아날 조짐을 보이다가 때 이른 출구전략의 여파로 경기가 다시 고꾸라지며 더블딥에 빠지게 된다.

컨소시엄

* consortium

공통의 목적을 위한 협회나 조합. 증권업계와 관련하여 사용할 때는 공사채나 주식과 같은 유가증권의 발행액이 지나치게 커 증권 인수업자가 단독으로 인수하기 어려울 경우, 이를 매수하기 위해 다수의 업자들이 공동으로 창설하는 인수조합을 일컫는다. 신디케이트와 혼용되는 컨소시엄은 일반적으로 공동구매 카르텔 또는 공동구매 기관을 의미하며, 인수업자들의 발행증권 분담에 목적을 둔다. 정부나 공공기관이 추진하는 대규모 사업에 여러 개의 업체가 한 회사의 형태로 참여하는 경우도 컨소시엄이라고 일컫는다.

금융기관 등이 프로젝트의 사업성을 담보로 대출을 해주는 금융 기법. 일체의 담보 없이 특정 프로젝트의 미래 수익성을 보고 자금을 대출해주는 것으로, 자본주로부터 대규모 자금을 모집하고 사업 종료 후 일정 기간 발생한 수익을 지분율에 따라 투자자들에게 나누어주는 방식으로 운영된다. 금융기관은 프로젝트 자체에서 나오는 수익으로 대출금을 상환받게 된다.

[참여주체]

- 사업자: 프로젝트를 기획, 개발하고 프로젝트 회사에 출자하고 보증을 제공하는 등 프로젝트의 모든 진행단계에서 중심적 역할을 수행한다.
- 프로젝트 회사: 사업주가 주체가 되어 당해 프로젝트의 개발 및 자금조달을 위해 별도로 설립한 별도 법인을 말한다.
- 차입자: 일반적으로 프로젝트 회사와 같을 수도, 다를 수도 있으며, 다양한 이해관계자가 각기 합작에 참여하기 위해 개별적으로 차입할 수도 있다.
- 대주단: 국제적인 명성을 가지고 있는 상업은행, 각국의 수출입은행 등 지역개발금융기관 및 프로젝트 발주국의 현지 은행들이 참여하게 된다.
- 주간사 은행: 대주단을 구성하는 데 주도적인 역할을 하며, 대주단에 참여하는 은행들의 대표를 말한다.
- 금융자문: 사업주의 입장을 대변하여 프로젝트의 초기단계에서 완공까지 제반자문, 계약서 작성, 대주단 및 발주국의 정부와의 협상지원 등을 진행하는 주체이다.

이 외에도 공급업자, 발주국 정부, 관리운영자 등이 있다.

포워드
가이던스

• forward guidance

통화 당국의 금융 정책 가이드라인을 제시함으로써 정책 변화에 의한 시장의 충격을 완화하겠다는 조치. 통화 당국의 정책 결정은 금융시장에 가장 큰 영향을 미치는 변수로, 주기적으로 다가오는 통화 당국의 정책 변경 시점이 되면 금융시장의 불확실성이 크게 증가하곤 하였다. 이에 따라 정책 발표 이전에 정책 방향을 가늠할 수 있는 일종의 가이드를 제시함으로써 정책 발표가 시장에 주는 서프라이즈를 최소화시키려는 노력의 일환으로 시행하였다.

풋백옵션

• put back option

기업의 인수합병(M&A) 과정에서 인수자가 재무적 투자자들의 보유 지분을 일정 기간 이후 약정된 가격에 되사줄 것을 약속하는 거래. 인수합병 과정 중 인수자의 자금이 충분하지 못한 경우 투자자들의 자금을 더욱 쉽게 유치하기 위해 붙여주는 옵션이다. 투자자의 입장에서는 훗날 주가가 하락하더라도 약정된 가격에 인수자에게 되팔 권리가 있으므로 매력적인 선택이 될 수 있다. 한편, 인수자는 자금을 단기간에 모아 빠르게 인수합병을 진행할 수 있는 이점이 있다.

후순위채권

· 後順位債券
· subordinated bonds

채권 발행 기업이 파산했을 경우 돈을 받을 수 있는 순서가 가장 나중인 채권. 채권을 발행한 기업이 파산했을 경우 사채의 변제 순위에 있어 주식보다는 우선하지만 다른 채권보다는 변제 순위가 늦은 것으로, 신용이 극히 좋은 경우에만 발행 가능하다. 중간에 변제 요청이 불가능하고 상환 기간이 5년 이상이기 때문에 자기자본으로 계산해 준다. 즉, 후순위채 발행은 곧 자기자본비율의 상승을 의미한다. 발행 기업의 자산과 수익에 대한 청구권이 약하며, 투자자에게 높은 표면금리를 제시하는 특징을 갖는다.

ELS

· Equity Linked Securities
· 주가연계증권

특정한 주식의 가격 또는 지수와 관련하여 수익률이 결정되는 금융상품. 투자 자금의 일부는 국공채에 투자하여 원금을 일부 보장하고, 나머지는 주식에 투자하여 주가 또는 지수의 변동에 따라 만기 지급액이 결정되는 증권이다. 원금의 손실 정도에 따라 원금 보장형, 원금 부분 보장형, 원금 조건부 보장형으로 구분된다. 장외파생금융상품에 대한 영업 허가를 받은 증권사에서만 ELS를 만드는 것이 가능하므로, 투자자는 반드시 증권거래 계좌가 있어야 가입할 수 있다.

헤지펀드

· hedge fund

개인모집 투자신탁. 소수의 투자가로부터 자금을 모아 '파트너십(partnership)'이라고 불리는 공동체를 결성한 뒤, 조세피난처에 위장 회사를 설립하여 운영한다. 파는 금액과 사는 금액을 동일시하여 시장 변동에 따른 거래 손실의 책임을 피할 수 있다. 한편, 헤지펀드는 파생금융상품을 교묘하게 조합하여 도박성이 큰 신종 상품을 개발함으로써 국제금융시장을 교란시킨다는 지적을 받고 있다.

⊘ 함께 나오는 용어

사모펀드(private equity fund)
비공개로 소수의 투자자를 모집하여 제한이 없는 자유로운 자금 운용을 통해 고수익을 추구하는 펀드. 불특정 다수에게 투자 기회가 열리고 각종 규제를 받는 공모펀드와 반대되는 개념으로, 헤지펀드와 유사점이 많다.

BIS 자기자본 비율

· BIS capital ratio

일정한 기준에 의해 가중 평균된 자산 중에서 자기자본이 차지하는 비율. BIS 자기자본 비율이 높을수록 파산 위험성이 적다. BIS(국제결제은행)의 바젤은행감독위원회에서 갈수록 늘어나는 은행의 리스크 증대에 대처하기 위해 만들어진 개념으로, 은행의 건전성을 유지하기 위해 BIS 자기자본비율을 8% 이상으로 유지할 것을 권고하고 있다.

OTP

- One Time Password
- 일회용 비밀번호 생성기

전자금융거래 때마다 새로운 비밀번호를 사용함으로써 비밀번호 유출로 인한 사고를 방지하기 위해 사용하는 보안수단. OTP는 보안카드형과 비밀번호 발생기형의 두 가지 형태로 구분된다. 보안카드형은 고정된 35개의 비밀번호를 사용함에 따라 비밀번호 발생기형보다 안전성이 낮아 소액거래 이체 시 주로 사용된다. 비밀번호 발생기형은 비밀번호를 재사용하지 않고 사용할 때마다 다른 비밀번호가 만들어지므로, 보안카드형에 비해 훨씬 안전하다.

금융권은 다수의 금융회사를 이용하는 고객 편의성 및 금융회사의 중복 투자, 상호호환성 등에 대한 해결을 위해 OTP 통합인증센터를 구축하고, 하나의 OTP로 다수의 금융기관에서 사용할 수 있는 통합된 OTP 인증서비스를 제공하고 있다.

P2P 투자

- Peer to Peer Investment

온라인을 통해 대출-투자를 연결하는 핀테크 서비스. 기존 은행이 수행하던 채권자와 채무자를 간접 중개하던 일을 온라인으로 모든 대출 과정을 자동화하여 지점 운영비용, 인건비, 대출영업비용 등의 불필요한 경비 지출을 최소화하고 채권자와 채무자를 직접 중개함으로써 채무자에게는 보다 낮은 금리를, 채권자에게는 보다 높은 수익을 제공하는 서비스이다. 2020년 10월 기준 우리나라의 P2P 투자 규모는 약 7조 8천억 원을 돌파하였다.

LTV

- Loan To Value ratio
- 담보인정비율

주택과 같은 부동산에 대하여 담보로 인정하는 비율. 시가 2억 원짜리 주택을 담보로 잡을 때 LTV가 50%라면 1억 원만 담보로 인정된다. LTV 비율이 높을수록 담보로 인정해주는 비율이 더욱 커지며 그만큼 대출이 용이해진다.

> **함께 나오는 용어**
>
> DTI(Debt To Income ratio, 총부채상환비율)
> (신규 연간 주택담보대출 원리금 상환액+기타 원리금 상환액)÷연 소득액. LTV는 자산가치 대비 부채비율에 초점을 맞췄다면 DTI는 소득 대비 부채비율에 초점을 맞춘 규제이다. LTV와 마찬가지로 부동산 8·2대책 이후 일부 투자과열지구에 한해 DTI가 30%까지 낮아졌으며, 2018년에는 이를 더 강화한 신DTI를, 2018년 하반기에는 DSR이 도입되었다.
>
> DSR(Debt Service Ratio, 총부채원리금상환비율)
> 모든 연간 대출 원리금 상환액÷연 소득액. DTI를 한층 더 강화한 것으로 기존 DTI에 신용대출, 학자금대출, 자동차 할부, 카드론 등 모든 대출 원리금을 포함하여 연 소득액과 비교하기 때문에 더 엄격한 대출심사가 이루어진다.

OEM

• Original Equipment Manufacturing
• 주문자상표부착생산

주문자가 요구하는 상표명으로 납품업체가 부품이나 완제품을 생산하는 것. 물건을 주문한 회사가 생산자 회사에 주문자의 상표를 부착한 상품을 제작할 것을 의뢰하여 상품을 생산하는 방식으로 전기·기계 부품이나 자동차 부품에서 많이 시행되고 있다. 상품의 상표권과 영업권은 주문업체가 갖고 납품업체는 생산만 한다. 주문자는 생산 원가를 줄일 수 있고, 생산자는 주문자의 강력한 브랜드 파워를 바탕으로 안정적인 판로를 확보할 수 있다는 장점이 있다.

⊘ 함께 나오는 용어

ODM(Original Development Manufacturing, 제조업자 개발생산)
주문자가 만들어 준 설계도에 따라 단순 제조·생산만을 전담하는 OEM에서 한발 더 나아가 납품업체가 제품의 개발까지 맡는 형태. OEM에 비해 납품업체의 마진율이 더 높다. 납품업체는 기술력에 집중하고, 주문자는 유통과 마케팅에 더욱 집중하는 형태이다.

ROE

• Return On Equity
• 자기자본이익률

주주지분에 대한 운용효율을 나타내는 지표. 주식시장에서는 투자지표로 사용된다. 부채를 제외한 자산으로 얼마나 효율적인 순익을 창출했는지를 측정하는 지표로, 높을수록 효율적인 장사를 하고 있음을 의미한다. 당기순이익÷자기자본×100으로 구할 수 있다. 주주의 입장에서는 ROE가 시중금리보다 높아야 기업투자의 의미가 있다고 볼 수 있다.

⊘ 함께 나오는 용어

ROA(Return On Asset, 총자산순이익률)
ROE와는 다르게 자기자본에 부채를 더한 자산 대비 이익 비율을 보는 지표. 금융기관의 이익은 산업 특성상 부채로부터 나오기 때문에 금융기관이 총자산을 얼마나 효율적으로 잘 운용했는지를 측정하는 지표로 사용된다.

EPS

• Earning Per Share
• 주당순이익

EPS는 기업의 순이익(당기순이익)을 해당 기업의 발행 주식 수로 나눈 값이다. EPS는 일년 동안 기업의 주식 한 주당 얼마나 이익을 창출했는지 가늠할 수 있는 지표이다.

PBR

• Price to Book Ratio
• 주가순자산비율

PBR은 기업의 주가를 한 주당 순자산가치로 나눈 값이다. PBR이 낮을수록 기업의 주가가 기업의 자산 가치보다 저평가 되어 있고, 높을수록 고평가 되어 있다고 판단할 수 있다. PBR이 1이라면 해당기업의 순자산가치와 시가총액이 일치한다는 의미이다.

PER

• Price Earning Ratio
• 주가수익비율

PER은 주가를 주당순이익(EPS)으로 나눈 값이다. PER이 낮을수록 회사가 벌어들이는 이익금에 비해 주가가 저평가 되어 있고, 높을수록 고평가 되어 있다고 볼 수 있다.

EVA

• 경제적 부가가치
• Economy Value Added

EVA란 기업이 영업활동을 통해 얻는 순가치의 증가분으로 영업이익에서 법인세와 자본비용을 차감한 이익이다. EVA가 0보다 크다면 자본제공자의 기회비용 이상의 가치를 창출했음을 의미한다. EVA는 타인자본만 고려하는 당기순이익과 달리 자기자본비용까지 고려하므로 기업이 주주가치를 극대화해야 한다는 재무적 목표에 적합한 경영성과 측정 지표이다.

EVA=(영업이익-법인세)-(타인자본비용+자기자본비용)

FIDO

• Fast Identity Online

신속한 온라인 인증을 뜻하는 말로, 온라인 환경에서 ID, 비밀번호 없이 생체인식 기술을 활용하여 보다 편리하고 안전하게 개인 인증을 수행하는 기술. 주로 지문, 홍채 등 신체적 특성의 생체정보(Biometrics)가 이용되지만, 동작 등의 행동적 특성의 생체정보 인증 등도 이용되고 있다. FIDO Specification은 비밀번호 없이 인증을 하기 위한 UAF(Universal Authentication Framework) 프로토콜과 비밀번호를 보완해서 인증을 하기 위한 U2F(Universal 2nd Factor) 프로토콜로 구성된다.

마이데이터

• mydata

정보 주체를 중심으로 산재된 개인데이터를 한 곳에 모아 개인이 직접 열람하고 저장하는 등 통합 관리하고, 이를 활용하는 일련의 과정. 마이데이터는 자신에 관한 정보가 언제 누구에게 어느 범위까지 알려지고 또 이용되도록 할 것인지를 개인이 스스로 결정할 수 있는 권리인 '개인정보자기결정권'과 제3자에게 이를 관리할 수 있도록 허용하는 '개인정보이동권'을 기반으로 한다.

[개인에게 '개인정보자기결정권'을 보장하는 기본 원칙]

• 개인은 언제든지 본인의 개인데이터에 접근할 수 있고, 그 데이터를 제3자에게 보내거나 활용하게 할 수 있다.
• 개인이 개인데이터를 요청하면 개인데이터 보유자는 해당 데이터를 안전하고 쉽게 이용할 수 있는 형식으로 개인에게 제공해야 한다.
• 개인데이터를 사용하고자 하는 제3자는 필요할 때마다 개인에게 동의를 받아야 한다.
• 개인은 자신의 데이터가 어떻게 수집 및 사용되었는지 투명하게 확인할 수 있어야 한다.
• 개인이 원한다면 개인데이터 보유자는 데이터를 바로 삭제해야 한다.

[마이데이터 구성요소]

• 개인: 정보 주체자. 마이데이터 서비스를 이용하는 당사자로 개인데이터로 식별할 수 있고, 해당 개인데이터의 주체이면서 통제권을 가진 사람
• 개인데이터 보유자: 마이데이터 서비스 제공자가 활용하는 개인데이터를 보유한 기관 또는 기업
• 마이데이터 서비스 제공자: 개인데이터를 수집·이용하여 마이데이터 서비스를 제공하는 모든 개인, 기업, 기관
• 제3자: 개인의 요청 및 동의에 따라서 마이데이터 서비스 제공자가 보유한 개인데이터를 제공 받아 제휴서비스나 독립적인 서비스를 제공하는 기관 또는 기업 혹은 개인의 요청에 따라 마이데이터 서비스 제공자가 보유한 개인데이터를 제공 받는 개인

에지 컴퓨팅

• edge computing

중앙 집중 서버가 모든 데이터를 처리하는 클라우드 컴퓨팅과 다르게 분산된 소형 서버를 통해 실시간으로 처리하는 기술. 처리 가능한 대용량 데이터를 발생지(소스) 주변에서 효율적으로 처리함으로써 데이터 처리 시간이 큰 폭으로 단축되고 인터넷 대역폭 사용량이 감소하는 장점이 있다.

에지 컴퓨팅은 기존 클라우드 컴퓨팅(Cloud computing)과는 다른 컴퓨팅 접근 방법으로, 서로를 대체하는 것이 아닌 각각의 문제점을 보완하는 공생 관계에 가깝다. 에지 컴퓨팅을 클라우드(중앙 구름) 환경의 일부 작은 규모의 플랫폼으로 보아 클라우드렛(cloudlet, 작은 구름) 용어로 쓰기도 하고, 단말 기기 주변(에지)에서 처리되는 것을 가리켜 포그 컴퓨팅(Fog computing)이라고도 한다. 에지 컴퓨팅은 네트워크 연결과 대기 시간, 대역폭 제약, 단말 기기에 내장된 다양한 기능 등을 고려하여 설계되기 때문에 분산 컴퓨팅 모델에 유리하며, 대표적인 사례로는 자율 주행 자동차를 들 수 있다.

4차 산업혁명

인공지능(AI), 로봇 기술, 생명 과학 등 정보통신기술(ICT)이 경제·사회 전반에 융합되어 이루어지는 차세대 산업 혁명. 디지털을 이용한 가상 세계와 현실 세계의 연결이 핵심인 4차 산업혁명은 기술 융합으로 생산성을 높이고 생산과 유통 비용을 낮춰 소득 증가와 삶의 질을 높일 것으로 보인다.

함께 나오는 용어

정보통신기술(ICT, Information and Communication Technology)
정보기기의 하드웨어 및 이들 기기의 운영 및 정보 관리에 필요한 소프트웨어 기술과 이들 기술을 이용하여 정보를 수집, 생산, 가공, 보존, 전달, 활용하는 모든 방법을 의미한다.

스마트 시티

• smart city

텔레커뮤니케이션(tele-communication)을 위한 기반시설이 인간의 신경망처럼 도시 구석구석까지 연결되어 있는 도시. 첨단 정보통신기술(ICT)로 인해 발전한 다양한 유형의 전자적 데이터 수집 센서를 사용해서 정보를 취득하고, 이를 자산과 리소스를 효율적으로 관리하는 데 사용하게 된다. 스마트 시티는 각국의 경제 및 발전 수준, 도시 상황과 여건에 따라 매우 다양하게 정의·활용되고 있다.

함께 나오는 용어

유시티(U-City)
첨단 IT 인프라와 유비쿼터스 정보 서비스를 도시 공간에 융합하여 생활의 편의 증대와 삶의 질 향상, 체계적 도시 관리에 의한 안전보장과 시민복지 향상, 신산업 창출 등 도시의 제반 기능을 혁신시키는 차세대 정보화 도시를 말한다.

데이터베이스	특정 조직의 사람들이 공유할 목적으로 통합하여 관리하는 데이터의 집합. 여러 사람들이 공동으로 사용하기 위해 여러 자료 파일을 통합하여 자료 항목의 중복을 없애고 자료를 구조화하여 저장한 '자료의 집합체'를 말한다. 데이터베이스는 자료의 검색과 갱신의 효율성을 높여 준다.

· database

[데이터베이스의 특성]

- 같은 자료를 중복하여 저장하지 않는다.
- 컴퓨터가 액세스하여 처리할 수 있는 저장장치에 수록된 자료이다.
- 임시로 모아 놓은 데이터나 단순한 입·출력 자료는 포함되지 않는다.
- 같은 데이터라 할지라도 공동 사용자의 목적에 따라 다르게 사용할 수 있다.

디지털 트랜스포메이션

· digital transformation

디지털 기술을 사회 전반에 적용하여 전통적인 사회 구조를 혁신시키는 것. 일반적으로 기업에서 사물 인터넷(IoT), 클라우드 컴퓨팅, 인공지능(AI), 빅데이터 솔루션 등 정보통신기술(ICT)을 플랫폼으로 구축·활용하여 전통적인 운영 방식과 서비스 등을 혁신하는 것을 의미한다. 디지털 트랜스포메이션을 추진한 사례로 제너럴 일렉트릭(GE)의 산업 인터넷용 소프트웨어 플랫폼 '프레딕스', 모바일앱으로 매장 주문과 결제를 할 수 있는 스타벅스의 '사이렌오더 서비스' 등이 있다. 성공적인 디지털 전환을 통해 4차 산업혁명이 실현된다.

클라우드 서비스

· cloud service

PC와 같은 저장 매체가 아닌 온라인에 소프트웨어와 데이터를 저장해두고 필요할 때마다 접속해 사용하는 서비스. 값비싼 컴퓨터 장비도 필요 없이 클라우드 서비스 제공 업체의 서버를 활용해 소프트웨어나 저장 공간을 빌려 쓰고 사용한 만큼 요금을 내기 때문에 시스템 유지나 장비 구입 비용을 절감할 수 있다.

빅데이터

· big data

데이터의 생성 양·주기·형식 등이 방대한 데이터 또는 데이터를 수집·분류·분석하는 도구와 분석기법. 빅데이터를 규정하는 3대 요소는 방대한 데이터의 양(Volume)·다양한 형태(Variety)·초단위의 빠른 생성 속도(Velocity) 등 '3V'로 나타내며, 네 번째 특징인 가치(Value)를 더해 '4V'라고도 한다.

빅데이터는 즉각적으로 분석 가능한 신속성이 있고, 과거부터 현재까지의 상황 분석이 용이해 변화를 쉽게 추적할 수 있으며, 제한된 표본이 아닌 전체 모집단을 대상으로 할 수 있다는 대표성으로 의사 결정의 정확도를 높일 수 있다는 장점이 있다.

램

• RAM(Random Access Memory)

컴퓨터의 주기억 장치, 컴퓨터의 메모리. 데이터나 프로그램을 자유롭게 읽고 쓸 수 있는 기억 장치로, 현재 사용 중인 프로그램이나 데이터가 저장되어 있다. 찾는 자료가 있는 위치까지 차례로 찾아가지 않고 특정 위치에 직접 자료를 쓰고 읽을 수 있기 때문에 액세스 속도가 빠르지만, 기억 장소의 사용 효율이 떨어진다.

램에는 전원을 주는 한 기억을 보존하는 SRAM(Static Random Access Memory)과 전원이 켜진 상태에서도 시간이 흐름에 따라 기억이 흐려지는 DRAM(Dynamic Random Access Memory)이 있다.

🔗 함께 나오는 용어

롬(ROM, Read Only Memory)
기록된 데이터를 읽을 수는 있지만 다시 기록할 수는 없는 메모리. 기록된 데이터를 필요할 때마다 읽을 수는 있지만 바꾸어 쓸 수는 없는 컴퓨터의 판독 전용 기억 장치로, 전원이 끊어져도 정보가 없어지지 않는 비휘발성(nonvolatile) 기억 장치이다.

USB

• Universal Serial Bus

정보기기에 주변 장치를 연결하기 위한 직렬 버스 규격의 하나인 작은 이동식 기억장치. 개인용 컴퓨터 주변기기에서 가장 많이 보급된 범용 인터페이스 규격이다. USB 표준은 하나의 버스에 최대 127대의 주변 장치가 연결 가능하다. 포트가 부족한 경우에는 나뭇가지 형태로 확장 가능한 USB 허브의 사용도 가능하다.

🔗 함께 나오는 용어

SD카드(Secure Digital Card)
우표 크기의 플래시 메모리 카드. 매우 안정적이고 높은 저장 능력을 갖고 있으며, 개인 휴대 정보 단말기(PDA), 디지털 카메라, 디지털 뮤직 플레이어, 휴대 전화, 노트북 컴퓨터, 디지털 캠코더 등의 디지털 제품에 사용된다.

3D 프린터

• 3D printer

2D 프린터가 활자나 그림을 인쇄하듯이 입력한 도면을 바탕으로 3차원의 입체 물품을 만들어내는 기계. 입체 형태를 만드는 방식에 따라 크게 한 층씩 쌓아 올리는 적층형(첨가형 또는 쾌속조형 방식)과 큰 덩어리를 깎아가는 절삭형(컴퓨터 수치제어 조각 방식)으로 구분한다. 제작 단계는 모델링(modeling), 프린팅(printing), 피니싱(finishing)으로 이루어진다.

크라우드 펀딩

• crowd funding

온라인을 통해 대중으로부터 십시일반으로 자금을 조달하는 모금 형식. 모금 주체가 모금 용도에 대한 기획을 제시하고 일정 기간 기부를 받아 목표액을 달성하면 기부된 금액으로 프로젝트를 진행하는 것을 말한다. 문화예술 분야의 활성화에 기여하고 있다.

사물인터넷

* IoT(Internet of Things)

사람과 사물, 사물과 사물끼리 인터넷으로 연결돼 정보를 생성·수집·공유·활용하는 기술·서비스. 사물인터넷은 연결되는 대상에 있어서 책상이나 자동차처럼 단순히 유형의 사물에만 국한되지 않으며, 교실, 커피숍, 버스정류장 등 공간은 물론 상점의 결제 프로세스 등 무형의 사물까지도 그 대상에 포함한다. 즉, 두 가지 이상의 사물들이 서로 연결됨으로써 개별적인 사물들이 제공하지 못했던 새로운 기능을 제공하는 것이다.

소프트웨어

* software

기계장치부에 해당하는 하드웨어에 대응하는 개념으로, 하드웨어를 사용하기 위한 각종 명령의 집합체. 일반적으로 '프로그램'이라고도 불리며 크게 시스템 소프트웨어와 응용 소프트웨어로 구분된다.

* 시스템 소프트웨어: 하드웨어를 제어하고 운영하는 프로그램. 운영 체제(UNIX·DOS 등), 컴파일러(C·FORTRAN 컴파일러 등), 입·출력 제어 프로그램 등이 있다.
* 응용 소프트웨어: 어떤 특정 업무를 보다 편리하게 처리하기 위해 만들어진 프로그램. 사무 자동화, 수치연산, 게임 등이 있다.

사스

* SaaS(Software as a Service)

클라우드 환경에서 운영되는 애플리케이션 서비스. 모든 서비스가 클라우드에서 이루어지며, 소프트웨어를 구입해서 PC에 설치하지 않아도 웹에서 소프트웨어를 빌려 쓸 수 있다. 사스는 필요할 때 원하는 비용만 내면 어디서든 곧바로 쓸 수 있다는 장점이 있다. PC나 기업 서버에 소프트웨어를 설치할 필요가 없으며, 소프트웨어 설치를 위해 비용과 시간을 들이지 않아도 된다.

함께 나오는 용어

* BaaS(Blockchain as a Service)
  블록체인 기반 소프트웨어의 개발 환경을 제공하는 클라우드 컴퓨팅 플랫폼. 장소와 상관없이 서버 자원을 할당하는 프로비저닝(provisioning)이 가능하다.
* PaaS(Platform as a Service)
  소프트웨어 서비스를 개발할 때 필요한 플랫폼을 제공하는 서비스. 사용자는 PaaS에서 필요한 서비스를 선택해 애플리케이션을 개발할 수 있다.
* IaaS(Infrastructure as a Service)
  클라우드로 IT 인프라 자원을 제공하는 서비스. 이용자는 직접 데이터센터를 구축할 필요 없이 클라우드 환경에서 필요한 인프라를 꺼내 쓰면 된다. 대표적인 사례로 넷플릭스가 있다.

디지로그

digilog

디지털(digital)과 아날로그(analog)의 합성어로, 디지털 기반과 아날로그 정서가 융합된 첨단기술 또는 아날로그 시대에서 디지털 시대로 넘어가는 변혁기에 위치한 세대를 의미하는 말. 아날로그 문화가 디지털 사회를 더 풍부하게 해준다는 인식을 토대로 첨단 외양에 인간적 정감과 추억이 깃든 상품의 수요가 증가하는 현상을 나타내기도 한다.

언택트 마케팅

• untact marketing

접촉(contact)을 뜻하는 콘택트에 언(un)이 붙어 '접촉하지 않는다'는 의미로, 사람과의 접촉을 최소화하는 등 비대면 형태로 정보를 제공하는 마케팅. 즉, 키오스크·VR(가상현실) 쇼핑·챗봇 등 첨단기술을 활용해 판매 직원이 소비자와 직접적으로 대면하지 않고 상품이나 서비스를 제공하는 것이다.

● 함께 나오는 용어

챗봇(chatterbot)
기업용 메신저에 채팅하듯 질문을 입력하면 인공지능(AI)이 빅데이터 분석을 바탕으로 사람과 일상 언어로 대화를 하며 해답을 주는 대화형 메신저. 기업 입장에서 인건비를 아끼고 업무시간에 상관없이 서비스를 제공할 수 있다는 장점이 있는 반면, 개인정보 유출 등 부작용의 발생 가능성도 존재한다.

게이트웨이

• gateway

근거리통신망(LAN)에서 데이터를 받아들이거나 내보낼 때 중개 역할을 하는 장치. 각각의 네트워크는 다른 네트워크와 구별되는 프로토콜로 데이터를 전송하므로 다른 프로토콜을 사용하는 네트워크와 직접 연결하면 데이터를 공유할 수 없다. 때문에 각각의 네트워크를 중개해주는 게이트웨이가 필요하다. 예를 들어 전자 우편은 인터넷과 PC통신 서비스 회사의 통신망을 중개하는 게이트웨이를 통해 PC통신 서비스에서 받아볼 수 있는 것이다.

증강현실

• AR(Augmented Reality)

현실 세계에 3차원의 가상 물체를 겹쳐 보여주는 기술. 사용자가 육안으로 보고 있는 현실 장면에 3차원 가상 물체를 중첩해 보여주는 기술이다. 즉, 사용자가 보는 실사 영상에 3차원적인 가상 영상을 겹침(overlap)으로써 가상 화면과 현실 환경의 구분이 모호해지도록 한다는 의미다.

인공지능

• AI(Artificial Intelligence)

인간의 학습능력과 추론능력, 지각능력, 자연언어의 이해능력 등을 컴퓨터 프로그램으로 실현한 기술. 인간의 지능으로 할 수 있는 사고, 학습, 자기 개발 등을 컴퓨터가 할 수 있도록 하는 방법을 연구하는 컴퓨터 공학 및 정보기술의 한 분야이다. 최근 정보기술의 여러 분야에서 인공지능적 요소를 도입하여 그 분야의 문제 풀이에 활용하려는 시도가 매우 활발하게 이루어지고 있다.

● 함께 나오는 용어

딥러닝(deep learning)
컴퓨터가 스스로 새로운 지식을 끊임없이 습득할 수 있도록 한 인공신경망 기술이다.

첨단 로봇 기술

• advanced robot technology

고도의 기능을 가진 로봇에 관련된 기술. 고도의 기능을 가진 로봇이란 어느 정도 자율적으로 동작을 할 수 있고, 비교적 복잡한 작업도 가능하며, 이를 위한 시각 등의 센서도 고기능인 로봇을 말한다. 원자력 로봇, 우주용 로봇, 해양 로봇 등 고기능 로봇을 개발하기 위한 하이테크놀로지가 대표적이다.

노에스큐엘

• NoSQL

빅데이터 처리를 위한 비관계형 데이터베이스 관리 시스템(DBMS). 대규모의 데이터를 유연하게 처리할 수 있는 것이 강점이다. 노에스큐엘은 테이블-컬럼과 같은 스키마 없이, 분산 환경에서 단순 검색 및 추가 작업을 위한 키 값을 최적화하고, 지연(latency)과 처리율(throughput)이 우수하다. 그리고 대규모 확대가 가능한 수평적인 확장성의 특징을 가지고 있다.

고객관계관리

• CRM(Customer Relationship Management)

기업이 고객과 관련된 내·외부 자료를 분석·통합해 고객 중심 자원을 극대화하고 이를 토대로 고객특성에 맞게 마케팅 활동을 계획·지원·평가하는 과정. 고객데이터의 세분화를 실시하여 신규고객 획득, 우수고객 유지, 고객가치 증진, 잠재고객 활성화, 평생고객화와 같은 사이클을 통하여 고객을 적극적으로 관리하고 유도한다.
최근에는 데이터베이스 마케팅(DB marketing)의 일대일 마케팅(One-to-One marketing), 관계마케팅(Relationship marketing)에서 진화한 요소들을 기반으로 등장하고 있다.

무선주파수 인식기술

• RFID(Radio- Frequency IDentification)

무선 주파수를 이용하여 반도체 칩의 데이터를 읽어내는 먼 거리에서 정보를 인식하는 시스템. 생산에서 판매까지의 전 과정을 IC칩에 내장해 무선 주파수로 추적할 수 있어 바코드를 대체할 차세대 인식 기술로 꼽히고 있다. 전자태그, 스마트태그, 전자라벨 등으로도 불린다.
우리나라에서는 현재 대중교통 요금징수 시스템뿐만 아니라 음식물쓰레기 종량제 시스템, 동물 추적장치, 자동차 안전장치 등 여러 분야의 범위로까지 활동 영역을 넓혀가고 있다.

O2O

• Online to Offline

온라인과 오프라인을 연결한 마케팅. 최근에는 주로 전자상거래 혹은 마케팅 분야에서 온라인과 오프라인이 연결되는 현상을 말하는 데 사용된다. O2O 트렌드는 소셜커머스로 인해 활성화되기 시작하였다. 소비자들에게는 저렴하게 상품이나 서비스를 구매할 기회를 주면서, 동시에 해당 제품이나 매장을 홍보하는 수단이 활용되고 있다.

머신 러닝

• machine learning

인공지능의 연구 분야 중 하나로, 인간의 학습 능력과 같은 기능을 컴퓨터에서 실현하고자 하는 기술 및 기법. 경험적 데이터를 기반으로 학습을 하고 예측을 수행하고 스스로의 성능을 향상시키는 시스템과 이를 위한 알고리즘을 연구하고 구축하는 기술이다. 머신 러닝의 알고리즘들은 입력 데이터를 기반으로 예측이나 결정을 이끌어내기 위해 특정한 모델을 구축하는 방식을 취한다.

핀테크

• fintech

금융(financial)과 기술(technique)의 합성어로, 모바일 결제나 송금, 개인 자산 관리, 크라우드 펀딩 등 금융 서비스와 결합된 IT 기술. 최근 모바일 결제 서비스가 대표적 핀테크 기술로 주목받고 있다. 삼성페이, 카카오페이, 애플페이, 구글 월렛 등이 이에 해당한다.

기출 ✏️

5세대 이동통신

• 5G(5th Generation)

4G LTE 대비 데이터 용량은 약 100배 많고 속도는 20배 빠른 차세대 이동통신. 국제전기통신연합(ITU)에 따르면 최대 속도가 20Gbps에 달하는 이동통신 기술이다. 강점인 초저지연성과 초연결성을 통해 4차 산업혁명의 핵심 기술인 가상현실, 자율주행, 사물인터넷 기술 등을 구현할 수 있다.

> **함께 나오는 용어**
>
> LTE(Long Term Evolution)
> 3세대(3G) 이동통신 시스템의 기술적 한계를 극복한 4세대 이동통신 기술. LTE는 정지 시에 1Gbps, 이동 시에는 100Mbps의 속도로 데이터 전송이 가능하며, 3G를 연동할 수 있다는 장점이 있다.

베이퍼웨어

vaporware

하드웨어나 소프트웨어 분야에서 아직 개발이 되지 않은 가상의 제품. 박람회 홍보책자에만 존재하는 상품이라는 의미에서 '브로슈어웨어(brochure ware)'라고 부르기도 한다. IT산업이 한창 확대되고 있을 때, 대개는 개발조차 되지 않은 하드웨어나 소프트웨어를 마치 완성을 앞둔 것처럼 부풀리는 식의 마케팅 전략을 빗대어 언급한 용어로, 당장 구할 수 있는 경쟁업체의 제품을 사지 못하도록 한다.

인슈어테크

• insurtech

인공지능(AI) 등의 정보기술(IT)을 활용해 기존 보험 산업을 혁신하는 서비스. 인슈어테크가 도입되면 기존의 운영방식이나 상품 개발 및 고객 관리 등이 전면적으로 재설계되어 보다 고차원적인 관리 및 서비스가 이루어진다. 예를 들면 전체 가입자에게 동일하게 적용하던 보험료율을 빅데이터 분석을 통해 다르게 적용하거나 사고 후 보상 개념인 기존 보험과 달리 사고 전 위험관리 차원으로 접근하는 서비스가 가능하다.

내가 꿈을 이루면
나는 누군가의 꿈이 된다.

– 이도준

여러분의 작은 소리
에듀윌은 크게 듣겠습니다.

본 교재에 대한 여러분의 목소리를 들려주세요.

공부하시면서 어려웠던 점, 궁금한 점,

칭찬하고 싶은 점, 개선할 점, 어떤 것이라도 좋습니다.

에듀윌은 여러분께서 나누어 주신 의견을

통해 끊임없이 발전하고 있습니다.

에듀윌 도서몰 book.eduwill.net
- 부가학습자료 및 정오표: 에듀윌 도서몰 → 도서자료실
- 교재 문의: 에듀윌 도서몰 → 문의하기 → 교재(내용, 출간) / 주문 및 배송

2024 NH농협은행 6급(5급 대비 가능) NCS 기본서

발 행 일	2024년 1월 7일 초판
편 저 자	에듀윌 취업연구소
펴 낸 이	양형남
펴 낸 곳	(주)에듀윌
등록번호	제25100-2002-000052호
주 소	08378 서울특별시 구로구 디지털로34길 55
	코오롱싸이언스밸리 2차 3층

www.eduwill.net
대표전화 1600-6700

IT자격증 단기 합격!
에듀윌 EXIT 시리즈

컴퓨터활용능력

- **필기 초단기끝장(1/2급)**
  문제은행 최적화, 이론은 가볍게 기출은 무한반복!

- **필기 기본서(1/2급)**
  기초부터 제대로, 한권으로 한번에 합격!

- **실기 기본서(1/2급)**
  출제패턴 집중훈련으로 한번에 확실한 합격!

워드프로세서

- **필기 초단기끝장**
  문제은행 최적화, 이론은 가볍게 기출은 무한반복!

- **실기 초단기끝장**
  출제패턴 반복훈련으로 초단기 합격!

ITQ/GTQ

- **ITQ 엑셀/파워포인트/한글 ver.2016**
  독학러도 초단기 A등급 보장!

- **ITQ OA Master ver.2016**
  한번에 확실하게 OA Master 합격!

- **GTQ 포토샵 1급 ver.CC**
  노베이스 포토샵 합격 A to Z

정보처리기사

- **필기 / 실기 기본서**
  비전공자 눈높이로 기초부터 합격까지 4주완성!

- **실기 기출동형 총정리 모의고사**
  싱크로율 100% 모의고사로 실력진단+개념총정리!

120만 권 판매 돌파!
36개월 베스트셀러 1위 교재

빅데이터로 단기간에 합격!
합격의 차이를 직접 경험해 보세요

기본서

한국사 초심자도
확실한 고득점 합격

2주끝장

빅데이터 분석으로
2주 만에 합격

시대별×회차별 기출문제집

시대별+회차별 기출을
모두 담은 합격 완성 문제집

1주끝장

최빈출 50개 주제로
1주 만에 초단기 합격 완성

초등 한국사

비주얼씽킹을 통해
쉽고 재미있게 배우는 한국사

2024 최신판

NH농협은행

6급 (5급 대비 가능)

정답과 해설

eduwill

2024 최신판

에듀윌
취업
NH농협은행
6급(5급 대비 가능)

에듀윌
취업

NH농협은행
6급 (5급 대비 가능)
NCS 기본서

정답과 해설

eduwill

직무상식평가 + 직무능력평가							P.20~67		
01	③	02	②	03	④	04	②	05	③
06	①	07	⑤	08	③	09	③	10	⑤
11	④	12	③	13	④	14	④	15	④
16	②	17	②	18	②	19	③	20	③
21	②	22	③	23	④	24	③	25	⑤
26	⑤	27	④	28	⑤	29	③	30	⑤
31	③	32	⑤	33	③	34	④	35	②
36	⑤	37	③	38	②	39	⑤	40	④
41	④	42	④	43	⑤	44	④	45	④
46	③	47	④	48	①	49	②	50	④
51	②	52	②	53	④	54	④	55	④
56	③	57	④	58	④	59	④	60	③
61	④	62	③	63	②	64	③	65	④
66	⑤	67	⑤	68	②	69	③	70	⑤

01　| 정답 | ③

1,024B＝1KB, 1,024KB＝1MB, 1,024MB＝1GB, 1,024GB＝1TB이다. 따라서 1GB＝1,024MB＝1,048,576KB이고 1GB는 약 0.000977TB이다.

02　| 정답 | ②

PHP는 이미지를 동적으로 생성할 수 있는 코딩 언어이다.

03　| 정답 | ④

DNS서버는 문자와 기호로 구성된 도메인 네임을 숫자로 변환하는 서버이다.

04　| 정답 | ②

언급된 세 가지 서비스 모델 중 가장 먼저 대중화되기 시작한 서비스 모델은 SaaS이다. 처음에는 SaaS에만 치중되어 있다가 점차 영역을 넓혀 나가면서 현재에는 IaaS, PaaS까지도 아우르는 서비스가 되었다. 전통적인 IT에서는 기술적 분야를 모두 기업이 관리하였지만 IaaS(Infra as a Software), PaaS(Platform as a Software), SaaS(Service as a Software) 등의 모델에서는 기업관리 영역이 축소되고 대신 서비스로 제공되는 영역이 늘어난 것이 특징이다. IaaS는 IaaS라는 틀 안에서 이용자가 원하는 운영 체제와 응용프로그램을 설치하여 활용 가능하며, PaaS는 애플리케이션 실행 환경이나 DB 등이 미리 마련되어 있어 단기간에 응용프로그램을 개발하여 서비스 제공이 가능하다. SaaS는 사용자는 별도의 설치나 부담이 필요 없이 비용만 내고 API를 통해 소프트웨어 서비스 이용이 가능하다.

05　| 정답 | ③

gif는 인터넷 표준 그래픽 파일 형식이며, 여러 번 압축하여도 원본과 비교해 화질의 손상이 없는 특징이 있다.

| 오답풀이 |
① BMP 파일에 대한 설명이다.
② JPG 파일에 대한 설명이다.
④ WMF 파일에 대한 설명이다.
⑤ TIF 파일에 대한 설명이다.

06　| 정답 | ①

ROM(Read Only Memory)은 첫 내용 작성에 특수 기기가 필요하고 특성상 동적으로 쓸 수가 없는 장비이다. 일반적으로 한번 기록한 정보가 전원 유지와 상관없이 (반)영구적으로 기억되며, 삭제나 수정이 불가능한 기억장치를 가리킨다. 이와는 반대로 원할 때 쓰고 지울 수 있으나 전원이 유지되지 않으면 내용이 사라지는 기억 장치는 RAM(Random Access Memory)이라고 부른다.
SSD(Solid State Drive)는 기계적 구동부위가 없는 반도체(solid－state, 진공을 대체한 고체 소자)를 사용하는 드라이브이다. NAND 플래시 메모리와 고성능 컨트롤러를 탑재하여 C 드라이브 및 HDD의 지위를 대체하고 있는 보조 기억 장치이다. Microsoft Windows에서는 반도체 드라이브라는 명칭을 사용한다.

07　| 정답 | ⑤

UAM(Urban Air Mobility)이라고 불리는 도심 항공교통은 전동형 수직이착륙기를 기반으로 한 차세대 첨단 교통 체계이다.

| 오답풀이 |

① 커넥티드카(Connected Car)는 무선 네트워크를 통해 인터넷 접속이 가능한 자동차를 의미한다.
② IATA는 국제항공운송협회이다.
③ ITS(Intelligent Transport Systems)는 ICT 기술을 교통체계에 적용한 지능형 교통 체계를 의미한다.
④ MaaS(Mobility As A Service)는 모든 교통수단 시스템을 하나로 연계하여 최적의 교통 정보를 제공하는 것을 목적으로 하는 통합 모빌리티 서비스를 의미한다.

08

| 정답 | ③

AS번호는 인터넷상에서 국제 표준방식에 의해 구축된 독자적인 네트워크(자치시스템)를 구분하도록 고안된 번호 식별 체계로, 동일한 라우팅 정책으로 운영되는 네트워크에 부여하는 고유한 숫자를 의미한다. 여기서 라우팅이란 인터넷망에서 IP주소 정보를 기준으로 통신 데이터 정보를 발신 측에서 수신 측으로 전송하는 경로를 선택하는 동작을 말한다. 우편번호가 지역을 구분하듯이 AS번호는 인터넷 네트워크를 구분하여 라우팅 정책의 독립성을 확보하고 보안유지, 고장 및 오류 국지화 등을 용이하게 한다. 각 AS의 끝에는 다른 자치시스템과의 연결을 위한 외부 라우터(Border Router)가 존재하며, 이들은 BGP(Border Gateway Protocol) 규약에 의거하여 라우팅을 수행한다. 현재 일반적으로 사용 중인 AS번호는 2바이트(byte) 체계로 6만 5,536개의 AS번호 사용이 가능하나, IPv4주소와 마찬가지로 가까운 미래에 고갈될 것으로 예측되고 있다. 이에 국제인터넷표준화기구(IETF)는 기존의 2바이트 AS번호 체계의 확장 형태인 4바이트 AS번호를 정의했으며, 이에 따라 약 43억 개의 AS번호를 사용할 수 있게 되었다.

09

| 정답 | ③

사물인터넷이 활성화되면서 가장 두드러지는 현상은 엄청난 데이터가 발생하게 된다는 점이다. 이러한 빅데이터를 이용하여 학습할 데이터들을 사전 처리하여 최적화함으로써 학습효과를 극대화하면 실용화가 가능한 머신러닝 결과가 나오는 것이다.

| 오답풀이 |
① 머신러닝은 인공지능의 한 분야이다.
② 머신러닝은 소규모 데이터 세트에서도 작동할 수 있지만, 딥러닝은 대량의 데이터가 공급될 때 뛰어난 성능을 발휘할 수 있다.
④ 딥러닝 모델이 더 많은 연산 능력을 필요로 한다. 예를 들어,

사람의 음성을 인식하도록 딥러닝 모델을 학습시키는 데는 표준 컴퓨터에서 며칠이 걸리는 반면, 머신러닝 모델은 단 몇 시간 만에 비슷한 작업을 수행할 수 있다.
⑤ 머신러닝 기술의 하나인 인공 신경망 분야에서는 두드러진 발전이 이루어졌으며, 이를 통해 탄생한 것이 딥러닝이다.

10

| 정답 | ⑤

내그웨어는 사용자에게 주기적으로 소프트웨어를 등록하도록 요구하는 소프트웨어로, 내그 스크린 쉐어웨어와 유사한 것으로 소프트웨어에 내장되어 있다. 계속적으로 키 입력을 요구함으로써 배치 모드로는 사용할 수 없게 유도하는 것이 특징이다.

| 오답풀이 |
① 프로그램 실행 중 광고를 보여주고, 이를 봄으로써 비용 납부를 대신하는 형태의 프로그램은 애드웨어에 대한 설명이다.
② 다른 사람의 컴퓨터에 잠입하여 사용자도 모르게 개인정보를 제3자에게 유출시키는 프로그램은 스파이웨어에 대한 설명이다.
③ 컴퓨터의 접근 권한을 막은 후 피해자를 협박하는 수법은 랜섬웨어에 대한 설명이다.
④ 악성코드의 감염 방식 중 하나로, 여러 단말기에 분산되어 단말기들이 연결된 네트워크를 감염시키는 악성코드는 웜에 대한 설명이다.

11

| 정답 | ④

제6조 제2항 제5호에서 대통령령으로 정하는 기간 이상 농업경영을 하던 자가 이농(離農)한 후에도 이농 당시 소유하고 있던 농지를 계속 소유하는 경우 농업경영에 이용하지 아니할지라도 농지를 소유할 수 있음을 확인할 수 있다.

| 오답풀이 |
① 제6조 제2항 제2호를 통해 알 수 있는 내용이다.
② 제6조 제2항 제3호를 통해 알 수 있는 내용이다.
③ 제6조 제3항을 통해 알 수 있는 내용이다.
⑤ 제6조 제2항 제9의2호를 통해 알 수 있는 내용이다.

12

| 정답 | ③

정밀농업 농작물의 가변성에 대한 관찰, 측정, 반응에 기반한 농업 관리 개념이다. 정보 통신 기술을 활용하는 농업으로, 'vertical farm', 'vertical farming'이라고도 한다. 드론과 인공위성의 발전은 고품질의 영상 촬영, 더 크고 정밀한 사진 캡처 등의 기술을 활용하여 정밀농업 발전에 영향을 주었다. 경비행기 조종사들은 현재 수준의 바이오매스에 기반하여 앞으로

의 수확량을 예측하기 위해 위성 기록의 데이터와 항공사진을 병합할 수 있으며, 축적된 영상들은 물의 흐름을 추적하기 위한 등고선도를 만들고 가변적인 씨뿌리기를 결정하고 어느 정도 생산적인 지역의 수확량 지도를 만들 수 있다.

이렇듯 정밀농업은 농업 운영을 최적화하기 위해 기술과 데이터를 결합한 포괄적인 접근방식이다.

13 　　　　　　　　　　　　　　　ㅣ정답ㅣ④

농업진흥구역과 농업보호구역에서 공통적으로 허용되는 행위로 적절하지 않은 것은 주말농장 운영이다. 두 구역은 모두 토지의 효율적인 관리와 농업 발전을 위해 설정된 구역으로, 식량 안보의 유지, 농업 경영 지원, 산업의 다양성 유도, 고용 창출, 인구 분산, 도시와의 격차 해소 등을 목적으로 한다.

농업진흥구역에서는 농사와 직접적인 관련이 있는 농업 시설, 국가 안보에 관련한 시설이나 공공 시설만 허용된다. 농업보호구역에서는 농업진흥구역보다 상당히 많은 행위가 허용되며, 농지의 전용 행위도 농업진흥구역보다 쉽다. 농업보호구역에서는 농업진흥구역에서 허용되는 행위와 일정 면적 이내의 관광농원, 주말농장, 단독주택 건립, 1·2종 근생시설 설치 등의 행위가 허용된다.

14 　　　　　　　　　　　　　　　ㅣ정답ㅣ④

논밭두렁 태우기로 인해 경작지의 해충보다 익충이 더 많이 죽어 방제 효과가 낮으며 지력 향상에 도움되지 않는다. 또한 영농기 이전과 수확기 이후 볏짚 등의 영농부산물의 현장 소각하는 것은 산불의 원인이 되고 대기오염을 일으키므로 지양하는 농법이다. 농촌진흥청에서는 논밭두렁 태우기를 1986년까지는 권장하였으나, 산불의 주된 원인이 되면서 현재는 임의 소각 행위가 적발될 경우 폐기물관리법에 따라 과태료를 부과한다.

ㅣ오답풀이ㅣ
① 깊이갈이란 농토 표면의 흙과 깊은 곳의 흙을 뒤집어 주는 토양 관리법의 일종으로, 토양의 통기성과 물빠짐이 좋아져 지력을 증진할 수 있다.
② 우리말로 풋거름이라고도 하는 녹비는 생풀이나 생 나뭇잎으로 만든 거름이다. 대표적인 녹비작물로 콩과식물을 재배하는데, 콩과식물의 뿌리에 공생하는 균인 '뿌리혹박테리아'가 식물 생장에 필요한 질소를 공기 중에서 끌어당겨 지력 향상에 도움이 되기 때문이다.

③ 돌려짓기(윤작)란 다양한 작물을 특정 주기에 맞추어 교대로 돌려짓는 재배법이다. 여러 작물의 특성에 따라 토양구조가 개선되고 토양의 유기물 함량이 높아져 지력과 생산성이 높아진다.
⑤ 규산은 병해충 저항성을 높여주며, 석회는 토양 산성화를 막고 유기물 분해와 미생물의 활동을 촉진하여 토지를 비옥하게 하는 데 도움이 된다.

15 　　　　　　　　　　　　　　　ㅣ정답ㅣ④

가축전염병 예방법 제2조 제2항에 따라 가축전염병은 제1종, 제2종, 제3종으로 구분하며 광견병(공수병)은 제2종 가축전염병에 해당한다.

제1종	우역, 우폐역, 구제역, 가성우역, 블루텅병, 리프트 계곡열, 럼피스킨병, 양두, 수포성구내염, 아프리카마역, 아프리카돼지열병, 돼지열병, 돼지수포병(水疱病), 뉴캣슬병, 고병원성 조류(鳥類)인플루엔자 및 그 밖에 이에 준하는 질병으로서 농림축산식품부령으로 정하는 가축의 전염성 질병
제2종	탄저, 기종저, 브루셀라병, 결핵병, 요네병, 소해면상뇌증, 큐열, 돼지오제스키병, 돼지일본뇌염, 돼지테센병, 스크래피(양해면상뇌증), 비저, 말전염성빈혈, 말바이러스성동맥염, 구역, 말전염성자궁염, 동부말뇌염, 서부말뇌염, 베네수엘라말뇌염, 추백리, 가금티푸스, 가금콜레라, 광견병(공수병), 사슴만성소모성질병및 그 밖에 이에 준하는 질병으로서 농림축산식품부령으로 정하는 가축의 전염성 질병
제3종	소유행열, 소아카바네병, 닭마이코플라스마병, 저병원성 조류인플루엔자, 부저병 및 그 밖에 이에 준하는 질병으로서 농림축산식품부령으로 정하는 가축의 전염성 질병

16 　　　　　　　　　　　　　　　ㅣ정답ㅣ②

거래외국환은행은 1개만 지정할 수 있다.

17 　　　　　　　　　　　　　　　ㅣ정답ㅣ②

A만 DSR 40%를 초과하지 않으므로 추가로 대출을 받을 수 있는 사람은 1명이다.

ㅣ상세 해설ㅣ
DSR(총부채원리금상환비율)은 연 소득에서 연간 금융부채 원리금 상환액이 차지하는 비율이다.

$$DSR = \frac{\text{주택담보대출 원리금상환액} + \text{기타 대출 연간평균원리금상환액}}{\text{연 소득액}}$$
$$\times 100 = \frac{\text{연간 금융부채 원리금상환액}}{\text{연 소득액}} \times 100$$

연 소득에 대한 주택담보대출과 기타 대출을 합한 총대출액의 비율이 금융당국이 설정한 DSR을 초과하는 경우 추가 대출을 받을 수 없다. 국민 A~D의 소득이 모두 9천만 원으로 동일할 때 DSR 산출식을 통해 국민 A~D가 받을 수 있는 연간 총대출액을 구하면

연간 금융부채 원리금상환액=연 소득액×$\dfrac{DSR}{100}$이므로

연간 금융부채 원리금상환액=9천만원×$\dfrac{40}{100}$=3천6백만(원)이다.

즉, 현행의 DSR 기준에서 A~D는 연간 최대 3천6백만 원까지 대출을 받을 수 있다. A~D의 주택담보대출 원리금 상환액과 기타대출 원리금 상환액을 합한 연간 금융부채 원리금 상환액을 구해보면 다음과 같다.

구분	주택담보대출 원리금 상환액	기타 대출 연간평균 원리금 상환액	연간 금융부채 원리금 상환액
A	원금 1천만 원 + 이자 1백만 원	원금 2천만 원 + 이자 2백만 원	1,100＋2,200 ＝3,300(만 원)
B	원금 4천만 원 + 이자 2백만 원	원금 1천만 원 + 이자 1백만 원	4,200＋1,100 ＝5,300(만 원)
C	원금 3천만 원 + 이자 5백만 원	원금 3천만 원 + 이자 1백만 원	3,500＋3,100 ＝6,600(만 원)
D	원금 5천만 원 + 이자 2백만 원	－	5,200만 원

A만 DSR 40%를 초과하지 않으므로 추가로 대출을 받을 수 있는 사람은 1명이다.

18　　　　　　　　| 정답 | ②

B국의 기준금리 인상으로 A국에서 B국으로 자본 유출이 발생하며 A국 입장에서 B국 화폐에 대한 수요가 증가하여 환율이 상승하게 된다.
이로 인해 단기적으로 환율 상승으로 인한 자본 유출에 의한 자본수지가 감소할 수 있고, 무역수지의 개선이 발생할 수 있다. 따라서 자본수지와 무역수지의 합인 국제수지의 방향성은 알 수 없다.

| 오답풀이 |
① 환율이 상승하므로 A국 통화는 평가 절하된다.
⑤ 예를 들어 A국이 한국, B국이 미국이라 할 때 현재 환율이 1달러당 1,000원에서 2,000원으로 상승했다고 가정하자. 1달러 제품이 한국으로 수입될 때 환율 상승 이전에는 1,000원이었으나 환율 상승 이후 2,000원이 되므로 표시 가격은 상승한다.

19　　　　　　　　| 정답 | ④

단기카드대출상품은 현금서비스, 일부결제금액이월약정 결제방식은 리볼빙, 장기카드대출상품은 카드론이다.

20　　　　　　　　| 정답 | ③

주택청약종합저축상품은 예금자보호법을 적용받지 않는다. 다만 주택도시기금의 조성 재원으로서 정부에서 관리하고 있다.

21　　　　　　　　| 정답 | ②

예상과 다른 인플레이션이 발생하면 실질이자율이 하락하게 된다. 이 경우 채권자는 불리해지고 채무자는 유리해진다.

| 오답풀이 |
① 인플레이션으로 인해 국산품의 상대가격이 상승한다. 이에 따라 국제시장에서 가격경쟁력이 악화되어 수출은 감소하고, 수입은 증가하여 경상수지가 악화된다.
③ 예상과 다른 인플레이션이 발생하면 경제주체들은 불확실성을 회피하기 위해 장기계약을 줄이고 단기계약 위주로 거래가 이루어진다.
④ 누진소득세 체제에서는 명목소득에 대하여 조세가 부과되므로 실질소득이 불변이라도 인플레이션에 따라 명목소득이 증가하면 조세부담이 증가한다.

22　　　　　　　　| 정답 | ③

보조금 재원을 마련하기 위해 다른 경제 주체의 희생이 있을 수도 있고, 조세와 마찬가지로 보조금 역시 초과부담을 유발한다.

| 오답풀이 |
① 국민의 소비성향이 높을수록 소득이 생길 경우 소비로 빠르게 이전되게 되어 소비가 증가한다.
② 개방경제하에서 낙수효과로 재원이 기업에 집중될 수 있는데, 이 재원을 기업이 국내에 투자하는 것이 아닌 해외에 투자하거나 부동산 등에 투자하게 되면 저소득층으로의 이전이 줄어든다.
⑤ 1980년대 레이건 행정부 정책 기조가 되었던 공급측 경제학의 대표적인 이론이다. 세수가 극대화되는 세율을 통해 오히려 세율을 인하하였을 때 투자가 증가하여 총공급이 증가하므로 물가안정과 완전 고용이 달성 가능하다고 주장하였다. 하지만, 세수가 극대화되는 세율을 찾기 어려우며, 실증적으로 검증되지 못하였다.

23　　　　　　　　| 정답 | ④

B국에서 X재 1개 생산의 기회비용은 Y재 0.8개이고, B국의 Y재 1개 생산의 기회비용은 X재 1.25개이다.

$$\left(\frac{MC_X}{MC_Y}\right)^A = \left(\frac{P_X}{P_Y}\right)^A = \left(\frac{50}{80}\right)^A < \left(\frac{100}{125}\right)^B = \left(\frac{P_X}{P_Y}\right)^B = \left(\frac{MC_X}{MC_Y}\right)^B$$ 이므로

A국의 X재의 상대가격이 B국의 상대가격보다 더 낮다. 따라서 A국은 X재 생산, B국은 Y재 생산에서 비교우위를 가진다.

좌변이 A국의 X재 생산의 기회비용이므로 A국에서 X재 1개 생산의 기회비용은 Y재 $\frac{5}{8}$개이고, 반대로 Y재 1개 생산의 기회비용은 X재 $\frac{8}{5}$개가 되는 것이다.

동일한 논리로 우변이 B국의 X재 생산의 기회비용이므로 B국에서 X재 1개 생산의 기회비용은 Y재 0.8개이고, B국의 Y재 1개 생산의 기회비용은 X재 1.25개이다.

| 오답풀이 |

⑤ A국은 B국에 비해 X재와 Y재 모두를 더 낮은 노동시간을 투입하여 만들어낼 수 있으므로 절대우위를 가진다.

24 | 정답 | ③

신의성실의 원칙은 모든 사회적 주체가 사회공동체의 일원으로 상대방의 신뢰에 반하지 않도록 성실하게 행동할 것을 요구하는 법 원칙이며 신탁의 기본원칙에는 해당하지 않는다.

| 오답풀이 |

① 신탁상품은 분별관리의 원칙에 따라 신탁회사의 고유재산과 구분하여 관리하고, 다른 위탁자의 신탁재산과 구분하여 관리한다. 형식상으로는 수탁자 명의이나 그 수익자가 다르므로 신탁건별로 신탁재산을 구분하여 관리한다.
② 선관의무의 원칙은 수탁자는 선량한 관리자의 주의로써 신탁재산을 관리 및 처분하여야 한다는 것이다.
④ 실적배당 원칙은 신탁재산의 관리, 운용에 따른 모든 손익은 수익자에게 귀속하며 수탁자가 보전하여 주지 않는다는 것이다.
⑤ 평등비례배당의 원칙(공평의무의 원칙)은 실적 배당 시 신탁금과 기간에 의한 총 적수에 따라 평등하고 균등하게 배당하여야 한다는 것이다.

25 | 정답 | ⑤

단기뿐만 아니라 장기적으로 환율을 유지하기 위해 발생할 수도 있다.

26 | 정답 | ⑤

유가증권이란 재산권을 표창하는 증권이다. 법률관계의 존부 혹은 내용을 증명하는 것은 유가증권에 해당하지 않는다. 따라서 현금영수증은 유가증권에 해당하지 않는다.

| 오답풀이 |

① 상품권은 증권에 기재된 권면액에 상당하는 물건의 인도청구권을 표창하고 있으므로 유가증권에 해당한다.
② 수표는 발행인이 지급인인 은행에 대하여 수취인 및 그 정당한 소지인에게 수표상의 금액을 지급할 것을 위탁하는 금전지급위탁증권이다.
③ 어음은 발행인이 만기에 증권상의 금액을 수취인에게 지급할 것을 약속한 금전지급약속증권이다.
④ 채권은 일정한 금전의 지급이나 물건의 인도 등 청구권을 표창하는 유가증권이다.

27 | 정답 | ④

무상증자는 발행한 주식을 기존 주주의 보유 지분에 비례하여 주식대금을 받지 않고 나눠주므로 유통주식 수와 자본금은 증가한다. 그러나 이는 이익 잉여금을 자본금 계정으로 전환되는 장부상 조정이므로, 총자산은 변하지 않는다.

28 | 정답 | ⑤

BIS자기자본비율은 국제결제은행(BIS)이 고안한 은행의 경영 건전성 판단 지표이며, 우리나라는 1993년 도입하여 시행하고 있다. 현행 법정비율은 8%이며, 이에 미달할 시 금융당국은 경영개선 명령 등의 조치를 내릴 수 있다. 위험가중자산은 보유한 자산의 신용도가 높을수록 위험 가중치는 높게 부여하여 산출한다. 2008년 글로벌 금융위기 이후 리스크관리를 강화한 바젤Ⅲ 협약이 발표되었고, NH농협금융지주를 포함한 국내 주요 금융기관도 2022년부터 이를 적용하고 있다.

| 오답풀이 |

㉠ 금융기관의 위험가중자산 대비 자기자본의 비율로 산출한다.

29 | 정답 | ⑤

한국은행이 채택하고 있는 통화정책 운영체제는 물가안정목표제이며, 통화량 등의 중간목표를 두지 않고 정책의 최종 목표인 '물가상승률' 자체를 목표로 한다. 한국은행은 「한국은행법」에 따라 물가안정목표를 설정하고 있으며, 2019년 이후 물가안정목표는 소비자물가 상승률(전년동기대비) 기준 2%이다.

30 | 정답 | ⑤

장외거래시장인 K-OTC의 운영주체는 금융투자협

회이다.

31
정답 | ③

제시문은 임베디드 금융의 등장배경에 대해서 설명하고, 임베디드 금융의 특징에 대해서 소개하고 있는 글이다. 그러므로 제시문의 핵심내용에는 금융 포용성, 시장참여 촉진과 같은 임베디드 금융의 특성이 포함되어야 한다.

32
정답 | ⑤

제시문에서 '에너지 수입 가격이 뛰면 수입액 감소세가 둔화해 상품수지 흑자 규모도 축소될 수 있다. 경상수지가 불황형 흑자는 커녕 적자로 되돌아갈 수 있다는 뜻이다.'라고 언급하고 있으므로 경상수지 적자를 불러오는 원인의 순서는 수정할 필요가 없다.

| 상세 해설 |

제시문의 핵심어는 '불황형 흑자'이다. 보고서상의 제목인 2023년 '7월 경상수지 35억 8천만 달러 흑자'는 제시문의 우려와 달리 긍정적인 '흑자'만 강조하는 것으로 여겨질 수 있으므로 소제목으로 '불황형 흑자'를 추가하는 것이 적절하다.
상세내용에 있는 상품수지, 현황에 있는 서비스수지, 본원소득수지는 모두 2023년 7월 경상수지에 포함되는 내용이므로 상세내용으로 통합하는 것이 적절하다. 품목별 수출입에서 원자재 수치가 누락되어 있으므로 포함하여 작성하는 것이 적절하다. 여행 수지는 서비스수지에 포함되므로 수정하는 것이 적절하다.

33
정답 | ③

NH농협은행는 농림축산식품부와 농가 온실가스 감축 활성화(농가 탄소배출권 거래 지원)를 위한 업무협약을 맺었으며 그 세부 내용을 설명하는 글이다. 따라서 'NH농협은행 ESG 실천: 농업 온실가스 감축사업 지원'이 제목으로 가장 적절하다.

| 오답풀이 |

① 업무협약의 내용이 탄소배출권 거래 지원에 대한 내용으로 탄소배출권거래제에 대한 내용은 언급되지만 국내 현황에 대한 내용은 언급되지 않아 제목으로 적합하지 않다.
② 업무협약에서 NH농협은행의 지원 역할이 소개되고 있으나 이는 글 전체에서 업무 협약의 내용 중 일부분에 지나지 않아 주제를 나타내는 제목으로 쓰기에는 적합하지 않다.
④ 기획조정실장의 말에 온실가스 감축을 기대한다는 말이 있지만 이는 협약에 따른 결과물이며 이글에는 농식품부의 온실가스 감축 계획에 대한 다른 내용은 언급되지 않고 있다.

⑤ 협약에서 NH농협은행을 통해 검증 비용을 지원한다는 부분은 언급되지만 비용 자체를 감소하는 방안에 대해서는 언급되지 않는다.

34
정답 | ③

거래제한 설명에서 '영업점을 통한 거래제한 신청 시, 특정 계좌 및 기관 선택 가능'이라는 부분을 통해서 Q은행이라는 특정 기관을 선택하기 위해서는 영업점을 방문하여 거래제한을 신청해야 한다는 것을 알 수 있다. 따라서 지금 바로 할 수 있다는 답변 ㉢은 잘못된 내용이다.

| 오답풀이 |

① '시행목적' 부분을 통해서 알 수 있는 내용이다.
② '주요내용' 부분을 통해서 알 수 있는 내용이다.
④ '유의사항 중 등록' 부분을 통해서 알 수 있는 내용이다.
⑤ '유의사항 중 해지' 부분을 통해서 알 수 있는 내용이다.

35
정답 | ②

빈칸이 포함된 문단에서 두 자극 간의 차이를 감지할 수 있는 최소한의 에너지 강도의 차인 최소 가치 차이를 수식화한 베버의 법칙에 대해 구체적으로 설명하고 있다. 빈칸 앞에서는 처음에 약한 자극을 주면 자극의 변화가 적어도 그 변화를 쉽게 감지할 수 있으나 처음에 강한 자극을 주면 자극의 변화를 감지하는 능력이 약해져서 더 큰 자극에서만 변화를 느낄 수 있다고 하였으며, 빈칸 뒤에서는 이에 대한 구체적인 예시를 들고 있으므로 빈칸에는 '지각에 필요한 변화의 양이 원래 자극의 크기에 비례한다.'는 내용이 오는 것이 적절하다.

36
정답 | ⑤

보장 매도자의 지급 능력이 우수할수록 보장매입자는 큰 CDS 프리미엄을 기꺼이 지불하는 경향이 있다고 하였다. 따라서 '병'의 지급 능력이 우수하면 '갑'이 부담해야 하는 CDS가 크다는 것을 알 수 있다.

| 오답풀이 |

① '갑'은 보장 매입자, '을'은 채권 발행자, '병'은 보장 매도자이다.
② 보장 매도자가 발행한 채권의 신용 등급이 높다는 것은 보장 매도자의 지급 능력이 우수하다는 것을 의미한다.
③ 보장 매도자의 지급 능력이 우수할수록 보장 매입자는 유사시 손실을 확실히 보전받을 수 있다.
④ 보장 매도자가 발행한 채권의 신용 등급으로 보장 매도자의

지급 능력을 판단할 수 있다고 하였다.

37
| 정답 | ③

㉠ 차이점을 중심으로 '즉자 존재'와 '대자 존재'에 대해 설명하고 있다.
㉢ '즉자 존재', '대자 존재' 등 본문에서 설명하는 대상의 개념을 정의하고 그 특성을 밝히고 있다.
㉣ 영화 「매트릭스」를 사례로 들어 사르트르 철학의 의미를 밝히고 있다.

| 오답풀이 |
㉡ 대상의 역사적 변천 과정에 대한 설명은 찾을 수 없다.
㉤ 대상의 장단점을 언급하고 있지 않다.

38
| 정답 | ②

1문단에서 정관헌은 우리나라 궁궐 안에 건축된 첫 서양식 건물이지만, 소나무, 사슴, 박쥐 등의 형상을 띤 문양 즉 우리나라의 전통 문양을 사용하여 서양미와 전통미가 어우러진 건축물이라고 소개하고 있다.

| 오답풀이 |
① 2문단에 따르면 우리나라 커피는 1890년대 초에 전해진 것으로 알려져 있다. 러시아를 통해 전해졌는지 여부는 알 수 없다. 다만 고종 황제가 커피를 즐기게 된 연유는 1896년 아관파천 때 러시아 공사가 커피를 진상한 후임을 알 수 있다.
③ 주어진 글에서는 덕수궁의 이름에 관한 내용을 찾을 수 없다. '고요하게 바라본다'라는 뜻으로 그 쓰임새를 짐작하게 하는 것은 덕수궁이 아닌 정관헌이다.
④ 정관헌의 설계자는 러시아 출신 건축가 사바틴이나, 러시아 양식이 사용되었는지 여부는 알 수 없다.
⑤ 3문단에 따르면 현재 정관헌은 관람객에게 공개된 것이 맞으나, 차 시음은 행사로 시행된 것이다. 따라서 차 시음 장소로 활용된다고 볼 수는 없다.

39
| 정답 | ⑤

두 번째 문단에서 '코로나19 팬데믹 시기 2020년 4월 이후 계속되고 있는 자영업자들의 원리금 상환 유예 조치가 2023년 9월 예정대로 끝나면 가계 부채 부실이 한꺼번에 터질 수 있다.'라는 문장을 통해서 2020년 4월에 자영업자들의 원리금 상환 유예 조치가 시행되었음을 추론할 수 있다.

| 오답풀이 |
① 전체 가계대출 인구는 1,977만 명으로 그 중 10%는 197.7만 명이다. 첫 번째 문단에서 DSR 70% 이상인 사람은 299만 명이라고 했으므로 10%를 초과하고 있다.
② 현재 한계 대출자가 몰려있는 곳은 제2금융권이라 하였으므로 잘못된 추론이다. 제1금융권의 대출에서 한계 대출자의 대출이 가장 큰 비중을 차지하는지는 알 수 없다.
③ 6년만에 5%를 넘었다는 표현을 통해서도 6년 전에도 5%를 넘었음을 추론할 수 있다.
④ 미 연준이 금리 인상에 속도를 내면 집단 파산이 속출할 수 있다고 하였으므로 영향이 미미하다고 추론하기 어렵다.

40
| 정답 | ④

첫 문단에서 '고정비용 줄이기' 경향이 나타난다는 설명에 이어서 사례로 30대 직장인 A씨의 사례가 나오는 [나], [다]가 제시되는 것이 적절하다. 이 중 "보험을 가장 먼저 정리했다"라는 문장을 통해 [나]가 먼저 제시되어야 한다는 것을 알 수 있다. 다음으로 "정기 구독서비스도 씀씀이를 줄이기 위한 A씨의 타깃이 되었다"라는 문장을 통해 A씨의 절약 사례에 대한 내용에서 [다]가 [나] 이후에 제시되어야 한다는 것을 알 수 있다. A씨의 사례에 뒤이어 통신비 절약 예시인 알뜰폰사용과 OTT 해지 등의 절약으로 인해 예기치 못한 불편을 겪은 B씨의 사례가 나온 [가]와 [라]가 제시되는 것이 적절하다. 따라서 [나]−[다]−[가]−[라] 순서이다.

41
| 정답 | ②

점화효과란 처음의 자극이 이어지는 자극을 인지하는 데 영향을 미치는 현상을 의미한다. 점화효과에 따르면 중대하고 심각한 사건을 보도한 뉴스를 접한 사람은 뉴스를 본 이후에 인지하게 되는 대상에 대해서도 부정적인 연상을 하게 된다. 탄산 음료 회사 A사가 사건을 보도한 뉴스가 방영된 직후에 상품 광고를 싣는 것은 점화효과에 따르면 적절하지 않은 마케팅 방법이다.

| 오답풀이 |
① '늙은', '회색', '은퇴한', '빙고게임' 등 노인을 묘사한 단어를 본 것이 걷는 속도에 영향을 미쳤으므로 점화효과의 사례로 적절하다.
③ 드라마 방영 직후 멋진 배역으로 호감을 얻은 배우가 광고에 등장하면 광고 상품에도 호감 이미지가 이어지므로 점화효과를 활용한 마케팅 방법으로 적절하다.
④ 소비자의 구매 행위가 독일 음악이라는 정보에 영향을 받은

사례이므로 점화효과의 사례로 적절하다.

⑤ 상품 설명에 높은 평점과 긍정적인 후기가 적힌 리뷰를 가장 먼저 노출하는 것은 다른 소비자가 상품에 대한 긍정적인 이미지를 갖도록 유도하는 마케팅이므로 점화효과의 사례로 적절하다.

42

| 정답 | ②

한 병당 700원인 사과주스와 1,000원인 포도주스를 각각 7병, 3병을 샀으므로 사원 A는 $700 \times 7 + 1,000 \times 3 = 7,900$(원)을 지불해야 한다.

43

| 정답 | ⑤

첫 해 지불해야 하는 이자는 $50,000,000 \times 0.03 = 1,500,000$(원)이다.

44

| 정답 | ③

처음에 A가 가지고 있던 볼펜의 수를 x, B가 가지고 있던 볼펜의 수를 y라 하면

$$\begin{cases} x+y=24 \\ 3(x-6)=y+6 \end{cases}$$
$$\begin{cases} x+y=24 \\ 3x-y=24 \end{cases}$$
$$\therefore x=12, \ y=12$$

따라서 처음에 B가 가지고 있던 볼펜의 수는 12개이다.

45

| 정답 | ③

임의로 선택된 제품이 A기계에서 생산될 확률을 P(A), B기계에서 생산될 확률을 P(B), C기계에서 생산될 확률을 P(C)라 하고, 제품이 불량품일 확률을 P(E)라 하자. P(A)=0.5, P(B)=0.3, P(C)=0.2이고, $P(A \cap E)=0.5 \times 0.01$, $P(B \cap E)=0.3 \times 0.02$, $P(C \cap E)=0.2 \times 0.03$이다.

따라서 구하는 확률은 다음과 같다.

$$\begin{aligned} P(A|E) &= \frac{P(A \cap E)}{P(E)} \\ &= \frac{P(A \cap E)}{P(A \cap E)+P(B \cap E)+P(C \cap E)} \\ &= \frac{0.5 \times 0.01}{0.5 \times 0.01 + 0.3 \times 0.02 + 0.2 \times 0.03} \\ &= \frac{5}{17} \end{aligned}$$

🕐 시간단축 TIP

생산된 제품의 개수를 1,000개라 가정하면 A기계에서 생산되는

제품은 500개, B기계에서 생산되는 제품은 300개, C기계에서 생산되는 제품은 200개이다. 이때 각각의 불량률이 1%, 2%, 3%이므로 불량품의 개수는 5개, 6개, 6개이다. 따라서 불량품 17개 중 A기계에서 생산된 불량품이 나올 확률은 $\frac{5}{17}$이다.

46

| 정답 | ③

A제품의 원가를 x원, B제품의 원가를 y원이라 하면

$$\begin{cases} x+y=65,000 \\ \dfrac{10}{100}x + \dfrac{15}{100}y = 8,500 \end{cases}$$
$$\therefore x=25,000, \ y=40,000$$

따라서 A제품의 원가는 25,000원이다.

47

| 정답 | ④

진압되기까지 소요 시간은 47분이며, A씨는 분속 200m로 터널의 반절을 가는 데 2분이 걸렸으므로 터널의 길이는 $2 \times (2분) \times \dfrac{200\text{m}}{분} = 800(\text{m})$이다.

| 상세 해설 |

오후 1시를 기점으로 할 때, 오후 12시 35분은 오후 1시의 25분 전이고, 오후 1시 22분은 오후 1시의 22분 후이므로 화재가 발생해서 진압되기까지는 25+22=47(분)이 걸렸다. 시속 12km를 m와 분속으로 나타내면 $\dfrac{12\text{km}}{\text{h}} = \dfrac{12,000\text{m}}{60\text{min}} = \dfrac{200\text{m}}{\text{min}}$이므로 A 씨의 달리기 속도는 분속 200m이다. A 씨가 터널의 정 가운데에서 터널의 끝에 도착하기까지 2분이 걸렸다고 하였으므로 터널의 전체 길이를 뛰어가는 데 4분이 걸린다. '거리=시간×속력'이므로 터널의 길이는 4분 × $\dfrac{200\text{m}}{분}$ =800(m)이다.

48

| 정답 | ①

데이터 산업 시장 규모가 가장 큰 수요처는 2019년에 유통, 2021년에 통신·미디어로 동일하지 않으므로 ㉠은 옳지 않다.

| 오답풀이 |

㉡ 2019년에 공공과 금융 수요처의 데이터 산업 시장규모는 $168,582 \times (0.15+0.15) = 50,574.6$(억 원)이다.

㉢ 2019년과 2021년에 데이터 산업 규모의 비중의 차이가 가장 큰 수요처는 $21-9=12(\%p)$의 유통이다.

㉣ 2019년과 2021년에 데이터 산업 시장규모의 차이가 없는 수요처는 공공이며, 공공의 시장규모는 $230,972 \times 0.15 = 34,645.8$(억 원)이다.

49

| 정답 | ②

4월 정기예금 중 세 번째로 비중이 높은 정기예금은 만기가 6개월 미만인 정기예금이며, 전체 예금잔액에서 차지하는 비중은 $\frac{170,853}{965,762} \times 100 ≒ 17.7(\%)$이므로 20% 미만이다.

| 오답풀이 |

① 1월 대비 6월에 정기예금 총예금잔액은 981,613－976,606 ＝5,007(십억 원)＝50.07(천억 원) 증가했으므로 50천억 원 이상 증가했다.

③ 조사기간 동안 만기가 1년 이상 2년 미만인 정기예금은 지속적으로 증가하였다. 이와 같은 추이를 보이는 정기예금은 만기 3년 이상 정기예금 1개뿐이다.

④ 3월에 예금잔액이 가장 많은 정기예금은 만기가 1년 이상 2년 미만인 정기예금이며, 예금잔액이 가장 적은 정기예금은 만기가 3년 이상인 정기예금이다. 1년 이상 2년 미만 예금액은 3년 이상 예금액의 $\frac{554,115}{25,334} ≒ 21.9$이므로, 20배 이상이다.

⑤ 5월에 두 번째로 예금잔액이 많은 정기예금은 만기가 6개월 이상 1년 미만인 정기예금이며, 전월 대비 예금잔액 감소율은 $\frac{181,580-178,275}{181,580} \times 100 ≒ 1.8(\%)$이므로 5% 미만이다.

50

| 정답 | ④

전체 메달 수가 가장 많은 종목은 총 46개의 메달을 획득한 유도이며, 유도 동메달 수는 18개로 전체 메달 수 중 $\frac{18}{287} \times 100 ≒ 6.3(\%)$를 차지한다.

| 오답풀이 |

① A국의 전체 메달에서 A국이 획득한 금메달이 차지하는 비중은 $\frac{96}{287} \times 100 ≒ 33.4(\%)$이므로 30% 이상이다.

② 유도에서 딴 메달의 수는 역도에서 딴 메달 수의 $\frac{46}{15} ≒ 3.1$이므로 3배 이상이다.

③ 금메달을 가장 많이 딴 상위 5개 종목은 양궁, 태권도, 유도, 레슬링, 사격으로, 전체 금메달 중 $\frac{(27+12+11+11+7)}{96} \times 100 ≒ 70.8(\%)$를 차지한다.

⑤ 각 메달별로 많이 획득한 종목을 1~3순위로 나열할 때 금메달은 '양궁, 태권도, 유도·레슬링', 은메달은 '유도, 레슬링, 양궁·사격', 동메달은 '유도, 레슬링, 탁구'이다. 따라서 1~3순위 내에 항상 포함되는 것은 유도와 레슬링 2가지이다.

51

| 정답 | ②

4월에 전체 승인실적에서 세 번째로 비중이 높은 업종은 보건업 및 사회복지 서비스업이며, 이 업종의 비

중은 $\frac{515}{7,522} \times 100 ≒ 6.8(\%)$이므로 10% 미만이다.

| 오답풀이 |

① 예술, 스포츠 및 여가관련 서비스업의 국내카드 승인실적은 5월에서 6월에 163백억 원에서 162백억 원으로 1백억 원 감소했다.

③ 3월에 전월 대비 전체 국내카드 승인실적의 증가율은 $\frac{(7,674-6,956)}{6,956} \times 100 ≒ 10.3(\%)$이므로 10%를 초과한다.

④ 5월에 국내카드 승인실적이 가장 높은 업종은 도매 및 소매업이며, 가장 낮은 업종은 사업시설관리 및 사업지원 서비스업이다. 국내카드 승인실적이 가장 높은 업종은 가장 낮은 업종의 $\frac{5,207}{44} ≒ 118.3$이므로 120배 미만이다.

⑤ 1월 대비 6월에 국내카드 승인실적이 가장 적게 증가한 업종은 162－160＝2(백억 원) 증가한 교육서비스업이다.

52

| 정답 | ②

전제1에 따라 어떤 전기차는 자율주행 차인데, 결론에서 어떤 자율주행 차는 내연기관이 없다고 했으므로 '전기차는 내연기관이 없다'는 전제2가 필요하다.

| 상세 해설 |
전제1을 만족하는 벤다이어그램은 [그림1]과 같다.

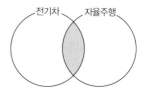

[그림1]

전기차와 자율주행 차 간에 교집합이 존재하면서 결론을 만족하도록 벤다이어그램을 그리면 [그림2]와 같다.

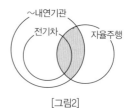

[그림2]

[그림2]와 같이 모든 전기차가 내연기관이 없다는 전제가 있으면 어떤 자율주행 차는 내연기관이 없다는 결론을 이끌어낼 수 있다.

| 오답풀이 |
① 다음과 같은 반례가 존재한다.

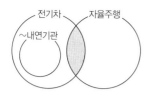

③ 다음과 같은 반례가 존재한다.

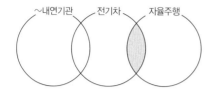

④, ⑤ 다음과 같은 반례가 존재한다.

53

| 정답 | ④

B와 D의 진술에 따르면 B가 수요일에 발표를 했다. 만약 이 진술이 거짓이면 둘 다 거짓을 말한 것이므로 5명 중 1명만 거짓을 말했다는 발문의 조건과 상충한다. 따라서 B와 D의 진술은 모두 참이다. B와 D의 발언이 참이므로 A는 화요일, B는 수요일에 발표를 했으며, C는 금요일에 발표를 하지 않았다. 수요일에 발표를 한 것은 B이므로 D가 수요일에 발표를 하지 않았다는 C의 진술은 참이고 C의 첫 번째 발언에 따라 C는 목요일에 발표를 했다. 화요일에는 A, 수요일에는 B, 목요일에는 C가 발표를 했으므로 E는 월요일이나 금요일 중에 하루 발표를 했다. A의 진술은 거짓이고, E의 진술은 참이며 월요일에는 E가 발표를 했다.

월	화	수	목	금
E	A	B	C	D

따라서 금요일에 발표를 한 사람은 D이다.

54

| 정답 | ④

첫 번째 조건에 따라 출국 시 베이징을 경유한 과장은 모두 귀국 시 뮌헨을 경유했으므로, 뮌헨을 경유한 3명 중 2명은 출국 시 베이징을, 1명은 도하를 경유했으며, 귀국 시 헬싱키를 경유한 2명은 출국 시 모두

도하에서 경유한 것을 알 수 있다. 두 번째 조건에 따라 D는 출국 시 도하를 경유했으므로 D는 귀국 시 헬싱키를 경유했다. 세 번째 조건에 따라 A도 귀국 시 헬싱키에서 경유했으므로 A와 D는 출국 시 도하에서 경유하고, 귀국 시 헬싱키를 경유했으며 B, C, E는 귀국 시 뮌헨을 경유했다. 다섯 번째 조건에 의해 C와 A는 출국 시 같은 도시에 경유했으므로 C는 출국 시 도하를 경유했고, B와 E는 베이징을 경유했다.

구분	A	B	C	D	E
출국 경유지	도하	베이징	도하	도하	베이징
귀국 경유지	헬싱키	뮌헨	뮌헨	헬싱키	뮌헨

55

| 정답 | ④

혁신팀이 가장 먼저 들어왔다고 하였으므로 혁신팀을 가장 앞에 배치한다. 인사팀 다음에 영업팀이 들어왔으므로 우선 인사팀-영업팀을 배치하고, 영업팀 다음으로 생산팀, 그리고 그 다음에 법무팀 또는 연구팀이 들어오는데 법무팀은 꼴찌가 아니므로, 법무팀 다음으로 연구팀을 배치하여 생산팀-법무팀-연구팀 순으로 배치한다. 따라서 이어달리기 결과는 혁신팀-인사팀-영업팀-생산팀-법무팀-연구팀 순이다.

56

| 정답 | ③

각 [조건]에 맞추어 자리배치표를 그리면 다음과 같이 자리를 배치할 수 있다.

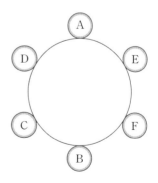

A와 F를 먼저 지정된 자리에 배치한 후에 나머지 [조건]에 따라 배치하는데 C와 E는 가장 먼 자리이므로 서로 마주보는 자리에 배치하면 된다. E는 A의 옆자리에 앉아야 하는데 ⑥의 자리는 F와 마주보므로 ②의 자리에 앉는다. 차례대로 나머지 조건에 맞추어 자리 배치를 하면 아래와 같은 결과가 되는데 D와 B는

서로 마주보지 않으므로 가장 먼 자리라고 할 수 없다.

57
| 정답 | ④

D는 임기 5년 2개월로 최소 임기에 부합하며, 인사고과 점수는 전년도와 당해연도 평균 91점, 승진시험 점수는 전공과 일반 모두 80점 이상, 합계 173점으로 모든 조건에 충족하여 승진 대상이다.

| 오답풀이 |
① A는 최소임기를 충족하지 못한다.
② B는 전년도와 당해연도 인사고과 점수 평균이 88.5점으로 90점 미만이다.
③ C는 승진시험 점수 합계가 169점으로 170점 미만이다.
⑤ E는 승진시험 점수 중 일반 과목이 80점 미만으로 과락이다.

58
| 정답 | ④

부서원별 일정을 정리해서 표로 나타내면 다음과 같다.

	월	화	수	목	금
A	(오후)출장	출장			
B		세미나	(오전)세미나		
C					(오후)반차
D	(오전)반차			(오전)반차	
E			(오후)반차	연차	

따라서, 부서원 모두가 회의에 참석할 수 있는 시간은 금요일 오전만 가능하다.

59
| 정답 | ⑤

연금수령한도를 초과한 금액을 인출한 경우, 초과분은 연금외수령에 해당되어 기타소득세 16.5%의 세율을 적용한다.

| 오답풀이 |
① 납입한도는 전 금융기관 합산 연간 1,800만 원, ISA 만기 시에 연금계좌로 전환하는 금액과 1주택 고령 가입자의 주택거래 차액을 포함하여 1,800＋7,000＋3,000＝11,800(만 원)이므로 최대 1억 1,800만 원을 납입할 수 있다.
② 연간 연금소득금액이 1,200만 원을 초과하는 경우에는 소득

이 발생한 다음 연도에 종합소득신고를 하거나 15%의 분리과세 중 선택할 수 있다.
③ 연금수령 11년차인 경우 연금수령한도 산식에 따라 연금수령한도가 없다. 따라서 연금저축계좌의 전액을 인출해도 연금수령에 해당하므로 연금소득세를 적용한다. 연금소득세는 연금수령일 기준 나이에 따라 달리 부과하는데 만 55세부터 연금을 개시한 가입기간 11년차 가입자의 경우 70세 미만이므로 5.5%의 연금소득세를 적용한다.
④ 근로소득이 5,500만 원을 초과한 경우 세액공제율은 지방세를 포함하여 13.2%이다. 세제혜택은 연간 최대 600만 원이므로 600×0.132＝79.2(만 원), 즉 79만 2천 원의 세액공제를 받을 수 있다.

60
| 정답 | ③

연금수령연차가 5년이고 연금계좌 평가액이 5,000만 원인 경우 $\frac{5,000}{(11-6)} \times 1.2 = 1,200$(만 원)이다.

| 오답풀이 |
① 연금수령연차가 3년이고 연금계좌 평가액이 10,000만 원인 경우 $\frac{10,000}{(11-3)} \times 1.2 = 1,500$(만 원)이다.
② 연금수령연차가 4년이고 연금계좌 평가액이 7,000만 원인 경우 $\frac{7,000}{(11-4)} \times 1.2 = 1,200$(만 원)이다.
④ 연금수령연차가 11년차인 경우, 연금수령한도가 없으므로 연금계좌 평가액 1,000만 원 전액을 인출할 수 있다.
⑤ 연금수령연차가 6년이고 연금계좌 평가액이 6,000만 원인 경우 $\frac{6,000}{(11-6)} \times 1.2 = 1,440$(만 원)이다.

61
| 정답 | ④

아시아 지역 라급지의 해외근무지수당은 $500, 특수지근무수당은 $300로 합하면 $800이다.
여기에 $1당 1,500원의 환율을 적용하면 $800 × $\frac{1,500원}{\$1} = 120$(만 원)으로 150만 원 미만이다.

62
| 정답 | ③

첫 번째 달에는 유럽으로 단신 부임이므로, 해외근무수당과 특수지근무수당을 더한 $1,500을 받는다
두 번째 달은 중남미 다급지에 가족동반으로 머무르므로 해외수당과 특수지근무수당, 가족수당을 더한 $2,100을 받는다.
세 번째 달도 마찬가지로 $2,100을 받는다. 따라서, 3개월간 받게 되는 수당의 총합은 $5,700이다.

63

| 정답 | ②

기본 금리와 추가 우대 금리(18개월 약정, 비대면 가입, 당행 급여계좌 등록, 가입금액 1천만 원 이상)를 최대로 적용하면 2%가 된다. 만기 시 최고 금리는 기본 금리(2.5%)＋최대 우대 금리(2%)를 더하면 4.5%로 5% 미만이다.

| 오답풀이 |

③ 중도해지 시 이율은 기본금리(2.5%)에 가입기간 약정에 따른 우대금리를 제외한 추가 우대 금리 0.5%를 더해 3%까지 가능하다.
④ 이자소득이 200만 원인 경우, 이자소득세는 200만 원×15.4%로 30만 8천 원이므로 30만 원 이상이다.
⑤ 만기 시에 원금＋세후 이자는
$1,000+(1,000×0.03)-(1,000×0.03×0.154)=1,000+(30-4.62)=1,025.38$(만 원)이다.

64

| 정답 | ③

기본금리 2.5%＋가입기간 12개월 만기 시 1%＋당행 급여계좌 등록 0.2%＋가입금액 1,000만 원 이상 0.2%로 적용금리는 3.9%이다. 해당 고객의 이자는 $3,000×0.039=117$(만 원)이며, 이자 소득세는 $117×0.154=180,180$(원)이고, 100원 단위 절사하면 180,000원이다. 따라서 세후 이자소득은 $1,170,000-180,000=99$(만 원)이다.

65

| 정답 | ④

[표]와 [조건]을 보고 거주지가 같은 직원들은 묶어서 택배를 보내야 최소비용을 구할 수 있다. 조건에 따라 직원들의 거주지를 묶어서 총 택배비를 구하면 19,000원이다.

거주지 지역	인원수	택배비(원)
A	3	6,000
B	2	5,000
C	1	3,000
D	2	5,000
합계		19,000

66

| 정답 | ⑤

조건을 주고 그에 맞는 값을 합산해야 하는 경우이므로 SUMIF 함수를 사용해야 한다. '＝SUMIF(조건 범위, "조건", 덧셈 범위)'에 의해 조건 범위는 $B$2:$B$11이 되며, 문자인 조건은 따옴표를 사용하여 "조건"으로 표시한다. 더해야 할 수치들의 범위는 $C$2:$C$11이 되어 올바른 함수식은 ＝SUMIF($B$2:$B$11, "2인", $C$2:$C$11)이다.

67

| 정답 | ⑤

COUNTIF 함수는 조건에 맞는 셀의 개수를 구하는 함수이다. ㉠은 0보다 큰 숫자가 있는 셀의 개수를 구하라는 것이므로 빈칸과 문자가 들어 있는 셀을 제외하고 0보다 큰 숫자가 있는 10개의 셀이 해당되어 결괏값은 10이 된다. ㉡의 COUNTA 함수는 숫자, 문자, 특수기호가 입력된 셀의 개수를 구하는 함수이다. 따라서 전체 25개의 셀 중 빈칸 5개를 제외한 20개가 해당되어 결괏값은 20이 된다. ㉢의 COUNTBLANK 함수는 비어 있는 셀의 개수를 구하는 함수이다. 따라서 결괏값은 5가 된다. 따라서 세 함수식의 결괏값을 모두 더하면 10＋20＋5＝35이다.

68

| 정답 | ②

오름차순은 작은 값부터 차례로 정렬하는 것이다. 따라서 F열을 기준으로 전체 영역을 오름차순으로 정렬하면 [F2]셀부터 순서대로 518,000, 706,000, 814,000, 851,000, 1,350,000이 입력되므로 [F6] 셀에 나타날 값은 1,350,000이 된다.

69

| 정답 | ③

MID 함수는 특정 문자열에서 시작 위치부터 지정한 길이만큼 문자를 추출하는 함수이다. 입력식은 '＝MID(텍스트, 시작 위치, 추출할 길이)'와 같다. 주어진 그림에서는 '＠' 앞의 문자 길이가 모두 다르기 때문에 FIND 함수와 결합하여 결과를 추출할 수 있다. [B2] 셀의 첫 번째 문자부터 '＠' 직전 문자까지를 추출하라는 명령이 주어져야 할 것이므로 'FIND("＠", B2)－1'이 추출할 길이가 된다. 따라서 함수식은 ＝MID(B2, 1, FIND("＠", B2)－1)이다.

주어진 연산은 2의 0제곱부터 10제곱까지의 합을 구하는 것이다. 해당 순서도를 보면, SUM은 SUM＋2의 0제곱~2의 10제곱이 이루어져야 하고, i는 1씩 더해가다가 11 미만에서 NO 조건문에 해당하여 연산을 종료해야 함을 알 수 있다. 따라서 (ㄱ)은 SUM, (ㄴ)은 11이다.

유형	독해								P.82~92
01	②	02	⑤	03	②	04	④	05	①
06	③	07	②	08	①	09	④	10	④

01
| 정답 | ②

본문은 농업기계 기업의 자율주행 기술은 직진주행 기능만으로도 이득을 볼 수 있다는 점을 설명하면서 국내 농기계 기업들도 현재 자율주행 기술은 부족하지만 Level 1 수준으로 개발하고 보급하는 것을 현실적인 대안일 수 있다고 설명하고 있는 글이다.

| 오답풀이 |

①, ③, ④ 농촌인력감소, 농업기술이라는 소재가 등장하나 주제로 적절하지 않다.

⑤ 국내 농기계 기업의 경우 자율주행의 기술에 대한 더 많은 연구가 필요하다고 했으므로 적절하지 않다.

02
| 정답 | ⑤

2023년 19~79세 대상 '전 국민 금융 이해력 조사'에서 낮은 금융 이해력 점수로 금융 문맹률이 높은 것을 확인할 수 있으며, 금융 취약 계층인 청소년과 고령층, 금융 문맹자는 지능화된 금융 불법 범죄 피해에 계속 노출될 것이라고 언급한다.

| 오답풀이 |

① 표본 집단인 고등학교 2학년 학생 717명의 조사 평균 점수가 46.8인 것을 통해 우리나라 청소년들의 금융 이해력 조사 평균 점수가 하위권이라고 일반화하기는 어렵다.

② 한국은행이 2023년 발표한 2022년 19~79세 대상 '전 국민 금융 이해력 조사'에 따르면 디지털 금융이해력 100점 만점에 42.9점에 불과하다고 발표했으므로 조사한 내용은 2023년이 아닌 2022년이라는 것을 지문을 통해 확인할 수 있다.

③ 금융 선진국에서는 공교육에 금융교육을 의무화하는 반면 우리나라에는 금융교육을 정규 교육과정에 포함해야 한다는 주장도 있었지만 반영은 되지 않았다고 언급한다.

④ 우리나라는 선진국과 달리 입시와 취업 위주 교육에 집중하기

때문에 정규 교육과정에서 실용적인 지식을 전달하는 교육은 상대적으로 비중이 낮다.

03
| 정답 | ②

ⓒ 제7조 제3항에 따르면 오프라인 가맹점에서 결제 취소를 원할 경우 올원뱅크 앱을 실행하여 취소할 거래 내역을 조회하고, 결제 시 사용한 가상카드번호를 가맹점에 제시하여 결제할 때와 동일한 방법으로 처리할 수 있다고 하였으므로 실물 카드를 지참해야 한다는 내용은 적절하지 않다.

ⓔ 제7조 제4항에서 자정부터 새벽 4시까지 서비스가 중단되는 시기는 매월 3주차 첫 영업일이라고 하였으며, 매일 자정부터 30분 간 서비스 제공이 중단된다고 하였다.

| 오답풀이 |

ⓐ 제7조 제2항에서 서비스는 올원뱅크 앱 실행 후 가맹점에 비치된 QR코드를 스캔하거나, 앱에서 생성한 QR코드를 가맹점에서 스캔하여 인증정보를 제출한 후 결제 승인 절차가 완료된다고 하였으므로 적절하다.

ⓑ 제7조 제1항에서 서비스는 회사와 서비스 이용에 대한 계약을 체결한 해외 오프라인 가맹점에서 이용할 수 있다고 하였다.

ⓓ 제8조에 따르면 회사는 이용자가 지정한 전자우편, 휴대폰 문자메시지 서비스, PUSH 알림 등을 통해 정보를 제공한다.

04
| 정답 | ④

금융당국이 자녀의 비대면 계좌 개설 규제를 완화해서 부모가 은행 방문 없이 비대면 계좌 개설이 가능하다고 하지만 농협은행의 경우는 부모가 해당 은행에 계좌를 보유한 경우에 한해 비대면으로 자녀 계좌 개설이 가능하다고 언급하고 있다. 그러므로 'NH1418 스윙 적금'을 대면으로 가입했다면 부모가 해당 은행 계좌를 보유하지 않음을 알 수 있다.

| 오답풀이 |

① 농협은행에서 미성년 대상 적금상품을 선보였지만, 미성년이 직접 비대면으로 가입할 수 있는지는 제시문만으로는 알 수 없다.

② 어린이 · 청소년 적금은 일반 적금보다 금리가 높아 학부모들은 여유 자금을 준비하는 데 이득이라는 입장이라고 언급한

다. 그러므로 어린이·청소년 적금이 저금리라는 것은 적절하지 않다.

③ 'NH 착한 어린이 적금'은 만 13세 이하 어린이 대상으로 가입이 가능하며, 가입 후에 1년마다 연장하여 만 17세까지 유지가 가능하다고 언급하므로 만 17세는 가입 대상자가 아니다.

⑤ 'NH 착한 어린이 적금' 가입 시 자동으로 NH 주니어 보장 보험 서비스에 가입되며 동시 가입 시 우대금리를 준다는 내용을 찾을 수 없다.

05 | 정답 | ①

고정영업비용은 영업레버리지를 발생시키므로 옳지 않은 설명이다.

| 오답풀이 |

② 고정영업비용이 많아져 영업레버리지가 높으면 영업위험이 높다.

③ 재무레버리지는 재무활동에서 발생하는 고정금융비용의 비중이므로 재무레버리지가 높을수록 이자비용의 부담이 증가하기 때문에 영업이익의 감소율보다 세후순이익의 감소율이 커진다.

④ 영업레버리지를 사용하면 매출액의 증감률보다 영업이익의 증감률이 확대되고, 재무레버리지를 활용하면 영업이익의 증감률보다 순이익의 증감률이 확대되므로 영업레버리지와 재무레버리지를 동시에 사용하면 매출액의 증감률보다 순이익의 증감률이 더 크게 확대된다.

⑤ 영업레버리지도(DOL)는 영업이익 증감률을 매출액 증감률로 나누어 구하므로 50÷10＝5이다.

06 | 정답 | ③

기업이 ESG 활동에 높은 가치를 두고 ESG 경영을 본격화하는 선택 아닌 필수의 움직임을 보인다고 언급하므로 빈칸 ㉠에는 ESG 중에 E(Environmental) 환경에 해당하는 내용을 삽입하는 것이 적절하다. 환경에 해당하는 친환경 사업과 신재생 에너지 분야에 투자를 확대한다는 말이 가장 적절한 내용이다.

07 | 정답 | ②

2문단에 따르면 정밀농업의 4단계에 따라 1단계인 관찰 단계에서 농작물의 상태를 관찰하고 이에 따라 2, 3단계에서는 비료를 살포하는 양을 결정하는 것을 알 수 있다. 즉, 각 단계별로 농작물의 상태를 파악하여 이후 농업의 전반적인 생산 관리의 효율을 최적화하는 것을 알 수 있다.

| 오답풀이 |

① 1문단에서 정밀농업은 ICT 기술을 활용하는 것임을 알 수 있고, 세 번째 문단에서 생산량의 불확실성을 감소시킬 수 있다는 점에 주목하고 있음을 알 수 있다.

③ 2문단에서 정밀농업은 ICT를 기반으로 하는 과학적 시스템을 토대로 하고, 세 번째 문단에 따르면 농업이 스마트팜 형태로 운영되기 때문에 다양한 기술을 대상으로 하는 새로운 기업이 출현하는 계기가 될 수 있음을 알 수 있다.

④ 3문단에서 생산의 불확실성이 감소될 수 있는 요인 중 하나가 병충해 관리가 가능해지는 것임을 알 수 있다. 따라서 병충해로 인한 화학비료, 살충제 사용 등으로 오염되어 생산 규모가 줄어드는 것을 막을 수 있을 것이다.

⑤ 3문단에서 스마트팜 형태로 농업이 운영됨을 알 수 있으며, 네 번째 문단에서 양질의 일자리 창출에도 많이 기여할 것으로 전망됨을 알 수 있다.

08 | 정답 | ①

NH농협은행은 CBDC 모의테스트를 성공하고 블록체인 플랫폼을 활용하여 다양한 디지털자산 관련 사업모델을 검증할 계획에 있으므로 디지털자산 시장을 선도할 신기술에 중점을 두고 있다고 볼 수 있다.

| 오답풀이 |

② NH농협은행은 블록체인 플랫폼 사업을 개척하고 있음은 알 수 있지만, 경제적 소외계층을 배려하고 있다고 보기 어렵다.

③ NH농협은행은 디지털화폐 파일럿시스템을 이미 구축하고 모의테스트를 성공적으로 완료했음을 알 수 있지만, 이를 위해 예산을 집중적으로 투자하고 있는지는 알 수 없다.

④ NH농협은행은 전자지갑을 활용해 원활한 유통과 결제 서비스를 제공할 수 있는 기술을 확보했지만 아직 제공하고 있는 것은 아니다.

⑤ NH농협은행은 자체 디지털화폐 등 다양한 디지털자산 관련 사업모델을 검증할 계획이지만 아직 발행한 것은 아니다.

09 | 정답 | ④

글의 내용 중 보고서에서 생략된 부분은 3문단의 금리상한형 주택담보대출의 가입 대상에 관한 내용이므로 적절하지 않다.

10 | 정답 | ④

4문단에서 정책자금으로 구입한 농지나 시설을 마음대로 매매 및 이전해서는 안 된다는 것을 알 수 있으므로 적절하다.

| 오답풀이 |

① 4문단에서 농업정책자금 대출은 개인 신용도나 담보 가치에 따라 대출금액이 달라질 수 있다고 했으므로 적절하지 않다.

② 1문단과 2문단에서 영농경력이 없더라도 후계농업경영인육
　성자금과 청년창업농육성자금은 신청이 가능함을 알 수 있으
　므로 적절하지 않다.

③ 3문단에서 귀농주택구입자금은 나이 기준이 적용되지 않음을
　알 수 있으므로 적절하지 않다.

⑤ 1문단과 3문단에서 후계농업경영인육성자금과 귀농창업자금
　및 귀농주택구입자금을 받으려는 사람은 지방자치단체가 인
　정한 기관에서 교육을 이수해야 함을 알 수 있지만, 2문단에
　서 청년창업농육성자금은 이러한 조건이 없으므로 적절하지
　않다.

CHAPTER 03 유형연습 문제

유형 1	응용수리형			P.116~119
01 ③	02 ⑤	03 ②	04 ⑤	05 ②
06 ③	07 ④	08 ④	09 ②	10 ②

01
| 정답 | ③

박물관에 입장할 관람객의 수를 x명이라 하면 25명의 단체 입장권 가격이 x명의 입장료보다 적어야 유리하므로 $5000x > 25 \times 5000 \times (1-0.2)$
$5000x > 100000$
$\therefore x > 20$
따라서 21명 이상일 때 25명의 단체 입장권을 사는 것이 유리하다.

02
| 정답 | ⑤

두 사람이 서로 반대 방향으로 갔을 때 처음 만나기 위해서는 두 사람이 간 거리의 합이 한 바퀴가 되어야 한다. 즉, 속력이 빠른 사람이 간 거리+속력이 느린 사람이 간 거리=한 바퀴 둘레가 된다. 두 사람이 서로 같은 방향으로 갔을 때 처음 만나기 위해서는 속력이 빠른 사람이 속력이 느린 사람보다 한 바퀴를 더 가야 한다. 즉, 속력이 빠른 사람이 간 거리−속력이 느린 사람이 간 거리=한 바퀴 둘레가 된다. 따라서 속력이 더 빠른 사람의 속력을 $a$km/h라 하고, 속도가 더 느린 사람의 속력을 $b$km/h라 하면 20분은 $\frac{1}{3}$ 시간, 45분은 $\frac{3}{4}$시간이므로 $\frac{1}{3}a + \frac{1}{3}b = 6 \rightarrow a+b = 18$, $\frac{3}{4}a - \frac{3}{4}b = 6 \rightarrow a-b = 8$이다. 따라서 $2a = 26 \rightarrow a = 13$이므로 두 사람 중 속력이 더 빠른 사람의 속력은 13km/h이다.

03
| 정답 | ②

S기업 임직원 전체의 집합을 U라 하고, 주택 보유자 집합을 A, 차량 보유자 집합을 B라 하면 주택과 차량이 모두 없는 사람의 집합은 $(A \cup B)^C$라고 나타낼 수 있다. S기업 임직원 전체 수를 x명이라 하면 차량 보유자는 $\frac{5}{7}x$명이고, 주택 보유자는 $\frac{4}{7}x$명이므로 주택 및 차량을 모두 보유한 사람은 $\frac{4}{7}x \times \frac{3}{4} = \frac{3}{7}x$(명)이다.
$n(A \cup B) = n(A) + n(B) - n(A \cap B)$이므로
$n(A \cup B) = \frac{4}{7}x + \frac{5}{7}x - \frac{3}{7}x = \frac{6}{7}x$
$\therefore n\{(A \cup B)^C\} = n(U) - n(A \cup B)$
$\qquad = x - \frac{6}{7}x = \frac{1}{7}x$

자신의 명의로 된 주택과 차량이 모두 없는 사람이 14명이라고 하였으므로, $\frac{1}{7}x = 14 \qquad \therefore x = 98$(명)
따라서 S기업의 전체 임직원 수는 98명이다.

🕐 시간단축 TIP

- [다른 접근] 전체 임직원 수를 $7x$명이라고 하면 주택보유자는 $4x$명, 차량보유자는 $5x$명, 주택과 차량보유자는 $3x$명이므로 벤다이어그램으로 풀이 시 주택과 차량이 없는 사람은 x명이므로 $x = 14$이다.

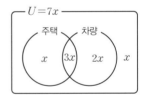

따라서 전체 임직원 수는 $7x = 7 \times 14 = 98$(명)이다.

- 두 유한집합 A, B에 대하여 합집합의 원소의 개수는 다음과 같은 식을 만족한다.

$$n(A \cup B) = n(A) + n(B) - n(A \cap B)$$

위의 식이 가장 간단한 형태이고, 세 집합 A, B, C에 대해서는
$n(A \cup B \cup C) = n(A) + n(B) + n(C) - n(A \cap B) - n(B \cap C) - n(A \cap C) + n(A \cap B \cap C)$가 성립한다.

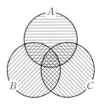

04

| 정답 | ⑤

첫 번째에 당첨이라고 적힌 공이 나올 확률은 $\frac{3}{15}$ $=\frac{1}{5}$, 두 번째에 당첨이라고 적힌 공이 나올 확률은 $\frac{3-1}{15-1}=\frac{2}{14}=\frac{1}{7}$

따라서 구하는 확률은 $\frac{1}{5}\times\frac{1}{7}=\frac{1}{35}$이다.

05

| 정답 | ②

처음에 생각했던 이익은 $1,020\times\frac{a}{100}=10.2a$이다.

정상 제품만을 판매했을 때의 한 개당 이익을 $x\%$라고 하면, $960\times\frac{x}{100}=10.2a$ ∴ $x=\frac{17a}{16}$

따라서 정상 제품만을 판매해서 처음에 생각했던 이익과 똑같은 이익을 얻기 위해서는 처음 생각했던 이익의 $\frac{1}{16}\times100=6.25(\%)$만큼 늘리면 된다.

시간단축 TIP

60개의 불량품에 대한 이익을 $1,020-60=960$(개)의 제품이 나누어서 이익을 채워야 하므로, 처음 생각했던 이익의 $\frac{60}{960}=\frac{1}{16}$만큼 늘려야 한다.

06

| 정답 | ③

처음 2L 부피의 PET병에 들어 있는 물의 양은 $2\times0.75=1.5$(L)이고, 바뀐 PET병의 부피는 $2\times0.9=1.8$(L), 바뀐 PET병에 들어 있는 물의 양은 $1.8\times0.8=1.44$(L)이다.

물의 양은 총 1.5×48(L)인데, 이 물을 모두 바뀐 PET병에 1.44L씩 나누어 담으면 $1.5\times48\div1.44=50$(개)의 PET병에 담을 수 있다.

시간단축 TIP

필요한 바뀐 PET병의 개수를 x라 하면, 물의 양은 변함이 없으므로 '$1.5\times48=1.44\times x$'이다. PET병에 들어 있는 물의 양이 1.5L에서 1.44L로 4% 감소하였으므로, 바뀐 PET병의 개수에서 4% 감소하였을 때 처음 PET병의 개수는 48개가 나와야 한다.

07

| 정답 | ④

농도가 2%인 소금물의 양은 $340-200=140$(g)이므로 소금의 양은 $\frac{2}{100}\times140=2.8$(g)이다. 이때, 처음 퍼낸 소금물의 양을 xg이라고 하면 다음과 같은 식이

성립한다.

$$\frac{10}{100}\times(200-x)+2.8=\frac{5}{100}\times340$$
$$2,000-10x+280=1,700$$
∴ $x=58$(g)

따라서 처음 퍼낸 소금물의 양은 58g이다.

시간단축 TIP

일반적으로 소금물의 농도를 구할 때는 다음의 두 가지 공식을 많이 활용하는 편이다.

• (소금물의 농도)(%)$=\frac{(소금의 양)}{(소금물의 양)}\times100$

• (소금의 양)$=\frac{(소금물의 농도)}{100}\times$(소금물의 양)

08

| 정답 | ④

전체 쪽수를 x라고 하면

$$\frac{1}{5}x+\frac{1}{3}x+21=x$$

∴ $x=45$

따라서 전체 쪽수는 45쪽이다.

09

| 정답 | ②

올해 말의 연금액 1,630만 원을 올해 초의 가치로 환산하면 $\frac{1,630만 원}{1.05}$, 다음 해 말의 연금액 1,630만 원의 올해 초 가치는 $\frac{1,630만 원}{(1.05)^2}$, …, 이와 같은 방식으로 10년 후 말의 연금액 1,630만 원의 올해 초 가치는 $\frac{1,630만 원}{(1.05)^{10}}$이다. 따라서 일시불로 수령하게 되는 금액을 S라고 하면

$$S=\frac{1,630만 원}{1.05}+\frac{1,630만 원}{(1.05)^2}+\cdots+\frac{1,630만 원}{(1.05)^{10}}$$

양변에 $(1.05)^{10}$을 곱하면 초항이 1,630만 원, 공비가 1.05, 항의 개수는 10개인 등비수열의 합이므로

$$(1.05)^{10}\times S=\frac{1,630만 원\times\{(1.05)^{10}-1\}}{1.05-1}$$

$(1.05)^{10}=1.63$으로 계산하면

$$S=\frac{1,630만 원\times0.63}{0.05\times1.63}=126,000,000(원)이다.$$

시간단축 TIP

• 원금 a원을 연이율 r로 n년간 예금할 때, 원금과 이자의 합계를 일컫는 원리합계 S는 단리법과 복리법으로 구분된다.
  - 단리법: 원금에만 이자가 붙는다. → $S=a(1+rn)$
  - 복리법: 원금과 이자에 다시 이자가 붙는다. → $S=a(1+r)^n$
• 적금, 상환, 연금의 현가 등의 문제 접근 시 서로 손해 보지 않아야 하고, 돈의 가치는 시간에 따라 다름을 고려하여야 한다. 연이율이 r이고 1년마다의 복리로 일정한 금액 a원을 n년 동

안 적립할 때 n년 말의 적립금의 원리합계는 a원을 적립하는 시기에 따라 다르며, '매년 초'에 적립인지 '매년 말'에 적립인지에 따라 식이 달라진다.

– 매년 초에 적립하고 연말에 정산하는 경우:

$$(\text{원리합계}) = \frac{a(1+r)\{(1+r)^n - 1\}}{r}(\text{원})$$

– 매년 말에 적립하고 연말에 정산하는 경우:

$$(\text{원리합계}) = \frac{a\{(1+r)^n - 1\}}{r}(\text{원})$$

• [문제 접근] 매년 말에 10년간 받기로 한 퇴직연금을 그대로 적립한다고 하면, 매년 말에 1,630만 원씩 10년 동안 연이율 5%의 복리로 적립한 원리합계와 같다.

따라서 $1,630 + 1,630(1+0.05) + 1,630(1+0.05)^2 + \cdots + 1,630$

$(1+0.05)^9 = \dfrac{1,630(1.05^{10}-1)}{1.05-1} = \dfrac{1,630 \times 0.63}{0.05} = 20,538$

(만 원) … ㉠

한꺼번에 퇴직연금 A만 원을 받는 경우 A만 원을 10년 동안 연이율 5%의 복리로 적립한 원리합계는 $A(1+0.05)^{10}$ $= 1.63A$(만 원) … ㉡

위의 '㉠의 금액 = ㉡의 금액'이어야 하므로, $1.63A = 20,538 \rightarrow A = 12,600$(만 원)

따라서 한꺼번에 수령하게 될 금액은 1억 2,600만 원임을 알 수 있다.

10
| 정답 | ②

매년 초 적립해야 하는 금액을 a원이라고 하면 5% 비과세 복리로 계산할 때 3년 후 원리금 합계는

$\dfrac{1.05a \times \{(1.05)^3 - 1\}}{1.05 - 1} = \dfrac{1.05a \times 0.16}{1.05 - 1} = 3.36a$(원)이다. 이때, 이 금액이 840만 원이어야 하므로

$3.36a = 840$ $\quad \therefore a = \dfrac{840}{3.36} = 250$(만 원)

따라서 A씨는 매년 초 250만 원을 적립해야 한다.

⏰ 시간단축 TIP

• 적금과 같이 일정한 비율이 계속 곱해지는 내용은 등비수열(이웃하는 항의 비율이 일정한 수열)의 응용 문제이다. 첫째 항이 a, 공비가 r인 등비수열의 1항부터 n항까지의 합

$S_n = \dfrac{a(r^n - 1)}{r - 1} = \dfrac{a(1 - r^n)}{1 - r}$(단, $r \neq 1$)이다.

• 복리법–적금
– 매년 말에 a원씩 일정 금액을 넣고 n년 말에 타는 경우

$S_n = \dfrac{a\{(1+r)^n - 1\}}{r}$ 원

– 매년 초에 a원씩 일정 금액을 넣고 n년 말에 타는 경우

$S_n = \dfrac{a(1+r)\{(1+r)^n - 1\}}{r}$ 원

| 유형 2 | 자료해석 | | | | | | | P.120~131 |

| 01 | ⑤ | 02 | ④ | 03 | ⑤ | 04 | ① | 05 | ① |
| 06 | ④ | 07 | ① | 08 | ⑤ | 09 | ① | 10 | ④ |

01
| 정답 | ⑤

2022년에 초등학교 학생 1인당 월평균 사교육비가 가장 높은 지역은 경상이며, 가장 낮은 지역은 제주이다. 경상의 사교육비는 제주의 사교육비의 $57.0 \div 28.5 = 2$(배)이다.

| 오답풀이 |

① 2022년에 학생 1인당 전국 월평균 사교육비는 3년 전에 비해 $41.0 - 32.1 = 8.9$(만 원) 증가했다.

② 2021년에 전년 대비 학생 1인당 전국 월평균 사교육비의 증가율은 $(36.7 - 30.2) \div 30.2 \times 100 = 21.5$(%)이므로 25% 미만으로 증가했다.

③ 2022년에 경상의 학생 1인당 월평균 사교육비는 일반고가 고등학교에 비해 $70.0 - 60.4 = 9.6$(만 원) 높으므로 10만 원 미만으로 높다.

④ 2022년에 시도별 학생 1인당 월평균 사교육비가 고등학교보다 중학교가 더 높은 지역은 부산, 광주, 대전, 울산, 강원, 충청, 전라, 경상, 제주로 9곳이다.

02
| 정답 | ④

2021년에 전년 대비 프로바이오틱스 제품의 감소액은 $142,188 - 126,291 = 15,897$(천 달러)이므로 16,000천 달러 미만이다.

| 오답풀이 |

① 2021년에 전년 대비 전체 수입액의 증가율은 $(1,098,762 - 912,150) \div 912,150 \times 100 = 20.5$(%)이므로 30% 미만이다.

② 2020년에 수입액 1위 제품인 복합영양소 제품은 5위 제품인 단백질 대비 $169,050 \div 28,421 = 5.9$이므로 5배 이상이다.

③ 2020년에 수입액 상위 5개 품목의 금액은 전체 금액의 $518,168 \div 912,150 \times 100 = 56.8$(%)이므로 절반 이상을 차지한다.

⑤ 2021년에 2019년 대비 개별인정형 건강기능식품의 수입액은 증가했고, 비중은 2019년에 $66,216 \div 785,963 \times 100 = 8.4$(%), 2021년에 $138,614 \div 1,098,762 \times 100 = 12.6$(%)로 증가했다.

03
| 정답 | ⑤

2022년 1~4월 서적 거래액은 $217,261 + 218,686 + 262,888 + 185,994 = 884,829$(백만 원)이므로 800,000백만 원을 초과한다.

| 오답풀이 |

① 거래액이 가장 많은 순서대로 거래 품목을 나열했을 때 상위 3개 품목이 1월은 '음·식료품, 음식 서비스, 가전·전자·통신기기'이며, 2월도 '음·식료품, 음식 서비스, 가전·전자·통신기기'로 동일하다.

② 4월에 전월 대비 농축수산물 거래액의 감소량은 815,600−783,558=32,042(백만 원)이므로 30,000백만 원 이상이다.

③ 2월에 컴퓨터 및 주변기기 거래액은 888,101÷244,744≒3.6이므로 3배 이상이다.

④ 3월에 1월 대비 가방 거래액의 증가율은 (272,692−235,179)÷235,179×100≒16.0(%)이므로 20% 미만이다.

04
| 정답 | ①

2022년에 무연탄 발전량은 화력 발전량 중 1,819÷358,772×100≒0.51(%)이므로 2% 미만을 차지한다.

| 오답풀이 |

② 2019년 대비 2022년에 양수 발전량의 증가율은 (3,715−3,458)÷3,458×100≒7.4(%)이므로 10% 미만이다.

③ 2020년에 원자력 발전량은 신재생 및 기타 발전량의 160,184÷44,208≒3.6이므로 4배 미만이다.

④ 전년 대비 2020년에 전체 발전량의 감소량은 563,040−552,162=10,878 (GWh)이므로 10,000GWh 이상이다.

⑤ 조사기간 동안 전년 대비 유류 발전량의 증감 추이는 '감소−증가−감소'이며, 이는 석탄 발전량의 증감 추이와 동일하다.

05
| 정답 | ①

㉠ 2020년 1분기 매출액은 12.23억 원이고, 영업이익은 0.45억 원이므로 영업이익률은 $\frac{0.45}{12.23} \times 100$ ≒3.68(%)이다. 즉, 3.5% 이상이다.

㉡ 2018년 3분기 영업이익률은 $\frac{-0.19}{13.43} \times 100$ ≒ −1.41(%)이고, 4분기 영업이익률은 $\frac{-0.25}{14.70}$ ×100≒−1.70(%)이므로 3분기 영업이익률이 더 높다.

㉢ 사업 부문별로 영업이익률을 확인하면 다음과 같다.

• 사업 A: $\frac{0.41}{4.3} \times 100$ ≒9.53(%)

• 사업 B: $\frac{-0.7}{1.2} \times 100$ ≒−58.3(%)

• 사업 C: $\frac{0.27}{3.5} \times 100$ ≒7.71(%)

• 사업 D: $\frac{0.13}{4.5} \times 100$ ≒2.89(%)

따라서 2020년 4분기에 영업이익률이 가장 높은 사업은 A이다.

㉣ 2018년 2분기부터 2020년까지 분기별로 매출액을 확인해 보면 전분기 대비 증가와 감소를 계속 번갈아 반복하고 있음을 확인할 수 있다.

따라서 옳지 않은 것의 개수는 0개이다.

🕐 **시간단축TIP**

㉢ 사업 B의 영업이익은 0보다 작으므로 영업이익률은 가장 낮다. 그리고 사업 D는 사업 A와 비교할 때 매출액은 높지만, 영업이익이 더 낮으므로 영업이익률은 더 낮을 수밖에 없다. 따라서 사업 A와 사업 C만 비교하면 된다.

06
| 정답 | ④

2019년 총매출액은 13.20+14.40+13.60+13.80=55.00(억 원)이므로 총매출액에 대한 사업 D의 영업이익률이 15%이면 영업이익을 a억 원이라고 할 때 다음과 같이 식을 세울 수 있다.

$$\frac{a}{55.00} \times 100 = 15$$

양변에 55.00을 곱하고 식을 정리하면

$100a = 15 \times 55.00 = 825$

$\therefore a = \frac{825}{100} = 8.25$(억 원)

따라서 영업이익은 8억 2,500만 원이다.

07
| 정답 | ①

3월에 부상자수는 사망자수의 2,150÷36≒59.7이므로 60배 미만이다.

| 오답풀이 |

② 12월에 전월 대비 사고건수의 감소량은 1,881−1,799=82(명)이므로 80건 이상 감소했다.

③ 2022년에 사고건수 1명당 부상자수는 31,673÷20,588≒1.5(명)이므로 2명 미만이다.

④ 6월에 1월 대비 사망자수의 증가율은 (53−37)÷37×100≒43.2(%)이므로 40% 이상이다.

⑤ 전체 부상자수 중 10월 부상자 수의 비중은 3,111÷31,673×100≒9.8(%)이므로 10% 미만이다.

08

| 정답 | ⑤

2022년 무역수지는 $7,953,197-1,325,134=$
$6,628,063$(천 달러)$=6,228.063$(백만 달러)이므로
6,200백만 달러 이상이다.

| 오답풀이 |

① 2020년에 전년 대비 수출액의 증가량은 $7,572,097-$
$6,524,789=1,047,308$(천 달러)이므로 1,070,000천 달러
미만이다.
② 2021년에 2019년 대비 수입액의 증가율은
$(1,305,238-1,250,580)\div1,250,580\times100\fallingdotseq4.4(\%)$이므
로 5% 미만이다.
③ 2022년 미국 수입액은 전체 수입액의 $273,651\div1,325,134$
$\times100\fallingdotseq20.7(\%)$이므로 20% 이상이다.
④ 2022년 3위는 일본이며, 7위는 독일이다. 일본 수입액은 독
일 수입액의 $125,682\div45,734\fallingdotseq2.7$이므로 2.5배 이상이다.

09

| 정답 | ①

가구당 평균 자산총액은 5억 253만 원인데, 부채가
8,801만 원이고 순자산액이 4억 1,452만 원이다. 따
라서 자산총액에서 부채가 차지하는 비중은 $\dfrac{8,801}{50,253}$
$\times100\fallingdotseq17.5(\%)$이고, 순자산액이 차지하는 비중은
$\dfrac{41,452}{50,253}\times100\fallingdotseq82.5(\%)$이므로 적절한 그래프이다.

10

| 정답 | ④

2019년 반도체의 10대 품목 수출액 대비 비중은
$\dfrac{93,930}{304,238}\times100\fallingdotseq30.9(\%)$이고, 2019년 10대 품목
수출액의 총수출액 대비 비중은 56.1%이므로 반도
체의 총수출액 대비 비중은 $56.1\times0.309\fallingdotseq17.3(\%)$
이다.

| 오답풀이 |

① 2018년 플라스틱 제품의 수출액은 10,760백만 달러 미만으
로 2018년 10대 수출품목에 속하지 않으며, 2019년 플라스
틱 제품의 수출액인 10,292백만 달러보다 큰지 작은지 알 수
없다. 따라서 2019년 플라스틱 제품의 수출액은 전년 대비 증
가하였는지 감소하였는지는 주어진 자료만으로는 알 수 없다.
② 10대 품목 수출액 중 평판디스플레이 및 센서가 차지하는 비
중은 2018년의 경우 $\dfrac{24,856}{353,671}\times100\fallingdotseq7.0(\%)$, 2019년의
경우 $\dfrac{20,657}{304,238}\times100\fallingdotseq6.8(\%)$로 전년 대비 감소하였다.

🕐 시간단축 TIP

2018년 평판디스플레이 및 센서의 수출액은 2019년의

20% 이상이고, 2018년 10대 품목 수출액은 2019년의
20% 미만이다. 따라서 분모, 분자를 비교했을 때 2019년 대
비 2018년 분자의 증가율이 분모의 증가율보다 크므로
2018년 10대 품목 수출액 대비 평판디스플레이 및 센서의
비중은 2019년 대비 크다.
③ 2018년 석유제품의 무역수지는 $46,350-21,443=$
$24,907$(백만 달러), 2019년 석유제품의 무역수지는 $40,691$
$-17,539=23,152$(백만 달러)이므로 $24,907-23,152=$
$1,755$(백만 달러) 감소하였다.

🕐 시간단축 TIP

주어진 자료의 단위는 백만 달러이다. 1,755만 달러는 17.55
백만 달러인데 주어진 자료에서 소수점은 나와 있지 않다.
⑤ 2018년 수입액 상위 10위 이내인 모든 품목 중 반도체와 무
선통신기기의 수입액은 2019년에 증가하였다.

문제해결능력

유형연습 문제

유형 1	논리추리			P.148~153
01 ③	02 ③	03 ⑤	04 ①	05 ②
06 ④	07 ①	08 ③	09 ③	10 ④

01

Ⅰ정답Ⅰ ③

전제1의 대우에 따르면 주가가 오르지 않으면 금리가 오른다. 따라서 금리가 오르면 채권 수익률이 오른다는 전제가 있어야 주가가 오르지 않으면 채권의 수익률이 오른다는 결론을 이끌어낼 수 있다.

주어진 조건을 기호화하면 다음과 같다.

전제1	~금리 → 주가	(대우) ~주가 → 금리
전제2		
결론	~주가 → 채권 수익률	(대우) ~채권 수익률 → 주가

전제1의 대우와 결론 사이에 '금리 → 채권 수익률'이라는 전제가 필요하다는 것을 알 수 있다.

Ⅰ 오답풀이 Ⅰ

① 전제2가 '금리가 오르면 채권 수익률이 오르지 않는다(금리 → ~채권 수익률)'일 때, 전제1의 대우와 연결하면 '~주가 → 금리 → ~채권 수익률'이 성립한다. 주가가 오르지 않으면 채권 수익률이 오르지 않는다는 결론이 성립하므로 옳지 않다.
②, ④, ⑤ 채권 수익률과 주가의 관계를 알 수 없으므로 결론을 도출할 수 없다.

02

Ⅰ정답Ⅰ ③

'저축↑ → 기업의 투자↑', '기업의 투자↑ → 고용↑'이므로 삼단논법에 의해 '저축↑ → 고용↑'이 성립한다. 이때 '~저축↑ → ~고용↑'이므로 그 대우명제인 '고용↑ → 저축↑'도 옳다. 그러므로 '저축↑ → 기업의 투자↑ → 고용↑ → 저축↑'의 순환고리가 만들어진다. 따라서 '기업의 투자↑ → 저축↑'는 확실히 옳다.

'저축↑ → 기업의 투자↑ → 고용↑ → 저축↑'가 참

이므로 대우명제 '~저축↑ → ~고용↑ → ~기업의 투자↑ → ~저축↑'의 순환고리도 참이다. 따라서 '~고용↑ → ~저축↑'도 확실히 옳다.

그러므로 A, B 모두 확실히 옳다.

03

Ⅰ정답Ⅰ ⑤

전제1을 만족하는 벤다이어그램은 [그림1]과 같다.

[그림1]

전제2를 덧붙인 벤다이어그램은 [그림2]와 같이 나타낼 수 있다.

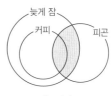

[그림2]

[그림2]에서 커피를 마시는 사람과 피곤한 사람 사이에는 교집합이 반드시 존재하므로 늦게 잠드는 사람과 피곤한 사람 사이에는 색칠한 영역만큼의 교집합이 반드시 존재한다. 따라서 늦게 잠드는 어떤 사람은 피곤하다.

Ⅰ 오답풀이 Ⅰ

① 피곤한 어떤 사람은 늦게 잠들지 않을 수 있으므로 항상 참은 아니다.
② 늦게 잠드는 어떤 사람은 피곤하므로 참이 아니다.
③ 커피를 마시는 사람과 피곤한 사람 사이에 교집합이 존재하기만 하면 되므로 [그림3]과 같은 벤다이어그램으로 나타낼 수도 있다.

[그림3]

[그림3]을 보면 피곤한 사람은 모두 늦게 잠든다. 따라서 피곤한 어떤 사람이 늦게 잠들지 않는다는 것은 항상 참이 아니다. ④ 늦게 잠드는 어떤 사람은 피곤하지 않으므로 항상 참이 아니다.

04 　　　　　　　　　　　　　| 정답 | ①

두 번째 명제에 따라 스콘을 먹은 사람 중에 케이크를 먹은 사람이 있다. 만약 케이크를 먹은 사람 모두가 쿠키를 먹은 사람이면, 케이크, 쿠키, 스콘 모두를 먹은 사람이 있다. 그러나 첫 번째 조건에서 쿠키를 먹은 사람 중에 스콘을 먹은 사람은 없다고 하였으므로 B는 옳지 않다. 이와 마찬가지로 쿠키, 스콘, 케이크 세 가지 모두 먹은 사람은 없으므로 C는 옳지 않으며, 다음 그림이 가능하므로 A는 옳다.

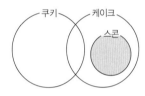

05 　　　　　　　　　　　　　| 정답 | ②

세 명이서 일대일 퀴즈 게임을 하므로 총 세 번의 퀴즈 게임을 한다. 만약 을과 병의 게임 결과가 3 : 4이면 갑, 을, 병의 승점은 각각 5점, 6점, 10점이므로 갑이 3등이다. 따라서 A는 옳은지 옳지 않은지 알 수 없다. 을과 병의 게임 결과가 2 : 5이었다면, 갑, 을, 병의 승점은 각각 5점, 5점, 11점이고 갑과 을의 승점이 동점이므로 갑과 을은 번외 경기를 한다. 따라서 B만 옳다.

06 　　　　　　　　　　　　　| 정답 | ④

두 번째 조건에서 마케팅팀 사원이 오케스트라 동호회에서 활동한다고 하였고, 네 번째 조건에서 D는 개발팀 소속인데 문화 동호회에서 활동한다고 하였으므로 D는 독서 동호회이다. 첫 번째 조건에서 A는 운동 동호회에서 활동한다고 하였는데 농구 동호회에는 다섯 번째 조건에 따라 IR팀 사원인 B 또는 C가 활

동하므로, A는 테니스 동호회에서 활동하며, 마케팅팀, IR팀, 개발팀이 아니므로 회계팀 소속이다.

운동 동호회		문화 동호회	
테니스	농구	오케스트라	독서
A	B 또는 C	C 또는 B	D
회계팀	IR팀	마케팅팀	개발팀

| 오답풀이 |

① A는 테니스 동호회에서 활동하므로 항상 옳지 않다.
② B는 농구 동호회에서 활동할 수도 있으므로 항상 옳은 것은 아니다.
③ C는 IR팀 소속일 수도 있으므로 항상 옳은 것은 아니다.
⑤ B는 마케팅팀 소속일 수도 있으므로 항상 옳은 것은 아니다.

07 　　　　　　　　　　　　　| 정답 | ①

병, 정, 무가 병의 순서에 대해 모두 다른 진술을 하고 있으므로 병의 순서를 먼저 확인해 본다. 우선, 병의 첫 번째 진술이 진실이라면, 정의 두 번째 진술이 거짓이 되어 병과 정의 첫 번째 진술이 서로 모순이 된다. 다음으로 정의 두 번째 병에 관한 진술이 진실이라면 병의 두 번째 진술과 무의 두 번째 진술이 모두 진실이 된다는 것인데, 역시 모순이 발생한다. 다음으로 무의 첫 번째 진술이 진실일 경우, 출근 순서는 병이 두 번째, 무는 첫 번째, 정은 다섯 번째, 을은 네 번째(두 번째 진술이 참), 갑이 세 번째(첫 번째 진술이 참)가 되어 모순이 없게 된다.
따라서 출근 순서는 '무 – 병 – 갑 – 을 – 정'으로 ①이 옳은 내용이다.

| 오답풀이 |

② 병은 두 번째로 출근하였다.
③ 을은 네 번째로 출근하였다.
④ 정은 다섯 번째로 제일 마지막에 출근하였다.
⑤ 무는 첫 번째로 출근하였다.

⏱ 시간단축 TIP

참, 거짓을 판단하는 문제이므로 각각의 경우에 모순점이 없는지를 확인해 보아야 한다. 이 같은 문제 유형은 진술에서 가장 많이 언급된 것이나 상반되는 진술이 겹치는 의견 등을 먼저 확인하는 것이 좀 더 문제 해결 시간을 단축할 수 있는 방법이 될 수 있다.

08 　　　　　　　　　　　　　| 정답 | ③

진술이 반드시 참인 사람을 찾는 문제에서는 해당 진술이 거짓일 경우에 모순이 발생하는 경우를 고르면

된다. 주어진 진술에서는 특별한 모순점이나 특이한 사항이 보이지 않는 경우이므로, 진술을 각각 거짓이라고 가정했을 때 모순이 발생하는지를 살펴보아야 한다. A, B, D, E의 진술 중 한 명의 진술이 거짓일 경우에는 말한 그대로 나이 순서가 성립되지만, C의 진술을 거짓이라고 가정하면 D가 B보다 나이가 많으므로, D>B가 된다. 그리고 D의 진술에서 A>D, A와 E의 진술에서 B>E>A의 순서가 나오는데, 이 경우 A와 D의 나이 관계에서 모순이 발생하므로 C의 진술은 거짓이 아니라는 것을 알 수 있다. 따라서 C의 진술은 반드시 참임을 알 수 있다.

09 | 정답 | ③

주어진 진술에서 자금팀에 대한 진술이 가장 많이 엇갈리고 있으므로 자금팀을 기준으로 잡고 확인하도록 한다. 먼저 영업팀 직원의 진술 중 자금팀이 가장 높은 층이라는 진술이 참일 때, 기술팀 직원의 두 번째 진술인 "자금팀은 8층"이라는 점은 거짓이 되므로, 첫 번째 진술인 "기술팀이 가장 높은 층"이라는 진술이 참이어야 하는데 층당 1개 팀씩 배치되었다는 조건에 모순된다. 그리고 기술팀 직원의 두 번째 진술인 "자금팀은 8층"이라는 점이 진실이라면 영업팀 직원과 자금팀 직원의 첫 번째 진술은 모두 거짓이 된다. 하지만 영업팀 직원과 자금팀 직원의 두 번째 진술이 모두 참일 수가 없으므로 이 또한 모순이다.

또 다른 경우로 자금팀 직원의 첫 번째 진술이 참일 경우 자금팀이 배치된 층은 7층이므로, 영업팀 직원의 두 번째 진술이 참이 되어 영업팀이 배치된 층은 6층이다. 또한 기술팀 직원의 첫 번째 진술이 참으로 기술팀이 배치된 층은 10층이 된다. 이에 따라 홍보팀 직원의 두 번째 진술이 참인 것이 되면서 홍보팀은 9층, 인사팀 직원의 첫 번째 진술에 의해 나머지 인사팀이 8층에 배치되었음을 알 수 있다. 이를 정리하면 6층부터 10층까지 배치된 순서는 '영업팀-자금팀-인사팀-홍보팀-기술팀'이다. 따라서 ③ '인사팀은 8층에 배치되었다.'가 옳은 설명이다.

10 | 정답 | ④

다섯 번째 조건을 통해 회사와 C지점 간 이동 시간은 41분이며, A, B, D지점은 모두 이 사이에 위치함을 알 수 있다. 또한 두 번째 조건과 다섯 번째 조건으로 회사와 A지점 간 이동 시간은 41-15=26(분)이다.

네 번째 조건인 A지점~C지점 사이에 있는 1개 지점은 B지점 또는 D지점일 것이며, B지점~C지점 간 이동 시간(31분)이 A지점~C지점 간 이동 시간(15분)보다 더 긴 것으로 보아 네 지점의 순서는 'B-A-D-C지점' 순으로 위치하고 있다.

따라서 B지점~C지점 간 이동 시간이 31분이라고 하였으므로 회사~B지점 간 이동 시간은 41-31=10(분)이 되며, B지점~D지점 간 이동 시간이 28분이라고 하였으므로 회사~D지점 간 이동 시간은 10+28=38(분)이다.

| 01 | ⑤ | 02 | ② | 03 | ⑤ | 04 | ④ | 05 | ④ |
| 06 | ④ | 07 | ② | 08 | ④ | 09 | ① | 10 | ③ |

01

| 정답 | ⑤

각 금융사별 우대금리의 합은 A은행 0.5%, B은행 0.4%, C보험사 0.5%, D보험사 0.8%, E저축은행 0.4%로 가장 큰 곳 0.8%과 가장 작은 곳 0.4%의 차이는 0.4%p로 0.5%p 미만이다.

| 오답풀이 |

① 주택가격이 9억 원일 때 대출한도가 가장 큰 곳은 60%에 5억 원까지 대출이 가능한 D보험사이다. A와 B은행은 대출한도가 4억 원까지이므로 해당되지 않는다.
② A~E금융사 모두 우대금리조건을 충족한 추가금리를 적용금리에 더했을 때 E저축은행이 $4.2-(0.1+0.1+0.2)=3.8(\%)$로 가장 낮다.
③ B은행은 주택가격이 6억 원 이하일 때 0.2% 우대금리가 적용된다.
④ 연소득에 따라 추가 우대금리가 적용되는 금융사는 A, C, D금융사이고 7,000만 원 이상인 경우 적용되는 곳은 없다.

02

| 정답 | ②

우선 해당고객은 대출액 3억 원이 필요하고, 주택가격이 6억 원이므로 LTV는 50%이다. 따라서 LTV가 40% 이내인 E저축은행은 제외된다.
연소득, 급여계좌, 자동이체, 신용카드 등 각각의 조건을 바탕으로 금리를 구하면
A은행: $4.5-(0.2+0.2)=4.1(\%)$
B은행: $4.3-(0.2+0.2)=3.9(\%)$
C보험사: $4.5-(0.2+0.2+0.1)=4.0(\%)$
D보험사: $4.7-(0.3+0.3+0.2)=3.9(\%)$
따라서 B은행과 D보험사의 대출금리가 3.9%로 낮다. 고객이 상환기간이 가능한 한 길면 좋겠다고 하였으므로 상환기간이 35년인 D보험사와 40년인 B은행 중 B은행이 가장 적절하다.

03

| 정답 | ⑤

현재 일본의 빅맥지수는 $\dfrac{324/90}{4.5}=\dfrac{3.6}{4.5}=0.8$이다.
$0.8-1=-0.2$이므로 20% 저평가되어 있다.

오답풀이

① 미국이 기준이므로 미국의 빅맥지수는 항상 1이다.
② 현재 브라질의 빅맥지수는 $\dfrac{11.7/2}{4.5}=\dfrac{5.85}{4.5}=1.30$이다.
③ 현재 영국에서의 빅맥 가격을 달러화로 표시하면 $\dfrac{2.43}{0.6}=4.05$(달러)이다.
④ 현재 한국 통화의 빅맥 가격에 근거한 적정 환율을 $x_{\text{맥}}$이라고 한다면 $4,500=4.5\times x_{\text{맥}}$이 성립해야 하며, 이를 풀면 $x_{\text{맥}}=1,000$(원/달러)이다.

04

| 정답 | ④

각 국가의 빅맥지수 및 고평가, 저평가 정도는 다음과 같다.

구분	빅맥지수	고평가/저평가
베네수엘라	0.2	80% 저평가
스위스	1.4	40% 고평가
브라질	1.3	30% 고평가
노르웨이	1.9	90% 고평가
미국	1	―
영국	0.9	10% 저평가
일본	0.8	20% 저평가
한국	2/3	약 33% 저평가
중국	4/9	약 56% 저평가
인도	0.4	60% 저평가

따라서 가장 고평가되어 있는 국가는 노르웨이, 가장 저평가되어 있는 국가는 베네수엘라이다.

05

| 정답 | ④

원금은 (당해 학기 대부금)−(직전 학기 장학금)을 계산하면 된다. 1학년 1학기는 당해 학기 대부금이 420만 원, 입학축하금 180만 원 지급받았으므로 원금은 240만 원이다. 1학년 2학기는 당해 학기 대부금이 440만 원, 직전 학기 학점이 B이므로 장학금 200만 원을 지급받아 240만 원이다. 2학년 1학기에는 직전 학기 학점이 C이므로 장학금을 지급받지 못하여 460만 원이다. 2학년 2학기에는 직전학기 학점이 A이므로 장학금 300만 원을 지급받았으며 원금은 $480-300=180$(만 원)이다. 3학년 1학기에는 직전 학기 학점이 B이므로 장학금 200만 원을 지급받았으며, 원금은 $500-200=300$(만 원)이다. 따라서 학자금 전체 원금 총액은 $240+240+460+180+300=$

1,420(만 원)이다.

06
| 정답 | ④

5번에서 구한 것과 같이, 2학년 1학기 원금은 460만 원이며 원금과 이자총액의 합은 $460 \times 1.04 = 478.4$(만 원)이다.

| 오답풀이 |
① 1학년 1학기 월 상환금액은 (원금)÷12로 $(420-180) \div 12 = 20$(만 원)이다.
② 2학년 2학기의 원금이 $480-300=180$(만 원)으로 가장 작다.
③ 3학년 1학기 이자총액을 (원금×이자율)로 구하면 $(500-200) \times 0.04 = 12$(만 원)이다
⑤ 월 상환총액은 (원금÷12)+(원금)×(이자율)÷12으로 구한다. 2학년 2학기의 원금 월 상환총액은 15만 원이고 월 이자총액은 6천 원이다. 월 상환총액은 $15+0.6=15.6$(만 원)이므로 20만 원 미만이다.

07
| 정답 | ②

• A: 10년 동안 얻는 이익이 $5+5+10+15+20+25+30+35=145$(억 원)으로 투자액을 회수하지 못한다.
• B: 5년째 되는 해에 투자액 100억 원을 회수하고, 10년 동안 얻는 순이익은 $20 \times 10-100=100$(억 원)이다.
• C: 7년째 되는 해에 투자액 100억 원을 회수하고, 10년 동안 얻는 순이익은 $50 \times 5-100=150$(억 원)이다.
• D: 5년째 되는 해에 투자액 200억 원을 회수하고, 10년 동안 얻는 순이익은 $100 \times 3-200=100$(억 원)이다.
• E: 10년째 되는 해에 투자액 200억 원을 회수하고, 10년 동안 얻는 순이익은 $150+200-200=150$(억 원)이다.
따라서 투자액을 가장 빨리 회수할 수 있는 프로젝트는 B와 D이다. B와 D 모두 10년 동안 얻을 수 있는 순이익이 100억 원으로 동일하므로, 투자액이 더 적은 B에 투자한다.

08
| 정답 | ④

최대 금리의 경우는 우대 금리를 모두 받은 경우로 $2.5+0.3+0.4+0.5=3.7$(%)이며, 월이율은 $3.7 \div 12 \doteqdot 0.31$(%)이다. 따라서 0.32%보다 작다.

| 오답풀이 |
① 가입금액은 월 1회 납입, 매회 1천 원이 최소이므로 매달 1천 원×6개월=6,000(원)이다.
② 가입일로부터 100일까지 걸음 수 30만보 이상부터 10만보당 0.1% 받으므로 55만보를 걷는다면 50만 이상 60만 미만 구간이 되어 0.3%p의 우대금리를 받을 수 있다.
③ 걸음 수 측정의 경우 Google 피트니스와 아이폰 건강 앱을 적금과 연동시켜 적립된 걸음 수를 인정하므로 특정 앱이 설치되어 있어야 한다는 내용은 옳다.
⑤ 가입고객 5만 명 중 20%가 60만보를 기록했으며, 대회 기간 내 60만 보를 기록한 참가자 1인당 6천 원씩 기금이 적립된다고 하였으므로 적립된 기금은 $50,000 \times 0.2 \times 6,000 = 60,000,000$(원)이다.

09
| 정답 | ①

관광지를 모두 방문하는 경우는 2가지이며 각각의 소요시간은 다음과 같다.
[경우1] 숙소−A−C−D−E−B, $15+20+25+10+40=110$(분)
[경우2] 숙소−B−E−D−C−A, $10+40+10+25+20=105$(분)
따라서 최소 소요시간은 '숙소−B−E−D−C−A' 순서로 이동할 때의 105분이다.

10
| 정답 | ③

조건에 따라 회의를 진행할 때 회의가 가능한 시간의 범위를 좁힐 수 있다.
서울: 11/15(수) 08:00~22:00
파리: (서울기준) 11/15(수) 00:00~21:00 이전
뉴욕: (서울기준) 11/14(화) 14:00~11/15(수) 14:00
시드니: (서울기준) 11/15(수) 11:00 이내 완료
두바이: (서울기준) 11/15(수) 10:00 이후
이를 근무지별 회의가능시간을 정리하면 다음과 같다.
따라서 회의가능 시간은 서울시간 기준으로 11/15(수) 10:00~11:00이므로 뉴욕 시각으로는 11/14(화) 20:00~21:00이다.

CHAPTER 03 유형연습 문제

유형 1	프로그래밍			P.184~189
01	⑤	02	③	03	⑤	04	②	05	⑤
06	①								

01

| 정답 | ⑤

comp가 25 이상인 경우에는 화씨온도를 계산하고 comp가 25 미만인 경우에는 섭씨온도를 계산하는 프로그램이다. 따라서 day1, day2, day3값의 순서를 바꾸더라도 comp에는 day1, day2, day3 중 가장 큰 값이 저장되므로 출력 결괏값은 같다.

| 오답풀이 |

① fahrenheit와 celsius은 C언어에서 제공하는 함수가 아니라 사용자가 선언한 변수이다.
② fahrenheit의 데이터 형식을 정수형으로 할 경우 처리된 실수형을 정수형으로 받을 수가 없다.
③ 9행의 9.0/5.0의 결과는 1.8이고 9/5로 변경 시 정수형으로 0.8이 생략된 1로 계산된다. 데이터 값의 형식에 따라 결괏값의 데이터에 영향을 받는다.
④ 9행은 출력 결과로 음수가 나올 수가 없으나 16행의 출력 결과는 0이나 음수가 나올 수 있다.

02

| 정답 | ③

comp는 20, −8, 4 중에서 가장 큰 값인 20이 되므로 섭씨온도를 계산하는 과정을 수행한다. 이에 따라 celsius$=(5.0/9.0)\times($fahrenheit$-32)=(5.0/9.0)\times(44.45-32)≒6.9$이므로 섭씨온도 6.9가 출력된다.

03

| 정답 | ⑤

A씨의 이번 달 보너스가 30만 원이므로 30만 원이 넘는다는 IF조건문을 만족하지 못하여 A씨는 외식을 할 수 없게 된다. 코드를 실행시켰을 때 결괏값을 보면 A씨의 월급은 246.3만 원이고, 주말 수당이 1.5일 때 보너스가 정확히 30만 원이었으므로, 만약 weekendrate의 값이 2였다면 A씨는 월급날 외식

을 할 수 있었을 것이다.

04

| 정답 | ②

주말 수당이 2배로 변하게 된다면, 외식을 하기 위한 값인 $2\times100,000\times$X의 수치가 300,000을 넘게 되는 최소 숫자 X를 찾으면 된다. 따라서 외식을 하기 위한 최소 주말 근무 일수는 2일이다.

05

| 정답 | ⑤

코드를 보면, for문의 인덱스인 i와 j가 먼저 선언되고, 숫자로 표현되는 count가 0으로 초기화된 상태로 시작한다. 그리고 첫 번째 for문은 i가 5에서부터 감소하는 형태, 두 번째 for문은 j가 0에서부터 증가하고 2 미만에서 멈추면서 ＊와 함께 count를 출력하게 된다. 처음으로 11번째 줄의 ₩n을 만나기 전까지 내부 for문에서는 count가 0이므로, ＊0＊0이 출력된다. 외부 for문이 총 3번 실행되게 되는데, 그동안 count가 1씩 증가하면서 처음 출력값과 동일하지만, ＊1＊1, ＊2＊2로 count만 증가되는 형태를 보이게 된다. 따라서 정답은 ⑤이다.

🕐 시간단축 TIP

내부 for문의 형태를 먼저 파악하면, 외부 for문은 반복성이 있으므로 전체 출력값을 파악하기 쉽다.

06

| 정답 | ①

버블 정렬은 인접한 두 수를 비교해서 큰 수를 뒤로 보내는 정렬을 말한다.

- 첫 번째 패스: 5, 2, 3, 8, 1 → 2, 5, 3, 8, 1 → 2, 3, 5, 8, 1 → 2, 3, 5, 8, 1 → 2, 3, 5, 1, 8
- 두 번째 패스: 2, 3, 5, 1, 8 → 2, 3, 1, 5, 8
- 세 번째 패스: 2, 3, 1, 5, 8 → 2, 1, 3, 5, 8

01

| 정답 | ①

LEFT 함수는 지정된 셀에서 지정된 수의 글자를 나타내는 함수이다. 따라서 각 결괏값이 '서구', '계양', '미추'가 된 것이다.

SEARCH 함수는 조건에 맞는 텍스트의 문자열(공백 포함)을 지정된 셀에서 도출하는 함수이므로, 각 셀의 '구' 다음에 오는 공백을 나타내는 문자열에서 1만큼을 뺀 값을 조건으로 입력하여 LEFT 함수와 결합하게 되면 LEFT 함수는 첫 문자열부터 '구'자의 문자열까지를 결괏값으로 나타낼 수 있다.

이때 함수식은 =LEFT(B2,SEARCH(" ",B2)−1)이다.

02

| 정답 | ①

IFERROR 함수는 특정 식이나 값이 오류를 일으킬 때 대체 값을 나타내는 함수이다. 이 함수는 주로 데이터 분석이나 보고서 작성과 같은 작업에서 유용하게 사용된다. IFERROR 함수를 사용하면 오류가 발생하는 셀을 대체 값으로 대체하여 데이터의 일관성을 유지할 수 있게 된다. 함수식은 '=IFERROR(원래의 수식, 바꿀 값)'과 같다. 따라서 드래그를 통하여 복사를 하였다면, [E3] 셀에는 '=C3*D3'이, [E11] 셀에는 '=IFERROR(C11*D11,0)' 입력되었다고 볼 수 있다.

03

| 정답 | ⑤

INDEX 함수의 수식은 '=INDEX(인수의 범위,행 번호,열 번호)'이다. 따라서 직급과 호봉이 나열되어 있는 인수의 범위는 G3:I7이며, 드래그를 해야 하므로 범위를 고정시키기 위하여 '$'를 붙여야 한다. '병'은 4직급, 3호봉이므로 지정된 범위에서 행 번호(가로)에 직급이 위치하므로 직급이 기재되어 있는 [B5] 셀을 먼저 입력하고 열 번호인 [C5] 셀을 뒤에 입력해야 한다. 따라서 '병'의 급여액 셀에 입력할 함수식은 =INDEX($G$3:$I$7,B5,C5)이다.

04

| 정답 | ⑤

CONCATENATE 함수는 여러 개의 텍스트를 한 셀로 합칠 때 쓰는 함수이다. 주어진 바와 같이 2개의 셀 텍스트를 합치는 것뿐만 아니라, 3개 이상의 셀 텍스트를 합치는 것도 가능하다. 따라서 [H2] 셀에 들어갈 함수식은 =CONCATENATE(D2,C2)이다.

05

| 정답 | ②

Man−In−The−Browser(MITB)는 악성코드가 크롬 플러그인, Browser Helper Object 등 브라우저 확장 플러그인 형태로 설치되어, 사용자가 브라우저에서 입력한 값들을 탈취하는 공격의 형태이다. 해당 공격은 네트워크 통신을 하기 이전에 내용을 가로챌 수 있으므로, 통신구간을 암호화한다고 해서 반드시 방지되는 것은 아니다.

| 오답풀이 |

① 이블 트윈 공격(Evil Twin Attack): 이블 트윈 공격은 사용자를 속이는 소셜 엔지니어링 공격 기법으로, 로그온한 사람들을 속이고 비밀번호나 신용카드 번호를 훔치기 위해 합법적인 네트워크인 것처럼 가장한 무선 네트워크를 의미한다. 이 용어는 Wi−Fi 무선 네트워크에서 공격자가 rogue AP를 이용하여 중간에 사용자의 정보를 가로채 사용자인 것처럼 속여서 행동하는 공격에서 나온 것이며, 소셜 네트워크상에서 공격자는 이블 트윈 공격을 통해 다른 사람의 이름으로 활동할 수 있다.

06

| 정답 | ④

LEN(C4): 문자열의 길이를 구한다.
RIGHT("KOREA", 2): 문자열을 오른쪽에서 2개 추출한다.("EA")
연산자 '&': 문자열을 결합한다.
따라서 =RIGHT(C4, LEN(C4)−4) & "****"를 입력했을 때의 결괏값은 2119−9019****이다.

실전모의고사

CHAPTER 01　실전모의고사 1회

직무상식평가　　　　　　　　　P.212~224

01	②	02	②	03	③	04	③	05	④
06	③	07	①	08	⑤	09	②	10	②
11	①	12	④	13	④	14	②	15	⑤
16	①	17	②	18	①	19	④	20	④
21	④	22	①	23	①	24	①	25	②
26	②	27	④	28	③	29	④	30	①

01
| 정답 | ②

HBM(High Bandwidth Memory)은 고대역폭 메모리의 약어로, 주로 그래픽카드의 GDDR을 대체하는 용도로 사용된다. 그래픽카드 시장이 커지며 이 메모리 시장도 함께 주목받고 있다.

02
| 정답 | ②

랜섬웨어는 납치된 인질의 몸값과 소프트웨어의 합성어로, PC 사용자의 파일을 암호화, 인질로 삼아 금전적인 요구를 하는 악성 프로그램이다. 피해 대상이 스마트폰으로 확장되며 더 민감한 개인정보가 많아 피해자가 늘어나고 있는 상황이므로 주의를 요한다.

03
| 정답 | ③

GAN(Generative Adversarial Network)은 생성자와 판별자가 대립적인 신경망 구조로 경쟁하며 데이터를 생성하는 인공 신경망 아키텍처이다.

| 오답풀이 |

① API(Application Programming Interface)는 운영체제와 응용 프로그램 간 상호 작용하기 위한 규칙과 도구의 집합을 의미한다.
② Diffusion Model(확산 모델)은 단순한 초기 분포에서 특정 규칙에 따라 노이즈를 생성한 후, 다시 노이즈가 없는 초기 분포로 복원하는 과정을 통해 이미지 생성 논리를 학습하는 생성형 AI 모델 중 하나이다.
④ OpenAI는 기계 학습 및 자연어 처리 기술을 중심으로 연구

개발하는 기업으로 ChatGPT를 개발하였다.
⑤ RISC-V는 미국 UC버클리대에서 개발한 오픈소스 기술 중 하나로, 반도체 설계 자산 아키텍처 중 하나이다.

04
| 정답 | ③

필터버블(filter bubble)은 이용자 맞춤형 정보처리 및 웹 기술이 발달함에 따라 필터링된 정보만 이용자에게 도달하는 현상을 지칭한다. 미국의 시민단체 무브온(Move on)의 이사장인 엘리 프레이저(Eli Pariser)가 이 현상을 지적하며 이슈가 되고 있다.

05
| 정답 | ④

에지 컴퓨팅은 중앙 집중 서버가 모든 데이터를 처리하는 클라우드 컴퓨팅과는 다르게 여러 곳에 분산된 소형 서버를 통해 데이터를 처리하는 기술이다. 따라서 에지 컴퓨팅의 개별 서버의 보안이 뚫리더라도 피해가 일부에 그치는 반면, 모든 것이 중앙으로 통합된 클라우드 컴퓨팅에서 보안이 뚫리면 그 피해가 매우 크다.

| 오답풀이 |

① 클라우드 컴퓨팅은 중앙 서버를 통해 모든 데이터를 처리하므로, 데이터가 중앙으로 오고 가는 시간차가 발생하여 1ms 차이가 중요한 자율주행 시스템에는 적합하지 않다. 반면 에지 컴퓨팅은 자율주행 자동차와 가장 가까운 소규모 서버에서 바로 데이터를 처리하므로, 상대적으로 속도가 빨라 자율주행 시스템에 적합하다.
② 중앙 서버와의 거리가 멀어져 발생하는 대역폭 비용을 낮추기 위해 에지 컴퓨팅이 도입되었다.
③, ⑤ 사물인터넷(IoT) 기기의 수가 폭증하면서 처리해야 할 데이터가 많아져 클라우드에 데이터 병목 현상이 발생하는 문제가 발생하였다. 이를 완화하고자 분산된 소형 서버에서 대부분의 데이터를 처리하고, 복잡한 연산이 필요한 문제만을 클라우드가 소화하는 에지 컴퓨팅의 필요성이 대두되었다.

06
| 정답 | ③

USIM(Universal Subscriber Identity Module)카드는 휴대 전화 등 이동통신 단말기에 삽입하는 스마트카드이다. 카드 하나에 가입자의 개인

정보를 입력하여 인증, 로밍, 전자 상거래 등에 다양하게 활용할 수 있다.

| 오답풀이 |

① IC카드: 집적회로 칩이 부착된 전자식 카드이다.
② SD카드: 전자 기기에 사용되는 플래시 메모리 카드이다.
④ NFC: 10cm 이내의 가까운 거리에서 무선 데이터를 주고받는 비접촉식 근거리 통신 기술이다.
⑤ RFID: 무선인식으로, 무선 주파수의 신호를 이용하여 다양한 개체의 정보를 식별할 수 있는 통신 기술이다.

07 | 정답 | ①

RFID는 Radio-Frequency Identification의 약자로 무선 주파수를 이용해 데이터를 전송하는 기술이다.

| 오답풀이 |

② Li-Fi는 LED의 전파를 이용한 가시광 무선통신 기술이다.
③ ESS는 Energy Storage System의 약자로 에너지 저장 시스템을 의미한다.
④ NFC는 RFID처럼 주파수를 이용하지만 RFID에 비해 연결범위가 짧아 최대 10cm내외 근거리를 지원한다.
⑤ QR코드는 가시광선과 적외선을 이용한 근거리 데이터 전송기술이다.

08 | 정답 | ⑤

레그테크는 분산금융이 아닌 포용금융을 유도할 수 있는 개념이다. 핀테크 산업의 발전으로 보다 편리한 금융서비스 이용이 가능하게 되었으며, 이에 따라 포용금융이 발전하게 되었다. 포용금융을 이끌기 위해서는 적절한 규제 환경이 조성되어야 하며, 그렇지 않으면 포괄적인 금융 혁신이 억제되고, 금융 서비스로부터 점점 소외될 수 있어, 선진국과 신흥국, 개발도상국의 규제기관들은 스스로 혁신을 거듭하면서 이에 대응하고 있다. 혁신적인 규제정책으로는, 혁신 사무소, 규제 샌드박스, 규제기관용 레그테크를 들 수 있다. 혁신 사무소는 규제기관과 혁신가의 참여를 촉진하는 역할을 하며, 기업 인수를 지원하거나, 기관 간의 협력을 통한 효과적 운영을 유도하고, 포용적 금융 권한을 가진 규제 당국을 지원한다. 규제 샌드박스는 2014년 영국에서 핀테크 활성화를 위해 처음 시작하였으며, 새로운 제품이나 서비스가 출시될 때, 정부가 각종 규제를 일정기간 동안 면제하거나, 유예해주는 제도를 말한다.

09 | 정답 | ②

임의의 길이의 정보를 고정된 길이의 정보로 변환하는 기술은 해시함수이다.

10 | 정답 | ②

튜링 테스트(Turing test)는 기계가 인간과 얼마나 비슷하게 대화할 수 있는지를 기준으로 기계에 지능이 있는지를 판별하고자 하는 테스트로, 앨런 튜링이 1950년에 제안했다.

11 | 정답 | ①

농업인안전재해보험은 농작업 중 발생하는 사고 등으로 재해를 입은 경우 신체나 재산에 대한 손해를 보상함으로써 안정적인 농업경영 여건 조성 및 생활안정 도모를 목적으로 하는 정책보험제도다. 농작업과 관련된 사고가 빈발함에도 산재보험 가입대상에서 제외되는 등 불의의 사고 시 농업인의 재산과 신체를 보호할 수 있는 수단이 미흡했다. 이에 농협중앙회는 자체적으로 1989년부터 농작업상해공제 사업을 실시했고, 1991년부터는 농기계종합공제사업을 실시했다. 아울러, 정부는 1996년부터 농업인 복지증진 차원에서 농가 부담 보험료의 일부를 지원했으며, 지속적으로 보험품목 및 보상한도 확대 등 제도 개선을 추진했다. 2021년에는 산재보험 또는 어선원보험의 적용을 받는 자 중에서 농업에 종사하는 경우 가입할 수 있는 겸업농 전용상품을 출시했다.
사업대상자는 보험의 종류에 따라 다른데, 농업인안전보험은 15~87세의 영농활동에 종사하는 농업을 대상으로 하여, 농작업근로자안전보험은 농작업 수행을 위해 만 15~87세의 농업근로자를 고용한 경영주인 농업인을 대상으로 한다.

12 | 정답 | ④

국제적인 농산물 무역 협상을 가속화하는 것은 농업의 불확실성을 더욱 키우는 결과를 초래하게 되므로, 미국의 사례에서 엿볼 수 있듯이 적극적이고 실적인 국가적 보호 육성책을 제시해야 할 것이다.

| 오답풀이 |

① 실질적인 혜택을 받을 수 있도록 사업을 설계해야 한다는 점은 미국의 사례에서 힌트를 얻을 수 있는 점이다.
② 사업의 추진 과정과 성과를 점검하는 관리방식 또한 미국의

사례를 벤치마킹해 볼 수 있는 방안이다.
③ 미국의 사례에서는 저소득 계층을 우선 지원하여 도움이 더 절실히 필요한 사람들이 사업의 혜택을 받도록 하였다고 언급되어 있다.
⑤ 비단 미국의 사례를 통하지 않아도 교육 프로그램을 창출하여 적극 홍보하는 일은 신규조합원 지원 방안이 될 수 있다.

13 | 정답 | ④

귀농귀촌 지원금은 사업시행연도 기준 만 18세 이상, 만 40세 미만의 독립경영 3년 이하 청년후계농을 대상으로 최장 3년 동안 월 110만 원씩을 지원하는 보조금이다. 지원금은 연차별로 차등 지급되며, 1년차에는 110만 원, 2년차에는 100만 원, 3년차에는 90만 원이 지급된다.

14 | 정답 | ②

금리스와프(IRS, Interest Rate Swap)는 원금의 교환 없이 이자 차액에 대해서만 거래가 발생한다.

15 | 정답 | ⑤

금융회사 등은 금융거래와 관련하여 수수한 재산이 불법재산이라고 의심되는 합당한 근거나 금융거래의 상대방이 자금세탁행위나 공중협박자금조달행위를 하고 있다고 의심되는 합당한 근거가 있는 경우 및 "범죄수익은닉의 규제 및 처벌 등에 관한 법률"과 "공중 등 협박목적 및 대량살상무기확산을 위한 자금조달행위의 금지에 관한 법률"에 따라 관할 수사기관에 신고한 경우 지체 없이 의무적으로 금융정보분석원에 의심거래보고(STR, Suspicious Transaction Report)를 하여야 한다.

| 오답풀이 |
① 리니언시란 불공정한 담합 행위를 한 기업이 자진 신고를 하면 과징금을 면제하거나 감면해 주는 제도이다.
② 금융 옴부즈만은 금융 관련 행정기관의 오용 또는 남용으로 인해 국민의 자유와 권리침해가 발생한 경우 이를 구제하기 위해 마련된 제도이다.
③ 고객확인제도란 금융회사가 고객과 거래 시 고객의 신원을 확인·검증하고, 실제 소유자, 거래의 목적, 자금의 원천을 확인하는 등 금융서비스가 자금세탁 등 불법행위에 이용되지 않도록 고객에 대해 합당한 주의를 기울이도록 하는 제도이다.
④ 고액현금거래보고란 금융회사등이 일정금액 이상의 현금거래를 금융정보분석원에 보고토록 한 제도이다. 동일 금융회사에서 동일인의 명의로 1거래일 동안 1천만 원 이상의 현금이 입금되거나 출금된 경우 거래자의 신원과 거래일시, 거래금액

등 객관적 사실을 전산으로 자동 보고해야 한다.

16 | 정답 | ①

ⓛ 외화표시예금은 원화로 환산한 금액 기준으로 예금자 1인당 5,000만 원 범위 내에서 예금자보호법에 의해 보호한다. ⓜ 정기예금도 보호대상이다.

| 상세해설 |
ⓐ 주택청약저축은 주택도시기금에 의해 정부가 별도로 관리한다. ⓒ, ⓔ, ⓗ 투자상품은 예금이 아니기 때문에 예금자보호법에 의해 보호되지 않는다. 따라서 RP, MMF, 증권사 CMA는 예금자보호법에 의해 보호되는 금융상품이 아니다.

17 | 정답 | ②

선도거래는 사후적으로 손익은 0이 되는 제로섬게임으로 채무불이행위험이 존재한다.

| 오답풀이 |
③ 선물거래는 일일정산제도를 통해 매일매일 포지션을 정산한다. 거래소가 일종의 청산소의 역할을 하게 되므로 신용위험이 없고, 평가손익이 없으며 대신 실현손익이 남게 된다.
④ 미결제약정은 선물거래나 옵션거래에서 사용되는 개념으로 일정시점 기준으로 반대매매를 하지 않고, 대기중인 계약으로서 거래량의 지표와 시장에너지를 측정하는 지표로 활용된다. 따라서 선물지수는 상승하고 있음에도 미결제약정수가 감소한다는 것은 내부에너지 감소로 조만간 선물지수가 하락할 것이라고 예상할 수 있다.
⑤ 두 거래 모두 상품 자체로는 가치를 지니지 않고, 기초자산으로부터 가치가 파생된다.

18 | 정답 | ①

구매력평가설이 성립한다면 빅맥지수는 장기의 적정 환율이 된다. 각국의 빅맥지수는 영국은 $2 \div 3 = 0.67$, 러시아는 $158 \div 3 = 52.7$, 일본은 $150 \div 3 = 50$이다. 영국의 환율만 빅맥지수보다 낮으므로 파운드화는 평가절상 상태이다. 따라서 영국 환율은 장기적으로 상승할 것이다.

19 | 정답 | ④

특정 주식이나 주가지수 등 기초 자산을 미리 정한 조건에 따라 미래에 사거나 팔 수 있는 권리가 붙은 증권은 ELW(Equity Linked Warrant, 주식워런트증권)이다. DLS(Derivatives-Linked Securities, 파생결합증권)는 유가증권과 파생금융상품이 결합한

형태의 증권으로 기초자산의 가치변동에 따라 수익이 결정된다.

| 오답풀이 |

① ELS(Equity Linked Securities): 주가연계증권
② ELD(Equity Linked Deposit): 주가지수연동예금
③ ELF(Equity Linked Fund): 주가연계펀드
⑤ DLF(Derivative Linked Fund): 파생결합펀드

20 | 정답 | ④

마을 주민 10명의 선호도가 동일하기 때문에 개별수요함수를 가로로 쌓아서 만든 시장수요함수가 $P=200-Q$이고, 이에 따라 개별수요함수는 $P=200-10Q$이다. 한계비용은 100이므로 $200-10Q=100$이다. 따라서 Q는 10이다. 이부가격제에서는 소비자잉여만큼 개별소비자에게 기본요금으로 부과한다.

1명의 월별 소비자잉여는 $10 \times 100 \times \frac{1}{2}=500$이므로 1인당 연회비는 6,000원이다.

21 | 정답 | ④

한국의 경우 2021년 생산한 반도체이기 때문에 2021년 GDP는 상승하지만, 2022년 GDP는 불변이다.
일본의 경우 한국의 제조기업이지만 일본에서 생산하였기 때문에 2022년 GDP는 반도체 수입에 따라 GDP는 감소하지만, 컴퓨터 생산과 수출로 GDP는 증가한다. 따라서 최종적으로 GDP는 증가한다.
중국의 경우 2022년 GDP는 컴퓨터 수입에 따라 GDP는 감소하지만, 소비에 따라 GDP는 증가한다. 따라서 불변이다.

22 | 정답 | ①

법정지급준비율의 변화는 통화승수를 변화시켜 통화량을 변화시킨다. 하지만, 중앙은행에서 통화가 시장으로 유통되는 것이 아니기 때문에 본원통화량과는 무관하다.

| 오답풀이 |

② 중앙은행이 통화안정증권을 발행하여 시장에 매각하면 본원통화가 감소하여 통화량이 감소한다.
③ 중앙은행이 시장으로부터 채권을 매입하면 본원통화가 증가하여 통화량이 증가한다.
④ 정부의 중앙은행차입이 증가하면 본원통화가 증가하여 통화량은 증가한다.
⑤ 스마트폰 결제가 활성화되면 민간의 현금보유비율이 감소한

다. 이에 따라 통화승수는 커지며 통화량도 증가한다.

23 | 정답 | ①

장단기금리역전 현상은 장기채권 수익률이 단기채권 수익률보다 낮은 현상으로, 보통 경기침체의 전조로 해석된다. 기준금리를 인상하게 되면 오히려 장단기 금리역전 현상이 심화된다.

| 오답풀이 |

② 장기채권의 수요가 증가하면 장기 국채 가격이 상승하고 장기채 수익률이 감소한다.
③ 장기채 금리하락으로 인해 은행의 대출금리가 하락하여 예대마진의 수익성이 악화된다. 그로 인해 은행들은 대출을 줄이려 하고, 통화량이 감소하므로, 시중에 돈이 부족해져 불황을 유발할 수 있다.
④, ⑤ 장기채의 수익률이 낮아진다는 것은 미래의 전망이 어둡다는 의미이며, 이 경우 안전자산으로 유동성이 쏠린다.

24 | 정답 | ①

정부가 원/달러 환율을 끌어올리기 위해서는 달러의 수요를 증가시키거나 달러의 공급을 감소시켜야 한다. 한국은행이 달러를 매입하면 달러의 수요가 증가하여 원/달러 환율은 상승할 것이다.

| 오답풀이 |

② 정부가 미국 기업을 국내에 유치하면 미국 기업의 국내 투자가 증가할 것이다. 이는 달러의 공급을 증가시켜 원/달러 환율은 하락할 것이다.
③ 환율이 인상되면 외채상환 부담이 증가한다. 따라서 달러 표시 외채가 많은 기업은 반대할 것이다.
④, ⑤ 환율이 인상되면 수출은 증가하고 수입은 감소한다. 따라서 수출하는 사람은 이를 지지하지만, 수입하는 사람은 반대할 것이다.

25 | 정답 | ②

각 생산자의 이윤이 균형에서 극대화되지만 그 값이 항상 양(+)의 값을 가지는 것은 아니다. 단기적으로는 음(−)의 이윤이 발생할 수 있으며, 장기적으로는 초과이윤은 0이 된다.

| 오답풀이 |

① 어떠한 가격체계가 주어진다 하더라도 경제전체의 총초과수요의 가치가 항상 0이 되면 일반균형을 이룰 수 있다.
③ 선호가 볼록하지 않다면 예산선과 무차별곡선과의 접점인 균형에서 소비자수요가 가격의 미세한 변화에 대해서도 크게 변하게 된다. 따라서 연속성 조건을 위반한다.

④ 파레토 최적에 대한 설명이다.

26
정답 | ②

신규 주택가격은 소비자물가지수, 생산자물가지수에는 포함되지 않고, GDP디플레이터에만 포함된다.

| 오답풀이 |

③, ④ 소비자물가지수는 라스파이레스 가격지수를 기반으로 하는데, 라스파이레스 가격지수의 특징으로는 측정치를 과대평가를 하는 경향이 있다. 이는 기준연도의 거래량을 가중치로 하기 때문인데, 비교연도에 물가가 상승해도 기준연도와 동일한 재화를 소비한다고 가정하고 계산되어 소비자의 대체가능성을 무시한다.

⑤ 소비자물가지수는 소비재를 기준으로 측정하기 때문에 수입재라도 소비자가 사용하는 소비재라면 포함되지만, GDP디플레이터는 일정기간 동안 한 나라 영토 안에서 생산되는 상품만 측정하므로 수입재는 포함되지 않는다.

27
정답 | ④

예상과 다른 인플레이션이 발생하면 경제의 불확실성이 늘어나므로 장기계약, 장기투자 등이 크게 감소하게 된다.

| 오답풀이 |

① 새케인즈학파에 의하면 예상된 인플레이션의 경우에도 메뉴비용과 같은 사회적 비용은 발생한다.

② 예상과 다른 인플레이션이 발생하면 채무자가 느끼는 실질적 부담이 감소하지만 효율성이 증가되지 않고, 채권자의 부를 악화시키므로 경제적 효율성을 저해한다.

③ 예상과 다른 인플레이션이 발생하면 고정된 명목임금을 받는 노동자가 실질임금상으로는 손실을 본다.

⑤ 비용인상 인플레이션은 총수요정책을 통해 관리할 수 없고, 수요견인 인플레이션은 관리할 수 있다.

28
정답 | ④

이자율 상승시의 채권가격하락보다 이자율 하락 시의 채권가격 상승이 더 크다. 이는 채권가격의 볼록성 때문에 발생한다. 가로축이 이자율, 세로축이 채권가격이라고 하면 원점에 볼록한 그래프가 그려지는데, 이자율 하락 시 채권가격 상승 폭은 더 커진다.

29
정답 | ④

ⓛ 기업이나 조직의 모든 정보가 컴퓨터에 저장되면서, 컴퓨터의 정보 보안을 위해 외부에서 내부, 내부에서 외부의 정보통신망에 불법으로 접근하는 것을 차단하는 시스템은 방화벽을 의미한다.

ⓒ 서로 다른 네트워크를 중계해 주는 장치로 보내지는 송신정보에서 수신처 주소를 읽어 가장 적절한 통신 통로를 지정하고, 다른 통신망으로 전송하는 장치는 라우터이다.

| 오답풀이 |

㉠ NAT(Network Address Translation)는 사설 IP주소를 공인 IP주소로 바꿔주는데 사용하는 통신망의 주소 변환기를 의미한다.

30
정답 | ①

랜섬웨어는 몸값(ransom)과 소프트웨어(software)의 합성어이다. 사용자 컴퓨터 시스템을 잠그거나 데이터를 암호화해서 사용할 수 없도록 만든 다음 사용하고 싶다면 돈을 내라고 요구하는 악성 프로그램이다. 랜섬웨어는 주로 이메일 첨부파일이나 웹페이지 접속을 통해 들어오기도 하고, 확인되지 않은 프로그램이나 파일을 내려받기하는 과정에서 들어온다.

31	⑤	32	③	33	②	34	⑤	35	⑤
36	②	37	⑤	38	⑤	39	②	40	③
41	④	42	⑤	43	④	44	⑤	45	②
46	①	47	②	48	③	49	②	50	④
51	④	52	⑤	53	①	54	②	55	④
56	③	57	②	58	④	59	④	60	③
61	⑤	62	③	63	②	64	④	65	④
66	②	67	③	68	⑤	69	①	70	③

31

| 정답 | ⑤

제시문은 물 산업이 급성장하는 배경과 시장규모, 물 산업의 특징을 통해 물 산업의 중요성을 강조하고 있다. 그러므로 '인류의 지속 가능성을 확립하고자 하는 물 산업'이 글의 제목으로 가장 적절하다.

| 오답풀이 |

① 물 시장 규모가 제시문에 언급되어 있긴 하지만 물 산업에 대한 관심을 유도하고자 하는 내용이므로 제목으로는 적절하지 않다.

② 전세계적으로 물 산업이 급성장하는 배경이 제시문에 언급되어 있긴 하지만 물 산업에 대한 관심을 유도하고자 하는 내용이므로 제목으로는 적절하지 않다.

③ 물 산업의 전방위적인 종합 경쟁력 구성요소는 제시문에 드러나 있지 않다.

④ 지속 가능한 물 이용 체계를 구축하는 방법은 제시문에 드러나 있지 않다.

32

| 정답 | ③

'9월 2~4일엔 전국 243개 지방자치단체의 답례품을 한자리에서 선보이는 '고향기부제 박람회'도 열려 호응을 얻었다'는 내용을 통해서 9월 2~4일(3일간) 답례품을 모두 볼 수 있는 행사가 진행되었다는 내용이 일치한다.

| 오답풀이 |

① 첫 번째 문단의 '6월 개정된 '고향사랑기부금법'에 따라 정부가 국가 기념일로 지정했으며, 날짜는 대국민 공모를 통해 정했다'는 문장을 통해서 지방 자치별로 기념일로 지정하였다는 선택지의 내용이 일치하지 않음을 알 수 있다.

② 세 번째 문단의 '그런데 시행한 지 수개월째 접어들었지만 성적이 그리 만족스럽지 않다'는 문장을 통해서 일치하지 않음을 알 수 있다.

④ 두 번째 문단에서 최대 30%의 답례품을 받을 수 있다고 하였으므로 이 부분은 옳지만 세액공제의 경우 10만 원까지는

전액, 초과금액에 대해서는 16.5%가 적용된다고 하였으므로 11만 원 기부시 10만 원 초과된 1만 원에 대해서는 16.5%만 세액공제 되므로 일치하지 않는 내용이다.

⑤ 두 번째 문단에서 기부금 납부는 고향사랑e음과 전국 농·축협과 NH농협은행 창구를 통한 방법만 소개하고 있으므로 일치하지 않는다.

33

| 정답 | ②

서론 Ⅰ-1-2) 농업 기계 안전사고 현황에 상황별 안전 운전 수칙 내용은 Ⅰ-1-3) 농업 기계 안전사고 유형과 안전 수칙 하위 항목으로 적절하다.

34

| 정답 | ⑤

밀도는 질량을 부피로 나눈 값이고, 비중은 기준으로 정한 물질의 밀도에 대해 상대적으로 얼마의 밀도를 가졌는지를 알 수 있는 '상대적 밀도'라고 할 수 있다. 따라서 큰 풍선의 부피는 작은 풍선의 부피보다 크므로 밀도는 더 낮고, 비중도 상대적으로 작다.

| 오답풀이 |

① 온도가 높아질수록 부피가 증가하기 때문에 따뜻한 바닷물의 영향을 받아 더 잘 뜰 수 있다.

② 철을 움푹하게 가공하면 부피가 증가하기 때문에 물 위에 뜰 수 있다.

③ 온도가 낮아져 물이 고체 상태가 되면 액체 상태의 물보다 밀도가 낮아지게 되고 물에 뜰 수 있다.

④ 비중 1을 기준으로 볼 때 구리의 비중이 높기 때문에 물에 가라앉는다.

35

| 정답 | ⑤

제시문은 제2금융권의 부동산 PF대출의 위험에 대해서 구체적인 수치를 통해 현상을 알아보고 그 원인을 다각도로 분석한 다음 대응책에 대해서 언급한 글이다. 제 2금융권 부동산 PF의 위험노출액에 대해 전반적으로 언급한 [마]가 가장 먼저 나오는 것이 적절하다. [마]에서는 비은행권 부동산 PF 노출액을 지난해 6월 말 기준으로 191조 7,000억 원 규모라고 언급했다. 이어서 지난해 6월 기준으로 고위험 사업장에 대한 PF대출 규모를 구체적으로 언급한 [나]가 오는 것이 적절하다. 다음으로는 해당 PF대출이 위험한 이유로 비은행금융기관 비중이 높다는 점을 언급한 [라]가 연결되는 것이 적절하다. 이러한 상황에서 미분양 주택 호수까지 악화된 상황을 언급한 [가]를 연결한 다음 저축은행의 대응이 드러난 [다]가 연결되는 것이

글의 흐름상 적절하다. 문단의 주제와 순서를 나열하면 '[마] 제2금융권 부동산 PF 금융 위험노출액 — [나] 고위험 사업장에 대한 PF대출 규모와 아파트 외 사업장에 대출 규모 — [라] 비은행금융기관 비중이 높아 부실 가능성이 높은 상황 — [가] 미분양 주택 수치 악화 — [다] 저축은행의 대처'이다. 따라서 [마] — [나] — [라] — [가] — [다] 순서가 적절하다.

36
정답 | ②

만 19세 이상인 세대주 또는 세대주로 인정되는 고객이어야 하지만, '3. 대출 대상—(1)'에 따라 만 25세 이상의 단독 세대주는 신청이 가능하다.

| 오답풀이 |
① 버팀목 전세 자금 대출은 정부가 서민들의 주거 안정을 위해 서민들에게 저리로 전세 자금을 빌려 주는 상품으로 주택 도시 기금을 재원으로 한다.
③ 대출 기간 중 이자만 납부하다가 만기일에 대출금 전액을 상환하는 만기 일시 상환 방식이지만, 중도 상환 수수료가 없어 언제든 대출금 상환이 가능하다.
④ 수도권은 최대 1억 2천만 원, 수도권 외 지역은 최대 8천만 원까지 대출이 가능하지만, 다자녀 가구의 경우 수도권은 최대 1억 4천만 원, 수도권 외 지역은 최대 1억 원까지 대출을 받을 수 있다. 금리도 다자녀 가구는 연 0.5%p 우대를 받는다.
⑤ 수도권(서울, 경기, 인천)은 3억 원 이하· 이하, 수도권 외 주택은 2억 원 이하· 이하여야 하며, 신혼 가구·혁신 도시 이전 공공 기관 종사자·타 지역으로 이주하는 재개발 구역 내 세입자가 아닌 경우 부부 합산 총소득이 5,000만 원 이하여야 한다.

37
정답 | ⑤

ⓛ 부부 합산 연소득 4천만 원 초과 6천만 원 이하이며, 보증금 1억 원 초과에 해당하므로 연 2.9%의 금리가 적용된다.
ⓒ 연소득 2천만 원 초과 4천만 원 이하이며, 보증금 5천만 원 초과 1억 원 이하에 해당하므로 기본 금리 2.6%에 노인 부양 가구 연 0.2%p 우대 금리에 따라 연 2.4%의 금리가 적용된다.
ⓔ 연소득(부부합산) 기준 4천만 원 초과 6천 원 이하일 때 보증금 1억 원 초과 시 연 2.9%의 금리가 적용된다.

| 오답풀이 |
ⓞ 연소득 2천만 원 초과 4천만 원 이하, 보증금 5천만 원 초과 1억 원 이하에 해당하므로 기본 금리 2.6%에 신혼 가구 연 0.7%p 우대 금리에 따라 연 1.9%의 금리가 적용된다.

38
정답 | ⑤

K사의 주가는 최근 하락하는 추세이지만 신용등급이 상승하였으므로 재무 상태는 건전한 것으로 보인다. 따라서 향후 실적만 받쳐준다면 얼마든지 주가가 턴어라운드할 수도 있으며, 실적이 좋지 않다면 계속해서 하방 압력을 받을 수도 있다.

| 오답풀이 |
① 제시된 글을 보면 신용등급 상향은 주가와 별다른 연관이 없는 것으로 나타났다고 하였으므로, K사의 신용등급이 높아졌으니 곧 주가도 상승하겠다는 분석은 타당하지 않다.
② 제시된 글을 보면 신용등급 상향과는 반대로 신용등급 하향은 주가에 영향을 미치는 것으로 나타났다고 하였으므로, K사의 신용등급이 낮아졌을 때 주가도 함께 급락한 것은 서로 연관성이 있다고 분석하는 것이 타당하다.
③ 신용등급 상향은 주가와 별다른 연관이 없으므로 타당하지 않다.
④ 신용등급과 주가는 하락할 때에는 연관성이 있지만 상승할 때에는 연관성이 없으므로 타당하지 않다.

39
정답 | ②

대출금을 이용하여 수익률이 높은 투자처에 투자하고자 한다면 원금을 가장 오래 사용할 수 있는 만기일시상환이 가장 유리하다.

| 오답풀이 |
① 원리금균등상환 방식은 원금과 이자를 합한 원리금을 매 기간 균등하게 상환하는 방식이므로 초기에 원금 상환 비중이 이자 지출액보다 적고, 만기에 가까워질수록 이자 지출액이 줄어든다.
③ 신용카드 할부구매 시 가장 많이 이용되고 있는 상환 방식은 원금균등상환방식이다.
④ 원금균등상환과 원리금균등상환방식 모두 대출 초기에 상환하는 이자 비용이 대출 후반에 상환하는 이자 비용보다 많다.
⑤ 총 비용부담이 가장 적은 방식은 원금균등상환이지만, 약정기간 동안 매월 원리금 상환 부담이 가장 적은 방식은 약정기간 동안 이자만 납부하는 만기일시상환이다.

40
정답 | ③

상훈이가 선택한 상환 방법은 원금균등분할상환이며, 대출 원금은 1억 2,000만 원이고, 대출 기간은 1년이므로 매달 1,000만 원씩 상환하게 된다. 이때, 대출이자율은 연 6%이므로 매달 6÷12＝0.5(%)의 이자율이 적용됨을 알 수 있다. 첫 달에는 1억 2,000만 원에 대한 0.5%의 이자율을 부담해야 하므로 120,000,000 ×0.005＝600,000(원)의 이자를 부담해야 하고, 그 이후 매월 1,000만 원씩 원금을 균등하게 상환하므로 $10,000,000 \times 0.005 = 50,000$(원)씩 이자 부담이 줄어든다.

따라서 상훈이가 상환해야 할 상환 총액은 원금인 1억 2,000만 원과 이자 $600,000 + 550,000 + 500,000 + 450,000 + 400,000 + 350,000 + 300,000 + 250,000 + 200,000 + 150,000 + 100,000 + 50,000$

$= \dfrac{(50,000 + 600,000)}{2} \times 12 = 3,900,000$(원) $= 390$(만 원)을 합한 1억 2,390만 원이다.

41
| 정답 | ④

두 사람이 만날 때까지 A가 이동한 시간을 x시간, B가 이동한 시간을 y시간이라 하면

$$\begin{cases} x = y + \dfrac{30}{60} \\ 80x = 100y \end{cases}$$

$$\begin{cases} 2x - 2y = 1 \\ 4x - 5y = 0 \end{cases}$$

$\therefore y = 2, \ x = \dfrac{5}{2}$

따라서 두 사람이 만나는 곳의 본사에서부터의 거리는 $80 \times \dfrac{5}{2} = 200$(km)이다.

42
| 정답 | ⑤

모두 홀수의 눈이 나오는 경우의 수는 $3 \times 3 = 9$이므로 모두 홀수의 눈이 나올 확률은 $\dfrac{9}{36} = \dfrac{1}{4}$이고,

따라서 적어도 한 개는 짝수의 눈이 나올 확률을 구하면 $1 -$ (모두 홀수일 확률) $= 1 - \dfrac{1}{4} = \dfrac{3}{4}$이다.

43
| 정답 | ⑤

A가 이긴 횟수를 x, 진 횟수를 y라 하면 B가 이긴 횟수는 y, 진 횟수는 x이므로

$$\begin{cases} x + y = 20 \\ 2x - y = 7 \end{cases}$$

$\therefore x = 9, \ y = 11$

따라서 B가 이긴 횟수는 11회이다.

44
| 정답 | ⑤

작년 남자 직원 수를 x, 여자 직원 수를 $(1000 - x)$라 하면

$$\dfrac{4}{100}x + \dfrac{6}{100}(1000 - x) = 49$$

$\therefore x = 550$

따라서 작년 남자 직원은 550명, 여자 직원은 $1000 - 550 = 450$(명)이다.

그러므로 금년 남자 직원 수는 $550 \times \left(1 + \dfrac{4}{100}\right) = 572$(명), 여자 직원 수는 $450 \times \left(1 + \dfrac{6}{100}\right) = 477$(명)이다.

금년의 남자 직원과 여자 직원 수의 차이는 $572 - 477 = 95$(명)이다.

45
| 정답 | ②

갑, 을, 병이 각각 모은 스티커 종류의 집합을 A, B, C라 하자. 갑, 을, 병이 각자 모은 스티커 종류와 두 사람씩 비교한 경우, 세 사람을 함께 비교한 경우를 모두 고려한, 공통인 스티커 종류의 개수를 표시하면 다음과 같다.

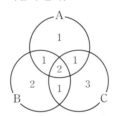

세 사람이 모은 서로 다른 스티커의 종류는 모두 $1 + 1 + 2 + 1 + 2 + 1 + 3 = 11$(종류)이다. 따라서 경품을 받기 위해 더 필요한 스티커의 종류는 $20 - 11 = 9$(종류)이다.

⏱ 시간단축 TIP

집합과 관련된 문제는 되도록 벤다이어그램을 그려 해결하는 것이 문제를 빠르게 해결할 수 있는 방법이다. 문제에서 공통인 부분이 벤다이어그램에서 어느 부분을 나타내는지 기억해 두면 좋다.

46
| 정답 | ①

매월 초 저금하는 금액의 원리 합계가 1,000만 원이 되어야 한다. 매월 초에 저금하는 금액을 a만 원이라 하면 2021년 1월 초에 저금한 a만 원은 2023년 12월 말 $a(1.005)^{36}$만 원이 되고, 2021년 2월 초에 저금한 a만 원은 2023년 12월 말 $a(1.005)^{35}$만 원이 되고, 2023년 12월 초 저금한 a만 원은 2023년 12월 말

$a \times (1.005)$만 원이 된다. 즉, 초항이 $a \times (1.005)$만 원이고, 공비가 1.005, 항의 개수가 36개인 등비수열의 합이 $1,000$만 원이 되어야 하므로

$$\frac{1.005a\{(1.005)^{36}-1\}}{1.005-1} = \frac{1.005a \times (1.2-1)}{0.005}$$

$$= \frac{1.005a \times 0.2}{0.005} = 1,000(만 원)이고,$$

$$a = \frac{1,000 \times 0.005}{1.005 \times 0.2}(만 원) = 249,000(원)이다.$$

47
| 정답 | ②

㉠ (매출총이익)=(매출액)−(매출원가) 식을 통하여 (매출원가)=(매출액)−(매출총이익)임을 알 수 있다. 따라서 매출원가는 [그래프]에서 매출액을 나타내는 꺾은선 그래프와 매출총이익을 나타내는 막대그래프 사이의 거리와 같다. 꺾은선 그래프와 막대그래프 사이의 간격이 가장 큰 연도는 2019년이므로 매출원가는 2019년에 가장 크다.

㉣ 어림산을 이용하면 빠르게 판단할 수 있다. 2022년의 2년 전인 2020년 매출액은 905(천만 원)이다. 900천만 원에서 40% 증가한 값은 900+(900×0.4)=900+360=1,260(천만 원)이므로 905천만 원의 40% 증가한 값은 1,260천만 원보다 커야 한다. 그런데 2022년 매출액은 1,255천만 원이며 1,260천만 원보다 작으므로 매출액은 40% 미만으로 증가했음을 알 수 있다.

| 오답풀이 |

㉡ 연도별로 기타손익을 구하면 다음과 같다.
- 2018년: 54−448+128=−266(천만 원)
- 2019년: 102−239+51=−86(천만 원)
- 2020년: −180−(−98)+324=242(천만 원)
- 2021년: −17−217+96=−138(천만 원)
- 2022년: 251−396+153=8(천만 원)

따라서 기타손익이 가장 큰 연도는 2020년이다.

㉢ 당기순이익이 가장 큰 해는 당기순이익이 25.1억 원이었던 2022년이다. 2022년의 매출총이익은 39.6억 원으로 2018년의 44.8억 원보다 낮다.

48
| 정답 | ③

두 제품 B와 C의 5년간 판매량을 구하면 다음과 같다.
- 제품 B: 235+321+305+400+402=1,663(천 개)
- 제품 D: 142+253+312+405+512=1,624(천 개)

따라서 두 제품의 판매량 차이는 1,663−1,624=39(천 개)이므로 3만 개 이상이다.

| 오답풀이 |

① 5년간 제품 A의 판매량 합계는 564+390+408+412+474=2,248(천 개)이므로 224만 8천 개이다. 즉, 200만 개 이상이다.

② 꾸준히 감소하는 제품은 없지만, 제품 D는 판매량이 142 → 253 → 312 → 405 → 512로 꾸준히 증가하고 있다.

④ 네 제품 판매량의 합을 연도별로 구하면 다음과 같다.
- 2018년: 564+235+706+142=1,647
- 2019년: 390+321+658+253=1,622
- 2020년: 408+305+508+312=1,533
- 2021년: 412+400+554+405=1,771
- 2022년: 474+402+493+512=1,881

따라서 판매량이 세 번째로 많은 연도는 2018년이다.

⑤ 제품 C의 2021년 판매량은 2018년 대비 $\frac{706-554}{706} \times 100 = 21.5(\%)$ 감소하였으므로 20% 이상 감소하였다.

49
| 정답 | ②

당좌비율은 당좌자산을 유동부채로 나누어 계산한다. '(당좌자산)=(유동자산)−(재고자산)'이고, '(유동자산)=(자산총계)−(비유동자산)'이므로, '(당좌자산)=(자산총계)−(비유동자산)−(재고자산)'이다. 따라서 2022년 U 사의 당좌자산은 6,240−3,980−230=2,030(백만 원)이다. 유동부채는 '(부채총계)−(비유동부채)'이므로 2022년 유동부채는 2,410−1,030=1,380(백만 원)이다. 따라서 2022년 당좌비율은

$$\frac{2,030}{1,380} \times 100 = 147(\%)이다.$$

50
| 정답 | ④

2000년대 이후 연도별 비농가 대비 농가의 1인당 연간 양곡 소비량을 구해 보면 2004년 146.9÷85.2≒1.7, 2009년 135.0÷78.6≒1.7, 2014년 121.3÷70≒1.7, 2019년 104.2÷65.4≒1.6이다. 따라서 농가의 1인당 연간 양곡 소비량은 비농가의 1.5배 이상이다.

| 오답풀이 |

① 제시된 자료는 1인당 연간 쌀 소비량이고, 농가와 비농가 인구가 주어져 있지 않으므로 연간 쌀 소비량은 알 수 없다.

② 1989년 비농가의 1인당 쌀 소비량은 113.0kg이고, 2019년 비농가의 1인당 쌀 소비량은 57.4kg이다. 따라서 113.0÷2=56.5(kg)이므로 절반 이상이다.

③ 2019년 10년 전 대비 농가의 1인당 양곡 소비량의 감소량은 135.0−104.2=30.8(kg)이고 1인당 쌀 소비량의 감소량은 119.0−92.8=26.2(kg)이므로, 1인당 양곡 소비량의 감소량이 더 크다.

⑤ 농가가 92.8÷104.2≒0.89이고, 비농가가 57.4÷65.4≒

0.88이므로 농가가 비농가보다 높다.

51

| 정답 | ④

전제1에 따라 어떤 학생은 드론을 가지고 있는데, 전제2에서 드론을 가지고 있는 사람은 조종자격증이 있다고 했으므로 전제1의 드론을 가지고 있는 어떤 학생은 조종자격증이 있다.

| 상세해설 |

전제2를 만족하는 벤다이어그램은 [그림1]과 같다.

[그림1]

전제1을 덧붙인 벤다이어그램은 [그림2]와 같이 나타낼 수 있다.

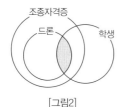

[그림2]

[그림2]에서 학생과 드론을 가지고 있는 사람 사이에는 교집합이 반드시 존재하므로 조종자격증이 있는 사람과 학생 사이에도 색이 칠해진 영역만큼의 교집합이 반드시 존재한다. 따라서 조종자격증이 있는 어떤 사람은 학생이다.

| 오답풀이 |

① [그림2]에 따르면 조종자격증이 없는 학생이 있을 수 있다.
② 학생과 드론을 가지고 있는 사람 사이에 교집합이 존재하기만 하면 되므로 [그림3]과 같은 벤다이어그램으로 나타낼 수도 있다.

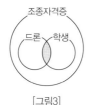

[그림3]

[그림3]을 보면 학생은 모두 조종자격증을 가지고 있다. 따라서 어떤 학생은 조종자격증을 가지고 있지 않다는 것은 항상 참은 아니다.

③ 조종자격증이 있는 사람 중에 학생이 아닌 경우도 있으므로 항상 참은 아니다.
⑤ 조종자격증이 있지 않은 사람 중에 학생이 아닌 경우도 있으므로 항상 참은 아니다.

52

| 정답 | ⑤

박 대리는 코미디와 SF를 좋아하지 않는다.

| 상세해설 |

주어진 [조건]1~3을 기호화하면 다음과 같다.

[조건1]	~스릴러 → SF	(대우) ~SF → 스릴러
[조건2]	스릴러 → ~코미디	(대우) 코미디 → ~스릴러
[조건3]	뮤지컬 → ~SF	(대우) SF → ~뮤지컬
[결론]	코미디 → ~스릴러 → SF → ~뮤지컬	(대우) 뮤지컬 → ~SF → 스릴러 → ~코미디

김 대리는 코미디를 좋아하고, 박 대리는 김 대리가 좋아하는 장르는 좋아하지 않고, 김 대리가 좋아하지 않는 장르를 좋아한다. 김 대리와 박 대리가 좋아하는 장르와 좋아하지 않는 장르는 다음과 같다.

구분	코미디	스릴러	SF	뮤지컬
김 대리	○	×	○	×
박 대리	×	○	×	○

김 대리는 스릴러와 뮤지컬을 좋아하지 않으며, 박 대리는 코미디와 SF를 좋아하지 않는다. 따라서 박 대리는 스릴러를 좋아하지 않는다는 것은 옳지 않다.

53

| 정답 | ①

참여하는 사람을 알기 위해서는 우선 누가 거짓을 말했는지를 알아야 한다. 네 명의 진술을 살펴보면 모두 다른 두 사람의 참석 여부를 말하고 있다. 또한 각자가 말한 두 사람에 대한 진술 8개를 비교해보면, A의 참석 여부를 말한 2개의 진술과 C의 참석 여부를 말한 2개의 진술은 모두 동일한 의견임을 알 수 있다. 이때, 한 명만 거짓을 말하였다는 발문의 조건에 의해 어느 한쪽이 거짓을 말한 것이 될 수 없으므로 A와 C의 참석 여부를 말한 사람은 모두 진실을 말한 것이다. 즉, A와 C의 참석 여부가 아닌 B와 D의 참석 여부에 대해서만 진술한 C가 거짓을 말한 것이다. 따라

서 A는 참석, B는 불참, C는 참석, D는 참석하므로 프로모션 회의에 참석하지 않는 인원수는 1명이다.

54

| 정답 | ②

각 사람의 진술 중 하나는 참이고, 다른 하나는 거짓이므로 두 가지 경우로 나누어 생각해보면 된다.
ⅰ) A의 첫 번째 진술이 참인 경우

구분	첫 번째 진술	두 번째 진술	결과	
			제품기획부	마케팅부
A	참	거짓	A, B	
B	거짓	참	A, B	C
C	참	거짓	A, B, D	C
D	거짓	참	A, B, D	C, E
E	거짓	참	A, B, D	C, E, F

이때, A, B, D와 C, E, F가 각각 같은 부서이다.
ⅱ) A의 첫 번째 진술이 거짓인 경우

구분	첫 번째 진술	두 번째 진술	결과	
			제품기획부	마케팅부
A	거짓	참		A, B
B	참	거짓	C	A, B
C	거짓	참	C	A, B, D
D	참	거짓	C, E	A, B, D
E	참	거짓	C, E, F	A, B, D

이때도, A, B, D와 C, E, F가 각각 같은 부서이다.
따라서 ⅰ), ⅱ)의 어느 경우라도 A, B, D와 C, E, F가 각각 같은 부서임을 알 수 있다.

시간단축 TIP

두 경우를 모두 확인할 필요 없이 한 가지 경우만 확인하더라도 모순이 없는 결과가 도출되므로 바로 정답을 선택할 수 있다. 이미 모순이 없는 경우를 발견하였다면 문제의 정답은 1개뿐이므로 해당 경우만을 가지고 정답을 찾을 수 있다.

55

| 정답 | ④

네 번째와 다섯 번째 조건을 통해 D사>C사>A사의 순이 성립하는 것을 알 수 있다. 세 번째 조건을 살펴 보면, F사는 D사보다 위층에 입주해 있으므로, F사와 B사는 모두 D사보다 위층에 입주해 있는 것이 되어 B사>F사>D사>C사>A사의 순이 성립

하게 된다. 결국 E사의 위치를 확정하면 모든 입주사의 층수를 확인할 수 있다. 6−5−4−3−2−1층 중 두 번째 조건에 따라 E사의 입주 층이 될 수 있는 것은 E사가 A사보다 낮은 1층이 되어 '1층(E)+6층(B)=4층(D)+3층(C)'의 관계가 성립되는 방법밖에 없음을 알 수 있다.
따라서 6개 입주사의 6층부터 1층까지의 입주 순서는 'B사-F사-D사-C사-A사-E사'가 되어 E사보다 높은 층의 입주사는 3개 이상이 된다.

| 오답풀이 |
① F사는 5층에 입주해 있다.
② C사는 3층에 입주해 있다.
③ F사와 A사가 입주한 층 사이에는 3층과 4층, 2개 층이 있다.
⑤ E사는 1층에 입주해 있어, E사보다 낮은 층의 입주사는 없다.

56

| 정답 | ③

첫 번째 조건에서 성우는 7명 중 가운데인 네 번째 순서임을 알 수 있다. 또한 세 번째 조건에서 민호는 성우보다 작으므로 키 순서가 5~7위 중 하나임을 알 수 있다. 네 번째 조건에서는 성우보다 키가 큰 3명 중 2명은 영수와 동철임을 알 수 있다. 다섯 번째 조건에서 나희의 키 순서는 성우보다 크므로 1~3위 중 하나인데 수영과의 키 순서 사이에 2명이 있어야 하므로 수영은 중간인 성우보다 작다는 것이 되며, 또한 나희가 1위일 경우, 4위가 수영이어야 하므로 나희는 2위 또는 3위, 수영은 5위 또는 6위가 되어야 한다. 같은 논리로 성우보다 순위가 앞인 동철과 희영의 순서도 역시 2위, 5위 또는 3위, 6위 중 하나임을 알 수 있다.
이를 통해 1위는 성우보다 큰 3명 중 나희와 동철을 제외한 영수이며, 가장 키가 작은 7위는 민호가 된다는 것을 알 수 있다. 마지막으로 두 번째 조건에서 희영이 수영보다 크다고 설명하고 있으므로 결국 남은 4명의 순서가 '동철>나희>희영>수영'으로 결정될 수 있다. 이를 모두 종합하면 7명의 키 순서는 '영수>동철>나희>성우>희영>수영>민호'가 된다는 것을 알 수 있다.
따라서 ③이 옳은 내용임을 알 수 있다.

57

| 정답 | ②

상담원 A와 고객 B의 대화를 종합해보면 조건들이 다음과 같다.

온라인 가입 가능, 가입 기간 12개월, 급여이체 우대
항목 포함이다.
이 3가지를 모두 충족하는 것은 B적금과 C적금(신용
카드 우대금리는 제외)으로 금리를 계산해보면
B적금: 2.6+1.0+0.2+0.3=4.1(%p)
C적금: 3.5+0.3+0.2=(4%p)
이므로 B씨는 B적금을 선택할 것이다.

| 오답풀이 |

① A적금의 경우 가입기간이 6개월 밖에 되지 않으므로 가입하
지 않는다.

④ D적금의 경우 급여통장에 대한 우대금리가 포함되어 있지않
으므로 선택하지 않는다.

⑤ E적금의 경우 창구 전용상품이므로 온라인 가입을 하고 싶은
B씨는 선택하지 않는다.

58

| 정답 | ④

A사의 대출 내용을 정리하면 다음과 같다.

• 대출금액: 4억 원

• 금리: 우대금리를 x라고 하면 가장 낮은 기준금리
기준이라고 하였으므로 월중 신규 COFIX
(12개월) 변동을 선택하였음으로 알 수 있고
적용금리는 $(2.96+2.66-x)\%$이다.

• 기준금리가 COFIX(12개월) 변동인 경우 1년을 주
기로 금리가 변하므로 대출기간 중 금리는 변동한
적이 없으며 월평균 이자가 144만 원이므로 총 이
자는 $144 \times 12 = 1,728$(만 원)이다. 최종금리는
$17,280,000 \div 400,000,000 \times 100 = 4.32(\%)$이다.
따라서 우대금리는 $(2.96+2.66-x)=4.32$, $x=$
$1.30(\%p)$이다.

59

| 정답 | ④

조건에 부합하지 않는 제품을 하나씩 소거한다.

| 오답풀이 |

① A는 CPU가 3세대이므로 적합하지 않다.

② B는 파워가 500W이므로 적합하지 않다.

③ C는 용량이 1TB이므로 적합하지 않다.

⑤ E는 대당 금액이 200만 원으로 적합하지 않다.

60

| 정답 | ②

각 항목별로 점수를 더하면 총점 82점이다. 따라서
[조건]의 81~90점 A등급 기준에 부합함으로 H사의
사업장은 A등급이다.

61

| 정답 | ⑤

E열에는 총점이 들어가야 하므로 C와 D열의 점수를
총합을 구하는 함수인 SUM을 사용해야 한다. F열
에는 E열의 점수를 순위별로 랭킹을 정해야 하므로
RANK 함수를 사용하되, E의 순위가 3.5인 점을 고
려하여 RANK.AVG 함수를 사용해야 한다. 그리
고 [E4:E11]을 절대경로로 지정하기 위해 $기호를
사용하여 작성하면 X는 '=SUM(C4,D4)'이고, Y는
'=RANK.AVG(E4,$E$4:$E$11,0)'이다.

62

| 정답 | ③

IFS는 여러 조건에 따라 결괏값이 분기되도록 하는
함수이다. 결제금액의 값에 따라 배달료가 결정되므
로 결제금액과 배달료의 상관관계를 보고 수식이 옳
은지 확인하면 정답을 구할 수 있다. IFS 함수식은
=IFS(조건 1, 조건 1이 참인 경우의 값, 조건2, 조
건2가 참인 경우의 값, 조건3, 조건3이 참인 경우의
값, 이외의 경우, 이외의 경우가 참인 경우의 값)이므
로, =IFS(C4<10000, "4,000원", C4<15000,
"2,500원", C4<25000, "1,200원", TRUE, "무료배
달")로 세울 수 있다.

63

| 정답 | ②

디스크 정리는 불필요한 파일을 삭제하여 디스크 공
간을 확보하는 기능으로, 폰트 파일이나 이미지 파일
을 삭제할 수는 없다.

| 상세 해설 |

디스크 정리로 삭제할 수 있는 파일에는 Windows 업데이트 정
리, Microsoft Defender 바이러스 백신, Windows 업그레이드
로그 파일, 다운로드한 프로그램 파일, 임시 인터넷 파일, Win-
dows 오류보고서 및 피드백 진단, DirectX 셰이더 캐시, 전송 최
적화 파일, 장치 드라이버 패키지, 언어 리소스 파일, 휴지통, 임
시파일, 미리 보기 사진 등이 있다.

64

- AND(인수1, 인수2): 인수1과 인수2가 모두 True인 경우 True를 반환한다.
- OR(인수1, 인수2): 인수1과 인수2 중 하나 이상 True인 경우 True를 반환한다.
- NOT(인수): 인수가 True이면 False를, False이면 True를 반환한다.

따라서 $=IF(NOT(A1>B1), A1-B1, B1-A1)$에서 A1은 B1보다 크므로 True가 되고, NOT에 의해 조건은 False가 되어 B1$-$A1을 계산한다.

| 오답풀이 |
① A1과 B1은 같지 않으므로 조건은 True가 되어 A1$-$B1을 계산한다.
② A1 < 0은 False이고, NOT에 의해 조건은 True가 되어 A1$-$B1을 계산한다.
③ A1 ≥ 0은 True이므로 조건은 True가 되어 A1$-$B1을 계산한다.
⑤ A1 < =0과 B1=0은 모두 False이며, NOT에 의해 조건은 True가 되어 A1$-$B1을 계산한다.

65

본체의 파워 스위치가 OFF로 되어있어 전기가 공급되지 않았을 경우에는, 전원 버튼을 눌렀을 때 비프음 또한 들리지 않는 무반응 상태였을 것이다. 예시의 상황은 비프음이 들리는 경우이므로, 파워 전원은 공급되나 이외의 기기에 문제가 생긴 것이다. 따라서 주변 부품을 점검해 문제를 해결해야 한다.

66

ROUND(A, 0)함수는 A라는 숫자를 소수점 첫 번째 자리에서 반올림을 하는 것이고, IF(condition, A,B)의 경우 condition에 맞으면 A라고 표시, 아니면 B라고 표시한다. 이에 따라 반올림된 평균 점수가 90점 이상인 학생의 수를 구하면 3명이다.

67

주어진 그림은 2의 제곱수를 계속 더해나가는 순서도이다. 지수인 n을 1씩 증가시켜 20이 되기 전까지 최종 값인 y에 2^{n+1}을 더해 $1+2+2^2+2^3+2^4+\cdots$ 의 순서로 합을 저장해나가며 출력한다.

68

하이브리드 앱은 모바일 웹에서는 지원되지 않는 푸시 알림 기능을 지원한다. 하지만 인터넷이 연결되지 않아도 이용이 가능한 것은 프로그레시브 웹 앱의 특징이다. 하이브리드 앱은 앱 마켓(스토어)에서 다운로드하여 설치한 후 사용하는 반면, 프로그레시브 웹 앱은 브라우저에서 바로 사용할 수 있다.

69

온 디맨드 컴퓨팅은 수요자가 원하는 물품이나 서비스를 바로 공급하는 비즈니스 모델이다. 온 디맨드가 본격적인 경영전략 용어로 쓰이기 시작한 사례는 2002년 IBM이다. 새뮤얼 팔미사노(Samuel J. Palmisano) 당시 IBM 경영자는 소프트웨어나 하드웨어를 공급하던 기존의 컴퓨터 사업에서 벗어나, 컴퓨터 사용자의 수요나 주문에 맞추어 바로 대응할 수 있는 온 디맨드 컴퓨팅(On-demand computing)을 차세대 사업 전략으로 발표한 바 있다.

70

파일의 확장자를 표시하기 위한 방법으로는 ㉠ [메뉴]-[보기]에 들어가서 [폴더 및 검색 옵션 변경]에 들어가서 [보기] 탭에서 '알려진 파일 형식의 파일 확장명 숨기기'를 해제하거나, ㉡ [메뉴]-[보기]에 들어가서 [표시/숨기기] 그룹에서 파일 확장명을 해제하면 된다.

| 오답풀이 |
㉢ 'Shift+Delete'는 파일의 영구 삭제기능을 의미한다.

직무상식평가

P.256~272

01	③	02	⑤	03	①	04	⑤	05	③
06	⑤	07	②	08	⑤	09	①	10	④
11	④	12	②	13	⑤	14	⑤	15	④
16	①	17	①	18	③	19	②	20	⑤
21	①	22	④	23	②	24	④	25	⑤
26	②	27	⑤	28	③	29	③	30	④

01
| 정답 | ③

데이터 마이닝(Data mining)이란 방대한 양의 데이터에서 유용한 정보를 추출하는 기술이다. 신뢰도가 높은 자료를 토대로 정확한 예측을 할 수 있기에 의미 있는 자료의 확보가 필수적인 전제이다. 군집 분석, 인공 신경망, 사례 기반 추론, 연관 규칙 분석 등이 주된 분석 방법론이다.

| 오답풀이 |

① 군집 분석: 대상 간의 이질성과 동질성을 판단하여 집단을 구분하고 데이터의 구조적 특성을 파악하는 방법이다.
② 인공 신경망: 가중치를 반복적으로 조정하는 학습을 통하여 대상 간의 관계를 찾아 결과를 추론하는 방법이다.
④ 사례 기반 추론: 과거에 일어난 유사한 사례의 결과를 바탕으로, 새로운 사례의 결과를 예측하는 방법이다.
⑤ 연관 규칙 분석: 대상 항목 간의 조건과 결과의 연관성에 따라 빈번히 발생하는 규칙을 찾아내는 방법이다.

02
| 정답 | ⑤

공인인증서는 폐지되었지만 기존에 발급받은 인증서는 유효기간이 만료될 때까지 그대로 사용할 수 있다.

| 오답풀이 |

① 공동인증서 유효기간은 공인인증서와 동일하게 1년이며, 금융인증서의 유효기간은 3년이다.
② 공동인증서는 PC, 휴대폰 및 USB 등 저장 매체에만 저장할 수 있다. 반면 금융인증서는 PC, 휴대폰 및 USB 등 저장 매체에 보관하는 방식이 아니라 금융결제원의 클라우드 저장소에 보관된다.
③ 공동인증서는 은행, 보험, 증권 등 모든 금융업무 및 정부 민원업무를 볼 때에도 사용할 수 있다.
④ 공동인증서 비밀번호는 공인인증서와 동일하게 숫자, 영문, 특수문자를 포함하여 10자리 이상으로 등록해야 한다. 반면 금융인증서는 6자리 숫자로 가능하다.

03
| 정답 | ①

토큰증권(ST, Security Token)은 새로운 형태의 증권으로, 주식, 채권, 부동산, 미술품, 음원 등 자산의 지분을 작게 나누어 블록체인 기술로 발행한 것이다. 자본시장법상 증권은 지분 증권, 채무 증권, 파생결합 증권, 증권 예탁 증권, 수익 증권, 투자 계약 증권으로 총 6가지로 분류한다. 증권의 형식은 종이 형태와 전자 형태로 발행되고 있으나 여기에 '토큰 증권'이 추가될 예정이다. 다만 토큰 증권은 자본시장법상 6가지 중 투자 계약 증권과 비금전신탁상품에 한해 도입된다.

토큰증권은 분산원장 기술을 활용하기 때문에 위·변조가 어려우며, 발행한 증권을 중개인을 거치지 않고 예탁결제원에 전자 등록할 수 있어 수수료를 절감할 수 있다는 장점이 있다. 토큰 증권을 발행하는 것은 토큰 증권 발행(STO, Security Token Offering)이라고 한다.

04
| 정답 | ⑤

㉠은 NH오픈플랫폼이다. NH오픈플랫폼은 공통, 간편결제, 자산관리 등 총 113개의 금융 API와 P2P, 조각투자 등 74개의 맞춤형 API를 제공한다. NH오픈플랫폼은 전용회선이 아닌 인터넷(공중망)을 통해 금융서비스를 전개하고 있으며, 서버기반 보안인증(OTA, One Time Authorization)을 통해 금융거래를 보호한다. 핀테크기업이 API 거래를 요청하면 NH오픈플랫폼은 1회용 인증 토큰을 발급하고 정당성을 확인하는 보안인증 절차를 통해 거래의 신뢰성을 확보한다. 따라서 별도의 보안인증이 없다는 설명은 옳지 않다.

05
| 정답 | ③

COUNT 함수와 COUNTA 함수는 지정된 데이터 범위에 입력된 데이터의 개수를 구할 때 사용하는 대표적인 함수이다. COUNT 함수는 숫자 데이터의 셀 개수를 구할 때 사용하며, COUNTA 함수는 숫자뿐만 아니라 문자와 오류 메시지까지 모두 포함된 셀 개수를 구할 때 사용한다. 따라서 주어진 표의 [E3] 셀에는 거래 건수를 거래처의 개수로 나타낼 수 있으므로 A부터 K까지의 문자 개수를 세는 COUNTA 함수를, [F3] 셀에는 숫자 데이터의 개수만 셀 수 있는 COUNT 함수를 입력해야 한다.

⑤ COUNTIF 함수는 조건에 맞는 셀의 개수를 세는 함수이며, 범위와 조건을 함께 입력해야 한다.

06 | 정답 | ⑤

판매순위는 RANK 함수로 표현할 수 있다. '=RANK(값,범위)'를 입력해야 하므로 [G2] 셀에는 김사랑 사원의 판매량인 [F2] 셀이 '값'에 해당하며, 5명의 판매량인 F2:F6가 범위가 된다. 아래로 드래그를 해야 할 것이므로 절대참조 표시 '$'를 붙여야 한다.

'기타' 열은 IF 함수를 활용하여 '우수'와 '미흡'으로 구분할 수 있다. 조건은 '60점 이상이거나 미만'이므로 'F2>=60'이 들어가야 하며, 조건에 해당될 때의 결괏값을 먼저 쓰고, 조건에 해당되지 않을 때의 결괏값을 나중에 쓴다. 따라서 F2>=60,"우수","미흡"의 순으로 입력해야 한다.

07 | 정답 | ②

㉠ XSS: XSS(크로스 사이트 스크립팅, Cross Site Scripting)는 게시판, 웹 메일 등에 삽입된 악의적인 스크립트에 의해 페이지가 깨지거나 다른 사용자의 사용을 방해하고 쿠키 및 기타 개인정보를 특정 사이트로 전송시키는 공격 기법으로, 공격자에 의해 작성된 스크립트가 다른 사용자에게 전달되는 것이다.

㉡ SQL Injection: SQL Injection은 웹 클라이언트의 반환 메시지를 이용하여 불법 인증 및 정보를 유출하는 공격 기법으로, 웹 응용 프로그램에 강제로 구조화 조회 언어(SQL) 구문을 삽입하여 내부 데이터베이스(DB) 서버의 데이터를 유출 및 변조하고 관리자 인증을 우회할 수도 있다. 특히 웹 애플리케이션 사용자 입력 값에 필터링이 제대로 적용돼 있지 않을 때 발생한다.

㉢ CSRF: CSRF(Cross Site Request Forgery)는 특정 사용자를 대상으로 하지 않고, 불특정 다수를 대상으로 로그인된 사용자가 자신의 의지와는 무관하게 공격자가 의도한 행위(수정, 삭제, 등록, 송금 등)를 하게 만드는 공격이다.

• DoS: DoS(서비스 거부 공격)는 관리자 권한 없이도 특정서버에 처리할 수 없을 정도로 대량의 접속 신호를 한꺼번에 보내 해당 서버가 마비되도록 하는 해킹 기법으로, 주 공격 대상은 시각

적인 서비스를 하는 웹서버나 라우터, 네트워크 같은 기반시설이다. DoS는 한 사용자가 시스템의 리소스를 독점하거나 파괴함으로써 다른 사용자들이 이 시스템의 서비스를 올바르게 사용할 수 없도록 만드는데, 컴퓨터에 침투 흔적을 남기지 않으며 주로 시위의 목적으로 이용된다.

08 | 정답 | ③

'Shift+F4' 단축키는 다음 빈셀로 이동할 때 사용한다. Shift 관련 단축키는 다음과 같이 정리할 수 있다.

Shift + F2	메모 삽입
Shift + F3	함수 마법사 실행
Shift + F4	다음 빈셀로 이동
Shift + F5	찾기
Shift + F7	동의어 사전
Shift + F10	바로가기 메뉴
Shift + F11	새 시트 삽입
Shift + F12	저장

09 | 정답 | ①

Visual Basic Editor를 실행하여 매크로를 수정하려면 'Alt+F11' 키를 눌러야 한다.

10 | 정답 | ④

특정 상품의 수입 급증이 수입국의 경제 또는 국내 산업에 심각한 타격을 줄 우려가 있는 경우 세이프가드가 발동하여 시장을 안정화시킨다.

① 선샤인액트: 제약사와 의료기기 제조업체가 의료인에게 경제적 이익을 제공할 경우 해당 내역에 대한 지출보고서 작성을 의무화한 제도
② 리쇼어링: 해외로 진출했던 기업들이 본국으로 회귀하는 현상
③ 테이퍼링: 양적완화 정책의 규모를 점차 축소해가는 출구전략
⑤ 매니페스토: 선거와 관련하여 유권자에게 확고한 정치적 의도와 견해를 밝히는 것으로, 연설이나 문서의 형태로 구체적인 공약을 제시한다.

11 | 정답 | ④

Active X는 보안 및 해킹에 취약하다는 단점을 가지고 있다. 어디에 접속하든 Active X를 이용해 프로그램을 설치하게 되면서 사용자들은 각종 다운로드를 습관적으로 하고, 무심코 내려 받은 프로그램이 해

커의 공격 루트가 된 것이다. 또 사용자의 PC에 특정 기능을 설치하면서 PC의 보안을 일시적으로 해제하는 기능도 있어 보안 취약성이 크다. 학계에서는 Active X가 악성코드 감염의 주된 경로로 활용된다고 본다. 따라서 Active X는 점차 사라지는 추세에 있다.

12 | 정답 | ②

2007년 12월 21일 공포되고 2008년 12월 22일 시행된 개정 특정금융거래보고법은 금융기관으로 하여금 스스로 고객 및 거래유형에 따른 자금세탁 또는 공중협박자금조달의 위험도를 평가하고, 위험도에 따라 고위험 고객 또는 거래에 대해서는 강화된 고객확인을 수행토록 의무화하였다. 즉, 자금세탁행위를 할 우려가 있는 고객을 가려내기 위해 위험도 평가 시스템을 도입하도록 한 것이다. 이러한 시스템을 도입함으로써 '자금세탁의 우려가 있는 경우 실제 당사자 여부 및 금융거래 목적의 확인'이 실질적으로 실행이 가능하게 되었고, 고위험 고객 또는 고위험 거래에 대하여는 일반 고객보다 강화된 고객확인 절차와 방법으로 고객확인을 함으로써 위험기반 접근법(Risk－based Approach)에 기초하여 보다 효율적으로 자금세탁의심거래를 가려낼 수 있게 된 것이다. 이를 고객확인제도(EDD)로 명명하게 되었다.

13 | 정답 | ⑤

㉠ 톱밥, 왕겨 등을 태울 때 산불에 주의해야 하므로 연소법의 단점이다.

㉡ 살수법은 다음날 아침에 서리가 예상되면 땅에 물을 충분히 주어 땅 속의 열을 끌어올려 지면의 냉각을 완화함으로써 온도를 올리는 방법이다. 따라서 이때 지면이 피복되어 있으면 지열이 차단되어 서리의 피해가 더 커질 수 있으므로 피복물을 제거해야 한다.

㉢ 송풍법은 방상팬이 돌아가는 온도를 발아 직전에는 2℃ 전후, 개화 이후에는 3℃ 정도에서 설정하고 가동 정지온도는 일출 이후 온도의 급격한 변화를 방지하기 위해 설정온도보다 2℃ 높게 해주어야 한다.

㉣ 연소법은 서리 피해 예방에 상당한 효과가 있으나, 준비하는 데 시간과 노력이 많이 소요되며 오랫동안 과수원에 냄새가 남아있고 화재의 염려도 있다.

14 | 정답 | ⑤

주식회사는 상법에 의한 신고에 따라 설립할 수 있다. 영리성을 띠는 일반적인 협동조합은 협동조합기본법에 따라 신고를 통해 설립되며, 비영리적 성격을 띠는 사회적 협동조합의 경우 인가를 통해 설립된다.

이외에도 주식회사의 경우 주주총회의 결정에 따라 자율적으로 배당하지만, 협동조합의 경우 출자금의 10% 이하로 배당을 제한하는 차이점이 있다.

15 | 정답 | ④

우선 출자는 협동조합에 소속된 조합원이 아닌 자를 대상으로 출자를 유도하고 잉여금 배당에 우선적 지위를 부여하는 방식이다. 우선 출자를 한 투자자는 조합원과 달리 의결권과 선거권 등에 대한 권한이 없다.

| 오답풀이 |

① 목적 출자: 새로운 투자 등에 필요한 자본을 확보하고자 할 때 조합원을 중심으로 납부를 유도하는 방식이다.

② 순환 출자: 3개 이상의 계열사가 서로 자본금을 출자하여 지배력을 높이는 방식이다.

③ 외부 출자: 조합원에 의한 출자의 한계를 극복하기 위해 대규모 투자를 유치하는 방식이다.

⑤ 조합원의 직접 출자: 조합원의 요구 실현을 위해 각자 출자금을 각출하는 방식이다.

16 | 정답 | ①

현재 상황은 예상보다 높은 인플레이션이 발생하였다. 피셔방정식에 따르면 예상보다 높은 인플레이션이 발생하면, 사후적으로 실질 이자율은 예상보다 낮은 수준으로 상승하게 되고 그 결과 채권자(㉠)는 불리해지고 채무자(㉢, ㉣)는 유리해지며, 고정급소득자(㉡)는 더 불리해진다.

17 | 정답 | ①

교역조건이란 상품의 국제적 교환비율로 수출품 1단위와 교환되는 수입품의 수량이다. 환율이 상승하면 수입품의 가격은 상승하고, 수출품의 가격은 하락하게 되므로 수출 경쟁력은 개선되지만 교역조건은 악화된다. 따라서 교역조건이 개선된다는 것은 환율이 하락할 경우에 발생하는 현상이다.

| 오답풀이 |

②, ⑤ 환율이 상승하면 해외 현지 조달 비용으로 환전하기 위해

더 많은 자국 통화가 필요하다.

③ 환율이 상승하면 외화로 환전하여 상환하는 부채의 비용이 증가한다.

④ 환율이 상승하면 수출품의 가격이 하락하여 수출이 증가한다.

18 　　　　　　　　　　| 정답 | ③

㉠ J－곡선효과란 경상수지 적자 시 경상수지의 개선을 위하여 환율인상(평가절하)을 단행했을 때 일정 기간 경상수지가 개선되지 못하고, 오히려 악화되다가 상당한 기간이 경과하여야 비로소 경상수지가 개선되는 효과를 말한다.

㉣ J－곡선효과가 발생하는 이유는 환율인상에 따른 수출입상품의 가격변동과 수출입물량의 변동 간에 시차가 존재하기 때문이다. 환율이 인상되면 수출상품가격(달러표시)의 하락과 수입상품가격(원화표시)의 상승은 즉시 나타나지만, 수출물량의 증가와 수입물량의 감소는 시간을 두고 서서히 나타나기 때문에 환율인상이 단기에는 경상수지적자를 확대시키는 것이다.

19 　　　　　　　　　　| 정답 | ②

긴축적인 금융정책으로 LM곡선이 좌측으로 이동하는 상황이다. LM곡선의 좌측이 이동으로 AD곡선도 좌측으로 이동하게 된다. AS곡선의 자동균형조정과정으로 AD곡선을 따라 우측으로 이동하면서 새로운 장기균형에서는 국민소득은 동일하고, 물가는 하락한다.

| 오답풀이 |

① 미국의 이자율이 높아짐에 따라 미국에 투자하고자 하는 수요가 상승하여 달러가 상대적으로 자국 화폐에 비해 강해질 것이다.

③ 한국의 경우 강달러로 인해 자본유출이 발생하였기 때문에 국제수지 균형을 위해서는 경상수지가 개선되어야 한다. 따라서 높아진 환율로 인해 수입이 감소하여 경상수지가 개선되어야 한다.

④ 자본유출을 막기 위해 미국과 동일하게 또는 더 높아질 정도로 긴축적인 금융정책을 할 수 있다. 그러나 이 경우 LM곡선이 좌측으로 이동하기 때문에 균형소득은 감소한다.

⑤ 미국인의 입장에서는 자국 화폐가 절상하였기 때문에 환율은 하락한다. 따라서 상대적으로 싼 가격에 원화로 된 국채를 매입할 수 있으므로 이득이다.

20 　　　　　　　　　　| 정답 | ⑤

코즈의 정리(Coase's theorem)에 따르면 외부성의 원인은 소유권의 미확립 때문이므로 소유권의 부여문제만 해결해준다면 외부성은 사라질 수 있다고 봤다.

| 오답풀이 |

① 부정적 외부성은 사회적 한계비용(SMC)과 사회적 한계편익(SMB)이 만나는 지점이 사회적 최적이다.

② 생산의 부정적 외부성이 존재하는 경우 사회적 최적생산량은 시장균형생산량보다 적다.

③ 소비의 긍정적 외부성이 존재하는 경우 사회적 최적소비량은 시장균형소비량보다 많다.

④ 공유지의 비극은 소비의 부정적 외부성의 문제이다.

21 　　　　　　　　　　| 정답 | ①

㉠ 자국 통화가치를 평가절하하였다는 뜻은 자국 통화가치를 하락(＝환율이 상승)시켰다는 의미이다. 이때 J곡선 효과에 따르면 환율이 상승한 직후에는 경상수지가 악화되었다가, 수출수요와 수입수요가 차츰 조정되면서 경상수지가 흑자로 돌아선다. 즉, 평가절하 직후에는 경상수지가 악화된다.

㉡ 마샬－러너 조건은 수출수요탄력성＋수입수요탄력성＞1을 의미한다. 이를 만족하면 환율 상승 시 경상수지가 개선된다.

| 오답풀이 |

㉢ 수입수요탄력성이 1보다 크면 마샬－러너 조건을 반드시 만족하게 된다. 따라서 경상수지가 개선된다.

㉣ 환율이 상승했을 때 외국기업들이 물가를 낮추어 대응하는 환율의 가격전가 효과가 나타날 경우, 경상수지 개선 효과가 약화된다.

22 　　　　　　　　　　| 정답 | ④

미래의 기대 원/달러 환율(F)이 상승하면 해외 투자의 기대수익률을 상승시켜 양국 간 투자의 기대수익률이 같아지기 위해서는 현재의 환율(S)이 상승하여야 한다. 즉, 원화는 평가 절하되어야 한다.

| 상세해설 |

이자율평형조건에 따르면 국가 간 자본이동이 자유롭고 외환시장이 균형 상태에 있다면 양국 간 투자의 기대수익률이 일치해야 하므로 $(1+i)=(1+i_f)\frac{F}{S}$의 관계식이 성립한다.

이 때 미래의 기대 원/달러 환율(F)이 상승하면 해외 투자의 기대수익률을 상승시켜 양국 간 투자의 기대수익률이 같아지기 위해서는 현재의 환율(S)이 상승하여야 한다. 즉, 원화는 평가 절하되어야 한다.

② 다른 조건이 일정하다는 의미는 선택지에서 판별해야 하는 변수 이외에 일정하다는 것이다. 따라서 달러 예금 금리(i_f)의 상승은 해외투자의 기대수익률을 높이므로 양국 간 투자의 기대수익률이 같아지기 위해서는 현재의 환율(S)이 상승하여야 한다. 즉, 원화는 평가 절하되어야 한다.

③ 원화 예금 금리(i)의 상승은 자국투자의 기대수익률을 높이므로 양국 간 투자의 기대수익률이 같아지기 위해서는 현재의 환율(S)이 하락하여야 한다. 즉, 원화는 평가 절상되어야 한다.

23 | 정답 | ②

초기 상환금액이 적고 원금 비율이 낮은 것은 체증식 분할 방식이다. 상환회차별 상환금액이 증가하므로 향후 소득이 증가할 것으로 예상되는 차입자에게 적절한 방식이다. 원금균등분할 방식은 초기에 납입금이 많아 상환 부담이 있으나, 회차가 지날수록 이자가 감소해 상환금액이 줄어든다.

24 | 정답 | ④

경영개선명령은 순자본비율이 0% 미만인 경우에 받게 된다. 경영개선요구는 순자본비율이 50% 미만인 경우에 받게 된다.

25 | 정답 | ⑤

총자산이익률(ROA, Return On Assets)은 당기순이익을 총자산으로 나누어 계산한 백분율 값이며, 총자산 대비 이익을 얼마나 창출했는지를 알 수 있는 기업의 생산성을 나타내는 지표이다.
ROA＝(당기순이익÷총자산)×100＝{(당기순이익÷매출액)×(매출액÷총자산)}×100＝(매출액순이익률)×(총자산회전율)로 구할 수도 있다.

① 주가수익비율(PER, Price Earnings Ratio)은 주가를 주당순이익(EPS)으로 나눈 값으로 구한다. 주당순이익(EPS)는 당기순이익을 유통 주식 수로 나눈 값이다. 따라서 주가수익비율은 시가총액(＝유통주식 수×주가)을 당기순이익으로 나눠서 구할 수도 있다.

② 자기자본이익률(ROE, Return On Equity)은 당기순이익을 평균자기자본으로 나누어 계산한 백분율 값이다.

③ 이자보상비율은 영업이익을 이자비용으로 나누어 계산한 백분율 값이다. 기업의 이자부담능력을 판단할 수 있는 안정성에 대한 지표이다.

④ 당좌비율은 당좌자산을 유동부채로 나누어 계산한 백분율 값이다. 당좌자산은 현금, 매출채권 등 환금성이 높은 자산으로 유동자산 중 재고자산을 제외한 자산이며 유동부채는 단기차입금 등 1년 안에 상환해야 하는 부채를 의미한다.

26 | 정답 | ②

분할 후의 액면주식 1주의 금액은 100원 이상으로 가능하다.

27 | 정답 | ⑤

주어진 방식은 오름차순 삽입정렬(Insertion Sort)인 것을 그림을 통해 파악할 수 있다. 삽입정렬의 특징으로는 안정적인 정렬 방식, 리스트가 이미 정렬된 경우에 높은 효율을 가져 최선의 시간복잡도인 $O(n)$, 입력 자료가 역순인 경우 최악의 시간복잡도인 $O(n^2)$을 가진다는 점, 리스트 내부에서 위치를 변경하므로 in－place 정렬이라는 점 등이 있다.

28 | 정답 | ③

HRN은 Highest Response Ratio Next 방식으로, 응답시간 우선순위를 계산하여 먼저 처리하는 비선점 스케줄링 방식이다. 이때 우선순위 계산식은 (대기시간＋실행시간)/실행시간으로 계산되는데, P1은 (1＋2)÷2＝1.5, P2는 (5＋1)÷1＝6, P3는 (10＋6)÷8＝2이다. 따라서 우선순위는 P2＞P3＞P1이다. 또한, HRN은 우선순위에 따라 먼저 점유중인 프로세스가 변경될 수 있으므로 비선점 스케줄링 방식이다.

29 | 정답 | ③

ⓒ [D4] 셀은 조건식에 맞는 참인 경우이므로 거짓일 경우의 변환값을 지정하지 않아도 원하는 '초과'의 변환값을 얻을 수 있다.

ⓔ [D6] 셀과 [D7] 셀에는 각각 '＝IF(C6＞B6,"초과","")'와 '＝IF(C7＞B7,"초과","")'와 같이 조건에 맞지 않을 때(거짓일 때)의 변환값을 입력할 수 있다.

ⓐ [D3] 셀에 '＝IF(C3＞B3,"초과")'를 입력하여 [D7] 셀까지 드래그하면, 조건에 맞지 않는 [D3], [D5], [D7] 셀의 변환값을 지정하지 않아 [D3], [D5], [D7] 셀에 'FALSE'가 표시된다.

ⓑ IF 함수의 '중첩'을 의미하는 것으로, 참(초과)과 거짓(미초과)일 경우의 값을 한 번에 나타낼 수 있다. [D3] 셀에 '＝IF－

(C3>B3,"초과","미초과")'와 같이 입력하면 '초과'가 아닌 셀의 변환값은 미초과로 채워진다.

30
| 정답 | ④

㉠ nslookup: 도메인 네임 시스템(DNS)에 질의할 때 사용된다.
㉡ ping: 다른 호스트에 IP데이터그램 도달 여부를 조사하기 위한 프로그램이다.
㉢ tracert: 지정된 호스트에 도달할 때까지 통과하는 경로의 정보와 각 경로에서의 지연 시간을 추적하는 명령이다.
㉣ netstat: 네트워크의 연결과 포트를 출력한다.

직무능력평가
P.273~303

31	①	32	③	33	③	34	⑤	35	④
36	①	37	③	38	④	39	⑤	40	①
41	③	42	③	43	⑤	44	②	45	②
46	②	47	①	48	⑤	49	⑤	50	②
51	④	52	③	53	④	54	②	55	④
56	③	57	⑤	58	①	59	④	60	②
61	⑤	62	③	63	②	64	⑤	65	④
66	④	67	①	68	④	69	②	70	⑤

31
| 정답 | ①

제시문에서 활물질들은 코발트(Co) 함량이 적어 기존에 사용되었던 LCO 대비 가격 경쟁력이 우수하고, 표면적이 넓은 특징으로 인해 뛰어난 출력밀도를 보인다고 언급하고 있으므로 활물질의 표면적이 넓을수록 출력밀도도 높다.

| 오답풀이 |
② LCO는 NCM, NCA보다 가격경쟁력이 낮다.
③ 리튬 이온은 분리막을 통해 전극 사이로 이동한다.
④ 전기차의 경우 온도민감성을 개선한 고용량 전지를 사용해야 한다.
⑤ 실리콘을 첨가한 흑연 음극보다 실리콘 단독 음극이 더 많은 용량의 리튬이온을 저장할 수 있다는 내용은 지문을 통해서 알 수 없다.

32
| 정답 | ③

농협은행 NH 채움(개인·신용·체크)카드 이용실적(현금 서비스 제외) 월평균 20만 원 이상 0.2%p 우대 금리 적용이 된다고 언급했으므로 적절하다.

| 오답풀이 |
① 해당 계좌는 연령 조건, 소득 조건을 모두 충족한 사람에 한해 개설이 가능하기 때문에 중복으로 개설할 수 없다.
② 가입 당시 3년은 고정금리, 이후 2년은 변동금리이다. 변동금리가 적용된다고 해서 무조건 높은 이자를 받을 수 있는 건 아니므로 적절하지 않다.
④ 개인소득 수준과 납입한 금액에 비례해 소득 구간별 정부 기여금 지원받으므로 개인 총급여 수준이 높을수록 지급 한도가 낮아진다.
⑤ 납입을 중지하더라도 5년 동안 계좌는 유지된다. 하지만 중도 납입이 끊긴 상태에서 개인 총급여에 비례한 정부 기여금, 이자 소득을 받을 수 있는지는 제시문만으로는 알 수 없다.

33

| 정답 | ③

학교폭력 실태조사 내용을 근거로 청소년 학교폭력 문제와 정신건강에 대한 문제 제기를 하며 학교폭력의 변화 양상과 폭력 범위 확대 우려로 사회적 구성원 모두가 청소년 학교 폭력에 관심을 기울이고 해결하도록 노력해야 한다는 내용이다. (다) 학교폭력 실태조사 결과를 근거로 학교 폭력에 실정을 서론을 제시, (가) 청소년 학교폭력과 정신건강에 대한 사회적 문제 제기, (라) 과거와 현재의 학교폭력 변화 양상과 사회적으로 폭력 범위 확대 우려, (나) 사회구성원 모두가 학교 폭력에 대한 관심을 가지고 예방할 수 있도록 노력을 기울여야 한다는 내용 순서가 자연스러운 문단 순서가 된다.

34

| 정답 | ⑤

1문단에 따르면 CMA는 은행의 보통예금처럼 수시 입출금이 가능하다.

| 오답풀이 |

① 2문단에서 MMF형은 실적에 따라 변동금리로 배당된다고 하였다.
② 4문단에서 대부분의 CMA 통장은 주식을 사고팔 수 있는 기능이 없어 투자대기자금을 넣어두는 목적으로 사용할 수 있다고 하였다.
③ 2문단에 따르면 종합금융사에서 운용하는 종금형 CMA 상품은 원금 손실이 발생할 수 있는 실적배당형 상품이다.
④ 2문단에서 RP형이 아닌 MMW에 해당하는 내용임을 확인할 수 있다.

35

| 정답 | ④

ⓛ 종금형만 예금자보호 대상에 해당하므로 적절하다.
ⓒ MMW형은 일복리로 계산되어 예치 기간이 길수록 유리하다고 하였으므로 적절하다.
A상품은 한국증권금융 등 우량금융기관에 투자하는 실적배당형 상품인 'MMW형 상품'에 해당하며, B상품은 국공채, 은행채와 같은 우량 채권에 투자하고 약정수익률을 제시하고 있으므로 확정형 금리 상품인 'RP형 상품'에 해당한다.

| 오답풀이 |

ⓖ 세 번째 문단에서 시중의 CMA통장 대부분은 RP형이라고 하였으므로 적절하지 않다.

36

| 정답 | ①

게임 이론에 따르면, 주식 시장은 주식 시장에 적용되는 규칙을 지키면서 다른 시장 참여자들의 의도를 읽고 전략을 세워 대응하는 공간이다. 따라서 지금처럼 누가 먼저 주식을 팔아서 이익을 현실화할 것이냐는 문제에 부딪친다면, 게임 이론이 적용될 수도 있다. 예를 들어 주가가 연일 상승하고 있을 때 주식 시장의 투자자들은 누가 먼저랄 것도 없이 너도나도 주식을 팔아버릴 공산이 크다. 자신도 주식을 팔지 않고 다른 사람도 역시 주식을 팔지 않고 버틴다면 주가는 계속 상승할 것이다. 그러나 자신은 주식을 팔지 않고 있는데 다른 사람이 먼저 주식을 팔기 시작한다면, 자신만 손해를 보게 된다. 이처럼 투자자들은 증권 시장에서 전략을 세워 경쟁하고 있는 것이며, 이와 같은 내용이 전제되어야 한다.

37

| 정답 | ③

빈칸에 뒤이어 인플레이션의 가속화에 대한 언급이 제시되며, 주어진 방정식 $MV = PT$에서 '재화(T)의 수량이 일정하다는 가정하에 통화량(M)과 통화 유통 속도(V)가 증가하면 가격(P)이 오르게 된다는 말이 앞에 위치한다. 따라서 인플레이션이 발생하게 되는 통화정책 측면에서의 원인을 부연 설명하는 선택지 ③의 내용이 가장 적절하다고 볼 수 있다.

| 오답풀이 |

① 저축률에 따른 통화 유통속도를 부연 설명하는 것은 자연스러운 문맥의 흐름으로 볼 수 없다.
② 인플레이션의 가속화를 뒷받침할 수 있는 내용으로 적절하지 않다.
④, ⑤ 전후 문맥과 연관성이 없다.

38

| 정답 | ④

첫 번째 문단에서 '금화본위제'는 금화가 유통되고 금화의 자유로운 주조와 금 수출입의 자유가 인정되는 가장 원시적인 형태라는 점에서 금화가 직접 유통되면서 생기는 문제점으로 추론할 수 있다.

| 오답풀이 |

① 금본위제 국가 사이에서는 제한된 자원(금)을 누가 더 많이 갖느냐가 중요했을 것이므로, 중앙은행들이 금의 확보보다 물가를 조절하는 데 초점을 맞추었을 것이라고 보기 어렵다.
② 브레턴우즈 체제는 미국만이 독점적으로 금 태환을 실시하는 것으로써, 미화 외 통화는 모두 USD와의 환전을 통해 간접적

③ 으로 금과 연결되었다.

③ 영국은 19세기 초에 세계 최초로 금본위제도를 채택하였지만, 제1차 세계대전의 종전 이후 1914년에 금본위제 포기를 선언하였다. 1971년 닉슨 대통령의 금 태환 정지 선언으로 막을 내리게 되었다.

⑤ 금본위제는 두 나라 간의 통화 간 가치 기반이 금으로 고정되어 있는 고정 환율 제도라는 점에서 안정적인 점도 있지만, 금의 채굴 속도나 금 확보량에 영향을 받았을 것이기 때문에 경제 변동에 신속하게 대처할 수 없었을 것으로 추론할 수 있다.

39
| 정답 | ⑤

제3조에서는 '수리비를 임차인이 임대인에게 지급하여야 할 보증금 또는 차임에서 공제'한다고 하였으므로 이는 수리비의 비용부담이 임대인에게 있음을 알 수 있다. 그러나 수리완료의 시기는 임차인의 입주일 전까지가 아니라, 잔금지급 기일까지이다.

| 오답풀이 |

① 제1조에서 규정된 보증금은 계약금, 중도금, 잔금으로 구성되며, 이는 쌍방의 합의에 의해 정해진 액수와 날짜에 따라 지불하는 것으로 볼 수 있다.

② 제2조에서 '임대인은 임차주택을 임대차 목적대로 사용·수익할 수 있는 상태로 임차인에게 인도'한다고 하였으므로 이는 임차인이 정상적인 사용 상태에 맞는 임차주택을 인도받을 권리가 있음을 의미한다.

③ 제4조 제1항에서는 임차인은 임대인의 동의 없이 임차주택의 구조변경 및 전대나 임차권 양도를 할 수 없다고 규정하고 있다.

④ 제4조 제3항에 따르면, 계약 기간 중 수리가 필요한 상황이 발생한 경우 반드시 임차주택의 소유주인 임차인이 부담하거나 사용자인 임대인이 부담하는 것이 아니라, 상호 합의에 의해 어느 일방이 부담할 수 있다.

40
| 정답 | ①

주어진 글에서는 '농촌의 40대 미만 인구는 감소했으나, 40대 이상(60대 제외) 인구는 증가하는 등 전체적으로는 고령화가 심화되어 노년부양비 및 노령화 지수가 빠르게 상승하고 있다.'라고 언급하고 있다. 따라서 농촌(읍·면)의 유소년인구와 생산연령인구가 최근 15년(2000~2015년) 동안 비중이 거의 비슷한 수준을 유지하고 있으며 65세 이상의 고령인구는 탈농 현상으로 급격한 감소세를 보인다는 것은 주어진 글의 주장을 뒷받침하는 자료라고 할 수 없다.

| 오답풀이 |

② 우리나라의 농촌 인구는 1970년 이후 지속적으로 감소하다가 귀농·귀촌 등 농촌 지역의 순 유입 인구 증가로 2015년에는 증가하였다고 하였으므로 부합하는 자료이다.

③ 주어진 글의 마지막 부분에서 읍 지역 인구수는 증가했으나, 면 지역의 인구수는 감소하였다고 언급되어 있으므로 부합하는 자료이다.

④ 농촌 인구 중 농가인구가 감소하고 있지만, 비농가인구는 증가하고 있다고 언급되어 있으므로 부합하는 자료이다.

⑤ 주어진 글의 서두에서는 우리나라의 농촌 인구는 1970년 이후 지속적으로 감소하다가 귀농·귀촌 등 농촌 지역의 순 유입 인구 증가로 2015년에는 증가하였다고 언급하고 있으므로 부합하는 자료이다.

41
| 정답 | ③

기차의 길이를 xm라 할 때, 이 기차가 길이가 800m인 터널을 완전히 통과하려면 $(800+x)$m를 달려야 하고, 길이가 1,400m인 터널을 완전히 통과하려면 $(1,400+x)$m를 달려야 한다. 이때 기차의 속력이 일정하므로

$$\frac{800+x}{20}=\frac{1,400+x}{30}$$

$\therefore\ x=400$

따라서 기차의 길이는 400m이다.

42
| 정답 | ③

• 첫 번째 자리가 y이면 두 번째 자리와 마지막 자리는 x이다.

$yx\square x\square x\square x\square x\square x$로 나타낼 때 3개의 y가 5개의 자리에 들어가면 되므로 $_5C_3=10$(개)이다.

• 첫 번째 자리가 x이면

$x\square x\square x\square x\square x\square x$로 나타낼 때 4개의 y가 6개의 자리에 들어가면 되므로 $_6C_4=15$(개)이다.

따라서 조건을 만족하는 문자열의 개수는 $10+15=25$(개)이다.

43
| 정답 | ⑤

8% 포도당 용액과 물의 양을 1:1의 비율로 섞었다고 했으므로 각각 xg이라 하면, 14% 포도당 용액의 양은 $(500-2x)$g이다. 10% 포도당 용액 500g에는 포도당이 $500\times0.1=50$(g) 있고, 8% 포도당 용액 xg에는 포도당이 $0.08x$g, 14% 포도당 용액 $(500-2x)$g에는 포도당이 $0.14(500-2x)$g 있다. 즉, $0.08x+0.14(500-2x)=50$이므로 이 식을 계산하면 $x=100$이 된다. 따라서 14% 포도당 용액은 $500-100-100=300$(g) 섞었다.

44

| 정답 | ②

남자 직원의 수를 x, 여자 직원의 수를 $(30-x)$라 하면

$$\frac{80x+85(10-x)}{10}=83$$

$\therefore x=4$

따라서 남자 직원의 수는 4명이다.

45

| 정답 | ②

나누는 수보다 나머지가 항상 2개씩 적게 남으므로 3, 4, 5, 6의 최소공배수보다 2 적은 수를 구한다. 3, 4, 5, 6의 최소공배수는 60이고, 초콜릿의 개수는 100개 이하여야 하므로 60개보다 2개 적은 58개이다. 따라서 7개씩 포장했다면 남는 초콜릿의 개수는 2개이다.

46

| 정답 | ②

원금균등분할상환이란 대출금액을 융자 기간으로 나눈 할부 상환금에 월별 잔고 이자를 합산하여 상환하는 방식이다. 해당 신용대출 상품은 거치기간 없이 5년 분할상환 하므로 매월 2,400만$\div(5\times12)=40$(만 원)씩 대출 원금을 상환해야 한다. 따라서 2년 시점의 잔액은 2,400만$-(40\times24)=1,440$(만 원)이므로 김씨의 중도상환해약금은 1,440만$\times0.1\times(3-2)\div3$ $=480,000$(원)이다.

47

| 정답 | ①

대구 보험 신청자 중 신청자 수가 많은 질병 및 증상을 순서대로 나열하면 '치매, 중풍, 치매+중풍, 당뇨병, 고혈압'이며, 이와 동일한 지역은 부산, 광주로 2곳이다.

| 오답풀이 |

② 서울 보험 신청자 중 증상이 치매인 신청자의 수는 고혈압인 신청자의 수의 48,431$\div$1,987$\fallingdotseq$24.4이므로 25배 미만이다.

③ 증상이 중풍인 보험 신청자 중 부산 신청자는 광주 신청자보다 6,795$-$2,464$=$4,331(명) 많으므로 4,300명 이상 많다.

④ 인천 보험 신청자와 서울 보험 신청자 수의 차이는 76,932$-$29,468$=$47,464(명)이므로 48천 명 미만이다.

⑤ 전체 보험 신청자 중 증상이 당뇨병인 신청자의 비중은 11,801$\div$551,786$\times$100$\fallingdotseq$2.1(%)이므로 5% 미만이다.

48

| 정답 | ⑤

주어진 표를 정리하여 아래의 그림과 같이 그릴 수 있다.

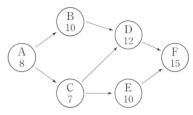

활동에서 가장 늦은 시작 시간과 가장 늦은 완료 시간을 얻기 위해서는 종료 활동으로부터 역순으로 구하는 것이 쉽다. 가장 늦은 완료 시간은 직후 활동의 가장 늦은 시작 시간과 같다.

이 프로젝트를 끝내기 위한 가장 늦은 시간은 45일이다. E 입장에서 직후 활동은 F이고, 따라서 F의 가장 늦은 시작 시간은 E의 가장 늦은 완료 시간이 된다. 따라서 45일에서 15일을 빼면 30일이고, 이것이 E의 가장 늦은 완료 시간이 된다.

| 오답풀이 |

①, ③ 여유 시간이 0인 활동을 연결한 경로가 주경로이므로 B가 포함된 경로가 주경로가 된다. 따라서 A → B → D → F가 주경로가 되고, 프로젝트의 최단 완료 시간이 45일이므로 D의 활동 시간은 12일이다.

② A → B로 걸리는 시간이 18일, A → C로 걸리는 시간이 15일이므로 여유 시간은 3일이 남는다.

④ 직후 활동이 여러 개 있으면 가장 늦은 완료 시간은 직후 활동들의 가장 늦은 시작 시간 중에서 가장 빠른 것과 같다. C 입장에서 직후 활동이 D와 E가 있으므로 D의 가장 늦은 시작 시간과 E의 가장 늦은 시작 시간 중 빠른 시간을 고르면 된다. D의 가장 늦은 시작 시간은 45$-$15$-$12$=$18(일)이고, E의 가장 늦은 시작 시간은 45$-$15$-$10$=$20(일)이다. 따라서 C의 가장 늦은 완료 시간은 18일이 된다.

49

| 정답 | ⑤

수요 예측치가 실제 수요보다 크려면 해당 제품 유형은 직선보다 아래에 있어야 한다. 실제 수요가 3,000개 이하인 제품 유형은 모두 직선 아래에 있기 때문에 각각 수요 예측치가 실제 수요보다 크다고 할 수 있다.

| 오답풀이 |

① 수요 예측 오차는 |수요 예측치$-$실제 수요|이므로, 직선에 가까울수록 수요 예측 오차가 작다. G는 다른 제품과 비교해 직선에서 멀리 떨어져 있으므로 옳지 않다.

② F는 E보다 실제 수요는 크지만, E가 직선에 더 가까우므로 수요 예측 오차는 F가 더 크다.

③ 수요 예측치가 가장 큰 제품 유형인 J는 G, H, I보다 실제 수요가 작다.

④ 실제 수요가 3,000개를 초과하는 제품은 E, F, G, H, I, J 총 6개이므로 전체 제품 유형 수의 50% 이상이다.

50 | 정답 | ②

차이가 작은 순서대로 나열하면 운수 및 창고업 (1,633만 건), 교육서비스업(3,655만 건), 정보통신업 (4,338만 건), 전문, 과학 및 기술서비스업(4,754만 건), 건설업(4,887만 건)이다. 따라서 전문, 과학 및 기술서비스업은 네 번째로 작다.

| 오답풀이 |

① 정보통신업의 전체 평균 대출 건수는 12,838만 건으로, 제조업 23,818만 건의 50%인 약 11,909만 건보다 많다.

③ 전체 평균 대출 대비 은행에서 대출한 비율과 가계대출 용도로 빌린 비율의 차이를 구하여 순서대로 나열하면, 제조업이 78-29=49(%p)로 가장 차이가 많이 나고 그다음으로 농업, 임업 및 어업이 63-28=35(%p)로 차이가 많이 난다.

④ 전체 평균 대출 대비 은행에서 대출한 비율이 가장 작은 것부터 순서대로 나열하면 농업, 임업 및 어업(약 28%), 건설업 (약 39%), 운수 및 창고업(약 49%)이다. 따라서 은행에서 대출한 비율이 40% 미만인 산업은 농업, 임업 및 어업, 건설업으로 총 2개이다.

⑤ 전체 평균 대출 대비 가계용도로 대출한 비율이 가장 큰 순서대로 나열하면, 운수 및 창고업(약 77%), 교육서비스업(약 67%), 전문, 과학 및 기술서비스업(약 64%)이다.

51 | 정답 | ④

[전제 1]을 만족하는 기본적인 벤다이어그램은 다음과 같다.

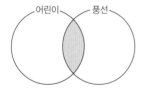

이때, '어린이'와 '과자 싫어' 사이에 공통영역이 존재한다는 결론을 반드시 만족하기 위해선 다음과 같이 '과자 싫어'가 '풍선'을 포함하면 된다.

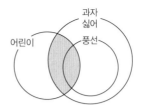

이와 같이 '과자 싫어'가 '풍선'을 포함하고 있으면 색칠된 부분이 반드시 존재하게 되므로, '어린이'와 '과자 싫어' 사이에 공통영역이 존재한다는 결론을 반드시 만족하게 된다. 그런데 선택지에는 '풍선 → 과자 싫어'에 해당하는 문장이 없으므로 대우 명제인 '과자를 싫어하지 않는 사람 → 풍선을 좋아하지 않는다'가 [전제 2]로 적절하다.

52 | 정답 | ④

각 전제가 되는 명제들을 삼단논법으로 연결할 수 있는지를 우선 살펴보도록 한다. 우선 네 번째 명제와 첫 번째 명제를 자연스럽게 연결하여, '지민이는 영어를 좋아하지 않는다.'는 새로운 명제를 도출할 수 있다. 그런데 결론에서는 지민이와 수학과의 관계를 나타내고 있으므로 도출된 새로운 명제와 함께 수학과의 연관성을 말해주는 명제가 필요하다. 이는 영어의 호불호와 수학의 호불호를 연결시켜 주는 명제가 필요함을 의미한다. 따라서 '영어를 좋아하지 않는 사람은 수학을 좋아한다.' 또는 이의 대우 명제인 '수학을 좋아하지 않는 사람은 영어를 좋아한다.'라는 명제가 필요하며, 이에 따라 지민이가 수학을 좋아한다는 결론을 도출할 수 있다.

53 | 정답 | ④

주어진 명제들을 살펴 보면 을 지역은 갑 지역을 포함하고 있으며, 병 지역은 갑 지역과 교집합 관계를 갖지 않으면서 을 지역과 교집합 관계를 갖는다는 것을 알 수 있다. 그러므로 이를 벤다이어그램으로 나타내면 다음과 같다.

따라서 주어진 명제를 통해 도출할 수 있는 결론은 '어떤 을 지역은 갑 지역이 아니다.'이다.

54
|정답| ②

A가 조장인 조에 B의 가족인 D가 배정되고 E 또는 F 한 사람이 포함된다. 따라서 A가 조장인 조에는 (A, D, E) 또는 (A, D, F)로 구성이 되므로 C, I, J 는 A가 조장인 조에 배정될 수 없다.

| 상세해설 |

A가 조장인 조에는 B의 가족이어서 B와 같은 조가 될 수 없는 D 가 배정되고, 사이가 안 좋은 E와 F 중 한 사람이 배정된다. C, I, J가 같은 조면서 A가 조장인 조에 배정될 경우 총 6명이 되므로 조 배정이 이루어지지 않는다. 따라서 C, I, J가 같은 조이기 위해 서는 (A, D, E, G, H) - (B, F, C, I, J) 또는 (A, D, F, G, H) - (B, E, C, I, J)로 조 배정이 이루어지게 된다.

| 오답풀이 |

① B와 G는 같은 조가 될 수도 있고 아닐 수도 있다.
③ G와 H가 A, D와 같은 조가 아닌 경우 I, J는 같은 조가 될 수 있다.
④ A와 G가 같은 조라면 A의 조에 속한 사람은 A, D, G, H가 되 므로 한 자리가 남는다. 이 자리에는 E 또는 F가 올 수 있다.
⑤ H와 J는 같은 조가 될 수도 있고 아닐 수도 있다.

55
|정답| ④

TF팀 참여 인원이 7명이므로 두 번째 조건에 따라 찬 성이 4명, 반대가 3명으로 나뉜다. 박 과장은 찬성하 였으므로, 나머지 6명은 찬성 3명, 반대 3명이다. 주 어진 조건을 통해 얻을 수 있는 힌트는 정 과장이 두 번 언급되었으며, 엄 과장은 언급되지 않았다는 것이 다. 정 과장은 최 대리와 다르지만 이 대리와 같은 의 견을 개진하였으므로 '최 대리/정 과장, 이 대리'의 구 분이 성립된다. 여기서 만일 같은 의견을 개진한 이 부 장과 노 부장이 정 과장과 같은 의견을 개진하였다면 박 과장이 포함되지 않은 4명이 되어 모순이 발생하게 된다. 그러므로 이를 반영하면 '이 부장, 노 부장, 최 대리/정 과장, 이 대리'의 구분이 성립하게 된다.
여기까지가 주어진 조건을 통해 알 수 있는 결과이며, 나머지 박 과장과 엄 과장의 가능한 구분은 다음과 같 이 두 가지 경우로 나눌 수 있다. 단, 박 과장이 속한 쪽이 찬성을 개진한 쪽으로, 1명이 더 많아야 한다.
 ⅰ) 박 과장, 이 부장, 노 부장, 최 대리/엄 과장, 정 과장, 이 대리
 ⅱ) 이 부장, 노 부장, 최 대리/정 과장, 이 대리, 박 과장, 엄 과장
따라서 엄 과장과 최 대리는 어느 경우에도 같은 조합 이 될 수 없다.

56
|정답| ③

두 번째 조건을 통해 3반 반장과 6반 반장은 가장 멀 리 떨어져 있으므로 대각선 끝자리에 각각 위치해야 한다. 이에 따라 두 반장의 자리는 E와 D 또는 A와 H이다. 또한 4반 반장은 5반 반장과 건너편에 위치 하고 있으며, 8반 반장은 B, C, F, G 중 한 자리에 앉는 것을 알 수 있다. 다섯 번째 조건에 따라 7반 반 장이 A자리이므로 E, F, G, H는 1~4반 반장의 자 리가 된다. 이를 종합해 보면 E는 3반 반장, D는 6반 반장이 되고, G가 4반 반장, B가 8반 반장, C가 5반 반장이 되며, 1반 반장과 2반 반장이 F, H 또는 H, F임을 알 수 있다.
따라서 1반 반장과 2반 반장의 자리를 제외한 모든 자리를 알 수 있으며, 선택지 중 항상 옳은 내용은 ③ '5반 반장(C)은 항상 1반 반장, 2반 반장의 자리와 각 각 떨어진 거리가 같다.'이다.

57
|정답| ⑤

당행 카드, 주택청약저축, 적립식 펀드 등 해당 은행 의 금융 상품을 활발하게 이용하면 우대금리를 받을 수 있고, 급여이체 실적으로도 우대금리 혜택을 받을 수 있는 직장인 E씨가 가장 적합한 고객이다.

| 오답풀이 |

① 가입기간이 12개월 이상이므로 6개월 후 사용할 해외여행 경 비 마련용으로는 적합하지 않다.
② 개인사업자는 가입대상에서 제외되므로 자영업자는 적합하지 않다.
③ 당행 주택청약저축을 할 경우 우대금리 혜택을 주지만, 해당 상품은 주택청약저축 상품이 아니다. 따라서 주택청약 당첨 확률을 높이는 상품으로는 적합하지 않다.
④ 해당 상품의 최대 금리는 연 $0.95 + 0.8 = 1.75(\%)$이므로 연 3% 이상의 수익을 추구하는 고객에게는 적합하지 않다.

58
|정답| ①

'안정적' 등급을 받을 수 있는 유동자산 금액을 x억 원 이라 할 때 자산총계는 $(x + 19,000)$억 원, 부채총계 는 19,000억 원, 자본총계는 x이다. 따라서 유동비율 은 $\dfrac{x}{8,000} \times 100$, 부채비율은 $\dfrac{19,000}{x} \times 100$이다. 유 동비율이 200% 이상, 부채비율이 100% 이하가 되 기 위해선 $x \geq 16,000$억, $x \geq 19,000$억을 동시에 만족 해야 하므로 x는 19,000억 원 이상이어야 한다. 현재 유동자산은 5,000억 원이므로 최소한 $19,000 - 5,000$

=14,000(억 원), 즉 1조 4,000억 원을 늘려야 한다.

59

| 정답 | ④

각 제조사별 구매가격 및 연평균 유지비 합계를 구하면 다음과 같다.

(단위 : 만 원)

구분	K사	T사	H사	C사	P사
판매가격	2,800 ×(1−0.05) =2,660	2,600	3,000 ×(1−0.1) =2,700	2,400	3,200 ×(1−0.2) =2,560
연평균 유지비	200	180	160	260	140
합계	2,860	2,780	2,860	2,660	2,700

1대당 가격과 유지비를 모두 고려했을 때 C사가 가장 저렴하다.

⏱ 시간단축 TIP

판매가격이 가장 저렴한 C사와 두 번째로 저렴한 P사의 판매가격 차이는 2,560-2,400=160(만 원)이다. 연평균 유지비는 C사가 P사보다 260-140=120(만 원) 더 많이 든다. C사의 연평균 유지비는 P사보다 120만 원 더 많지만 판매가격은 160만 원 더 저렴하므로 C사 차량을 구매하는 것이 가장 저렴하다는 것을 알 수 있다.

60

| 정답 | ②

[표]를 보고 모두 방문 하는 경우의 수는 다음과 같다.

(단위: km)

회사 → B (20)	→A→C→D	15+15+25	=75
	→A→D→C	15+30+25	=90
	→C→A→D	20+15+30	=85
	→C→D→A	20+25+30	=95
회사 → D (25)	→A→B→C	30+15+20	=90
	→A→C→B	30+15+20	=90
	→C→A→B	25+15+15	=80
	→C→B→A	25+20+15	=85

따라서 회사→B→A→C→D 순으로 방문할 때 75km로 이동거리가 최단거리이다.

⏱ 시간단축 TIP

회사와 바로 연결된 거래처는 B와 D이고 회사와 B의 거리가 더 짧으므로 B를 기준으로 방문순서를 전개해 본다. B에서 A와 C로 이동할 수 있는데 A로의 이동거리가 더 짧다. A에서는 C와 D로 이동할 수 있는데 C로 이동할 때가 이동거리가 더 짧다. C에서는

마지막으로 D로 방문한다. 이처럼 각 거래처에서 가장 짧은 경로로 이동했을 때 20+15+15+25=75(km)인데 선택지②에 해당하는 값이 있으므로 다른 경로는 확인할 필요 없이 정답을 고른다.

61

| 정답 | ⑤

REPLACE 함수는 텍스트 내에 있는 지정된 문자를 다른 것으로 바꿀 때 쓰이는 함수이다. 입력식은 지정할 데이터, 시작 위치(공백 포함), 바꿀 문자 개수(공백 포함), 바꿀 텍스트 순으로 기재한다. 따라서 [B2]셀에 있는 텍스트 문자의 공백 두 곳을 포함하여 11번째에 있는 문자로부터 3개(마침표 포함)의 문자를 2개의 '*' 표시로 바꾸어야 하므로 함수식은 =REPLACE(B2,11,3,"**")이다.

62

| 정답 | ③

[J2]셀은 K아파트의 가구 수를 표시해야 하므로 조건에 맞는 셀의 개수를 나타내는 COUNTIF 함수를 사용할 수 있다. 함수식은 =COUNTIF(A2:A9, "K아파트")로 나타낼 수 있다. REPLACE 함수는 문자열 내의 특정 텍스트를 대체할 때 사용하는 함수이다.

| 오답풀이 |

① '미납액' 항목이 계산되어 있지 않으므로 [E10] 셀에는 복수의 곱셈과 곱셈한 값을 모두 더할 수 있는 SUMPRODUCT 함수를 사용할 수 있다. 함수식은 =SUMPRODUCT(C2:C9,D2:D9)로 나타낼 수 있다.

② [G2] 셀에는 IF 함수를 사용할 수 있으며, 함수식은 =IF(F2≥30,"장기","단기")로 나타낼 수 있다.

④ SUMIF 함수는 하나의 조건에 충족된 데이터만 추출해 합계를 구할 때 사용하는 함수이다. 병합된 [I8] 셀에는 단가 항목에 15가 기재된 셀을 찾아 전력 사용량에 해당하는 수치들을 모두 더한 값을 나타내야 하므로 SUMIF 함수를 사용하여, =SUMIF(D1:D9,D3,C1:C9)로 나타낼 수 있다.

⑤ COUNT 함수는 숫자 데이터의 셀 개수를 구하고, COUNTA 함수는 숫자뿐만 아니라 문자와 오류 메시지까지 모두 포함된 셀 개수를 구할 때 사용하는 함수이다. 또한 [J10] 셀에는 '가구'라는 문자가 함께 입력되어 있으므로 COUNT 함수를 사용하여 숫자만 입력된 셀을 범위로 지정하고 =COUNT(C2:C9)&"가구"로 나타내거나, 또는 COUNTA 함수를 사용하여 숫자와 문자가 함께 입력된 셀을 범위로 지정하고 =COUNTA(B2:B9)&"가구"로 나타낼 수도 있다.

63

'=COUNTIF(B3:B9,"이??")'의 수식이 요구하는 값은 이름이 '이'로 시작하는 3글자의 이름을 가진 사람의 수를 구하는 것이다. 따라서 이에 해당하는 사람은 이상현과 이근우 두 명이므로 나타나는 결괏값은 2이다.

64

| 정답 | ⑤

훈련 데이터(training data)로 입력과 출력이 같이 제공되는 상황을 문제(입력)의 답(출력)을 가르쳐 주는 것에 비유하여 지도형 기계 학습 또는 지도학습이라고 한다. 예를 들어 개와 고양이 사진을 구분할 때 입력은 사진이고, 출력은 개 또는 고양이인지의 여부가 된다. 개인지 고양이인지의 여부가 기록된 사진(훈련 데이터)을 이용해 지도 학습을 하며, 학습 결과는 훈련 데이터에 포함되지 않은 사진을 구분하는 데 적용된다.

반면, 컴퓨터가 입력값만 있는 훈련 데이터를 이용하여 입력들의 규칙성을 찾는 학습 방법을 비지도학습이라고 한다. 비지도학습은 입력의 규칙성에 따라 군집 분석, 의존 구조 학습, 벡터 양자화, 데이터 차원 축소 등의 분석 방법이 있다.

65

| 정답 | ④

선택지 ④의 수식을 입력하면 [C4]열에 있는 값의 8번째 문자열이 1, 3인 경우에는 '남'을, 2, 4인 경우에는 '여'를 CHOOSE하여 [D4]에 지정해준다는 뜻이다. 따라서 D열에 채우기 핸들로 복사하였을 때, 주민등록번호의 8번째 자리가 1, 3인 경우에는 남성을, 2, 4인 경우에는 여성으로 채워지게 된다.

66

| 정답 | ④

[보기]의 트리가 후위 순회를 하는 경우, '왼쪽 서브 트리 방문 → 오른쪽 서브 트리 방문 → 노드 방문'의 순서로 이를 탐색할 것이므로 노드를 방문하는 순서는 D-E-B-F-C-A가 된다. ②는 전위 순회를 하는 경우이고, ③은 중위 순회를 하는 경우의 순서이다.

67

| 정답 | ①

주어진 그림의 i는 0부터 시작하여 2씩 더해져서 100까지 증가하고, SUM은 이를 더해가며 총합을 구하는 순서도이다. SUM+i를 통해 총합을 구해야 하고, b는 99 또는 100이 되어야 100까지의 수를 더하므로 98이나 101은 정답이 될 수 없다.

68

| 정답 | ④

버블정렬은 인접한 데이터를 비교하면서 정렬하는 방식이다. 소스를 분석해 보면 if의 조건을 만족하면 y번지와 y+1번지의 값을 교환하였음을 확인할 수 있다. 내림차순으로 정렬한다고 하였으므로 y+1번지의 값이 y번지의 값보다 클 경우 교환해야 하므로 value[y] < value[y+1]이 된다.

| 오답풀이 |

①, ② 바깥 for문의 x변수는 size만큼 반복하는 버블정렬의 회전 수이다.

③, ⑤ 오름차순 버블정렬 알고리즘에 대한 식이다.

69

| 정답 | ②

클라우드 컴퓨팅이란 인터넷을 통해 제공되는 서버를 활용해 정보를 보관하고 있다가 필요할 때 꺼내 쓰는 기술을 말한다. 따라서 클라우드 컴퓨팅의 핵심은 데이터의 저장·처리·네트워킹 및 다양한 애플리케이션 사용 등 IT 관련 서비스를 인터넷과 같은 네트워크를 기반으로 제공함으로써 정보의 보관 분야에 획기적인 컴퓨팅 기술이라고 할 수 있다.

| 오답풀이 |

① 처음에는 SaaS에만 치중되어 있다가 점차 영역을 넓혀 나가면서 현재에는 IaaS, PaaS까지도 아우르는 서비스가 되었다고 언급되어 있다.

③ 클라우드 컴퓨팅의 핵심은 사용자들이 각각의 기술들에 대한 심도 있는 이해가 없이도 해당 서비스를 이용할 수 있게 해주는 것이라고 언급되어 있다.

④ 데이터 센터를 구축할 필요가 없어 비용이 절감되며, 데이터 백업 등의 안정성과 보안이 뛰어난 것이 클라우드 컴퓨팅의 장점으로 소개되어 있다.

⑤ 전통적인 IT에서는 기술적 분야를 모두 기업이 관리하였지만 IaaS, PaaS, SaaS 등의 모델에서는 기업관리 영역이 축소되고 대신 서비스로 제공되는 영역이 늘어난 것이 특징이다.

70

| 정답 | ⑤

IaaS는 인프라에 대한 컴퓨팅 영역만 제공한다. 응용서버, 웹서버 등을 운영하기 위해서는 하드웨어 서버, 네트워크, 저장장치, 전력 등 여러 가지 인프라가 필

요하다. 이런 것들을 가상의 환경에서 쉽고 편하게 이용할 수 있게 제공하는 서비스이다.

PaaS는 인프라부터 미들웨어, 플랫폼 영역까지 책임지고 서비스를 제공한다. 개발자가 개발 환경을 위한 별도의 하드웨어, 소프트웨어 등의 구축비용이 들지 않도록 개발하고 구축하고 실행하는 데 필요한 환경을 제공하는 서비스이다.

SaaS는 인프라부터 미들웨어, 플랫폼, 애플리케이션에 이르기까지 서비스 모든 영역을 책임지고 제공한다. 제공자가 소유하고 운영하는 소프트웨어를 웹 브라우저 등을 통해 사용하는 서비스이다.

CHAPTER 03 실전모의고사 3회

직무능력평가 P.304~358

01	⑤	02	④	03	①	04	⑤	05	③
06	④	07	⑤	08	④	09	①	10	③
11	①	12	②	13	④	14	⑤	15	⑤
16	①	17	①	18	⑤	19	①	20	④
21	⑤	22	③	23	①	24	③	25	⑤
26	③	27	③	28	①	29	③	30	④
31	⑤	32	②	33	③	34	③	35	⑤
36	①	37	②	38	①	39	③	40	⑤
41	④	42	④	43	①	44	③	45	①
46	④	47	⑤	48	④	49	④	50	①

01 | 정답 | ⑤

3문단에서 원화의 환율 상승은 일반적으로 발생하는 수출 증대효과가 크지 않고 이는 경쟁 대상국들의 통화도 비슷한 수준으로 가치가 하락하고 있기 때문임을 알 수 있으므로 적절하지 않다.

| 오답풀이 |

① 4문단에서 환율을 안정시키기 위해서는 미국과의 통화정책 조화가 필수적임을 알 수 있다.

② 2문단에서 금리평가설에 의하면, 어떤 국가의 금리가 상승하면 그 나라로 자금이 몰려 그 나라의 통화가치는 상승하게 됨을 알 수 있다.

③ 1문단에서 일반적으로 환율이 상승하면 수입업자는 수입가격 상승으로 불리하게 작용함을 알 수 있다.

④ 3문단에서 환율 상승은 우리나라처럼 외국에 의존도가 높은 국가에서는 수입물가를 상승시켜 인플레이션을 높여 악순환이 반복될 수 있음을 알 수 있다.

02 | 정답 | ④

4문단에서 가계부채가 높은 상황에서 기준금리 인상은 부작용이 있을 수 있음을 알 수 있지만, 자본의 유출은 환율 불안정을 가속화시킬 수 있음을 알 수 있다. 따라서 여유 자금을 해외에 투자하는 것은 결과적으로 환율 불안정을 가속화할 수 있으므로 적절하지 않다.

| 오답풀이 |

① 1문단에서 대미달러 환율이 오르는 것은 원화 가치가 하락하는 것임을 알 수 있다.

② 4문단에서 우리나라의 입장에서는 환율을 안정시키기 위해

한국은행의 기준금리를 높이는 것이 필요하고, 이에 따라 가계부채가 높은 상황에서 부작용이 높을 수 있음을 알 수 있다. 따라서 이자 등을 감당하기 어려울 수 있다.

③ 3문단에서 환율이 상승하면 수출 증대효과가 크지 않은 이유로 러시아의 전쟁과 중국의 제로 코로나 정책으로 세계 경제가 좋지 못하기 때문임을 알 수 있다. 따라서 수출을 중심으로 하는 기업들의 대출금 상황에 부담이 있을 수 있다.

⑤ 5문단에서 자본유출은 환율 불안정을 가속화시킬 수 있음을 알 수 있으므로 해외에 투자하게 되었을 때 환율의 불안정이 가속화되어 대출금 이자에 대한 상황이 어려워지면 결국 상환하지 못해 은행의 손해로 이어지게 됨을 알 수 있다.

03 | 정답 | ①

임베디드의 정의 이후에 글로벌 자산관리회사의 자료를 통해 현재 임베디드 금융이 성장하다는 내용이 나온다. 보고서에는 이 부분이 나오지 않아 어떠한 내용에 대한 배경과 효과인지 알 수 없다. 따라서 글의 내용이나 구성상 빠진 것이 없다는 피드백은 잘못된 피드백이다.

| 오답풀이 |

② 임베디드 금융의 정의와 성장, 그에 대한 배경과 효과를 적고 있으므로 이 중 하나만 나타냈다는 피드백은 옳은 피드백이다

③ 현재 임베디드 금융이 증가하고 있으므로 증감 → 증가, 급증 등의 단어로 바꾸어야 한다.

④ 두 번째 배경의 핵심은 디지털 기술의 발달이다. 따라서 이 부분을 더 자세히 다루어야 한다는 피드백은 옳은 피드백이다.

⑤ 효과에서 판매자는 두 분류의 효과가 모두 나오므로 다 기록하라는 피드백은 옳은 피드백이다.

04 | 정답 | ⑤

우수관리인증을 받은 자가 법 제6조 제7항에 따른 우수관리인증의 표시방법을 2차 위반하면 표시정지 1개월 처분을 받는다. 따라서 1개월 이내에 우수관리인증의 표시를 하면 우수관리인증의 표시 정지 기간 중에 우수관리인증의 표시를 한 것이므로 인증취소 처분을 받는다.

| 오답풀이 |

① 동일 작물을 연속하여 2회 이상 수확하는 경우에는 생육기간의 2/3가 경과되지 않은 경우에 신청할 수 있다. 이때 생육기간이라 함은 파종일로부터 수확 완료일까지의 기간을 말한다.

② 인삼과 함께 고추를 동일한 인증으로 신청하였다면 인삼과 고추 모두 일반 작물 인증 유효기간을 따르므로 고추의 인증 유효기간은 2년이다.

③ 5월 1일에 우수관리인증을 갱신 신청하는 경우 공휴일 및 일요일을 제외하고 1개월이 처리 기한이므로 처리 기한은 6월 1일 이후이다.

④ 우수관리기준을 지키지 않고 3차 위반을 한 경우에는 인증취소가 되고, 우수관리기준에 미흡으로 3차 위반을 한 경우에 표시정지 6개월 처분을 받는다.

05 | 정답 | ③

직원 A가 요일별 수강할 수 있는 강의는 다음과 같다.

월요일	화요일	수요일

• 최신 피싱정보
• 노년 대상
  보이스피싱
• 피해구제신청
	• 노년 대상
	  보이스피싱
	• 보이스피싱
	  예방서비스
		• 채권추심업무
		• 피해구제신청
		• 보이스피싱
		  예방서비스

A는 과장이고, 채권추심업무 강의를 반드시 이수해야 하므로 수요일에 채권추심업무 강의를 수강해야 한다. 하루에 강의를 최대 2시간 수강할 수 있고, 채권추심업무는 2시간 강의이므로 수요일에는 다른 강의를 수강할 수 없다. 또한 최신 피싱정보와 피해구제신청 강의를 수강해야 하는데 화요일에는 수강할 수 없으므로 월요일에 수강해야 한다. 따라서 화요일에 노년 대상 보이스피싱과 보이스피싱 예방서비스 강의를 수강한다.

직원 B가 요일별 수강할 수 있는 강의는 다음과 같다.

월요일	화요일	수요일

• 채권추심업무
• 보이스피싱
  예방서비스
	• 최신 피싱정보
	• 파밍 사기
		• 채권추심업무
		• 피해구제신청
		• 보이스피싱
		  예방서비스

B는 최신 피싱정보, 피해구제신청 강의를 반드시 이수해야 하므로 화요일에 최신 피싱정보, 수요일에 피해구제신청 강의를 수강한다. 채권추심업무는 2시간이므로 월요일에는 채권추심업무 또는 보이스피싱 예방서비스 강의를 수강할 수 있고, 수요일에는 피해구제신청을 수강하므로, 보이스피싱 예방서비스 강의를 수강할 수 있다. 즉 월요일과 수요일에 최대 2시간의 강의를 수강하므로 화요일에 최신 피싱정보, 파밍 사기 강의를 모두 수강해야 한다. 만약 월요일에 보이스피싱 예방서비스 강의를 수강하면 수요일에 채권추심업무, 피해구제신청 강의를 모두 수강할 수 없으므로 모순이다.

따라서 A는 월요일에 최신 피싱정보, 피해구제신청 강의를 수강하고, B는 수요일에 피해구제신청, 보이스피싱 예방서비스 강의를 수강한다.

06

연도별 총대손충당금 잔액을 '대손충당금 적립률×고정이하 여신÷100'으로 구하면 다음과 같다.

- 2014년: $124 \times 24.2 \div 100 \fallingdotseq 30.0$(조 원)
- 2015년: $112 \times 30 \div 100 = 33.6$(조 원)
- 2016년: $82.7 \times 24.7 \div 100 \fallingdotseq 20.4$(조 원)
- 2017년: $91.8 \times 21 \div 100 \fallingdotseq 19.3$(조 원)
- 2018년: $104.9 \times 18.2 \div 100 \fallingdotseq 19.1$(조 원)
- 2019년: $113.2 \times 15.3 \div 100 \fallingdotseq 17.3$(조 원)

따라서 총대손충당금 잔액이 가장 적은 해는 2019년이다.

| 오답풀이 |

① 고정이하 여신과 고정이하 여신비율 모두 2015년에 전년 대비 증가하였고, 이후 계속 감소하였다.
② 2019년 대손충당금 적립률은 113.2%이고, 5년 전인 2014년 대손충당금 적립률은 124%이다. 따라서 2014년 대비 2019년의 대손충당금 적립률은 124-113.2=10.8(%p) 감소하였다.
③ 고정이하 여신비율이 낮을수록 은행이 보유하고 있는 여신의 건전성이 양호하다. 대손충당금 적립률이 100%를 상회하는 경우 문제여신이 은행 경영에 크게 영향을 미치지 않는 것으로 판단한다. 따라서 은행이 보유하고 있는 여신의 건전성이 가장 양호하지 않은 해는 고정이하 여신비율이 가장 높은 2015년이고, 2015년 대손충당금 적립률이 112%이므로 문제여신이 은행 경영에 크게 영향을 미치지 않았다.
⑤ 총여신=고정이하 여신÷고정이하 여신비율×100이다. 2018년 18.2÷1×100=1,820(조 원), 2019년 15.3÷0.8×100=1,912.5(조 원)이므로, 2019년 총여신은 전년 대비 증가하였다.

07

[그래프2]에서 우리나라의 2011년 가계부채비율은 152.9%임을 확인할 수 있다. '가계부채비율 $(\%) = \dfrac{(가계부채총액)}{(가구순가처분소득)} \times 100$'이므로 가계부채총액이 1,000조 원이면 가구순가처분소득은 $\dfrac{100}{152.9} \times 100 \fallingdotseq 654.0$(조 원)이다. 따라서 650조 원 이상이므로 옳은 내용이다.

| 오답풀이 |

① [그래프1]은 2019년 OECD 주요 국가의 가계부채비율을 나타낸 것이므로 OECD 전체 국가 중 가계부채비율이 가장 낮은 국가에 대해서는 알 수 없다.
② 우리나라 가계부채비율은 해마다 꾸준히 증가하고 있지만, [그래프2]를 통해 가계부채비율의 전년 대비 증가율은 해마다

꾸준히 증가하지 않고 있음을 알 수 있다. 예를 들어 2015~2016년에는 경사가 급격히 올라갔다가 2016~2017년에 경사가 감소하였으므로 가계부채비율의 증가율이 감소하였음을 알 수 있다.
③ '가계부채비율$(\%) = \dfrac{(가계부채총액)}{(가구순가처분소득)} \times 100$'을 통해 가계부채총액이 가구순가처분소득보다 많다면 가계부채비율은 100 이상이 된다. 따라서 2019년 OECD 주요 국가 중 가계부채총액이 가구순가처분소득보다 많은 국가는 7개이다.
④ 우리나라 가계부채비율이 전년 대비 가장 많이 증가한 해는 2016년이고 전년 대비 174.5-162.3=12.2(%p) 증가하였다.

08

[보기]를 보면 B사는 펄프를 전량 국외에서 수입하므로 제지 펄프의 국제 가격이 상승한다면 원가 상승에 따른 타격을 고스란히 입게 된다. 그러나 A사의 경우에는 펄프를 자체 생산하며 일부는 업계에 내다 팔기도 하므로, 제지 펄프의 국제 가격 상승에 따른 타격이 B사에 비해 적을 것이라는 추론을 할 수 있다.

| 오답풀이 |

① B사가 생산한 제지를 국내에만 판매하는지, 해외 수출도 병행하는지에 대한 언급은 찾아볼 수 없다.
② A사는 펄프의 생산과 제지의 생산을 겸하고 있다. 제지 펄프의 국제 가격 상승은 펄프의 생산자 측면에서는 유리하지만, 종이 제조를 위해 부족한 펄프를 국외에서 수입하는 측면에서는 불리하다. 따라서 경우에 따라 유리할 수도, 불리할 수도 있으므로 반드시 유리하다고 단언할 수 없다. 또한 [그래프2]를 보면 제지 펄프의 국제 가격이 높아지는 기간 동안 A사의 매출총이익률과 매출액순이익률이 상승·하락을 반복한다는 것을 알 수 있다.
③ 매출액은 가격×판매량인데, 가격탄력성이 1보다 크다면 가격을 높였을 때 가격 상승률보다 판매량의 감소율이 더 높으므로 매출액은 낮아질 것이다. 또한 이는 원가 상승에 따른 대응책으로써 가격을 높인다는 가정이 전제되어 있는데, 제시된 자료만으로는 B사가 가격을 높였는지를 알 수 없다.
⑤ [그래프2]를 보면 매출총이익률이 감소하는 시기에 매출액순이익률이 증가하기도 하고, 그 반대의 경우도 찾아볼 수 있으므로 서로 비례 관계에 있다고 보기 어렵다. 매출총이익률은 $\dfrac{매출액 - 매출원가}{매출액} \times 100$으로 구할 수 있고, 매출액순이익률은 $\dfrac{순이익}{매출액} \times 100$으로 구할 수 있다.

09

B사가 A사의 경쟁 업체인 경우 B사의 향후 전략이나 제지, 펄프의 향후 수요·공급량이 시장을 통해 A사의 수익성에 간접적인 영향을 미칠 수 있다. 그러나

B사의 향후 매출원가가 A사의 수익성에 영향을 준다고 보기는 어렵다.

② A사의 공장 확장 비용은 향후 단기적인 수익성을 낮추는 요인으로 추론할 수 있다.
③ 향후 제지 수요 추이에 따라 제지 가격이 변동될 수 있다. A사는 제지도 생산하므로 제지 가격 변동을 일으키는 향후 제지 수요 추이는 A사의 향후 수익성에 영향을 미칠 수 있다.
④ 국내 펄프의 향후 공급 추이에 따라 국내 펄프의 가격이 변동될 수 있다. A사는 자체 생산한 펄프를 국내에도 판매하고 있으므로, 국내 펄프의 가격 변동을 일으키는 국내 펄프의 향후 공급 추이는 A사의 향후 수익성에 영향을 미칠 수 있다.
⑤ A사는 부족한 펄프를 해외에서 수입하기도 하므로, 제지 펄프의 향후 국제 가격 추이는 A사의 향후 수익성에 영향을 미칠 수 있다.

10 | 정답 | ③

한국시간을 기준으로 9~18시를 파리와 두바이에 시차를 적용해보면 각각 파리는 2~11시(10월이므로 서머타임 적용)이며 두바이의 경우 4시~13시이다. 회의가 3개사의 근무시간에 이루어진다고 하였으므로 회의 가능 시간은 한국시간 기준 16~18시이다.
회의가 한 시간 반 소요되며 A사의 인원이 7명이라는 점을 감안하면 가능한 회의실은 b회의실의 경우 월요일과 화요일, c회의실의 경우 월요일과 수요일이다. 단, b회의실의 경우 월요일 본부장 회의 시간이 15시 이후로 변경되어 사용이 안 되므로 (b회의실, 화), (c회의실, 월), (c회의실, 수) 경우에서 선택가능하다.

① a회의실의 경우 회의 가능인원이 6명이므로 요일에 상관없이 예약할 수 없다.
② 월요일 b회의실의 경우에는 연기된 본부장 회의가 진행되므로 예약할 수 없다.
④ 화요일 c회의실의 경우에는 사업회의가 진행되므로 예약할 수 없다.
⑤ 수요일 b회의실의 경우에는 영업팀 회의가 선예약되어 있으므로 예약할 수 없다.

시간단축 TIP

두바이보다 파리가 서울보다 시차가 크다. 따라서 회의시간을 정할 때 두바이는 고려하지 않아도 된다.

11 | 정답 | ①

2017년 상장 공기업에 해당하는 ○○전력공사의 종업

원 수는 전년보다 1,000명 이하로 증가하였지만, 전체 상장 공기업들의 종업원 수가 전년보다 1,000명 이하로 증가하였는지는 제시된 자료만으로 알 수 없다.

② 2014~2017년 동안 상장회사의 영업이익과 순이익은 모두 증가하고 있다.
③ 2014~2017년 상장회사의 종업원 수 대비 영업이익은 다음과 같다.

2014년	2015년	2016년	2017년
0.735억 원	0.810억 원	0.976억 원	1.260억 원

따라서 조사기간 동안 상장회사의 종업원 수 대비 영업이익은 매년 증가하였다.
④ ○○전자의 종업원 수는 전년 대비 2017년에 증가한 반면, 전체 상장회사 종업원 수는 2016년보다 2017년에 더 적으므로 ○○전자 종업원 수가 차지하는 비중은 2017년에 더 높아졌음을 알 수 있다.
⑤ 감소폭 1위 기업의 종업원 수 감소폭과 증가폭 1위 기업의 증가폭을 비교해 보면 감소폭이 더 크다. 이는 2, 3, 4, 5위 기업에도 해당되므로 1~5위를 더한 값도 감소폭이 더 크다는 것을 알 수 있다.

12 | 정답 | ②

전년 대비 2017년 상장회사 종업원 수 증가율은
$\frac{125.2-126}{126} \times 100 ≒ -0.6(\%)$이다.

13 | 정답 | ④

낙인에 진입하여도, 1~5차 상환평가일에 기초자산 가격이 조기상환 배리어 위에만 있다면 낙인 미진입과 마찬가지로 원금과 연 6%의 수익금을 지급하고 ELS 상품 운용을 종료한다.

① 상환평가일에 기초자산 가격이 조기상환 배리어 위에 있다면 상품 가입자에게 원금과 약정된 수익금을 지급하고 ELS 상품 운용을 종료한다.
② 시간이 흐를수록 조기상환 기준이 낮아지는 형태를 스텝다운이라고 부른다.
③ 조기상환에 성공하거나, 만기까지 가더라도 원금을 보장받으면 상품 가입자는 약정된 수익률을 얻는다. 그런데 기초자산 가격이 아무리 높아져도 수익률은 따라 올라가지 않고, 약정된 수준에 머무르는 다소 제한적인 상품이다. 반면 기초자산 가격이 하락하면 손실률이 100%까지도 가능한 상품이다.
⑤ 낙인에 진입하여도 조기상환에 성공하거나 만기에 기초자산 가격이 조기상환 배리어 위에 있다면 원금이 보존된다.

14
|정답| ⑤

최초 기준가가 4,000이므로, 조기상환 배리어와 낙인 배리어 기준선 가격은 다음과 같다.

조기상환 배리어			낙인 배리어
90%	80%	70%	50%
3,600	3,200	2,800	2,000

S&P500의 가격 변동을 표시하면 다음과 같다.

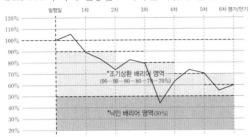

1~3차 상환평가일에는 조기상환에 실패하였고, 3차와 4차 사이에 기초자산 가격이 낙인 배리어를 뚫고 내려가 낙인에 진입하였다. 4차 상환평가일에도 조기상환에 실패하였지만, 5차 상환평가일에선 성공하여 원금과 연 10%의 수익금(이 경우 2년 6개월을 운용했으므로 $10 \times 2.5 = 25(\%)$)을 얻는다.

15
|정답| ⑤

2문단 마지막 문장에서 우루과이, 튀니지 등은 지급결제 인프라가 미비하여 CBDC 발행을 고려하고 있다고 하였으므로, 실효성이 있음을 알 수 있다.

| 오답풀이 |

① 한국은행은 상용화 검증을 앞두고 있고 그 이후에 시범 운영을 시행할 계획이므로, 아직 CBDC가 발행되지 않았음을 알 수 있다.

② 미국은 기존에 CBDC 발행 계획이 없다는 입장이었으므로, CBDC 발행에 대해 유보적이었음을 알 수 있다.

③ CBDC는 전자적 방식으로 구현되어 현금과 달리 익명성을 제한할 수 있으므로, CBDC가 도입되면 불법자금 및 지하경제 문제의 완화를 기대할 수 있다.

④ 스웨덴은 현금 이용이 크게 감소하면서 지급 서비스 시장 독점 문제라는 부작용이 발생하였다. 이를 해결하기 위해 CBDC 발행을 보다 적극적으로 검토할 여건이 마련되었고, 그 결과 'e-크로나' 개발에 착수하였음을 알 수 있다.

16
|정답| ①

우대금리는 당행 기준금리 고정의 경우 최대 0.80%p, 월중신규 COFIX 6개월 변동의 경우 최대 1.00%p이다. 상위 신용등급에 대한 우대사항은 있으나 해당 조건을 만족하지 않더라도 다른 조건들을 통해 우대금리를 최대로 받을 수 있으므로 항상 유리하다는 것은 옳지 않다.

| 오답풀이 |

② 특징을 보면 전세기간 중 대출은 생활자금으로 분류된다. 대출 기간을 보면 생활자금은 임대차계약 잔여기간이 1년 미만일 시 취급 불가임을 알 수 있다. 따라서 전세 계약 기간이 8개월 남은 상황에서는 이용할 수 없다.

③ 대출 대상과 직원의 답변에 따르면 KB시세가 조회되는 아파트만 대출 가능하며, 미등기 아파트나 아파트 외 주택은 대출 대상에서 제외된다. 따라서 연립주택이나 다세대주택으로 이사 갈 때는 이용할 수 없다.

④ 대출 대상을 보면 부동산 중개업소를 통해 임대차계약을 체결한 개인만 가능하다는 것을 확인할 수 있다. 따라서 개인 간 거래로 임대차계약을 체결했다면 해당 상품을 이용할 수 없다.

⑤ 대출금리를 보면 월중신규 COFIX 6개월 변동의 금리가 당행 기준금리 고정의 금리보다 낮지만, 농협 직원의 답변에 따르면 월중신규 COFIX 6개월 변동은 변동금리로, 기준금리가 상승할 경우 대출금리가 당행 기준금리 고정의 금리보다 높아질 가능성이 있다. 따라서 향후 기준금리 상승이 예상된다면 당행 기준금리 고정으로 대출을 받는 것이 오히려 더 낮은 금리일 가능성이 있다.

17
|정답| ①

대출 대상에 따라 본 상품 신청금액을 포함하여 DTI가 40%를 넘길 수 없으므로 전세대출액을 a, 대출금리를 r이라 하면 $\dfrac{a \times r + 1,500}{5,000} \leq 0.4$이다.

이때, 만기 전 매월 지급하는 이자는 월이율이 적용되어 $a \times \dfrac{r}{12}$이고, 1년에 12번 지급하므로 12를 곱하면 최종적으로 매년 이자를 지급하는 방식의 이자인 $a \times r$과 같아진다.

A씨는 당행 기준금리 고정으로 대출을 받았으므로 연 $2.01 + 1.97 = 3.98(\%)$의 대출금리에 전세자금 목적이므로 주택신보출연료 0.22%p를 가산하여 연 4.2%의 금리가 적용된다. 여기에 기타 우대금리에 해당하는 신용등급 3등급(-0.10%p), 하나로고객 탑클래스(-0.10%p)를 적용받아 최종금리는 연 4%로 책정된다(농협 신용카드와 급여이체에 관한 건은 거래실적우대이므로 적용되지 않으며, 펀드의 경우

매월 20만 원 이상을 넘지 않는다.).
따라서 a의 최댓값은 $(0.4 \times 5,000 - 1,500) \div 0.04 = $
$500 \div 0.04 = 12,500$(만 원)이므로, 최대 대출가능금
액은 1억 2,500만 원이다. 한편, 인지세는 대출 금액
에 따라 변화하는데, 대출 금액이 1억 원 초과 10억
원 미만일 경우 인지세 15만 원이 부과된다. 여기서
농협은행이 50%를 부담하므로 A씨가 납부해야 하는
인지세는 75,000원이다.

18 　　　　　　　　　　　　| 정답 | ⑤

의류 한 벌이 400달러이므로, 세금은 $400 \times 0.1 = $
40(달러)이다. 따라서 의류 한 벌의 원가는 440달러
이다. 이익이 30%라면 정가는 $440 \times 1.3 = 572$(달러)
이다. 0.8달러가 1,000원이므로 1달러는 $1,000 \div 0.8$
$= 1,250$(원)이다. 따라서 원화로 의류 한 벌의 정가
는 $572 \times 1,250 = 715,000$(원)이다.

19 　　　　　　　　　　　　| 정답 | ①

H서점에서 출발하여 각 지점을 한 번씩 방문하는 방
법은 다음과 같다.
ⅰ) H-G-B-C-F-E-D-A
　$= 24 + 25 + 19 + 34 + 23 + 38 + 41 = 204$(km)
ⅱ) H-G-B-A-D-C-F-E
　$= 24 + 25 + 27 + 41 + 30 + 34 + 23 = 204$(km)
ⅲ) H-G-B-A-D-E-F-C
　$= 24 + 25 + 27 + 41 + 38 + 23 + 34 = 212$(km)
따라서 이동 거리가 가장 긴 경우는 212km이고, 가
장 짧은 경우는 204km이다. 둘의 거리 차이는 8km
이며, 김 씨는 시간당 5km를 이동하므로 이동 시간
의 차이는 $8 \div 5 = 1.6$(시간)이다.

20 　　　　　　　　　　　　| 정답 | ④

조합원 A씨의 건축원가를 구하면 순수 건축비는
$3,000,000 \times 45 = 135,000,000$(원)이며 기타 사업비
는 순수건축비 $135,000,000 \times 0.33 = 44,550,000$(원)
으로, 조합원 건축원가는 이 둘의 합인 $135,000,000$
$+ 44,550,000 = 179,550,000$(원)이다.
두 번째로 일반분양 기여금액을 구하기 위해 일반분
양 수익인 일반분양가와 순수건축비의 차이를 구하면
$480,000,000 - 135,000,000 = 345,000,000$(원)이며
이 금액에서 필요 대지지분 11.25를 나누어 대지지분
1평당 일반분양 수익 $\dfrac{3,450}{11.25}$ 만 원을 구한다.

기여 대지지분은 보유 대지지분 - 기부채납면적(15평
$\times 0.05$) - 필요 대지지분이므로 $15 - 0.75 - 11.25 =$
3(평)으로 이를 대지지분 1평당 일반분양 수익과 곱하
면 일반분양 기여금액은 92,000,000원이 책정된다.
최종적으로 조합원 건축원가 179,550,000원에서 일
반분양 기여금액 92,000,000원을 뺀 금액인
87,550,000원이 조합원 A씨의 지불해야 하는 분담
금액이다.

21 　　　　　　　　　　　　| 정답 | ⑤

주택청약저축 36회 이상 납입, 장애인가구이므로
$4.25 - 0.2 - 0.2 = 3.85$(%)의 금리가 적용되어야 하
지만, 우대금리 하한선이 3.9%이므로 3.9%의 금리
로 대출이 가능하다. 대출 기준에는 연봉(소득)만이
있을 뿐이므로 부모로부터 증여받은 4억 원은 아무런
영향을 미치지 못한다.

| 오답풀이 |
① 단독세대주의 경우 연봉 5천만 원을 초과하면 대출대상이 아
　니다.
② 부부합산 연봉이 6천만 원을 초과하므로 대출대상이 아니다.
③ 결혼 예정자이고 주택청약저축을 12회 이상 납입하였으므로
　$4.95 - 0.2 - 0.1 = 4.65$(%)의 금리로 대출이 가능하다. 금리
　가산의 경우 수도권 '아파트' 구매를 위한 경우에 적용되는데,
　D와 E는 단독주택 구매를 위한 대출이므로 금리 가산은 적용
　되지 않는다.
④ 다자녀가구지만 수도권 아파트를 구매하기 위해 대출을 받았으
　므로 $4.25 - 0.5 + 0.5 = 4.25$(%)의 금리로 대출이 가능하다.

22 　　　　　　　　　　　　| 정답 | ③

지문 인식에 대한 설명 내용 중 변경 불가능으로 인한
문제점은 지문 인식뿐만 아니라 생체인식 기술의 전
반적인 결점이라고 하였으므로, 안면 인식도 동일한
특성을 가지고 있음을 알 수 있다. 언제든지 사인을
변경할 수 있다고 특별히 언급한 서명만 해당 결점에
서 자유롭다.

| 오답풀이 |
① 음성 인식은 시스템 가격이 상대적으로 저렴하다.
② 서명은 연습에 의한 모방이 어느 정도 가능하여, 보안성이 다
　른 생체인식 기술에 비해 떨어지는 편이다.
④ 홍채 인식은 콘택트렌즈나 안경을 착용한 상태에서도 문제없
　이 인식이 가능하다.
⑤ 걸음걸이 인식은 옷차림에 따라 인증이 어려운 경우도 발생할
　수 있다.

23 | 정답 | ①

C가 행위 특성을 인식하는 방식을 모두 제외하자고 하였으므로, 음성 인식, 걸음걸이 인식, 서명을 소거할 수 있다. 또한 D의 의견에 따라 홍채 인식을 소거하고, 남은 지문 인식과 안면 인식 중에서 E의 의견에 따라 비용이 높은 안면 인식을 소거할 수 있다. 따라서 최종적으로 지문 인식이 채택된다.

24 | 정답 | ③

10월에 가입하여 연회비는 11월 결제일에 청구 되며 12월에는 청구되지 않고, 2구간 서비스가 제공된다.
1. 22년 11월 이용액: 503,000원
2. 할인액
   1) 교통서비스 할인액 (한도: 2만 원)
    : (지하철 22,000＋버스 8,000＋KTX 150,000
    ＋쏘카 120,000)×0.07＝21,000(원)
   2) 생활서비스 할인액 (한도: 1만 원)
    : KT는 자동이체에 해당하지 않으므로 할인이
     되지 않는다.
    : (배달의 민족 25,000＋쿠팡 5,000)×0.05
     ＝ 1,500원
   3) 기타
    : 스타벅스 1만 원 이상 결제건 2회, 편의점 1만
     원 이상 결제건 1회이므로 총 3,000원 할인
3. 결제금액: 503,000 - 20,000 - 1,500 - 3,000 ＝ 478,500(원)

25 | 정답 | ⑤

주어진 그림의 n은 1부터 시작하여 1씩 더해져서 100까지 증가하고 a는 n이 홀수일 때, $(-3)^{n+1}$의 값을 더하고 n이 짝수일 때, 2^n의 값을 더해 $(-3)^2+2^2+(-3)^4+2^4+\cdots+(-3)^{100}+2^{100}$의 순서로 합을 저장해나가며 출력한다.

26 | 정답 | ③

국내에서는 농촌에 스마트 농업 환경을 마련하여 스마트팜 보급과 전문교육에 힘을 기울이고 있으며, 기업과의 다양한 협업으로 전문성을 키워 미래 농업 디지털화에 긍정적 신호를 기대하고 있다고 말하고 있으므로 이 글의 주제는 '국내 스마트 농업 활성화 노력'이 적절하다.

| 오답풀이 |
① 국내 청년 스마트팜 창업 지원에 대한 내용을 찾아볼 수 없으므로 주제로 적절하지 않다.
② 나라별 스마트 농업 현황에 대한 구체적인 내용은 찾아볼 수 없으므로 주제로 적절하지 않다.
④ 현재 농촌의 문제점을 해결하기 위해 스마트 농업 환경을 마련하여 활성화 노력을 기울이고 있다는 내용은 알 수 있으나 과거의 농업 관리 기술 관련 내용은 확인할 수 없으므로 주제로 적절하지 않다.
⑤ 스마트 농업으로 인한 농가 소득 증대는 확인할 수 없으므로 주제로 적절하지 않다.

27 | 정답 | ③

2문단의 마지막 문장을 보면 '연기금도 공적연금을 중심으로 대체 투자와 해외 투자를 확대하는 등 기금 소진 전망에 따른 수익률 추구 현상이 관찰되고 있다'고 나와 있다. 즉, 연기금은 쌓아놓은 기금이 머지않아 소진될 것이라는 문제에 직면해 있고, 이를 해결하기 위해 더 높은 수익률을 추구한 결과 대체 투자와 해외 투자를 확대하였다는 의미이다. 따라서 연기금의 경우 그동안 공적연금을 투자했던 자산의 수익률이 대체 투자나 해외 투자의 수익률보다 낮은 편이라고 추론할 수 있다.

| 오답풀이 |
① 국내 금융기관 중 증권회사. 투자펀드의 위험선호가 일부 강화되고 있다.
② 은행의 예대마진이 축소될 경우, 보험회사의 수익·비용 역마진이 지속될 경우 위험선호를 강화할 유인이 상존한다. 즉. 더 큰 리스크를 감당한다. 그러나 수익·비용 역마진의 지속과 은행의 위험선호 강화 사이의 관계는 제시된 글의 내용만으로는 알 수 없다.
④ '사모펀드의 급격한 성장이 투자자의 수익률 추구에서 기인한 것으로 보인다'는 내용을 통해 사모펀드가 과도한 수익률을 추구한다는 것을 추론할 수 있다. 또한 이러한 과도한 수익률 추구가 리스크 평가의 관대화로 이어져 공정 가치 평가가 용이하지 않은 금융상품에도 기꺼이 투자하는 행태를 유발함을 알 수 있다. 그러나 반대로 공정 가치 평가가 용이한 금융상품에 투자하는 경향을 만들어내는지 여부는 제시된 글의 내용만으로는 알 수 없다.
⑤ 리스크 과소평가가 심화된 상황에서 금리 급등 등의 충격이 발생하면 급격한 리스크 재평가가 발생할 가능성이 있다. 그러나 현재 은행과 보험회사는 위험선호 강화가 나타나지 않고 있으므로 이러한 우려가 있다고 보기 어려우며. 위험선호가 일부 강화되고 있는 증권회사. 투자펀드의 투자처가 위험에 노출될 가능성이 있다.

28

해당 여신들에 대한 평가 자료는 이미 여신심사부에서 여신관리부로 모두 넘어간 상태이므로 여신심사부에 연락할 필요가 없다.

| 오답풀이 |

② 현재 자산 포트폴리오에 대한 자료는 투자금융부 및 자금부에 연락하여 요청해야 하는 사항으로, 조사를 직접 시작할 필요는 없다.

③ 위험선호가 강화되고 있는지 확인하기 위한 작업이지만, B대리가 해야 할 일은 유관부서에 자료를 요청하여 취합하고, 적절한 평가 모델을 선정하는 선에서 종료된다. 마지막 문장에서 이를 리스크검증단의 C과장에게 맡기라고 하였으므로, 분석 작업은 리스크검증단의 C과장이 수행할 것이라고 추측할 수 있다.

④ 여신관리부에 요청할 자료는 청산되지 않은 모든 여신 자료가 아닌 만기 1년 이내의 여신 자료이다.

⑤ 평가 모델은 미리 선정하는 것이 아니라 자료를 다 받은 후에 선정해야 한다.

29

| 정답 | ①

(가) 4년간 유기합성농약과 화학비료를 사용하지 않았으므로 유기농인증을 얻을 수 있다. 현재가가 5,500원이므로 적정가는 $130 \times 5,500 \div 125 = 5,720$(원)이다.

(나) 저농약인증을 얻을 수 있는 경우이므로, 적정가는 $122 \times 6,000 \div 110 = 6,655$(원)이다.

(다) 농약을 전혀 사용하지 않고 화학비료만 일부 사용하였으므로 무농약인증을 얻을 수 있다. 현재가가 6,500원이므로 적정가는 $124 \times 6,500 \div 115 = 7,009$(원)이다.

30

| 정답 | ④

접대비는 '식대'의 경우 본부장, '기타'의 경우 팀장이 전결권자이므로, 두 경우 모두 사장과 부사장의 결재는 받지 않는다.

| 오답풀이 |

① 팀장급 인수인계서는 부사장 전결사항이므로, 담당자를 제외하고 팀장, 본부장, 부사장 3명의 결재를 거치게 된다.

② 업무활동비 집행을 위한 결재 문서는 본부장 전결사항이므로, '사장' 결재란에 본부장이 결재하게 된다.

③ 시내교통비 집행을 위한 문서는 본부장 전결사항이므로 '부사장' 결재란에는 아무도 서명하지 않으나, 해외연수비 집행을 위한 문서는 사장 전결사항이므로 '부사장' 결재란에는 부사장이 서명을 해야 한다.

⑤ 임원 해외출장을 위한 결재 문서는 사장 전결사항이므로 부사장이 결재를 해야 하나, 직원 해외출장을 위한 결재 문서는 본부장 전결사항이므로 부사장의 결재는 받지 않는다.

31

| 정답 | ⑤

2문단에서 바이오플락 기술은 사료 찌꺼기나 배설물 등 유기물을 완전히 분해한다는 것을 알 수 있지만 배설물에서 독성물질이 발생하는 것 자체를 봉쇄할 수 있는 것은 아니므로 적절하지 않다.

| 오답풀이 |

① 1문단에서 아쿠아포닉스는 순환형 시스템으로 작물의 성장이 빨라 돈이 되는 양식 방법임을 알 수 있다.

② 1문단에서 작물의 재배 원리는 물을 순환시켜 재배하는 수경재배와 동일하고 물고기 배설물 등을 흡수할 수 있으며 물 사용량을 크게 줄일 수 있음을 알 수 있다.

③ 2문단에서 무환수 친환경 양식기술은 펌프에 의해 순환되면서 식물 뿌리에 흡수돼 양질의 영양분을 공급하는 방식임을 알 수 있다.

④ 1문단과 2문단에서 아쿠아포닉스 시스템을 이용하면 화학비료의 추가적 투입이 필요 없어 비용을 줄일 수 있고 독성이 없는 형태로 사육수에 잔류하게 되어 물 환경을 보호하는 친환경 양식 기술임을 알 수 있다.

32

| 정답 | ②

A는 개인으로는 학력(고등학교의 경우 마지막 학기 교육과정 종료 후 취업한 자에 한한다)과 중견기업이라는 점에서 가입이 불가능하다.

B의 경우 나이, 학력, 회사 모두 조건 만족하므로 가입 가능하다.

C의 경우 나이(군복무 2년 인정), 학력, 회사(벤처기업은 3인) 모두 조건 만족하므로 가입 가능하다.

D의 경우 나이, 학력, 회사 모두 조건 만족하므로 가입 가능하다.

B, C, D의 수령 금액을 보면

B의 경우 18개월 18일 근무하였으므로 만기가 되지 않아 청년적립분과 정부적립분만 받게 된다.

청년적립분: $18 \times 125,000 = 225$(만 원), 정부적립금: 18개월 이상이므로 230만 원

따라서 B는 $225 + 230 = 455$(만 원)을 받게 된다.

C의 경우 15개월 29일 근무하였으므로 만기가 되지 않아 청년적립분과 정부적립분만 받게 된다.

청년적립분: $15 \times 125,000 = 187.5$(만 원), 정부적립금: 12개월 이상~18개월 미만이므로 160만 원

따라서 B는 $225 + 160 = 385$(만 원)을 받게 된다.

D의 경우 12개월 1일 근무하였으므로 만기가 되지 않아 청년적립분과 정부적립분만 받게 된다.

청년적립분: $12 \times 120,5000 = 150$(만 원), 정부적립금: 12개월 이상~18개월 미만이므로 160만 원

D는 $150 + 160 = 310$(만 원)을 받게 된다. 따라서 B가 가장 많이 받는다.

문제에서 한도가 정해졌고 받을 금액을 결정하는 가장 중요한 요소는 기간이다. 따라서 가입 가능한 인원이 결정되었다면 근무기간이 긴 사람이 가장 많은 금액을 받을 수밖에 없기에 그 사람의 금액만 계산하면 빠르게 풀 수 있다.

33 | 정답 | ③

30~49인 기업이 기업부담금으로 매월 2.5만원을 적립하고 있으며 이는 기업기여금의 20%에 해당하므로 기업기여금이 2.5만$\times 24$(개월)$\div 0.2 = 300$(만 원)임을 알 수 있다. 50인 기업의 경우 기업기여금의 50%를 기업부담금으로 적립하므로 $300 \times 0.5 \div 24 = 6.25$(만 원)을 매월 적립해야 한다.

| 오답풀이 |

① 청년내일채움공제는 중소기업에 정규직으로 신규 취업한 청년을 대상으로 하므로 중견기업이라는 설명은 옳지 않다.

② 정규직을 대상으로 하는 제도이므로 신청할 수 없다.

④ 청년, 기업, 정부의 3자 적립 구조로 자산을 형성하는데 개인 300만 원, 기업 300만 원, 정부 600만 원이므로 총 1,200만 원의 자산을 마련할 수 있다.

⑤ 중도해지의 경우 정부지원금은 기간에 따라서 일정금액을 환급받을 수 있지만 기업기여금은 전부 기업에 반환된다.

선택지 ③을 계산할 때 총액을 구해서 비율과 기간을 나누는 방법을 사용할 수도 있지만 기업기여금이 300만 원으로 동일하기에 바로 비율로 계산하면 더 빠르게 구할 수 있다. 적용해보면 50%는 20%의 2.5배이므로 $2.5 \times 2.5 = 6.25$로 바로 계산이 가능하다.

34 | 정답 | ③

먼저 주어진 [보기]에서는 가설을 선택할 때 경험적 증거를 고려하는 세 가지 방법을 소개하겠다고 언급한 뒤 '제거법'을 소개하고 있다. 이에 따라 [보기] 뒤에는 제거법에 대한 이야기가 나와야 하므로 제거법의 한계를 소개하는 [다] 문단이 제일 먼저 나와야 한다. [다] 문단 뒤에는 제거법의 한계를 보완한 '고전적 귀납주의'의 특성과 한계를 언급한 [가] 문단이 와야

한다. 그리고 [마] 문단은 고전적 귀납주의의 한계를 드러내며, 이를 보완한 '베이즈주의'가 나오므로 [가] 문단 뒤에 오고, 베이즈주의의 예를 제시해 주고 있는 [나] 문단이 그 다음으로 오게 된다. 그리고 베이즈주의에 대해 제기된 비판을 언급하고 있는 [라] 문단이 마지막에 오는 것이 옳다. 따라서 문맥상 흐름에 맞게 배열하면 '[다]−[가]−[마]−[나]−[라]'이다.

35 | 정답 | ⑤

A제품을 x개 구입하는 경우 (단, $x < 200$) 지불해야 하는 금액은 $0.9 \times 7x$(만 원)이고, A제품을 200개 이상 구입하는 경우 지불해야 하는 금액은 $0.85 \times 7 \times 200$(만 원)이다. x개를 구입할 때의 가격이 200개를 구입할 때의 가격보다 높다면 200개를 사는 것이 더 유리하다. 따라서 $0.9 \times 7x > 0.85 \times 7 \times 200$, $x > (0.85 \times 200) \div 0.9$, $x > 188.888\cdots$이다. 따라서 A가 189개 이상 필요할 경우 200개를 사는 것이 더 이익이다.

36 | 정답 | ①

김 대리는 외화 예금 통장으로 송금받았으나, 수수료는 고려하지 않으므로 송금받은 1만 달러를 출금할 수 있다. 8월 3일 달러를 팔 때의 환율은 1달러에 1,107.77원이므로, 1만 달러를 환전하면 $10,000 \times 1,107.77 = 11,077,700$(원)이다.

37 | 정답 | ②

8월 3일 원화 통장으로 유로화를 송금받을 때의 환율은 1유로에 1,319.60원이다. 2,000유로를 송금받았으므로 $2,000 \times 1,319.60 = 2,639,200$(원)이 입금된다. 8월 4일 엔화를 송금보낼 때 환율은 100엔 기준 1,087.38원이다. 즉, 50,000엔을 송금하기 위해서는 $500 \times 1,087.38 = 543,690$(원)을 보내야 한다. 따라서 통장에 남은 금액은 $2,639,200 - 543,690 = 2,095,510$(원)이다.

38 | 정답 | ①

'등급 산정 기준' 항목에 따라 혜택은 매월 1일부터 3개월 동안 적용된다.

| 오답풀이 |

② 'A문고 회원 등급별 혜택' 항목을 통해 최근 3개월 순수구매액이 10만 원 이상 20만 원 미만인 경우 실버 등급에 해당되는 것을 알 수 있다.

③ '등급 산정 기준' 항목에 따르면 순수구매액에서 쿠폰, 통합포인트, 마일리지, 포장봉투, 배송비 등은 제외된다.
④ 'A문고 회원 등급별 혜택'에서 실버 등급은 매장 및 온라인에서 3%, 추가 적립에서 2%의 혜택을 받을 수 있다.
⑤ '추가 적립 관련 사항'에 따르면 추가 적립은 실결제금액이 3만 원 이상일 경우 적용된다.

39 　　　　　　　　　　｜정답｜⑤

2문단에서 국립공원에서 결혼식을 올리는 숲 속 결혼식 사업을 더 많은 취약계층에 제공하기 위해 사업 기금을 조성하고 있음은 알 수 있지만, 부부에게 결혼자금을 지원하기 위한 것은 아니므로 적절하지 않다.

| 오답풀이 |
① 2문단에서 숲 속 결혼식 사업은 국립공원을 자연 속 결혼식장으로 제공하는 사업임을 알 수 있다.
② 1문단에서 국립공원공단과 NH농협은행은 양 기관이 지역 사회 및 경제 활성화에 중요한 역할을 한다는 공통점을 활용하여 다양한 협력 사업을 추진하기 위해 업무협약을 체결함을 알 수 있다.
③ 1문단에서 국립공원공단과 NH농협은행은 탄소중립 및 취약계층 지원 공동 추진을 위한 업무협약을 체결함을 알 수 있다.
④ 1문단에서 국립공원 탐방과 자원봉사 활동에 대해 금리를 우대해주는 적금상품을 출시할 예정임을 알 수 있다.

40 　　　　　　　　　　｜정답｜⑤

A가 다니던 회사를 그만두고 커피숍을 창업했을 때의 기회비용은 연봉 3,800만 원과 보유자금 6,000만 원을 예금하였을 때의 이자소득 $6,000 \times 0.03 = 180$ (만 원)을 더한 3,980만 원이다. 따라서 기회비용을 모두 따져보면 커피숍을 창업하는 게 더 적은 소득을 기대할 수 있다.

| 오답풀이 |
① 보증금은 1억 2,000만 원, A의 현재 보유자금은 6,000만 원이므로 나머지 6,000만 원은 대출로 충당해야 한다.
② 대출금리가 연 5%이므로 6,000만 원을 대출하면 이자비용은 매년 $6,000 \times 0.05 = 300$(만 원)씩 발생한다.
③ 영업이익은 매출액에서 월세, 운영비용, 원가를 차감한 것이므로 1년에 발생하는 예상 영업이익은 $(0.35 - 0.05) \times 180 \times 25 \times 12 - (800 + 200) \times 12 = 4,200$(만 원)이다.
④ 순이익은 영업이익 4,200만 원에서 이자비용 300만 원을 차감한 3,900만 원이다.

41 　　　　　　　　　　｜정답｜④

상속 관계에 있는 클래스의 경우 서브 클래스의 생성

자를 실행하기 전에 먼저 슈퍼 클래스에서 매개 변수가 없는 기본 생성자가 자동으로 호출된다.
B a = new B("#") ; 구문이 실행될 때 A 클래스의 기본 생성자가 먼저 호출되므로 "A"가 출력되고 B 클래스의 매개 변수가 있는 생성자가 수행되므로 "D"가 출력된다.

42 　　　　　　　　　　｜정답｜④

B b=new B( ) ; 구문이 실행될 때 A 클래스의 기본 생성자가 먼저 호출되므로 "A"가 출력되고 B 클래스의 기본 생성자가 수행되므로 "C"가 출력된다.

43 　　　　　　　　　　｜정답｜①

먼저 간접 환거래만 가능한 엔화의 원화 환율을 계산하면 다음과 같다.
$$\frac{(원)}{(엔)} = \frac{(원)}{(달러)} \times \frac{(달러)}{(엔)} = 1,120 \times \frac{1}{90} ≒ 12.4(원/엔)$$
이를 바탕으로 국가별 가방 구매 비용을 원화로 환산하면 다음과 같다.
• 한국: $334,000 \times 0.92 = 307,280$(원)
• 미국: $298 - 10 = 288$(달러)
　→ $288 \times 1,120 = 322,560$(원)
• 중국: $2,200 \times 0.88 = 1,936$(위안)
　→ $1,936 \times 160 = 309,760$(원)
• 일본: $27,100 \times 12.4 = 336,040$(원)
• 독일: $220 \times 1.1 = 242$(유로)
　→ $242 \times 1,250 = 302,500$(원)
따라서 가방을 가장 저렴하게 구매할 수 있는 국가는 독일이고, 구매 비용은 302,500원이다.

44 　　　　　　　　　　｜정답｜③

INDEX(범위, 행번호, 열번호, 참조 영역 번호) 함수는 선택된 범위에서 지정한 행, 열에 있는 값을 반환하는 수식이다.
따라서 INDEX((A2:D6,A8:D14),3,4,2)는 두 번째 참조 영역인 [A8:D14]의 3번째 행과 4번째 열의 교차값을 구하는 것으로 결괏값은 19,203이다.

45 　　　　　　　　　　｜정답｜①

세 번째 문단에 따르면 농협은행은 신보에 120억 원을 특별 출연하고 신보는 이를 재원으로 협약 보증서를 발급함을 알 수 있다. 즉, 협약 보증서를 발급하는 것은 신용보증기금에서 하는 업무이다.

② 마지막 문단에 따르면 농식품 기업에 대한 사업 컨설팅을 제공한다.

③ 두 번째 문단에 따르면 우량 중소기업에 대한 여신을 늘려, 중소기업이 자금 부족으로 사업이 위축되지 않도록 하였다.

④ 네 번째 문단에 따르면 중소기업의 경영 효율성 제고를 위한 기업 자금 관리 서비스를 제공하였다.

⑤ 중소기업의 비용 절감을 위해 기업 자금을 관리할 수 있는 '클라우드 브랜치'를 내놓았는데, 이는 기존의 CMS에 비해 구축 비용과 이용료 부담이 적다.

46
| 정답 | ④

제15조 제2항에 따르면 1. 이용자에게 책임 있는 사유로 재화 등이 멸실 또는 훼손된 경우 반품 및 교환이 불가하나, 재화 등의 내용을 확인하기 위하여 포장 등을 훼손한 경우에는 청약철회를 할 수 있다고 하였다. 따라서 내용물 확인 등을 위해 포장이 훼손된 경우 반품 및 교환이 어렵다는 답변 내용은 적절하지 않다.

| 오답풀이 |

① 제13조 제1항에 따르면 쇼핑몰은 별도의 약정이 없는 이상, 이용자가 청약을 한 날부터 7일 이내에 재화 등을 발송할 수 있도록 주문제작, 포장 등 기타의 필요한 조치를 취해야 한다.

② 제13조 제2항에 따르면 쇼핑몰이 약정 발송기간을 초과한 경우에는 그로 인한 이용자의 손해를 배상하여야 한다.

③ 제13조 제2항에 따르면 쇼핑몰은 고의성이 없거나 외부적 요인에 의한 경우 약정 발송기간을 초과한 경우에도 이용자의 손해를 배상하지 않을 수 있다.

⑤ 제15조 제2항에 따르면 6. 이용자의 조립에 의하여 제품의 상태가 본 상태로 복원이 불가능하게 된 경우 반품 및 교환을 할 수 없다.

47
| 정답 | ⑤

SUMPRODUCT 함수는 곱한 수들의 합계를 구할 때 사용한다. 복수의 값을 곱하는 것뿐만 아니라, 복수의 조건을 곱셈으로 표현할 수도 있다.

함수식은 '=SUMPRODUCT(배열1,배열2,배열3....)'과 같이 나타낸다.

따라서 주어진 [표]에서는 ⑤와 같이 가격을 나타내는 A2:A8과 재고 수량을 나타내는 B2:B8을 각각 입력해야 한다.

48
| 정답 | ④

확정 기여형 가입자는 사용자가 납입한 부담금과 합쳐 연간 1,800만 원 한도 내에서 스스로 추가 부담금 납입이 가능하지만 확정 급여형 사용자는 추가 부담금 납입이 불가하다.

| 오답풀이 |

① 퇴직급여의 연금 수급조건은 만 55세 이상, 퇴직연금 가입기간이 10년 이상이므로 퇴직연금 가입기간이 10년 미만인 경우 퇴직급여를 연금으로 수급할 수 없다.

② DC형은 매년 연간 임금 총액의 $\frac{1}{12}$ 만큼을 퇴직급여 적립금으로 적립하고, DB형은 퇴직 직전 3개월간의 평균임금과 근속년수를 곱해 확정하므로 매년 연봉이 상승하는 경우 DB형 제도가 DC형 제도보다 근로자에게 유리하다.

③ 퇴직연금제도의 시행으로 사용자는 근로자의 퇴직금을 사내가 아닌 외부의 금융기관에 적립하게 되었다.

⑤ 퇴직 연금 적립금으로 근로자가 추가 납입한 부담금은 연간 700만 원 한도에 대해서 납입액의 13.2%에 해당하는 세액공제 혜택을 받을 수 있으므로 연간 최대 $700 \times 0.132 = 924,000$(원)의 세액공제를 받을 수 있다.

49
| 정답 | ④

DC형 퇴직급여 제도는 확정 기여형으로 사용자는 매년 근로자 연간 임금 총액의 1/12를 부담금으로 납부한다. 이때, 확정 기여형의 적립금은 운용 책임이 근로자 본인에게 있으므로 금융회사에 적립된 적립금에 대한 운용 수익이 또한 근로자가 수령한다. 사용자가 매년 8월 31일에 연간 적립금 전액을 금융기관에 납부하므로 2021년의 적립금 $(250+290+250+250+250+250+250+250+290+250+250+290) \div 12 = 260$(만 원)을 2021년 8월 31일에 금융기관에 납부하였으며, 2022년의 적립금 $(265+300+265+265+265+265+265+265+300+265+265+315) \div 12 = 275$(만 원)을 2022년 8월 31일에 금융기관에 납부하였다. 이때, 금융회사에 적립된 적립금은 매년 5%의 운용 수익이 발생하였다.

따라서 Y 씨가 중도인출할 퇴직급여는 $2,600,000 \times (1.05^2) + 2,750,000 \times 1.05 = 5,754,000$(원)이다.

50
| 정답 | ①

DB형 퇴직급여 제도는 확정 급여형으로 근로자는 퇴직 직진 3개월간의 평균임금과 근속년수를 곱해 퇴직

급여를 지급받는다. 이때, 확정 급여형은 퇴직 급여로 적립한 적립금의 운용 책임이 회사에 있다. 이에 따라 금융회사에 적립된 적립금에 대해 매년 운용 수익이 발생하였더라도 운용 수익은 근로자에게 지급되지 않고 회사의 자산으로 인식된다. Y 씨의 퇴직 직전 3개월간의 평균임금은 $(284+320+284)÷3=296$(만 원)이며, 2021년 1월부터 2023년 10월 31일까지 34개월, 즉 $\frac{34}{12}$ 년간 근무하였다.

따라서 Y 씨가 수령할 퇴직급여 금액은 $2,960,000 × \frac{34}{12} ≒ 8,386,660$(원)이다.

직무상식평가 P.359~373

01	⑤	02	⑤	03	⑤	04	②	05	①
06	⑤	07	③	08	⑤	09	③	10	⑤
11	③	12	⑤	13	②	14	①	15	①
16	⑤	17	③	18	⑤	19	⑤	20	⑤
21	④	22	①	23	①	24	⑤	25	③
26	⑤	27	③	28	②	29	⑤	30	③

01 | 정답 | ⑤

올원마이농가는 NH스마트뱅킹에 속하는 농민 맞춤형 서비스이므로 NH올원뱅크가 제공하는 서비스의 내용에 해당하지 않는다.

NH농협은 NH스마트뱅킹, NH올원뱅크, NH콕뱅크 등의 뱅킹 애플리케이션을 서비스 중이다. NH스마트뱅킹은 다양한 금융 서비스를 이용할 수 있는 금융 생활 플랫폼, NH올원뱅크는 금융과 연계된 생활 서비스를 이용할 수 있는 모바일 뱅크, NH콕뱅크는 간편 로그인을 기반으로 간편하게 금융 서비스를 이용할 수 있는 신개념 뱅크이다. 이 중 올원마이농가 등 농축협 지원 서비스를 제공하는 애플리케이션은 NH스마트뱅킹뿐이다. 그 외 애플리케이션별 서비스를 요약하면 다음과 같다.

- NH스마트뱅킹: 간편뱅킹, 큰글모드, 상담톡, 오픈뱅킹, 글로벌뱅킹, 금융상품몰, 자산관리 등
- NH올원뱅크: 오픈뱅킹, 환전, 게임콘텐츠, 모바일교통카드 등
- NH콕뱅크: 콕페이, 공과금, 증권정보, 쿠폰몰, 콕팜, 콕푸드 등

02 | 정답 | ⑤

데이터 이동 권리에 따르면 데이터 주체는 개인정보처리자에게 제공한 개인 데이터를 구조화하고, 일반적으로 사용하며, 기계가 읽을 수 있는 형식으로 제공받을 수 있는 권리가 있다. 또한 이를 제3자에게 전송할 권리도 갖는다.

03 | 정답 | ⑤

제시된 글에서 설명하는 농업 경영 회생 자금은 농림축산식품부 소관에 따라 농협은행에서 보조하고 있는 정책 자금이다. 이 정책자금의 목적은 재해, 가축 질병, 농산물 가격의 급락 등으로 일시적인 경영 위기에

처한 농업인이 경영난을 벗어날 수 있도록 지원하는 것이다. 농협은행은 대출취급기관으로서 기능을 하며, 지원 대상 농업인은 거주 또는 사업장 소재지 관할 농협은행 시군지부를 통해 자금 지원을 신청할 수 있다.

| 오답풀이 |

① 「농업협동조합법」 제161조의11의 제2항 제3호에 따라 농협은행은 국가나 공공 단체의 업무를 대리할 수 있다.
② 「농업협동조합법」 제161조의11의 제2항 제2호에 따라 조합 및 중앙회의 사업자금의 대출을 수행할 수 있다.
③ 「농업협동조합법」 제161조의11의 제2항 제5호에 따라 「은행법」에 따른 은행업무와 겸영업무를 수행할 수 있다.
④ 「농업협동조합법」 제161조의11의 제2항 제1호에 따라 농협은행은 농어촌자금 등 농업인 및 조합에게 필요한 자금 대출을 할 수 있다.

04 | 정답 | ②

협동조합의 7대 원칙을 순서대로 풀어 설명한 자료이다. 협동조합에 필요한 자본금 조달은 모든 조합원이 함께 협력해야 하므로, 지정된 조합원을 중심으로 자본금을 출자한다는 ㉡은 옳지 않은 내용이다. 국제협동조합(ICA)이 규정한 '협동조합의 7대 원칙'은 협동조합의 본질을 바탕으로 조직의 운영 및 관리를 위한 규율을 정립한 내용으로 각 항목은 다음과 같다.

- 제1원칙: 자발적이고 개방된 조합원 제도
- 제2원칙: 조합원에 의한 민주적 관리
- 제3원칙: 조합원의 경제적 참여
- 제4원칙: 자율과 독립
- 제5원칙: 교육, 훈련 및 정보 제공
- 제6원칙: 협동조합 간의 협동
- 제7원칙: 지역 사회에 대한 기여

05 | 정답 | ①

10대 농작물 수급예측 정보시스템 구축은 농협 5대 핵심가치 중 '함께 웃는 유통 대변화'를 실현하기 위한 혁신과제이다.

| 오답풀이 |

②~⑤는 모두 '농협 비전 2025'에서 제시한 농협 5대 핵심가치 '함께 웃는 유통 대변화', '창출하는 디지털 혁신', '잘사는 농업인', '살고 싶은 농촌', '든든한 농협' 중 '잘사는 농업인'의 주요 혁신과제이다. '잘사는 농업인'의 주요 혁신과제는 모두 다음과 같다.

1) 농업 경쟁력 강화를 위한 농협 경제사업 모델 내실화
- 국제협정 대비 농업 경쟁력 강화 방안 마련
- 농기자재 가격경쟁력 제고 및 적기·적소 공급
- 농기계 및 자재센터 지원 확대를 통한 농작업 효율화 도모
- 농업인 시설 부담 완화를 위한 농기계 리스 확대

- 한우 산업 구심체로서의 축산경제 역량 강화
- 농협 종돈사업 혁신

2) 농업인 실익 확대를 위한 지도·지원 사업 강화
- 농업인 소득안정제도 확대 도입 추진
- 농업인 실익증대 상호금융 상품 개발
- 농가 경영안정성 제고를 위한 재해 피해 지원 확대
- 공동방제단 운영 고도화로 가축 방역역량 강화

3) 농축협 경쟁력 강화를 통한 농업인 소득 간접 지원
- 농촌 여건을 반영한 조합원 관련 제도 개선 추진
- 농축협 금융점포 모범 모델 개발 및 보급
- 금융사업 공동점포 설립·운용
- 농축협 지속가능 경영기반 마련을 위한 다양한 운용수단 제공
- 농축협 여유자금 외부운용 지도·지원 기능 강화
- 농축협 맞춤형 리스크관리 지원 체계 강화

06 | 정답 | ⑤

'인간성을 위한 AI'를 목표로 한 국내 인공지능 윤리기준의 3대 기본원칙은 인간의 존엄성 원칙, 사회의 공공선 원칙, 합목적성 원칙이다. 3대 기본원칙을 지키기 위한 10대 핵심요건은 인권 보장, 프라이버시 보호, 다양성 존중, 침해금지, 공공성, 연대성, 데이터 관리, 책임성, 안정성, 투명성이다. 책임성 요건은 AI 설계와 개발자, 서비스 제공자, 사용자 간 책임 소재를 명확히 해야 하고 각 주체의 책임을 다해야 한다는 것이다. 인공지능 윤리기준은 구속력 있는 법 또는 지침이 아닌 도덕적 규범이자 자율 규범이므로 구속력을 갖는 것은 아니다.

07 | 정답 | ③

UAF는 비밀번호 없이 인증을 하기 위한 프로토콜이지만, U2F는 비밀번호를 보완하여 인증을 하기 위한 프로토콜이다.

| 오답풀이 |

① FIDO 표준은 UAF(Universal Authentication Framework)와 U2F(Universal 2nd Factor) 2가지 프로토콜을 제안하고 있다. UAF는 사용자 기기에서 제공하는 인증방법을 온라인 서비스와 연동해 인증하는 기술이다. 대표적으로 지문인식 기능을 통해 결제 서비스를 제공하는 '삼성페이'가 있다.
U2F는 기존 아이디와 비밀번호 기반 온라인 서비스에서 추가로 인증을 받고자 할 때, 사용자 로그인 시에 추가할 수 있는 프로토콜이다. 대표적으로 구글의 USB 보안키를 활용한 방식이 있다.
② 기존 아이디와 비밀번호 기반 인증은 시간이 지나면 자주 잊어버리는 데다 모바일기기에서 비밀번호 입력이 쉽지 않아 입력 피로도가 높다는 단점이 있다. 이를 보완하기 위해 등장한 생체 인증 체계는 생체 정보 전송의 위험과 서버에 저장된 생체 정보가 해킹될 가능성 때문에 신뢰도가 높지 않은 편이

다. FIDO는 기존 생체 인증에서 단점으로 지적된 안정성을 확보하기 위해 인증 프로토콜과 인증 수단을 분리해 보안과 편리성을 챙겼다.
④ UAF는 생체 정보를 활용하는 프로토콜이다.
⑤ FIDO 기술은 모바일뿐만 아니라 ATM, 키오스크, 간편결제 등 여러 방면에서 활용되고 있다.

08　　　　　　　　　　　　　| 정답 | ⑤

A−B는 A+(−B)이므로 B에 대해 보수를 구한 뒤 덧셈 연산을 하여 뺄셈을 구하는 '보수를 이용한 뺄셈' 문제이다. 그러므로 011011−11101 연산 식은 011011+(−11101)과 같다. 11101을 2의 보수로 값을 구한 후 덧셈 연산자를 통해 결과를 구할 수 있다.
먼저, 앞의 2진수의 자릿수가 6자리이고 뒤의 2진수는 자릿수가 5자리이므로 자릿수가 큰 쪽에 맞춰 작은 자릿수의 왼쪽에 0을 붙인다. 즉, 011101이 된다.
[첫 번째 단계] 011101의 1의 보수를 구한다. 1의 보수는 1을 0으로, 0은 1로 바꾸는 것이므로 다음의 값은 100010이 된다.
[두 번째 단계] 2의 보수를 구한다. 앞에서 구한 1의 보수에 1을 더한 값이 2의 보수가 되므로 100011이 된다.
[세 번째 단계] 011011과 100011을 더한 결괏값은 111110이 된다.

🕐 시간단축 TIP

[한눈으로 보는 2의 보수 구하기]

	0	1	1	1	0	1
1의 보수	1	0	0	0	1	0
+						1
2의 보수	1	0	0	0	1	1
+	0	1	1	0	1	1
결괏값	1	1	1	1	1	0

09　　　　　　　　　　　　　| 정답 | ③

네트워크 슬라이싱 기술을 통해 하나에 집중되어 있는 코어 네트워크를 여러 개의 논리적 네트워크로 분산하여 적재적소에 맞게 적합하게 활용할 수 있으므로 효율성이 높다.

10　　　　　　　　　　　　　| 정답 | ⑤

서비스 거부 공격(DoS, Denial of Service)이란 시스템에 불법적인 권한으로 접속하거나 정보를 획득하는 등의 공격과는 달리 특정 시스템이 정상적으로 동작하는 것을 방해하는 공격 형태를 말한다. 즉 서비스가 정상적으로 제공되지 못하도록 방해하는 공격이다. 서비스 거부 공격의 주요 목적은 가용성(Availability)을 떨어뜨리는 것이며, 서비스 거부 공격을 예방하는 것은 불가능하다.

11　　　　　　　　　　　　　| 정답 | ③

데카콘(Decacorn)은 경제 분야에서 기업 가치가 100억 달러(약 11조 원) 이상인 스타트업을 일컫는 용어이다. 기업 가치가 높은 유니콘 기업이 늘어나자 기업 가치가 100억 달러 이상인 스타트업을 유니콘보다 희소하다는 의미로, 머리에 10개의 뿔이 달린 상상 속의 동물인 데카콘이라고 명칭한다.

| 오답풀이 |

- 유니콘(Unicorn): 기업 가치가 10억 달러 이상인 비상장 스타트업을 총칭하는 용어이다.
- 헥토콘(Hectocorn): 기업 가치가 1,000억 달러(약 113조 원) 이상의 비상장 스타트업을 일컫는 용어로, 중국의 바이트댄스가 대표적이다. 유니콘보다 기업 가치가 100배 더 크다는 의미에서 접두사 헥토(hecto)를 사용하여 명명되었다.

12　　　　　　　　　　　　　| 정답 | ③

소득의 기댓값(EV)$=0.6 \times 250,000 + 0.4 \times 40,000$
$=166,000$(원)이다.
기대효용$=E(U)=0.6 \times \sqrt{250,000} + 0.4 \times \sqrt{40,000}$
$=380$
$U=\sqrt{CE}=380$이므로 CE$=144,000$(원)이다.
- 최대보험료
$=250,000$(최대 소득의 수준)$-144,400$(CE)
$=105,600$(원)이고
- 위험프리미엄$=166,000$(EV)$-144,400$(CE)
$=21,600$(원)이다.

13　　　　　　　　　　　　　| 정답 | ②

환율이 상승하여 수입품 가격이 올랐음에도 국내 소비자들의 반응이 느려 수입이 일찍 감소하지 않거나, 수출품의 해외 가격이 내렸음에도 해외 소비자들의 반응이 느려 수출이 증가하지 않으면 단기적으로 무역수지가 악화되고 회복되는 데도 오래 걸린다. 이는 자료에 제시된 바와 같이 수출입 물량이 느리게 변하기 때문이다. 마찬가지로 수출품 가격 하락으로 해외 수요가 빨리 늘었을 때 수출품 생산자들의 생산량 조절이 느려도 동일한 효과가 나타난다.

14
정답 | ①

실질 GDP는 기준 연도의 가격을 근거로 한 불변 가격 GDP이므로 실질 GDP가 변하는 요인은 가격이 아닌 물량의 변동에 따른 것이다.

| 오답풀이 |

② GDP가 증가했다면 총산출량이 증가했거나, 산출물의 가격이 상승했거나, 둘 다 증가하였을 가능성이 있다. 따라서 총생산량이 전년과 동일해도 다른 요인으로 GDP는 변동될 수 있다.

③, ④ 교역 조건이 나아지면 실질 GNI는 실질 GDP보다 높아지며, 이것은 수출 가격이 수입 가격보다 높아져서 수출입 상품 간의 교환 비율이 높아졌다는 것을 의미한다.

⑤ 교역 조건은 수출 가격을 수입 가격으로 나눈 것으로 수출입 상품 간의 교환 비율을 의미한다. 따라서 동일 제품에 대하여 수출 가격보다 수입 가격이 높으면 해당 제품의 교역 조건은 1보다 작다.

15
정답 | ①

매출액 순이익률과 자산 순이익률의 산식에 의해 순이익이 분자가 되므로 순이익이 낮을수록 매출액 순이익률과 자산 순이익률은 모두 낮아진다.

| 오답풀이 |

② 자산이 적을수록 자산회전율은 높아진다.

③ 현금흐름은 자산 순이익율과 관계없다.

④ 부채가 적을수록 부채비율은 낮아지나 부채의 일부인 유동부채가 적어지게 되면 유동비율은 더 높아진다.

⑤ 부채총계의 변동 없이 부채만 적어진다면 부채비율이 상승한다면 자기자본이 감소한 것이다. 자기자본이 감소한다면 자기자본이 분모인 자기자본순이익률이 상승한다.

16
정답 | ⑤

$\text{ROE} = \dfrac{(순이익)}{(자기자본)} \times 100$ 이다.

$\dfrac{(순이익)}{(자기자본)} = \dfrac{(순이익)}{(매출액)} \times \dfrac{(매출액)}{(총자산)} \times \dfrac{(총자산)}{(자기자본)}$ 이므로

$\text{ROE} = (매출액\ 순이익률) \times (자산회전율) \times \dfrac{(총자산)}{(자기자본)}$ 이다.

이때 부채비율이 100%라고 주어졌으므로 '(부채)=(자기자본)'임을 알 수 있다.

$\dfrac{(총자산)}{(자기자본)} = \dfrac{(부채)+(자기자본)}{(자기자본)}$ 의 값은 2이므로,

$\dfrac{(순이익)}{(자기자본)} = (매출액\ 순이익률) \times (자산회전율)$

$\times \dfrac{(총자산)}{(자기자본)}$

$= 5 \times 1.2 \times 2 = 12(\%)$ 이다.

17
정답 | ②

'유동성이 크다고 반드시 지급능력이 높은 것은 아니다'라고 언급되어 있다. 이는 단기채무 상환을 위해서는 유동자산이 아닌 현금이 필요하기 때문이다. 따라서 유동비율이 아닌, 현금흐름이 우수할 경우에 지급능력이 우수하다고 판단하게 된다.

| 오답풀이 |

① 당좌비율은 당좌자산에 의해 달라질 것이므로 유동비율이 크다고 당좌비율도 큰 것은 아니다.

③ 현금은 유동자산의 가장 중요한 요소이므로 현금이 많을수록 유동비율이 높다고 말할 수 있다.

④ 현금화가 느리다는 것이므로 이것은 유동성이 낮은 것이 된다.

⑤ 당좌비율은 '유동부채에 대한 당좌자산의 비율'이므로 당좌자산을 유동부채로 나눈 값의 백분율이다.

18
정답 | ⑤

제대로 비교하기 위해서는 각각 X재와 Y재의 화폐 1원당 한계효용으로 비교하여야 한다.

수량	X재의 화폐 1원당 한계효용	Y재의 화폐 1원당 한계효용
1	16÷4=4	13÷1=13
2	12÷4=3	9÷1=9
3	8÷4=2	7÷1=7
4	4÷4=1	2÷1=2
5	2÷4=0.5	1÷1=1
6	1÷4=0.25	0.5÷1=0.5

X재의 화폐 1원당 한계효용과 Y재의 화폐 1원당 한계효용이 같아지는 조합은 X재 수량이 3개, Y재 수량이 4개일 때이고, 이때 조합이 갑이 가지고 있는 예산을 만족하므로 주어진 예산제약하의 효용극대화가 달성되고 있다.

소비자잉여는 소비자가 어떤 상품을 소비하기 위해 지불할 용의가 있는 금액과 실제로 지불한 가격의 차이이므로 다음과 같이 정리할 수 있다.

수량	X재의 소비자잉여	Y재의 소비자잉여
1	$16-4=12$	$13-1=12$
2	$12-4=8$	$9-1=8$
3	$8-4=4$	$7-1=6$
4	$-$	$2-1=1$

X재의 소비자잉여 합계는 24, Y재의 소비자잉여 합계는 27이므로 총소비자잉여는 $24+27=51$이다.

19 | 정답 | ⑤

기가 프레스는 이탈리아의 IDRA사와 미국의 Tesla사가 공동으로 개발한 초대형 캐스팅(주조) 설비에 대한 설명이다. 기가 프레스라는 이름은 Tesla사의 제조 공장인 기가 팩토리에서 이름을 따왔다.

20 | 정답 | ⑤

비지도 학습(un-supervised learning)에 대해 설명하고 있다. 고유 패턴을 발견하는 클러스터링과 고려 중인 변수의 개수를 줄여나가는 차원 축소는 비지도 학습의 대표적인 방식이다. ①, ③, ④는 분류, 회귀, 예측 기법 등을 사용하는 지도 학습(supervised learning)의 사례이며, ②는 더 나은 보상을 산출하는 행위를 발견하고자 새로운 시도를 이어가는 강화 학습(Reinforcement learning)의 사례이다.

21 | 정답 | ④

$D_1=$차기연도배당금$=D_0\times(1+g)$
$=EPS_1\times$배당성향(배당률)
$g=$성장률일 때 항상성장모형에 의한 주가는 $D_1\div(K-g)$로 구한다.
내년 주당순이익(EPS_1)이 2,000원이므로
$D_1=EPS_1\times$배당성향$=2,000\times20\%=400$(원)이고,
A기업의 주가$=400\div(12\%-8\%)=10,000$
따라서 A기업의 주가는 10,000원이다.

22 | 정답 | ①

atof(ascii to float)는 부동소수점 값으로 변환하는 함수이고, atol(ascii to long)는 long 형태로 변환, ioa()는 존재하지 않는 함수이며, atoi(ascii to int)는 int 형태로 변환하는 함수이다. sprintf(문자열, 서식지정자, 정수)를 통해 정수를 문자열 형태로 저장할 수 있다.

23 | 정답 | ①

㉠은 PIM에 대한 설명이고 ㉡은 RAM에 대한 설명이다. PIM(Processing-in-Memory) 메모리는 메모리 내부에서 일부 연산처리를 가능하게 하여 폰노이만구조 컴퓨팅의 단점을 보완한 차세대 첨단 반도체로 주목받고 있다. PIM은 데이터를 저장하고 처리하는 단기 저장소인 RAM의 원리를 기반으로 한다.

24 | 정답 | ⑤

「금융소비자 보호에 관한 법률(금소법)」 제46조에 제1항에 따르면 금융소비자보호법 시행령 제37조에서 정하는 보장성 상품, 투자성 상품, 대출성 상품에 대해 청약을 철회할 수 있다. 따라서 모든 보장성 상품, 대출성 상품, 투자성 상품에 대해 청약을 철회할 수 있다는 설명은 적절하지 않다.

25 | 정답 | ③

재무레버리지도(DFL)
$=$(매출액$-$변동비$-$고정비)
$\div$(매출액$-$변동비$-$고정비$-$이자비용)
$=$영업이익$\div$(영업이익$-$이자비용)
따라서 이자비용을 x라고 할 때, 재무레버리지도가 3이면
$5=4,500\div(4,500-x)$이므로
$x=3,600$
따라서 이자비용은 3,600원이다.

26 | 정답 | ⑤

㉠ 국내 거주자가 해외 주식시장에 상장된 외국법인의 주식 또는 비상장 법인의 주식을 매매하고 발생한 양도차익은 양도소득세 과세대상으로 반드시 신고해야 한다.
㉢ 주식투자한 해당 국가에서 이미 세금을 냈다고 하더라도 국내에서 양도소득세를 신고해야 한다. 다만, 외국에서 주식양도와 관련된 세금을 납부하였다면 외국납부세액공제를 적용받을 수 있다.
㉣ 해외주식에 대한 양도소득세는 양도소득 과세표준의 22%(지방소득세 포함)이다.

| 오답풀이 |

㉡ 해외주식 양도세는 해외 주식 처분 손익에서 기본공제 250만원을 차감한 금액에 대해 지방소득세를 포함한 22%의 세율

을 적용한다.

위는 법률적인 문제를 야기할 수 있으므로 적합하지 않다.

27
| 정답 | ③

28GHz의 경우 LTE보다 20배가량 빠르지만 전파가 벽을 통과할 때 손실률이 높아 이용범위가 제한적이다.

28
| 정답 | ②

IPv6(Internet Protocol version 6)은 IPv4의 후속으로 개발된 차세대 인터넷 주소 체계이다. 20XX:0DB8::1428:57AB와 같은 16진수 형식의 주소 구문을 사용하여 192.168.0.X와 같은 10진수 형식을 사용하는 IPv4와 차이가 있다. IPv4는 32비트 체계로 2^{32}개의 주소로 구성된 반면, IPv6는 128비트 체계로 구성되어 2^{128}개의 주소를 할당할 수 있다. 불필요한 헤더 필드를 제거해 빠르게 정보를 처리할 수 있으며, 높은 품질의 서비스를 네트워크상에서 안정적으로 제공할 수 있으므로 편의성이 높다.

29
| 정답 | ⑤

후불 버스나 편의점 현장에서 주로 발생하는 금융거래는 소액 결제이다. 따라서 제시된 핀테크 기술 중 소액 결제를 보다 간편하게 할 수 있도록 하는 지급결제가 가장 적합하다. 간편송금도 정답이 될 수 있을 것 같지만, 간편송금은 단순히 돈을 이동시키는 것으로 사업자의 매출이 발생하는 결제와는 별개의 개념이다.

30
| 정답 | ③

사용자들 간에 아이템이나 게임 화폐를 자주 거래하므로, 소비자들의 편의를 위해 간편하게 게임 화폐를 충전하거나 아이템을 거래할 수 있는 시스템을 지급결제 기술을 활용하여 구축할 수 있다.

| 오답풀이 |
① 크라우드 펀딩은 소액의 사업자금을 모집하는 행위이므로, 대규모 신규 프로젝트의 개발 자금 추가 조달에는 적합하지 않다.
② 해당 회사는 투자 및 자금 운용 회사가 아닌 스마트폰 게임회사이므로, 로드바이저 시스템을 활용한 투자 자금 유치는 적합하지 않다.
④ 일반적인 생체인증을 활용한 로그인 시스템은 소비자들의 편의를 높일 수 있지만, 걸음걸이는 스마트폰 게임 소비자 편의 증진에 적합하지 않다.
⑤ 수집한 고객 정보를 고객의 동의 없이 타 기업에 판매하는 행

정답과 해설

2024 최신판

에듀윌
취업
NH농협은행
6급(5급 대비 가능)

고객의 꿈, 직원의 꿈, 지역사회의 꿈을 실현한다

에듀윌 도서몰
book.eduwill.net

- 부가학습자료 및 정오표: 에듀윌 도서몰 > 도서자료실
- 교재 문의: 에듀윌 도서몰 > 문의하기 > 교재(내용, 출간) / 주문 및 배송

베스트셀러 1위
에듀윌 토익 시리즈

쉬운 토익 공식으로
기초부터 실전까지 한번에, 쉽고 빠르게!

토익 입문서

토익 입문서

토익 실전서

토익 종합서

토익 종합서

토익 단기서

토익 어휘서

동영상 강의 109강 무료 제공